EXAMPRESS®

2025年版

福祉
教科書

介護
福祉士

完全合格テキスト

国際医療福祉大学
医療福祉学部
医療福祉・マネジメント学科 監修

SE
SHOEISHA

法制度改正のまとめ

ここでは、過去4年間に施行された介護分野に関連する法制度改正の中から主なものを抜粋してまとめました。知識の整理・振り返りに活用してください。

2021 年施行

■ 介護保険法、社会福祉法等（2020 年改正）

地域包括ケアシステムの推進
・地域包括支援センターの強化、「通いの場」の推奨など

介護人材の確保・介護現場の革新
・社会福祉連携推進法人の創設など

制度の安定化・持続可能性の確保
・高額介護サービス費、補足給付、要介護認定有効期間の見直しなど

重層的支援体制整備事業の創設
・包括的な支援体制の整備に向けて、①相談支援、②参加支援、③地域づくりに向けた支援を一体的に実施する重層的支援体制整備事業を創設（市町村の任意事業）

■ 高年齢者雇用安定法（2020 年改正）

70歳までの就業機会の確保
・①70歳までの定年引き上げ、②定年制の廃止、③70歳までの継続雇用制度（再雇用制度・勤務延長制度）の導入、④70歳まで継続的に業務委託契約を締結する制度の導入、⑤70歳まで事業主自ら実施するまたは委託、出資（資金提供）等する団体が行う社会貢献事業に従事する制度の導入のうち、いずれかの措置を講じることが努力義務として追加される

2022 年施行

■ 高齢者医療確保法（2021 年改正）

自己負担の2割導入
・自己負担割合が1割の後期高齢者のうち、一定以上の収入のある人が2割に引き上げられる（10月）

■ 育児・介護休業法（2021 年改正）

有期雇用労働者の育児・介護休業取得要件の緩和
・有期雇用労働者の育児休業及び介護休業の取得要件のうち「事業主に引き続き雇用された期間が1年以上である者」という要件が廃止される

2023 年施行

■ 育児・介護休業法 (2021 年改正)

男性の育児休業取得状況の公表の義務付け

・常時雇用労働者が1,000人を超える事業主は、男性の育児休業等の取得状況を年1回公表することが義務付けられる

■ 個人情報保護法 (2021 年改正)

個人情報保護法に統合・一本化、個人情報保護委員会が監視監督

・地方公共団体や地方独立行政法人においても改正個人情報保護法が適用される

■ 労働基準法 (2019 年改正)

中小企業の割増賃金率を引き上げ

・月60時間超の残業割増賃金率を大企業、中小企業ともに50%に引き上げる

■ 子ども基本法 (2022 年制定)

法律の位置づけと概要

・日本国憲法及び子どもの権利条約などの国際法上認められる子どもの権利を、包括的に保障する基本法である
・こども政策推進会議の設置や子ども大綱の策定等を定めている

2024 年施行

■ 介護保険法 (2023 年改正)

介護情報基盤の整備　※公布後4年以内に施行

・利用者に関する介護情報等を自治体・利用者・介護事業所・医療機関等が共有・活用することを促進する事業を市町村の地域支援事業として位置づける

介護サービス事業者の財務状況等の見える化

・各事業所・施設に対して詳細な財務状況の報告を義務づける
・国が当該情報を収集・整理し、分析した情報を公表

介護サービス事業所等における生産性向上に資する取組に係る努力義務

・都道府県に対し、介護サービス事業所・施設の生産性向上に資する取組が促進されるよう努める旨の規定を新設

看護小規模多機能型居宅介護のサービス内容の明確化

・サービス拠点での「通い」「泊まり」における看護サービス（療養上の世話または必要な診療の補助）が含まれる旨を明確化

地域包括支援センターの体制整備等

・要支援者に行う介護予防支援について、居宅介護支援事業所も市町村からの指定を受けて実施可能とする

基礎知識のまとめ

ここでは、本書の解説のなかから、介護福祉士筆記試験の合格を目指すうえで必ずおさえておきたい基礎知識をまとめています。社会福祉と介護の歴史や、人口に関する統計データ、発達理論等の介護に関する基本的な情報をしっかり覚えておくことが筆記試験合格への近道です！

介護の歴史

1945（昭和20）年まで	・家庭内での家族による介護が中心
1945～1954年 昭和20年代	・福祉三法（旧生活保護法（後に新生活保護法へ改正）、児童福祉法、身体障害者福祉法）が制定される
1955～1964年 昭和30年代	・福祉六法（福祉三法に知的障害者福祉法、老人福祉法、母子福祉法（現・母子及び父子並びに寡婦福祉法）を加えたもの）時代へ ・入所施設による介護が制度化される
1970（昭和45）年	・日本の高齢化率が7%を超え、高齢化社会に
1987（昭和62）年	・社会福祉士及び介護福祉士法制定
1989（平成元）年	・高齢者保健福祉推進十か年戦略（ゴールドプラン）の策定
1994（平成6）年	・日本の高齢化率が14%を超え、高齢社会に
2000（平成12）年	・介護保険法施行 高齢者の介護は老人福祉制度および老人医療制度から介護保険制度へと転換される
2002（平成14）年	・老人医療制度の対象者を段階的に75歳以上に引き上げ
2003（平成15）年	・障害福祉分野で支援費制度の導入
2005（平成17）年	・介護保険法の5年以内の見直し規定を受けて法改正
2006（平成18）年	・障害者自立支援法施行
2007（平成19）年	・日本の高齢化率が21%を超え、超高齢社会に
2008（平成20）年	・老人医療制度から後期高齢者医療制度（長寿医療制度）への切り替えが行われる ・経済連携協定（EPA）に基づく介護福祉士候補者等の受け入れ開始

2010（平成22）年	・障害者自立支援法等の一部改正 同行援護の創設、相談支援の充実、障害児支援の強化等
2011（平成23）年	・障害者基本法改正 障害者の定義、障害者の自立および社会参加の支援等のための 基本的施策等に関する見直し ・障害者虐待の防止、障害者の養護者に対する支援等に関する法律 （障害者虐待防止法）制定 養護者、障害福祉施設従事者等、使用者による障害者虐待の 防止 ・高齢者の居住の安定確保に関する法律の改正 高齢者円滑入居賃貸住宅（高円賃）と高齢者専用賃貸住宅（高専 賃）を廃止し、サービス付き高齢者向け住宅（サ高住）を創設 ・介護保険法改正 定期巡回・随時対応型訪問介護看護の創設、介護福祉士の喀痰 吸引・経管栄養業務の条件つき解禁
2013（平成25）年	・障害者総合支援法施行 障害者自立支援法を改正・改称して、障害者の定義に難病等の患 者を追加
2014（平成26）年	・介護保険法改正 介護予防・日常生活支援総合事業の実施
2016（平成28）年	・社会福祉法改正 社会福祉法人のガバナンス強化、地域貢献の法定化、他
2017（平成29）年	・介護保険法改正 新たな介護保険施設（介護医療院）の創設、特に所得の高い層の 負担割合を3割とする、等 ・介護分野での外国人技能実習制度開始
2019（令和元）年	・介護業種の「特定技能1号」技能評価試験開始
2020（令和2）年	・介護保険法改正 国及び地方公共団体の責務の見直し、介護保険事業計画の見直 し、等 ・社会福祉法改正 社会福祉連携推進法人制度の創設、重層的支援体制整備事業の 創設
2023（令和5）年	・介護保険法改正 市町村の包括的な支援体制の構築支援

出生数および合計特殊出生率の年次推移

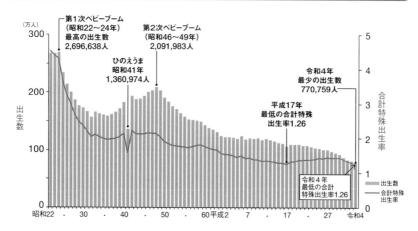

出典：厚生労働省「令和4(2022)年人口動態統計月報年計(概数)の概況」をもとに作成

わが国の人口ピラミッド

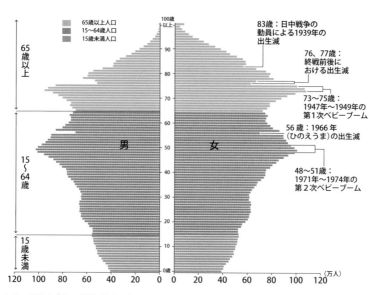

出典：総務省「人口推計(令和4年10月1日現在)」をもとに作成

家族の構造と形態

家族の構成に基づく分類

核家族
夫婦のみ、夫婦と子ども、
またはひとり親と子どもからなる家族。

拡大家族
核家族に親や兄弟などが
同居する家族。

家族と自分との関係性に基づく分類

定位家族（出生家族）
生まれ育った家族。

生殖家族（結婚家族）
自らが伴侶を選び、結婚、出
産をして新たに形成する家族。

社会保障の給付と負担

部門別社会保障給付費（2021年度）

医療 34.2%	年金 40.2%	福祉その他 25.6%

項目別社会保障財源（2021年度）

社会保険料 46.2%	公費負担 40.4%	他の収入 13.4%

出典：国立社会保障・人口問題研究所「令和3年度 社会保障費用統計」をもとに作成

社会保険の概要

保険の種類		保険者	被保険者	主な給付
年金保険	国民年金	国	20歳以上60歳未満の者	・老齢基礎年金 ・障害基礎年金 ・遺族基礎年金
	厚生年金	国	会社員・公務員などの被用者	・老齢厚生年金 ・障害厚生年金 ・遺族厚生年金
医療保険	国民健康保険	都道府県 市町村 国民健康保険組合	自営業者や無職の者など	・療養の給付 ・高額療養費 ・訪問看護療養費
	健康保険	協会けんぽ 健康保険組合	会社員・公務員などの労働者と扶養されている者	
	共済保険	共済組合		
	後期高齢者医療制度	後期高齢者医療広域連合	75歳以上の人など	
介護保険		市町村 特別区	市町村に住所を有する40歳以上の者	・介護給付 ・予防給付 ・市町村特別給付
雇用保険		国	雇用されている労働者	・求職者給付 ・就職促進給付
労災保険		国	雇用されている労働者	・療養（補償）給付 ・障害（補償）給付

介護保険の被保険者の定義

第1号被保険者	市町村の区域内に住所を有する65歳以上の者
第2号被保険者	市町村の区域内に住所を有する40歳以上65歳未満の医療保険加入者

自助、互助、共助、公助の特性

自助 	自ら働いて、または自らの不労所得などにより、自らの生活を支え、自らの健康を自ら維持すること（例）預貯金	**互助** 	インフォーマルな相互扶助（例）ボランティア・近隣の助け合い
共助	社会保険のような制度化された相互扶助（例）年金、介護保険	**公助**	自助・互助・共助では対応できない困窮などの状況に対し、所得や生活水準・家庭状況などの受給要件を定めたうえで必要な生活保障を行うこと（例）生活保護、人権擁護対策、虐待防止策

育児休業・介護休業などの期間

育児休業	育児休業期間は、原則として子が1歳に達するまでの期間であるが、期間中に子が保育所に入所できない場合には、最長で2歳になるまで延長できる。2回を上限として分割取得することができる
産後パパ育休	子の出生後8週間以内に4週間まで取得可能。2回を上限として分割取得することができる
子の看護休暇	小学校就学前の子について、1年度において5日（養育する小学校就学の始期に達するまでの子が2人以上の場合は10日）を限度に取得できる。時間単位での取得も可能
介護休業	2週間以上要介護状態が続いている家族を介護するためのもので、対象家族1人につき通算93日まで、3回を上限として分割取得することができる
介護休暇	対象家族の介護や世話をする場合に、1年度において5日（対象家族が2人以上の場合は10日）を限度に取得できる。時間単位での取得も可能

介護保険サービスの分類

保険給付の種類*	予防給付対象サービス	介護給付対象サービス
利用できる者	要支援1・2	要介護1〜5
都道府県が指定・監督を行うサービス	・介護予防サービス 　介護予防訪問入浴介護 　介護予防訪問看護 　介護予防訪問リハビリテーション 　介護予防居宅療養管理指導 　介護予防通所リハビリテーション 　介護予防短期入所生活介護 　介護予防短期入所療養介護 　介護予防特定施設入居者生活介護 　介護予防福祉用具貸与 　特定介護予防福祉用具販売	・居宅サービス 　訪問介護 　訪問入浴介護 　訪問看護 　訪問リハビリテーション 　居宅療養管理指導 　通所介護 　通所リハビリテーション 　短期入所生活介護 　短期入所療養介護 　特定施設入居者生活介護 　福祉用具貸与 　特定福祉用具販売 ・施設サービス 　介護老人福祉施設 　介護老人保健施設 　介護医療院 　介護療養型医療施設
市町村が指定・監督を行うサービス	・地域密着型介護予防サービス 　介護予防小規模多機能型居宅介護 　介護予防認知症対応型通所介護 　介護予防認知症対応型共同生活介護 ・介護予防支援	・地域密着型サービス 　定期巡回・随時対応型訪問介護看護 　夜間対応型訪問介護 　地域密着型通所介護 　認知症対応型通所介護 　小規模多機能型居宅介護 　認知症対応型共同生活介護 　地域密着型特定施設入居者生活介護 　地域密着型介護老人福祉施設入所者生活介護 　看護小規模多機能型居宅介護 ・居宅介護支援
その他	介護予防住宅改修	住宅改修

＊：予防給付、介護給付のほかに、市町村特別給付がある。

障害者総合支援法のサービスの分類 ①介護給付

サービス項目	障害種別	利用条件
居宅介護	身・知・精・難	居宅において介護などを行う
重度訪問介護	身・知・精・難	常時介護を要する重度の肢体不自由者などに、総合的な介護を行う
同行援護	身・難	移動が困難な視覚障害者に、外出時の移動に必要な情報提供などを行う
行動援護	知・精	知的障害や精神障害により行動上著しい困難を有する者に対し、危険を回避するために必要な援護などを行う
療養介護	身・難	医療と常時の介護を要する者に、主に昼間、病院などで機能訓練や療養上の管理、看護などを行う
生活介護	身・知・精・難	常時介護を要する者に、主に昼間、障害者支援施設などで介護や創作的活動の機会の提供などを行う
短期入所	身・知・精・難	障害者支援施設などに短期入所している者に、介護などを行う
重度障害者等包括支援	身・知・難	常時介護を要する者に、居宅介護、重度訪問介護などの障害福祉サービスを包括的に提供する
施設入所支援	身・知・精・難	施設に入所する者に、主に夜間、介護などを行う

障害種別　身：身体障害　知：知的障害　精：精神障害　難：難病
※精神障害者に発達障害者を含む。

同行援護と行動援護の違い

同行援護

対象：視覚障害者

行動援護

対象：障害支援区分3以上の知的障害者・精神障害者（自己判断能力が制限されている人）

障害者総合支援法のサービスの分類 ②訓練等給付

サービス項目	障害種別	利用条件
自立訓練（機能訓練）	身・難	理学療法や作業療法などによる身体機能の維持・向上のための訓練を行う
自立訓練（生活訓練）	知・精・難	食事や家事等の日常生活能力の維持・向上のための訓練や支援を行う
宿泊型自立訓練	知・精・難	自立訓練（生活訓練）対象者のうち、日中に一般就労をしている者や外部の障害福祉サービスを利用している者に対して、地域移行に向けて一定期間、居住の場を提供して帰宅後における生活能力などの維持・向上のための訓練を行う
就労移行支援	身・知・精・難	65歳未満の者で、一般就労を希望する者や、技術を取得し就労を希望する者の支援を行う
就労継続支援A型	身・知・精・難	一般就労が困難な者で、雇用契約に基づき継続的に就労することが可能な65歳未満の者の支援を行う
就労継続支援B型	身・知・精・難	一般就労ができなかった者や50歳に達している者で、生産活動に係る知識と能力の向上や維持が期待される者の支援を行う
就労定着支援	身・知・精・難	一般就労をした者の生活面の課題に対応するために必要な支援を行う
自立生活援助	身・知・精・難	定期的な居宅訪問や随時の対応により、日常生活における必要な支援を行う
共同生活援助（グループホーム）	身・知・精・難	共同で日常生活を営むうえで、主に夜間において相談などの支援を行う

障害種別　身：身体障害　知：知的障害　精：精神障害　難：難病
※精神障害者に発達障害者を含む。

障害者（基本）計画と障害福祉計画と障害児福祉計画

計画名	障害者（基本）計画※	障害福祉計画	障害児福祉計画
概要	障害者のニーズや課題をまとめ、取り組むべき施策の方向性について定めた基本計画	提供する福祉サービス等の数値目標及びサービス見込み量等を定めた実施計画	提供する障害児福祉サービス等の数値目標及びサービス見込み量等を定めた実施計画
根拠法	障害者基本法	障害者総合支援法	児童福祉法
作成者	政府、都道府県、市町村	都道府県、市町村	都道府県、市町村

※作成者が国の場合は「障害者基本計画」であるが、作成者が都道府県や市町村の場合は「障害者計画」という。

日常生活自立支援事業と成年後見制度

本人の判断能力の状況				
判断能力あり	日常生活を送るのに不安がある	不十分	著しく不十分	欠ける
		日常的なことは基本的に自分でできるが、財産に関することなど一人では難しい事柄もある	買い物程度はできるが、重要な法律行為（金銭の貸し借りや不動産取引など）は一人でできない	日常的な行為全般を行うことが難しい

日常生活自立支援事業

成年後見人が遠方に住んでおり、日々の生活や行政手続きを日常生活自立支援事業で支援する場合など

日常生活自立支援事業と成年後見制度の併用

成年後見制度のなかでは、後見の利用者が最も多い

	法定後見制度		
	補助	保佐	後見

任意後見契約	任意後見開始（任意後見監督人選任）

日常生活自立支援事業の支援内容

生活支援	・要介護認定などの申請手続きの援助 ・サービス事業者との契約締結の援助　　　　　など
行政手続きの援助	・行政手続きの代行
日常的金銭管理	・通帳・印鑑などの預かり ・公共料金や家賃の支払 ・預貯金の引き出し　　　　　など
書類などの預かり	・大切な書類などの保管　　　　　など

生活保護の基本的原理

国家責任の原理	日本国憲法第25条に規定する理念に基づき、国家の責任によって生活に困窮するすべての国民に対し、必要な保護を行うことで、国民の最低限度の生活を保障し、国民の自立を助長するという原理
無差別平等の原理	要保護者が生活困窮に陥った原因を問わず、法による保護を無差別平等に受けることができるという原理
最低生活保障の原理	保障される最低限度の生活は、健康で文化的な生活水準を維持することができるものでなければならないという原理
保護の補足性の原理	要保護者が利用できる資産や能力その他あらゆるものを、その最低限度の生活の維持のために活用することを要件に保護が行われる。扶養義務者の扶養、他法による扶助は、生活保護に優先して行うという原理。ただし、急迫した状況下において行われる必要な保護を妨げるものではない

生活保護の実施原則

申請保護の原則	保護は、要保護者、その扶養義務者またはその他の同居の親族の申請に基づいて開始する。ただし、要保護者が急迫した状況下にある場合は、申請なしに必要な保護を行うことができる。これを職権保護という
基準及び程度の原則	生活保護基準は、要保護者の年齢別、性別、世帯構成別、所在地域別などに応じて必要な事情を考慮した最低限度の生活の需要を満たすに十分なものであって、かつ、これを超えないものとしている
必要即応の原則	要保護者の年齢別、性別、健康状態等その個人または世帯の実際の必要性に対応して保護が行われる
世帯単位の原則	原則として保護は世帯を単位としているが、必要に応じて個人を単位として保護することもできる

保護の種類

保護の種類	内容	支給方法（原則）
生活扶助	衣食その他日常生活の需要を満たすために必要なもの、移送にかかる費用	金銭給付
教育扶助	義務教育に伴って必要な教科書その他の学用品、通学用品、学校給食などにかかる費用	金銭給付
住宅扶助	住居（家賃）、補修その他住宅の維持のために必要なものにかかる費用	金銭給付
医療扶助	診察、薬剤または治療材料、医学的処置、移送などにかかる費用	現物給付
介護扶助	居宅介護（居宅介護支援計画に基づき行うものに限る）、福祉用具、住宅改修、施設介護、介護予防（介護予防支援計画に基づき行うものに限る）、介護予防福祉用具、介護予防住宅改修、介護予防・日常生活支援（介護予防支援計画または第一号介護予防支援事業による援助に相当する援助に基づき行うものに限る）、移送にかかる費用	現物給付
出産扶助	分娩の介助、分娩前後の処置、脱脂綿、ガーゼその他の衛生材料にかかる費用	金銭給付
生業扶助	生業に必要な資金、器具または資料、必要な技能の修得、就労のために必要なものにかかる費用。ただし、要保護者の収入を増加させ、またはその自立を助長することのできる見込のある場合に限られる	金銭給付
葬祭扶助	検案、死体の運搬、火葬または埋葬、納骨その他葬祭のために必要なものにかかる費用	金銭給付

介護福祉士の義務規定（社会福祉士及び介護福祉士法）

誠実義務 （第44条の2）		その担当する者が個人の尊厳を保持し、自立した日常生活を営むことができるよう、常にその者の立場に立って、誠実にその業務を行わなければならない
信用失墜 行為の禁止 （第45条）		介護福祉士の信用を傷つけるような行為をしてはならない
秘密保持義務 （第46条）		正当な理由がなく、その業務に関して知り得た人の秘密を漏らしてはならない。介護福祉士でなくなった後においても同様とする
連携 （第47条）		その担当する者に、福祉サービス等が総合的かつ適切に提供されるよう、地域に即した創意と工夫を行いつつ福祉サービス関係者等との連携を保たなければならない

介護福祉士の主な罰則

分類	罰則の内容
「信用失墜行為の禁止」に違反した場合	登録の取消し、または、期間を定めた名称の使用停止
「秘密保持義務」に違反した場合	・登録の取消し、または、期間を定めた名称の使用停止 ・1年以下の懲役、または、30万円以下の罰金
介護福祉士という名称の使用停止期間中に、名称を使用した場合	30万円以下の罰金
介護福祉士ではない者が、介護福祉士という名称を使用した場合	30万円以下の罰金

社会福祉に関する用語

ノーマライゼーション	障害がある人もできる限り住み慣れた地域で、他の市民と同じ条件で生活できるようにしようという考え方。1950年代にデンマークのバンク・ミケルセン（Bank-Mikkelsen, N.）らによる知的障害施設入所者の処遇改善運動のなかから理念が誕生した。わが国の福祉政策も、その考え方に大きな影響を受けている
リハビリテーション	疾患やけがによって失ったものを再び元の状態に戻すことであり、人として本来あるべき姿に回復することで、全人間的復権を意味している。単に疾患や機能障害の治療を行うのではなく、生活の視点を重視することが重要である
ウェルビーイング（well-being）	直訳は「幸福」。WHOが1946年の憲章草案で「健康」を定義する記述のなかで「良好な状態（well-being）」として用いた言葉。「健康とは身体的・精神的及び社会的に良好な状態（well-being）であって、単に病気ではないとか、虚弱ではないということではない」とされている
バリアフリー	障壁のない環境を整備すること。段差の解消、車いすでも使えるトイレやエレベーターの設置など。障害のある人などに対する偏見や心の壁を取り除くことも含む
ソーシャルインクルージョン（社会的包摂）	障害をもつ人だけでなく「全ての人々を孤独や孤立、排除や摩擦から援護し、健康で文化的な生活の実現につなげられるよう、社会の構成員として包み支え合う」という理念
ソーシャルロール・バロリゼーション	価値のある社会的役割の獲得を目指すこと。ヴォルフェンスベルガー（Wolfensberger, W.）により、ノーマライゼーションを捉え直すなかで提唱された概念

国際生活機能分類（ICF）モデル

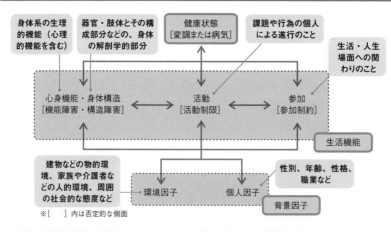

※[］内は否定的な側面

障害者の定義と人数

	身体障害者	知的障害者	精神障害者
人数（人口に対する割合）	436万人（3.4%）	109万4,000人（0.9%）	614万8,000人（4.9%）
定義	身体障害者障害程度等級表に掲げる身体上の障害がある18歳以上の者であって、都道府県知事から手帳の交付を受けた者（身体障害者福祉法）	知的機能の障害が発達期（おおむね18歳まで）に現れ、日常生活に支障が生じているため何らかの援助を必要とする者（「知的障害児（者）基礎調査」）	統合失調症、精神作用物質による急性中毒またはその依存症、知的障害、精神病質その他の精神疾患を有する者（精神保健福祉法）
手帳制度	身体障害者手帳	療育手帳	精神障害者保健福祉手帳
手帳の等級	1〜6級	A、B（自治体によって異なる）	1〜3級
有効期間	原則なし	あり	2年

出典：内閣府「令和5年版 障害者白書」をもとに作成

身体障害者手帳所持者の障害の種類

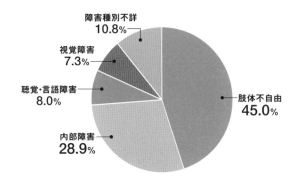

障害種別不詳
10.8%

視覚障害
7.3%

聴覚・言語障害
8.0%

内部障害
28.9%

肢体不自由
45.0%

出典：厚生労働省「平成28年生活のしづらさなどに関する調査（全国在宅障害児・者等実態調査）：結果の概要」をもとに作成

障害基礎年金と障害厚生年金

	障害基礎年金	障害厚生年金
受給要件	障害の原因となった傷病の初診日に、国民年金の被保険者であることなど	障害の原因となった傷病の初診日に、厚生年金の被保険者であることなど
支給額	障害等級（1・2級）により異なる	障害等級は1～3級に分類される
特徴	・20歳未満で障害のある人は、20歳の時点で障害の等級に該当すれば、支給を受けられる（ただし、所得制限あり） ・18歳未満の子どもがいる場合、その人数に応じて加算	・障害厚生年金は障害基礎年金に上乗せして支給される ・初診日から5年以内に治り（症状が固定し）、障害厚生年金が支給されるより軽い障害が残ったときには、治った日から5年以内に請求することで、障害手当金（一時金）が支給される

障害年金以外の制度

種類	対象	根拠法
特別障害給付金	国民年金が任意加入だった時期に障害者となり、障害基礎年金などを受給していない人	特定障害者に対する特別障害給付金の支給に関する法律
特別児童扶養手当	障害児（20歳未満であって、障害等級1級および2級に該当する程度の障害の状態にある者）の父母または養育者	特別児童扶養手当等の支給に関する法律
障害児福祉手当	常時の介護を必要とする在宅の重度障害児	特別児童扶養手当等の支給に関する法律
特別障害者手当	政令で定める程度の著しい重度の障害のため、常時の介護を必要とする在宅の20歳以上の人	特別児童扶養手当等の支給に関する法律

障害者とのコミュニケーション

● コミュニケーションを補助するためのさまざまな道具や手法などがある。

障害の種類	手段	内容
視覚障害者	点字	指先の触覚により読み取る文字。縦3点、横2点の6点の組み合わせで作られている。中途障害者の場合は、習得していないこともあるので注意が必要である
	音声読み上げソフト	文章を音声化する機械
聴覚障害者	手話	身振り手振りなどのジェスチャーではなく、聴覚障害者が使用する視覚的な言語。中途障害者の場合は、習得していないこともあるので注意が必要である
	読話	相手の表情や口の動きから話の内容を理解するコミュニケーション方法の1つ
	指文字	手の形で文字をつくる視覚言語の1つ
	筆談	文字を書いて意思を伝える方法。原則、難しい表現や複雑な言い回しを避け、キーワードなどを活用して簡潔に記述する。中途障害者が用いることが多い
	補聴器	・箱型補聴器は、比較的聞こえる側の耳にイヤホンを装着する ・補聴器に慣れるまでの期間には個人差があり、初めから1日中装着するのはよくない
	空書	空間に人差し指で文字を書く
	触手話	盲聾者（視覚と聴覚の両方に障害がある人）に対するコミュニケーション方法
言語障害者	トーキングエイド	五十音の文字盤を使って言葉を入力すると、その言葉を文字通りに発音してくれる機械
	五十音文字盤	五十音を指で指して使用する。市販されているものもあるが、支援者が手づくりしている場合もある

言語障害の種類とコミュニケーション方法

種類	障害の特徴	コミュニケーション方法
運動性失語 （ブローカ失語症）	聞いたことは理解できるが、話すことや復唱が困難 りんご食べる？ あ… 食べたい	絵や写真など、視覚化された情報を用いて、二者択一の答えやすい問いかけをするとよい
感覚性失語 （ウェルニッケ失語症）	流暢に話せるが、話の内容が支離滅裂になることがある。聞いたことが理解できない りんご食べる？ ○×△□ ???	言葉の理解ができなくても、状況判断などは可能なことが多いので、ジェスチャーなどが有効
構音障害	発音が不正確、あるいは不明瞭。筋ジストロフィーなど、発音をするための機能が低下する疾患などでみられる	相手の言うことが聞き取りにくい場合は、聞き取れた通りに繰り返す、もう一度言ってもらうなどして、確認するとよい

車いすの介助

上り坂

介護者は両足を前後に開いて押す。

下り坂

後ろ向きで降りると安全である。

砂利などの不整地

キャスターを上げたまま前進する。

視覚障害者の歩行誘導での注意点

アプローチ

基本姿勢

① 「出かけましょう」といった声かけをしながら、手の甲に接触する。白杖を使用している場合は、反対側の手の甲に触れて合図をする（アプローチ）。
② 利用者が介護者の腕を伝いながら肘の少し上を握る（基本姿勢）。
③ 外出に不慣れな利用者は、緊張や不安から腕を強く握る傾向があるため、適宜声かけをし、緊張や不安の軽減を図る。
④ 介護者は、利用者の半歩前を歩く。常に2人分の幅を意識し、利用者の歩行速度に合わせる。
⑤ 道路の状況が変わるとき（曲がり角、段差、傾斜など）はその直前で声かけをする。

脊髄損傷の種類

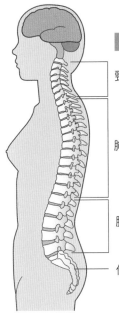

損傷部位　　主な麻痺部位

頸椎————四肢麻痺
　第5頸髄—肘を曲げることができる
　第6頸髄—手首をそらすことができる
　第7頸髄—肘を伸ばすことができる
　第8頸髄—指を曲げることができる

胸椎————体幹麻痺、
　　　　　下肢麻痺（対麻痺）

腰椎————下肢麻痺（対麻痺）または
　　　　　下腿麻痺

仙骨

安楽な体位の保持

仰臥位

①枕の高さを調節する。
②腰部に柔らかめの毛布などを入れて、身体と布団の接触面を広くする。
③両上肢の下に枕をあて、背部にあたる圧迫部分を分散させる。
④両膝の間隔を少し開け、両膝の下部に枕を入れる。
⑤尖足予防のため、足首を直角に保つように枕、補助具などをあてる。
⑥掛け布団、毛布などの重さで足元を圧迫しないようゆとりを持たせて掛ける。

側臥位

①枕の高さを調節する。
②骨盤（腰）を後方に引き「く」の字にする。
③背部を支えるために大きめの枕やクッションをあてる。
④胸部の前に枕を置き、上側の前腕を乗せる。
⑤膝が重ならないようにするため、上側の下肢を深く曲げ、前方に出す。
⑥下腿全体にかけて大きめの枕をあて、下肢を支える。

半座位（ファーラー位）

①枕の高さを調節する。
②ギャッチベッドの背上げ機能を使用するか、バックレストなどの補助具、布団などを丸めるなどの工夫をして上半身を45度の角度に保持する。このとき、背部の接地面の皮膚とベッドとの摩擦を和らげるため背抜きをすることが望ましい。
③両膝下に大きめの枕をあてるか、ギャッチベッドの足上げ機能を使用し、膝を軽く屈曲させる。
④尖足予防のため、足首を直角に保つよう足底より高い枕などをあてる。
⑤掛け布団、毛布などの重さで足元を圧迫しないようゆとりを持たせて掛ける。

身体機能の老化

全身
・身体水分量が低下し、脱水状態に陥りやすい
・免疫機能が低下し、帯状疱疹、肺炎などにかかりやすい

神経系
・神経細胞の減少により、運動能力や平衡機能が低下し、転倒しやすくなる

呼吸器系
・肺活量減少

消化器系
・唾液や胃酸の分泌低下
・嚥下機能の低下による誤嚥の増加

泌尿器系
・排泄機能が低下。尿失禁を起こしやすい

内分泌系
・インスリン分泌量の減少
・加齢による内分泌系の変化で最も明瞭なのは女性の更年期である

その他
・基礎代謝エネルギー減少のため、必要な食事摂取量、1日の必要カロリー量が低下

循環器系
・血中ヘモグロビン量が減少し、貧血になりやすい
・動脈硬化になりやすく、心臓は肥大する
・脈拍数が減少し、不整脈が増加する
・収縮期血圧が上昇する

運動器（骨格・筋）系
・骨密度・筋力の低下。特に下肢の筋力低下が顕著
・筋肉量は40歳くらいから減少し、65歳以降には減少率が増大する
・筋肉量の維持には、たんぱく質をとることが有効
・関節液の減少、関節可動域の縮小

感覚器系
・聴覚の低下は高音域に強く起こる
・味覚の感受性が低くなる
・近方視力が低下。水晶体が混濁する白内障、眼圧が上昇する緑内障、黄斑変性症、糖尿病性網膜症などが起こりやすくなり、視力が低下
・青色系の識別が困難になる。明暗順応も低下する
・皮膚表面は乾燥しやすくなる

マズローの欲求階層説

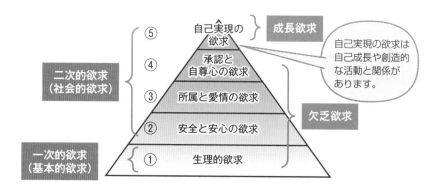

適応機制の種類

抑圧	感情や欲求を無意識に抑え込もうとする心の働きのこと
抑制	意識的に自分の欲求を抑え込もうとする心の働きのこと
退行	厳しい状況などに遭遇したり、欲求不満状態に陥ったりしたとき、子どものような未熟な行動をとる心の働きのこと
代償	本来の目的が得られない場合に、獲得しやすい代わりのものに欲求を移して我慢すること
逃避	つらい状況から逃げ出そうとする心の働きのこと
合理化	自分の欠点や失敗を正当化しようとする心の働きのこと
感情転移	本来は向けるべき人がいる感情を、他の人に向けてしまうこと
置き換え	ある対象に向けられていた関心や感情、あるいは欲求などが別の対象に向けられていること
同一化	他者と自分を同一視することで、満たせない願望を満たしたように感じること
投射（投影）	認めたくない自分の欠点や感情が、他者にあるととらえること
反動形成	認めたくない感情や欲求と、反対の行動をとること
補償	劣等感情をほかの方法で克服しようとすること
昇華	社会では承認されない欲求を、社会的に認められる形で満たそうとすること

エリクソンの発達段階と課題

発達段階	発達課題	概要
乳児期 （0〜1歳頃）	「信頼」対 「不信」	口唇でお乳を飲む行為を通じて世界を学び、養ってくれる人を信頼し、その後の人間関係の土台が作られる
幼児期前期 （1〜3歳頃）	「自律」対 「恥と疑惑」	自分で立って歩けるようになり、排泄をコントロールできるようになって、主体性・自律性の感覚を身につける
幼児期後期 （3〜6歳頃）	「積極性」対 「罪悪感」	自分を主張する積極性と、罰を恐れる罪悪感が発達課題となる。自発的に行動することを身につける時期
児童期 （7〜11歳頃）	「勤勉性」対 「劣等感」	急速に知識や技能を習得し、集団関係を育成する。この時期に勤勉さが十分達成されないと、劣等感が生じる
青年期 （12〜20歳頃）	「同一性」対 「同一性拡散」	性欲が表面化し、新しい自己概念が現れる。自分がどのような人間かということを確立すること（＝自我同一性）が課題となる。これがうまくいかないと、人格が統一されず社会への関わりができない状態（＝同一性拡散）に陥る
成年期初期 （20〜30歳頃）	「親密性」対 「孤立」	他者と親密な相互関係を持つようになる。異性と仲良くなり、性を通じて、心身ともに一体感を抱くことを求める。失敗すると、孤立する
成年期中期 （30〜65歳頃）	「生殖性」対 「停滞」	生殖性が発達課題となり、次世代を育てることに関心を持ち、社会的、知的、芸術的業績も発達課題に含まれる。失敗すると、自分自身にしか関心が持てず、自己没頭の状態になり、発達が不十分となる
成年期後期 （65歳頃〜）	「自我統合」対 「絶望」	自我の統合を目指す時期となり、人間としての生涯を完結する。失敗すると、後悔や挫折感のほうが強くなる

ピアジェの発達段階

発達段階	概要
感覚運動期（0〜2歳）	対象の永続性を理解する時期。見る、触るなどの外的運動で外界を認識
前操作期（2〜7歳）	直観的思考に頼る。モノの見かけに左右される。他者の視点で物事をみることが難しく自己中心性が強い時期
具体的操作期（7〜11歳）	具体的なモノを使い論理的思考ができる時期。モノの見かけの変化が理解できる
形式的操作期（11歳以降）	抽象的思考が可能となる時期

認知症、うつ病、せん妄の特徴

		認知症	うつ病	せん妄
基本症状		記憶障害、認知障害	感情障害、抑うつ状態（感情や意欲の喪失）	軽度意識障害、幻覚、運動不穏
発症様式		ゆるやか	ゆるやか	急激
症状	動揺性	少ない	少ない	多い、夕刻・夜間に悪化（夜間せん妄）
	持続性	永続的	数週、数か月	数日、数週
言語理解		困難	思考過程は遅延	困難（意識障害あり）
応答		言い訳が多い、答えるが誤っている（ニアミス応答）	考えられない、「わからない」と答える	まとまらない、ちぐはぐ
身体疾患		原則としてなし	なし	あることが多い
環境の影響		なし	なし	多い、薬物の影響あり
睡眠リズム障害		なし	多発	あり

代表的な認知症原因疾患の特徴

	アルツハイマー型認知症	血管性認知症	レビー小体型認知症	前頭側頭型認知症
特徴	女性に多い	男性に多い	男性に多い	男女比はほぼ均等
発症と経過	ゆるやかに発症し、進行する	発作型と緩徐型に分類される	ゆるやかに発症、症状に動揺性あり	ゆるやかに発症し、進行する
代表的な症状	失語・失行・失認、徘徊、もの盗られ妄想	運動麻痺・歩行障害、感情失禁、抑うつ	具体的かつ鮮明な幻視、パーキンソン症状、転倒、失禁	人格変化、社会性の消失、感情の平板化、常同行動

パーキンソン病の主な症状

寡動	固縮	振戦	姿勢反射障害

動作が遅くなる。　　　筋肉がこわばる。　　　安静時に手足がふるえる。　　　姿勢を保てない、転びやすくなる。

尿失禁の具体的な病態

切迫性尿失禁	・膀胱の活動が過敏になり、尿意を催すと我慢できずトイレに間に合わない ・高齢の男女とも頻度が増える
腹圧性尿失禁	・骨盤底筋群の機能低下によって、咳、くしゃみ、運動時などの腹圧上昇時に漏れ出るもの ・高齢女性に多い
溢流性尿失禁	・前立腺肥大などによる尿路閉塞のため膀胱内に多量の尿がたまり、尿があふれるように漏れ出てくるもの ・高齢男性に多い
反射型尿失禁	・脊髄損傷などでみられるもので、尿意が起こらないまま、一定の尿量がたまると膀胱が勝手に収縮してしまう
機能性尿失禁	・歩行困難などでトイレに間に合わない、認知症などでトイレの位置がわからないなど、**排尿機能の異常以外**の原因で失禁してしまうこと

摂食・嚥下のプロセス

① 先行期（認知期）
・食物の形、色、においを認知する段階
・認知することによって、唾液が分泌される

↓

② 準備期（咀嚼期）

・食物を取り込み、咀嚼して唾液とともに食塊を作る段階
・咀嚼により消化酵素（アミラーゼ）を含む唾液と混ざり合う

↓

③ 口腔期（嚥下第1期）

・舌を上下左右に動かして食塊を咽頭に運ぶ段階

↓

④ 咽頭期（嚥下第2期）

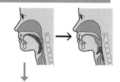
・軟口蓋が挙上して鼻腔と咽頭部が閉じ、次に喉頭が挙上して喉頭蓋が閉じ、食塊が食道に運ばれる段階
・軟口蓋が鼻腔を閉鎖するとともに、喉頭蓋が食塊の気道への侵入を防ぐ
・不随意運動である嚥下反射が起こる

↓

⑤ 食道期（嚥下第3期）

・不随意運動により食道の蠕動運動が起こり、食塊が食道から胃へと送り込まれる段階

体位別の褥瘡の好発部位

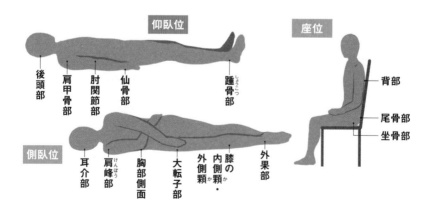

仰臥位
後頭部　肩甲骨部　肘関節部　仙骨部　踵骨部

側臥位
耳介部　肩峰部（けんぽう）　胸部側面　大転子部　膝の内側顆・外側顆（か）　外果部

座位
背部　尾骨部　坐骨部

標準予防策（スタンダードプリコーション）

血液・体液・分泌物・排泄物（便）などに触れるとき	使い捨て手袋を着用し、外したときは石けんと流水で手洗いをする
傷や創傷の皮膚に触れるとき	
血液・体液・分泌物・排泄物（便）などに触れたとき	石けんと流水で手洗いをし、必ず手指消毒をする
血液・体液・分泌物・排泄物（便）などが飛び散り、目・鼻・口を汚染する恐れがあるとき	マスク、必要に応じてゴーグルやフェイスマスクを着用（原則的に日常では必要ない）
血液・体液・分泌物・排泄物（便）などで衣服が汚れる恐れがあるとき	ビニールエプロンを着用
針刺し事故の防止	注射針のリキャップはやめ、感染性廃棄物容器へ破棄する

出典：厚生労働省「高齢者介護施設における感染対策マニュアル改訂版（2019年3月）」をもとに作成

認定された介護福祉士が行える喀痰吸引

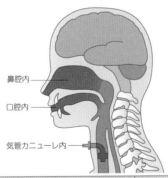

鼻腔内
口腔内
気管カニューレ内

	挿入の深さ	注意点
口腔内 鼻腔内	咽頭の手前までを限度とする	咳の誘発、嘔吐、吸引チューブによる出血
気管 カニューレ内	吸引カテーテルが気管カニューレの先端を越えたり、直接気管粘膜に触れたりしないようにする	気道粘膜損傷、出血、迷走神経反射の出現、嘔気・嘔吐の誘発、吸引時間延長による低酸素症

資格・試験について

介護福祉士について

■ 介護福祉士とは

介護福祉士は、介護に関する専門的知識や技術をもとにして、身体上・精神上の障害がある人に対する介護を行ったり、介護者に対して介護に関する指導を行ったりする者をいい、「社会福祉士及び介護福祉士法」（昭和62年制定）で規定されている国家資格です。

急速な高齢化に伴う要介護高齢者の増加や家族の介護力の低下などによって、専門職による介護サービスの確保が国民的課題になっている中で、介護福祉士に対する期待と現場のニーズはますます高まっています。

2024年2月末現在、194万1,365人が介護福祉士として登録しています。

■ 介護福祉士の職場

老人福祉施設や障害者福祉施設などの入所施設、デイサービスセンターやデイケアセンター等の通所施設、利用者の自宅で介護を行うホームヘルプサービスの事業所などが主な職場です。介護は、高齢者だけでなく、身体的・知的な障害を持つ人にも必要とされています。有料老人ホームやグループホームなどでも介護は必要とされており、介護福祉士の職場は多方面にわたります。

また、介護福祉士として5年以上の経験を積むと、介護保険法に基づいて配置される介護支援専門員（ケアマネジャー）の資格取得にチャレンジすることもできます。

介護福祉士になるには

■ 国家試験による資格取得

介護福祉士になるためには、介護福祉士試験に合格する必要があります。試験は、厚生労働省の指定を受けた財団法人社会福祉振興・試験センターが実施しています。

■ 受験資格

資格を取得するためには試験に合格する必要がありますが、主に（1）実務経験ルート、（2）養成施設ルートの2つがあります。

（1）実務経験ルートは、介護の業務に3年以上かつ実働540日以上従事した人が「実務者研修」を修了することで受験できます。一次試験の筆記試験に合格すれば実技試験は免除されます。

（2）養成施設ルートは、従来は卒業と同時に資格取得できましたが、第30回から試験合格が必須となりました。ただし、2026年度末までに卒業する者は、卒業後5年間は介護福祉士になることができ、この間に試験に合格するか、5年間続けて介護の業務に従事していれば、それ以降も介護福祉士の登録を継続できます。

詳細については、厚生労働省の指定を受けて試験を実施している「公益財団法人社会福祉振興・試験センター」のホームページhttps://www.sssc.or.jp/で確認することができます。

試験の実施方法

■ 試験方法

試験は、筆記試験と実技試験があり、筆記試験に合格した人だけが実技試験を受けることができます。実技試験に合格すると介護福祉士の資格を得ることができます。

■ 試験日

第37回（令和7年1月実施）の試験日程は本書刊行時には発表されていませんが、6月下旬に発表される予定です。例年筆記試験は1月末の日曜日、実技試験は3月初めの日曜日に実施されています。

■ 試験会場

全国に会場が設けられますが、すべての都道府県というわけではありません。第36回試験は、次の会場で行われました。
＜筆記試験35か所＞
北海道、青森県、岩手県、宮城県、秋田県、福島県、群馬県、埼玉県、千葉県、東京都、神奈川県、新潟県、石川県、長野県、岐阜県、静岡県、愛知県、京都府、大阪府、兵庫県、和歌山県、鳥取県、島根県、岡山県、広島県、香川県、愛媛県、高知県、福岡県、長崎県、熊本県、大分県、宮崎県、鹿児島県、沖縄県
＜実技試験2か所＞
東京都、大阪府

■ 筆記試験の出題形式

① マークシート方式です。
② 5つの選択肢の中から正解を1つ選ぶ「5肢択一方式」です。第21回国家試験（平成21年1月実施）までは、「正しいもの（適切なもの）を1つ選ぶ」「誤っているもの（不適切なもの）を1つ選ぶ」という問いの他に、「正しいもの（誤っているもの）の組み合せを1つ選ぶ」という問題もありましたが、第22回以降の試験では、「正しいもの（適切なもの）を1つ選ぶ」「誤っているもの（不適切なもの）を1つ選ぶ」の形式のみが出題され、組み合せを選ぶ問題はなくなりました。さらに、第25回以降の試験では、「正しいもの（適切なもの）を1つ選ぶ」形式のみが出題され、「誤っているもの（不適切なもの）を1つ選ぶ」形式の出題はなくなりました。
なお、第25回（平成25年1月実施）以降の社会福祉士国家試験では、「正しいものを2つ選ぶ」問題が出ています。一応、その可能性も頭に入れておいた方がよいでしょう。

■ 筆記試験の問題数と時間

筆記試験の出題科目は、午前が3領域で63問、午後が1領域と総合問題で62問の出題が予定されています。

（午前）

各領域と科目
人間と社会 ・人間の尊厳と自立 ・人間関係とコミュニケーション ・社会の理解
こころとからだのしくみ ・こころとからだのしくみ ・発達と老化の理解 ・認知症の理解 ・障害の理解
医療的ケア ・医療的ケア

（午後）

各領域と科目
介護 ・介護の基本 ・コミュニケーション技術 ・生活支援技術 ・介護過程
総合問題

■ 合格基準

以下の2つの条件の両方を満たした者が筆記試験（一次試験）の合格者になります。

(1) 総得点の60%程度を基準として、問題の難易度で補正した得点以上の得点をした者。

(2) 上記の(1)を満たした者のうち、以下の試験科目の11科目群すべてにおいて得点があった者。

① 人間の尊厳と自立、介護の基本

② 人間関係とコミュニケーション、コミュニケーション技術

③ 社会の理解

④ 生活支援技術

⑤ 介護過程

⑥ 発達と老化の理解

⑦ 認知症の理解

⑧ 障害の理解

⑨ こころとからだのしくみ

⑩ 医療的ケア

⑪ 総合問題

■ 過去の受験者数と合格者数

	第30回	第31回	第32回	第33回	第34回	第35回	第36回
受験者数	9万2,654名	9万4,610名	8万8,032名	8万4,483名	8万3,082名	7万9,151名	7万4,595名
合格者数	6万5,574名	6万9,736名	5万8,745名	5万9,975名	6万99名	6万6,711名	6万1,747名
合格率	70.8%	73.7%	69.9%	71.0%	72.3%	84.3%	82.8%

新出題基準について

2023（令和5）年1月に実施された第35回試験からは、新出題基準が適用となり、出題される内容が一部変更となりました。

ここでは、公益財団法人社会福祉振興・試験センターのホームページで公開されている「介護福祉士国家試験科目別出題基準」（https://www.sssc.or.jp/kaigo/kijun/pdf/pdf_kijun_k_no35.pdf）の内容をもとに、主な変更箇所を抜粋して紹介します。

■ 第1章 人間の尊厳と自立

第34回試験まで、第4章「介護の基本」の内容であった「QOL」「ノーマライゼーション」が試験内容として記載されています。本書では第1章❶人間の尊厳と人権・福祉理念で解説しています。

■ 第2章 人間関係とコミュニケーション

新たに「チームマネジメント」の項目が追加されました。本書では第2章❷チームマネジメントで解説しています。

■ 第3章 社会の理解

大項目として「地域共生社会の実現に向けた制度や施策」が設けられました。第34回試験でも地域共生社会については出題されていましたが、扱いが大きくなったので注意が必要です。本書では第3章❷地域共生社会の実現に向けた制度や施策で解説しています。

■ 第6章 生活支援技術

新たに「福祉用具の意義と活用」の項目が追加されました。本書では第6章⓫福祉用具の意義と活用で解説しています。

本書の使い方

本書は介護福祉士国家試験の、試験対策テキストです。「介護福祉士完全合格過去＆模擬問題集2025年版」と併せて学習することをおすすめします。頻出度と出題傾向分析を確認して、本文を学習します。「図解で整理」「表で整理」「用語解説」を読んで理解を深め、記憶にとどめましょう。最後に問題を解いて、合格に必要な力を着実につけていきましょう。

頻出度
出題頻度の高い順に★★★、★★、★の3段階で示しています。

解説
介護福祉士の試験では、科目間で共通して出題される項目が複数あります。本書では、そうした記述はあまり省略せずに、通読をすることで頻出度の高い項目が自然と覚えられるように工夫されています。

原文をCheck！
覚えておきたい重要な法律や公的資料を掲載しています。

[第3章] 社会の理解

頻出度
★★★

❾ 介護実践に関連する諸制度

1. 個人の権利を守る制度

個人情報の保護に関する法律（個人情報保護法）
- 個人情報保護法は、個人情報の適正な取り扱いに関する基本方針などを定めた法律である。
- 個人情報とは、生存する個人を識別できる情報のことであり、具体的には、氏名、生年月日、電話番号、家族構成、障害の有無、病歴、学歴、職業歴、収入、財産保有状況、婚姻（離婚）歴、賞罰などが該当する。
- 死者に関する情報は、原則として個人情報保護の対象にならない。
- 個人情報には、文字だけでなく、テープやCDなどの音による情報、写真やビデオなどの映像による情報も含まれる。

☑ 原文をCheck！

個人情報保護法

第1条（目的）
　この法律は、高度情報通信社会の進展に伴い個人情報の利用が著しく拡大していることに鑑み、個人情報の適正な取扱いに関し、基本理念及び政府による基本方針の作成その他の個人情報の保護に関する施策の基本となる事項を定め、国及び地方公共団体の責務等を明らかにするとともに、個人情報を取り扱う事業者の遵守すべき義務等を定めることにより、個人情報の適正かつ効果的な活用が新たな産業の創出並びに活力ある経済社会及び豊かな国民生活の実現に資するものであることその他の個人情報の有用性に配慮しつつ、個人の権利利益を保護することを目的とする。

- 個人情報取扱事業者には、営利か非営利かという区分はない。したがって株式会社だけでなく、社会福祉法人や医療法人なども含まれる。
- 個人情報取扱事業者は、個人情報を取り扱う場合、その利用目的をできる限り特定しなければならない。
- 個人情報取扱事業者は、利用目的を変更する場合、変更前の利用目的と

80　**Q** 個人情報取扱事業者には、営利、非営利という区分はない。　**予想**

法令等の基準について
本書の記載内容は、2024年3月現在の法令等に基づいています。変更される場合もありますので、厚生労働省、各都道府県・市町村の公表する情報をご確認ください。

一問一答
解説内容に関する過去問を一問一答形式にして掲載しています。こちらに挑戦することで、解説内容の理解度がわかるだけでなく、本番の試験で知識がどのように問われるのかがわかります。

過去問解説

よく出る過去問をピックアップして、
解き方のポイントとともに
わかりやすく解説しています。

解き方がわかる！過去問解説

介護保険審査会の設置者は、都道府県である。 第29回

ポイント
間違えやすいのが、介護認定審査会と介護保険審査会です。不服を申し立てるための機関が介護保険審査会であることを覚えておきましょう。

正解は ◯
介護保険審査会は都道府県に設置され、介護保険の認定に対する不服申し立てを受け付け審査します。

関連性を有すると合理的に認められる範囲を超えて行ってはならない。

● 個人情報取扱事業者は、あらかじめ本人の同意を得ずに、特定された利用目的の達成に必要な範囲を超えて、個人情報を取り扱ってはならない。

本人の保護に必要な場合や、明らかに本人の利益になるような場合など、公益性の観点から必要だと認められるときは、本人の同意がなくても第三者に個人情報を提供することができます。

たとえば、意識消失とけいれん発作を起こした利用者の個人情報を救急隊員に提供する場合や、災害時に支援が必要な人の名簿を関係者に公開する場合などがあります。

用語解説
［個人情報取扱事業者］個人情報をデータベース化して事業で活用している事業者のこと。

補足コメント
多くの人がつまずく箇所の補足や覚え方のコツなどを可愛らしいキャラクターが紹介します。

成年後見制度

● 成年後見制度は、成年のなかで保護が必要な人を対象に、家庭裁判所の審判を経て、その人の権利を保護する後見人などを選ぶ制度である。

● 成年後見制度は、法定後見制度と任意後見制度に区分でき、法定後見制度は、さらに後見、保佐、補助の3類型に細分化される。

表で整理！ 法定後見制度の3類型

事項 ＼ 類型	補助	保佐	後見
本人の事理を弁識する能力	不十分	著しく不十分	欠く常況
利用開始時の本人の同意取得	必要	不要	不要
後見人の権限	裁判所が定める特定の法律行為に限定される	民法第13条第1項に定められた重要な行為に関する同意権と取消権（さらに裁判所が拡張する場合もある）	日常生活行為を除くすべての法律行為の取消権や代理権を持つ

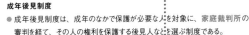
A ◯ 営利、非営利の区分がないため、株式会社だけでなく、社会福祉法人や医療法人なども含まれる。

Character

先生（カピバラ）
介護福祉士試験のエキスパート。つまずきやすい箇所について、いつもやさしくアドバイスしてくれる。

アドバイザー（ネコ）
カピバラ先生の友だち。先生ほどではないが介護の知識がある。困っている受験生をみると、ついついアドバイスをしてしまう、世話好きな性格。

図解で整理！
（表で整理！）
文章だけでは覚えにくい内容をわかりやすく図や表にしてまとめています。

用語解説
本文中の用語の意味を説明しています。

目次

第1領域　人間と社会

1章　人間の尊厳と自立　1

2章　人間関係とコミュニケーション　13

3章　社会の理解　29

本書内容に関するお問い合わせについて

このたびは翔泳社の書籍をお買い上げいただき、誠にありがとうございます。弊社では、読者の皆様からのお問い合わせに適切に対応させていただくため、以下のガイドラインへのご協力をお願い致しております。下記項目をお読みいただき、手順に従ってお問い合わせください。

●ご質問される前に

弊社Webサイトの「正誤表」をご参照ください。これまでに判明した正誤や追加情報を掲載しています。

正誤表　https://www.shoeisha.co.jp/book/errata/

●ご質問方法

弊社Webサイトの「書籍に関するお問い合わせ」をご利用ください。

書籍に関するお問い合わせ　https://www.shoeisha.co.jp/book/qa/

インターネットをご利用でない場合は、FAXまたは郵便にて、下記"翔泳社 愛読者サービスセンター"までお問い合わせください。
電話でのご質問は、お受けしておりません。

●回答について

回答は、ご質問いただいた手段によってご返事申し上げます。ご質問の内容によっては、回答に数日ないしはそれ以上の期間を要する場合があります。

●ご質問に際してのご注意

本書の対象を超えるもの、記述個所を特定されないもの、また読者固有の環境に起因するご質問等にはお答えできませんので、予めご了承ください。

●郵便物送付先およびFAX番号

送付先住所　〒160-0006　東京都新宿区舟町5
FAX番号　　03-5362-3818
宛先　　　　（株）翔泳社 愛読者サービスセンター

人間の
尊厳と自立

出題傾向分析

1 出題傾向

● 近年では、人間の尊厳や自立に関わる歴史・人物・概念から1問と、現場でどのように尊厳や自立を支えるケアを実践するのかという事例問題が1問出題されている。

■過去5年間の出題

出題順	第36回（2024年）	第35回（2023年）	第34回（2022年）	第33回（2021年）	第32回（2020年）
1	介護における利用者の尊厳と自立（尊厳を支えるケア）	人間の尊厳と自立（QOL）	人間の尊厳と自立（ミルトン・メイヤロフ）	人間の尊厳と自立（リッチモンド）	介護における利用者の尊厳と自立（尊厳を支えるケア）
2	人間の尊厳と自立（自立の概念）	介護における利用者の尊厳と自立（尊厳を支えるケア）	介護における利用者の尊厳と自立（高齢者虐待への対応）	介護における利用者の尊厳と自立（権利擁護）	人間の尊厳と自立（アドボカシー）

2 学習のポイント

● 事例問題については、利用者の尊厳や自立、権利擁護という視点を踏まえていれば正解しやすい問題が多いので、本書の内容を理解し過去問を解くことで、確実に得点につなげよう。

● 事例以外は、広い範囲から出題されているので、合格ライン（約60％）を突破するためには、まずは、日本国憲法などの基本的な事項の習得に努める。その後、個々の人物や権利擁護に関する用語など細かな知識の習得に挑戦するとよい。また、著名な人物の著書名も知っておくとよい。

頻出度
★★☆

① 人間の尊厳と人権・福祉理念

1. 人間の尊厳と利用者主体

- 人間の多面性は、**身体的側面**、**心理的側面**、**社会的側面**という3つの側面でとらえることができる。

- 尊厳を支えるケアを実践するためには、利用者を認知症高齢者などの身体的側面のみでとらえるのではなく、性格や家族関係、経済的状況など**多面的**な側面から理解することが重要である。

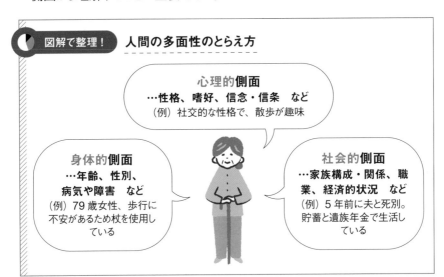

図解で整理！　**人間の多面性のとらえ方**

心理的側面
…**性格、嗜好、信念・信条**　など
（例）社交的な性格で、散歩が趣味

身体的側面
…**年齢、性別、病気や障害**　など
（例）79歳女性、歩行に不安があるため杖を使用している

社会的側面
…**家族構成・関係、職業、経済的状況**　など
（例）5年前に夫と死別。貯蓄と遺族年金で生活している

- **利用者の尊厳を保持することは福祉サービスの基本である。** そのことは、各種法律の条文からも読み取ることができる。

障害や病気など、利用者の身体的側面を把握することは介護にとって欠かせません。ただし、「認知症だから〇〇してはだめ」というような対応にならないよう、心理的側面や社会的側面を考慮に入れた「その人らしさを尊重した介護」を行うことが大切です。

日本国憲法

第13条（個人の尊重と公共の福祉）

　すべて国民は、個人として尊重される。生命、自由及び幸福追求に対する国民の権利については、公共の福祉に反しない限り、立法その他の国政の上で、最大の尊重を必要とする。

社会福祉法

第3条（福祉サービスの基本的理念）

　福祉サービスは、個人の尊厳の保持を旨とし、その内容は、福祉サービスの利用者が心身ともに健やかに育成され、又はその有する能力に応じ自立した日常生活を営むことができるように支援するものとして、良質かつ適切なものでなければならない。

障害者総合支援法

第1条（目的）

　（前略）障害者及び障害児が基本的人権を享有する個人としての尊厳にふさわしい日常生活又は社会生活を営むことができるよう、必要な障害福祉サービスに係る給付、地域生活支援事業その他の支援を総合的に行い、もって障害者及び障害児の福祉の増進を図るとともに、障害の有無にかかわらず国民が相互に人格と個性を尊重し安心して暮らすことのできる地域社会の実現に寄与することを目的とする。

2. 利用者主体の考え方とその実現

● 利用者主体とは、利用者を一人の人間として、生活者として、権利の主体として最大限に尊重することである。介護福祉職は支援において利用者主体の姿勢を徹底し、利用者の権利を擁護する。

● 介護福祉士自身が利用者の権利を侵害することのないよう、支援の内容を振り返り自ら律することも重要である。

ミルトン・メイヤロフは著書『ケアの本質―生きることの意味』の中で、「一人の人格をケアするとは、最も深い意味で、その人が成長すること、自己実現することをたすけることである」と言っています。

Q 1960年代後半からアメリカで展開した自立生活運動では、介護者を生活の主体者として捉えている。**第30回**

3. 人権・福祉の理念

人権の定義

● すべての人は、人種、国籍、性別、年齢、身分、障害の有無などに関係なく、単に人間であることのみに基づいて当然に一定の権利を有し、それはどんな人であっても譲ることのできない不可侵なものである。このような権利を人権という。

● 人権は、人間の尊厳という価値が前提となっている。

 表で整理！ 人権運動の歴史

アメリカ独立宣言	1776年	すべての人間は平等につくられているとし、生存・自由・幸福の追求の権利について言及した
フランス人権宣言	1789年	人は法の下に生まれながらにして自由であり平等であると記載されている。アメリカ独立宣言の影響を受けて制定された
ワイマール憲法	1919年	世界で初めて生存権を規定した、現在のドイツで制定された憲法である
世界人権宣言	1948年	人権と自由を尊重し確保するために「すべての人民とすべての国とが達成すべき共通の基準」として国連総会で決議された
児童権利宣言	1959年	児童の最善の利益について、最高の考慮が払われなければならないなどとしている。国際連合で決議された
障害者の権利宣言	1975年	障害の原因や程度などにかかわらず、障害者は同年齢の市民と同一の基本的権利を有するなどとしている。国際連合で決議された
障害者の権利に関する条約	2006年	障害者の自律および自立の尊重、すべての障害者のあらゆる人権および基本的自由を完全に実現することなどとしている。国際連合で決議された

リッチモンドは「ケースワークの母」と呼ばれ、慈善事業として捉えられていたケースワークを利用者の自立を促す専門職として確立しました。主な著書に『ソーシャルケースワークとは何か』（1922年）などがあります。

A ✕ 介護者ではなく障害者自身を生活の主体者として捉えている。

世界人権宣言

前文

　人類社会のすべての構成員の固有の尊厳と平等で譲ることのできない権利とを承認することは、世界における自由、正義及び平和の基礎である（後略）。

第1条

　すべての人間は、生れながらにして自由であり、かつ、尊厳と権利とについて平等である（後略）。

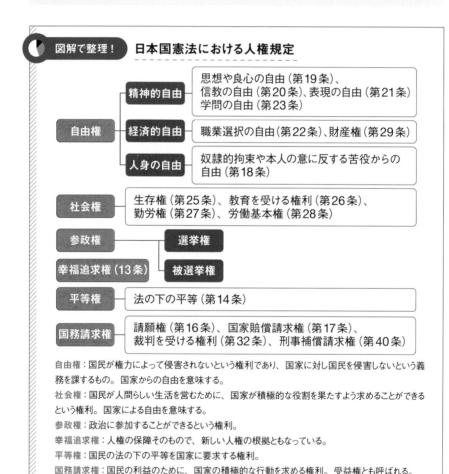

図解で整理！ **日本国憲法における人権規定**

自由権	精神的自由	思想や良心の自由（第19条）、信教の自由（第20条）、表現の自由（第21条）学問の自由（第23条）
	経済的自由	職業選択の自由（第22条）、財産権（第29条）
	人身の自由	奴隷的拘束や本人の意に反する苦役からの自由（第18条）
社会権		生存権（第25条）、教育を受ける権利（第26条）、勤労権（第27条）、労働基本権（第28条）
参政権		選挙権
幸福追求権（13条）		被選挙権
平等権		法の下の平等（第14条）
国務請求権		請願権（第16条）、国家賠償請求権（第17条）、裁判を受ける権利（第32条）、刑事補償請求権（第40条）

自由権：国民が権力によって侵害されないという権利であり、国家に対し国民を侵害しないという義務を課するもの。国家からの自由を意味する。

社会権：国民が人間らしい生活を営むために、国家が積極的な役割を果たすよう求めることができるという権利。国家による自由を意味する。

参政権：政治に参加することができるという権利。

幸福追求権：人権の保障そのもので、新しい人権の根拠ともなっている。

平等権：国民の法の下の平等を国家に要求する権利。

国務請求権：国民の利益のために、国家の積極的な行動を求める権利。受益権とも呼ばれる。

人権保障の限界

● 人権は、人間であれば有することのできる権利だが、次のような限界もある。

Q 日本国憲法において、人権はいかなる場合にも制約を受けることのない権利として記載している。 **予想**

・基本的人権は公共の福祉に反しない限り、最大限尊重される。
・満18歳未満の者や外国人には選挙権がないなど、年齢が基準に達しない者、外国人、法人、公務員、在監者などの場合には、一定の制約がある。

用語解説

 [公共の福祉] ある人の人権と社会の利益とが衝突する場合、調整されることがあり得るということ。

人間は戦争などの極限的な状況にあっても、運命をどのように受け取るのかという自由が残されています。オーストリアの精神科医・心理学者であったフランクルは、そうした自らの可能性が制約されている状況下の人間のふるまいによって実現される価値を、態度価値と名付けました。

病気や障害などに向き合い、尊厳をもって生きている人は、態度価値を実現しているといえるんですね。

4. ノーマライゼーション

● ノーマライゼーションとは、障害がある人もできる限り住み慣れた地域で、他の市民と同じ条件で生活できるようにしようという考え方。

● 1950年代にデンマークのバンク・ミケルセン（Bank-Mikkelsen, N.）らによる知的障害施設入所者の処遇改善運動のなかから理念が誕生した。

● 以後、スウェーデンのニィリエ（Nirje, B.）が、知的障害者がノーマルな生活をするための8つの原理（386ページ参照）を提唱した。

● 1995（平成7）年には「障害者プラン～ノーマライゼーション7か年戦略～」が策定され、わが国の施策でもノーマライゼーションという言葉が積極的に使われるようになっている。

 ✕ 公共の福祉と衝突する場合などに制約を受けることが記載されている。

表で整理！　そのほかの関連する用語の定義

ウェルビーイング （well-being）	直訳は「幸福」。WHOが1946年の憲章草案で「健康」を定義する記述のなかで「良好な状態（well-being）」として用いた言葉。「健康とは身体的・精神的及び社会的に良好な状態（well-being）であって、単に病気ではないとか、虚弱ではないということではない」とされている
バリアフリー	障壁のない環境を整備すること。段差の解消、車いすでも使えるトイレやエレベーターの設置など。障害のある人などに対する偏見や心の壁を取り除くことも含む
ソーシャル インクルージョン （社会的包摂）	障害をもつ人だけでなく「全ての人々を孤独や孤立、排除や摩擦から援護し、健康で文化的な生活の実現につなげられるよう、社会の構成員として包み支え合う」という理念
ソーシャルロール・ バロリゼーション	価値のある社会的役割の獲得を目指すこと。ヴォルフェンスベルガー（Wolfensberger, W.）により、ノーマライゼーションを捉え直すなかで提唱された概念

5. QOL

QOLの定義と歴史

● クオリティ・オブ・ライフ（Quality of Life：QOL）とは人間らしく満足して生活しているかどうかを評価する概念で、「生命の質」「生活の質」「人生の質」などと訳される。

● 1960〜1970年代のアメリカにおいて、障害者を中心として、身体障害などによって失われた機能が回復し、ADL（Activities of Daily Living：日常生活動作）の自立性が回復する見込みがなくても、「社会参加」や「自己実現」が可能だと主張する、自立生活（Independent Living：IL）運動が展開された。

● この運動は、リハビリテーション法（1973年にアメリカで制定）に強い影響を与え、リハビリテーションの目標を、ADLの自立からQOLの向上へと変換させることにつながった。

Q 利用者のQOLを高めるために、ADL（日常生活動作）の維持・向上を最優先にする。　第35回
第29回

図解で整理！ リハビリテーションの目標の変化

ADLの自立 （日常生活動作） 食事、排泄、着脱衣、 入浴、移動、寝起きなど	→	QOLの向上 （生活の質） 人間らしく満足して 生活しているかどうか

 ADLの自立が難しい場合でもQOLの向上は可能です。

解き方がわかる！ 過去問解説

自立生活運動では、障害者自身の選択による自己決定の尊重を主張している。 第30回

 ポイント
「自立」とは、人が自分の能力をもとに自分の生活を主体的に組み立てて生活することという言葉の意味から考えてみましょう。

正解は ○
自立生活運動は1960年代にアメリカで始まった運動で、障害者の自立を目的に、障害者自身が中心となって取り組んだ社会運動です。自分の生活を主体的に組み立てて生活するということは、障害者自身の選択による自己決定を尊重しているということになります。

解き方がわかる！ 過去問解説

高齢者が施設に入所した場合、環境や集団生活に効率的に対応するように、それまでの生活習慣を見直すことが望ましい。 第26回

 ポイント
介護の基本は、利用者の尊厳を保持し、一人一人を尊重することです。この基本から考えてみましょう。

正解は ✕
環境や集団生活に効率的に対応するのは、職員中心の考え方です。利用者一人一人の尊厳を保持し、できる限りそれぞれのペースで過ごせるように配慮していくことが必要です。

→   ADLの維持・向上は大切ではあるが、必ずしもQOLを高めるための最優先事項ではない。

❷ 自立の概念

1．自立の概念

- 自立とは、人が、自分の**能力**をもとに自分の生活を**主体的**に組み立てて生活することである。

- 自律とは、理性によって自分で立てた**規範**にしたがい、**道徳的**に行為することである。

アメリカで1960年代から始まり、1970年代に活発になった自立生活運動（IL運動）は、重度の障害者が、障害者自身の選択による自己決定の尊重を主張した社会運動です。

2．自己決定・自己選択

- 介護福祉士は、利用者の**自己決定・自己選択**を最大限に尊重する。

- その上で、利用者の**幸福の実現**のために何ができるか、何をするべきかを利用者とともに考え、支援を行う。

3．尊厳の保持と自立

- 周囲がその人らしさを尊重し、また、本人自身が**個人**として尊重されていることを自覚できるケアであり、**自尊心**を持てるような生き方を支え、実現するケアのこと。

- 介護福祉士は、利用者の人格、**身体**、**財産**を侵害するおそれがあることに十分留意しておく必要がある。

- 介護福祉士は、利用者の尊厳を保持し、利用者が**自立した日常生活**を営

Q 介護場面で「尊厳の保持」を遵守するためには、認知症のある利用者の場合、家族の意思決定を優先する。　**予想**

むことができるよう、常に**利用者の立場**に立って、誠実に業務を行わなければならないと定められている（社会福祉士及び介護福祉士法第44条の2）。

● 利用者の尊厳の侵害の最たるものとして、**虐待**がある。**高齢者虐待防止法**では、以下の5つの虐待が定義されている。

📊 **表で整理！ 高齢者虐待の例**

区分	内容	具体例
身体的虐待	暴力的行為や、外部との接触を遮断する行為	・殴る、蹴る、無理やり食事を口に入れる ・ベッドに縛りつける、薬を過剰に摂取させる
介護・世話の放棄・放任（ネグレクト）	介護や世話を放棄・放任し、高齢者の生活環境や身体・精神状態を悪化させること	・水分や食事を十分に与えない ・高齢者本人が必要とする介護・医療サービスを使わせない
心理的虐待	威圧的な態度や言動、無視、嫌がらせなどで精神的、情緒的苦痛を与えること	・排泄の失敗を嘲笑したり、それを人前で話すなど、高齢者に恥をかかせる ・侮辱を込めて、子どものように扱う
性的虐待	本人との合意がない、あらゆる形態の性的な行為またはその強要	・排泄の失敗に対して懲罰的に下半身を裸にして放置する ・キスなどの性的な行為を強要する
経済的虐待	本人の合意なしに財産や金銭を使用し、本人の希望する金銭の使用を理由なく制限すること	・日常生活に必要な金銭を渡さない／使わせない ・本人の自宅などを本人に無断で売却する

● **権利擁護（アドボカシー）**とは、**当事者**が権利を行使できずにいたり、権利が侵害されていたりする状況に対して、その権利を行使できるよう援助すること。

● 認知症高齢者や障害のある人など、自分の権利やニーズを主張することが難しい利用者を援助するために、福祉専門職には**エンパワメント**（112ページ参照）の視点から自己決定を促したり、当事者に代わってその権利を**代弁**することが期待される。

🅰 ❌ 本人の意向より家族の意思決定を優先することは、尊厳の保持に反する。

● 権利擁護のための制度として、成年後見制度や日常生活自立支援事業がある。

→第3章❾「介護実践に関連する諸制度」（80ページ）を参照

自分の権利やニーズを主張できないと、その人の望む生活を送れないだけでなく、本人の意図に反して高額な商品の契約をさせられるなどの権利侵害にあうこともあります。

障害者福祉の父ともいわれる糸賀一雄の「この子らを世の光に」という思想は、すべての人がもっている人格発達の権利を保障することが大切であるという考え方に基づいています。

解き方がわかる！過去問解説

Aさん（25歳、男性、障害支援区分3）は、網膜色素変性症（retinitis pigmentosa）で、移動と外出先での排泄時に介助が必要である。同行援護を利用しながら、自宅で母親と暮らしている。音楽が好きなAさんは合唱サークルに入会していて、月1回の練習に参加している。
合唱コンクールが遠方で行われることになった。同行援護を担当する介護福祉職は、Aさんから、「コンクールに出演したいが初めての場所に行くことが心配である」と相談を受けた。
介護福祉職のAさんへの対応として、最も適切なものを1つ選びなさい。 **第35回**

1 合唱コンクールへの参加を諦めるように話す。
2 合唱サークルの仲間に移動の支援を依頼するように伝える。
3 一緒に交通経路や会場内の状況を確認する。
4 合唱コンクールに参加するかどうかは、母親に判断してもらうように促す。
5 日常生活自立支援事業の利用を勧める。

ポイント 自己決定や尊厳の保持という観点から見ると、選択肢が絞られてきます。

正解は 3 選択肢1、4はAさんの自己決定という観点から適切ではないことがわかります。選択肢2については、仲間に移動の支援を依頼したいかどうかAさんの意思がわからないので、選択肢3の方が適切であるといえます。

[第1領域]
人間と社会

2章

人間関係と
コミュニケーション

出題傾向分析

1 出題傾向

● 第36回試験での問題数は4問であり、第5章「コミュニケーション技術」の問題と併せて最低でも1問正解することが合格の条件になっている。

● 1問は自己開示や共感などのコミュニケーションの基本的な理論や技術から出題され、もう1問は利用者の障害に応じたコミュニケーション手法から出題されるというパターンが多い。

● 新出題基準では、大項目「チームマネジメント」が新設され、チームマネジメントや組織の運営管理が出題されている。

■過去5年間の出題

出題順	第36回 （2024年）	第35回 （2023年）	第34回 （2022年）	第33回 （2021年）	第32回 （2020年）
1	チームマネジメント（目標の共有）	人間関係の形成（問題焦点コーピング）	人間関係の形成（他者理解）	人間関係の形成（役割葛藤）	人間関係の形成（自己覚知）
2	コミュニケーションの基礎（準言語）	コミュニケーションの基礎（自己開示）	人間関係の形成（自己開示）	コミュニケーションの基礎（言語メッセージと非言語メッセージ）	コミュニケーションの基礎（高齢者に対する配慮）
3	チームマネジメント（精神的健康）	チームマネジメント（PDCAサイクル）	―	―	―
4	組織と運営管理（指揮命令系統）	チームマネジメント（OJT）	―	―	―

2 学習のポイント

● 出題頻度が高い障害別のコミュニケーション方法については、先天的な障害なのか中途障害なのかによっても適した方法が変わってくる場合があるので、しっかりと押さえておく。

● この章の出題数は4問であるが、第5章「コミュニケーション技術」など他章での出題と関連性が深い事項が多いので、両方の章の内容をまんべんなく理解しておくことが大切である。

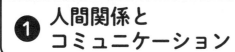

① 人間関係とコミュニケーション

頻出度 ★★☆

1. 人間関係と心理

ラポール

● 信頼できる温かい関係を**ラポール**という。ラポールを形成するには**相手の感情や考え**に関心（興味）を持ち、相互に理解することが大切である。

自己覚知

● 自分自身をより深く理解していくことを**自己覚知**という。介護福祉士は相手に対して不適切な感情を無意識に向けてしまうことがあるが、自分自身の価値観や、**他者に対する接し方**などについて理解を深め、それを防止する。

● 気持ちの面だけでなく、どのような**姿勢**で自分が利用者と対話をしているかについての気づきを深めることも重要である。たとえば、**腕や足を組む**という姿勢も相手の気持ちに**悪い影響**を与えてしまうことがある。

自己開示

● 自分自身に関する情報を、相手に伝えることを**自己開示**という。相手（利用者）との信頼関係を築くための一つの方法が自己開示である。

● 自己開示のしすぎ（自分のことだけを話し、相手（利用者）の話を聞かないこと）は相手との関係に**悪い影響**を与えてしまうことがある。

グループダイナミクス（集団力学）

● 集団の中で人間がどのように行動するか、集団の中ではどのような力が働いているかを明らかにしようとするアプローチを**グループダイナミクス**（集団力学）という。社会心理学者のレビンによって提唱された。

● 社会福祉においては、施設内の利用者同士の人間関係の把握や、集団の力を用いて問題解決を図る集団援助技術（**グループワーク**）においてグルー

プダイナミクスが重要な役割を果たしている。

他者理解

● 介護の専門家として他者と接するときに求められることは、**共感的態度**や、受容する姿勢を大切にしながら向き合っていくことである。

 用語解説

[共感的態度] あたかも「自分自身のことのように」相手の話を聞こうとする姿勢。

無条件の肯定的尊重

● 相手の話している内容を批判（否定）せず、**温かい気持ち**で受け止めていこうとする姿勢を大切にする。

● 何を話しても**傾聴**してくれる援助者を目の前にしたクライエント（利用者）は、やがて自信を取り戻し、これまで意識しなかった自分自身の気持ちや感情に向き合うようになる。

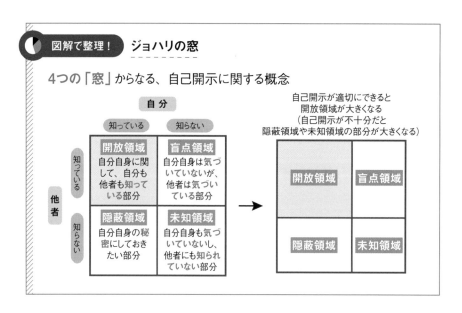

図解で整理！ ジョハリの窓

4つの「窓」からなる、自己開示に関する概念

自分

	知っている	知らない
他者 知っている	**開放領域** 自分自身に関して、自分も他者も知っている部分	**盲点領域** 自分自身は気づいていないが、他者は気づいている部分
他者 知らない	**隠蔽領域** 自分自身の秘密にしておきたい部分	**未知領域** 自分自身も気づいていないし、他者にも知られていない部分

自己開示が適切にできると開放領域が大きくなる（自己開示が不十分だと隠蔽領域や未知領域の部分が大きくなる）

開放領域	盲点領域
隠蔽領域	未知領域

Q 自己開示は、ジョハリの窓の「開放された部分」を狭くするために行う。 **第29回**

人間関係と役割

- 教師などの特定の職業や、母や妻などの家庭内の立場などによって、期待されている役割のことを**役割期待**という。
- 家庭での母としての役割と、妻としての役割など、人は多くの場合、複数の役割を抱えている。そうした役割の間で矛盾を抱えることを**役割葛藤**という。

2. 対人関係とコミュニケーション

対人関係・コミュニケーションの意義

- 介護福祉士としての自分自身に関する情報を利用者に提供（**自己開示**）し、利用者自身の情報を提供してもらうことで**相互理解**が深まる。
- 食事・入浴・排泄の介助などでは、相手の身体に触れることもある。利用者の**不安**を軽減していくためにも、コミュニケーションをとりながら、お互いの理解を深めていくことが大切である。

注意しなければならないこと

- コミュニケーションは情報の**発信者**と**受信者**の関係に影響を受ける。
- **聞き手の理解**を確認しながら話を進めていくことも大切である。また、話し手が意図している通りに伝わらない場合もある。
- コミュニケーションを円滑に進めていくためには、**環境づくり**も大切である。

後になって「そんなつもりではなかった」と言われないよう、聞き手の理解を確認しながら話を進めていくことも大切です。

 表で整理！　**コミュニケーションを妨げる要因**

物理的な要因	騒音、明るさ、寒さ、暑さなど
身体的な要因	視覚障害、聴覚障害、認知症など
心理的な要因	事実を認めたくない気持ち（否認）など

 ✕　ジョハリの窓の「開放された部分」とは、自分も相手も理解している情報のこと。自己開示は「開放された部分」を広くするために行う。

対人関係とストレス

● **ストレス**とは、何らかの刺激により心身に生じるひずみやゆがみである。

● ストレスを引き起こす要因のことを**ストレッサー**という。対人関係に関わる**心理・社会的ストレッサー**は、人間の日常生活の中で特に強いストレスを引き起こしやすい。

● すべてのストレスを取り除くことはできないため、ストレスの**緩和**が目指される。ストレスへの対処行動としては、2通りのアプローチからストレスに対処する**コーピング**や、家族や友人など周りの人がサポートする**ソーシャル・サポート**などがある。

 表で整理！ ストレッサーの分類

身体・生理的ストレッサー	身体の不調や生理反応 例：疲労、痛み、病気
物理・化学的ストレッサー	物理的な環境による刺激 例：騒音、振動、暑さや寒さ
心理・社会的ストレッサー	ライフイベントや対人関係 例：受験・進学、仕事のトラブル、家族との不和

表で整理！ コーピングの分類

問題焦点（型）コーピング	ストレッサーそのものに働きかけ、それ自体を変化させて解決を図ろうとする方法 例：対人関係がストレッサーである場合、相手の人に直接働きかけて問題を解決する
情動焦点（型）コーピング	ストレッサーに対する考え方や感じ方を変えようとする方法 例：対人関係がストレッサーである場合、それに対する自分の考え方や感じ方を変える

Q 第33回　家族介護者が、仕事と介護の両立への期待に応えられるかどうか悩むのは、役割葛藤である。

3. コミュニケーション技法の基礎

自己決定

● 話し手の意見を通したり、相手を説得したりするためだけにコミュニケーションをとらない。情報を伝えて納得してもらい、利用者が自己決定（自己選択）できるようなコミュニケーションを目指していくことが求められる。

パーソナルスペース

● 個人の心理的ななわばりのことで、この領域に相手の許可なく踏み込んでしまうと、不快感を持たれてしまうこともある。性別による差異では、一般的に男性のパーソナルスペースの方が女性よりも前方に広いと考えられているが個人差があり、皆同じというわけではない。

共感・受容・傾聴

● 介護福祉士にとって、他者とのコミュニケーションを進めていくためには欠かすことのできない大切な技法である。

共感	相手の感情を、あたかも自分の感情のように感じていくこと
受容	相手の話に対し判断や評価をせず、ありのままに受け入れていくこと
傾聴	話し手のことを深く理解しようとする姿勢で聴くこと

📊 表で整理！ 言語的コミュニケーションと非言語的コミュニケーション

言語的コミュニケーション	言葉によるコミュニケーションのこと。非言語的コミュニケーションに比べて、意識的に行われているコミュニケーション手段である
非言語的コミュニケーション	言葉以外のコミュニケーションのこと。身振り手振りなどのジェスチャー、表情、視線、姿勢、服装、髪型、話す速度、声のトーンなどがある

 A ◯ 介護者としての役割と、仕事上での役割の間で葛藤しているといえるので、役割葛藤である。

154ページのバイステックの7原則も出題の可能性があるので確認しておきましょう!

図解で整理! 相手と自分の座る位置

テーブル

テーブル

テーブル

会話がしやすい。協力関係。面接などでよく用いられる(直角法)。

緊張が生じる場合がある。競争や対決のときに現れる位置(対面法)。テーブルに花瓶などを置き、緊張を和らげる配慮も必要。

協力しやすい。親しい関係の者同士でみられる。

※テーブルがない場合もある。

相手と自分の座る位置が、コミュニケーションに影響を与える場合もあります。相手がリラックスして話せるような配慮も大切です。

表で整理! 質問技法

	閉ざされた質問 (閉じた質問)	開かれた質問
内容	・「はい」「いいえ」などで答えられる質問 ・話をすることが得意でない人にとっては、答えることが楽な質問で、事実の確認のときにも有効 ・閉ざされた質問ばかりが続くと、尋問を受けているように感じる人もいる	・自由に答えることのできる質問 ・話をすることが苦手な人にとっては、答えることがつらくなる場合もあるが、考えていることや感じていることを自由に話すことができるので、質問者は相手をより深く理解することができる
例	・お腹は空きましたか ・痛くないですか	・そのことについて詳しく教えてください ・最近調子がよくないようですが、何かありましたか

 話す気分になれなくて口数が少ない利用者と会話を続けるために、コミュニケーションがより円滑になるように、開かれた質問をする。 第30回

表で整理！ **カウンセリング技法**

● カウンセリング技法は、介護現場でのコミュニケーションにも役立つ。

うなずき	「うんうん」「なるほど」「そうだよね」といったように、相手の話に反応すること。話し手を批判せず、励ます気持ちで行う
繰り返し	相手の言った言葉をそのまま繰り返すこと。話したことをすべて繰り返すのではなく、話の内容から重要だと思う言葉を繰り返していく
言い換え（要約）	相手の話を聞いて、自分の言葉でまとめていくこと。言い換えは、話の内容をどのように理解したのか、話し手に伝えていく作業である
感情の反射	話し手の感情を、聞き手の価値観を入れずに受け止めていくこと。具体的には、「今、とてもつらいんですね」「うれしく思っているんですね」というように応答していくこと

解き方がわかる！過去問解説

利用者が介護福祉職の話す内容を理解できておらず困っている場合、介護福祉職の準言語を活用した対応は、早口で伝えることである。 第36回

ポイント
素早く情報を理解できない利用者は少なくありません。聞き手の理解を確認しながら話す大切さを理解していれば、答えを導き出しやすくなります。

正解は
✕
早口で説明するとことは、余計に混乱を与えるだけでなく、威圧感を与えてしまうこともあります。利用者の理解を確認しながらゆっくり伝えることが大切です。

解き方がわかる！過去問解説

「トラブルの原因に働きかけて解決しようとする」ことは、ストレス対処行動の一つである問題焦点型コーピングに当てはまる行動である。 第35回

ポイント
コーピングには問題焦点（型）コーピングと情動焦点（型）コーピングの2種類があることを思い出してみましょう。

正解は
○
問題焦点（型）コーピングは、ストレッサーそのものに働きかけるストレス対処法です。一方で情動焦点（型）コーピングは「トラブルも良い経験だ」と自己の意味づけを変えることなどが当てはまります。

 ✕　会話があまり進まないような利用者にとっては、一般的には閉じた質問の方が負担は少ない。

自己の私生活を打ち明けることは、他者とのコミュニケーションを通した自己覚知の方法として正しい。 第32回

ポイント
自己覚知とは、自分の性格や価値観など自分自身について深く理解していくことです。

正解は
✕

自己の私生活を打ち明けることは自己覚知ではありません。ただし、「なぜ、私生活を打ち明けようとしたのか」を考えることは自己覚知といえます。

コミュニケーションの技法などについては第5章（149ページ）を参照してください。

Cさん（87歳）は、介護老人保健施設に入所している。最近、Cさんがレクリエーション活動を休むことが多くなったので、担当のD介護福祉職はCさんに話を聞いた。Cさんは、「参加したい気持ちはあるので、次回は参加します」と言いながらも、浮かない表情をしていた。D介護福祉職は、「自分の気持ちを我慢しなくてもいいですよ」とCさんに言った。このD介護福祉職の言葉かけは、バイステックの7原則の自己決定が該当する。 第30回

ポイント
事例の内容から、利用者と介護福祉職のやりとりに着目し、介護福祉職が「利用者は何か我慢をしているのではないか、そのことを話してもらおう」という意図で発言していることを読み取るとよいでしょう。

正解は
✕

利用者が自分の気持ちを自由に表せるように声をかけるのは、バイステックの7原則の意図的な感情表出です。自己決定は、利用者が自分の行動などを自分で決定することをいいます。

人を責めるような言葉を使う同僚の介護福祉職をストレスに感じていたAさんは、その同僚の言動を改めるように直接話し合った。このときのAさんのストレスへの対処は情動焦点（型）コーピングである。 予想

❷ チームマネジメント

1. 介護サービスの特性

ヒューマンサービスの特性

● 介護ではサービスという形のないものを提供する。その性質上、サービスの質を維持するためには**介護過程の展開**（アセスメント、介護計画の立案、介護の実施、評価）が不可欠である。

サービスの特性

> ①**無形性**…物質的な形がない
> ②**不可分性**…生産と消費を分けることができない（生産と同時に消費されていく）
> ③**品質の変動性**…提供する人やタイミングにより品質が変わる
> ④**消滅性**…ためておく（在庫しておく）ことができない

● 介護のように「人が人に対して行うサービス」を特に**ヒューマンサービス**という。ヒューマンサービスには次のような特性がある。

相互関係の重視	サービスを提供する側・される側の相互関係が重視されるため、高い倫理や**専門性**が求められる
全体をとらえる視点	病気や障害など特定のニーズや専門分野だけをみるのではなく、利用者に対し**人としての全体をみる視点**をもち継続的に関わる

●「専門性を保つ」「全体をみる」「継続的に関わる」ことを1人の介護福祉職が行うことはできないため、介護では**同職種・多職種チーム**での**協働**が必要になる。

● チームでの協働においては、チームの目標を設定し、目標の達成に向けメンバーの役割と責任を整理する**チームマネジメント**を行う。

 Ａ ✕　ストレッサーに直接働きかけており、Ａさんの行動は問題焦点（型）コーピングにあたる。情動焦点コーピングとは、ストレッサーそのものを変化させるのではなく、ストレッサーに対する考え方や感じ方を変えようとするストレスの対処方法のことである。

2. 組織と運営管理

福祉サービス提供組織の構造と役割

- 介護保険制度の中では、介護事業を運営するさまざまな**法人**や、そこに所属する事業所が**組織**として機能することで、介護サービスの運営や質の向上が行われている。
- 法人組織は、経営と管理について責任をもつ**経営・管理部門**、経営・管理部門と現場部門をつなぐ**中間管理部門**、介護サービスに直接かかわる**現場部門**に大きく分けられる。
- 組織における職員は、専門分野で分けられる**職種**（介護福祉職、看護職、事務職など）と、仕事上の地位によって分けられる**職位**（部長、施設長、主任など）という2つのカテゴリーで管理される。
- 組織は、部門や職位が階層構造をつくり、各階層が**指揮命令系統**で機能している。組織の指揮命令系統は、組織の構造が一目でわかるようにまとめられた**組織図**によって把握することができる。

コンプライアンスの遵守

- 介護保険制度は、利用者の負担だけでなく、その多くを税金や介護保険料によってまかなう**公益性**の高いサービスである。
- その性質上、介護サービスを運営する法人や事業所には法令を遵守すること（コンプライアンス）や、事業内容や費用の使途などが第三者からもわかりやすい**透明性の確保**が求められる。

3. チーム運営の基本

チームの機能と構成

- 介護現場では、場所やケアの内容に応じて必要なメンバーが集まることでさまざまな**チーム**が形成される。**同職種**だけでなく、**多職種**が集まって形成されるチームも多い。

Q 介護老人福祉施設における全体の指揮命令系統を把握するために必要なのは、組織図である。
第36回

表で整理！ 介護福祉に携わるチームの例

同職種チーム	・施設内で業務を行う介護福祉職チーム ・食事や入浴、レクリエーションなど特定の業務を担当する介護福祉職チーム
多職種チーム	・施設の介護福祉職と看護職やリハビリテーション職、ケアマネジャーで構成されるチーム ・在宅利用者を支援するチーム（メンバー例：介護福祉職、医療職、地域の関係者など）

- チームのメンバーとチーム全体とは、互いに影響を与える**相互関係**にある。メンバーとチームがプラスの影響を与えあうことがよい**チームワーク**につながる。
- チームでのケアの展開においては、**情報共有と役割分担**が不可欠である。特に多職種チームでは、それぞれの職種が役割に応じた視点から把握した情報を集めることで、利用者の**生活の全体像**をより広くみることができるという意義がある。

情報共有の場としての会議については、第5章❹（165ページ）で詳しく解説しています。

リーダーシップ

- チームのリーダーが発揮する意識や行動を**リーダーシップ**という。リーダーシップには、メンバーに対する指導力、チームをまとめる力、目標に向かって導く力などの機能がある。
- リーダーシップに関する理論として、**三隅二不二**が提唱した**PM理論**がある。この理論では、リーダシップのもつ機能を「目標達成機能（Performance function）」と「集団維持機能（Maintenance function）」として整理している。

  　組織図は、組織の構造を一目で把握できるようにした図であり、組織図があれば部門や職位の階層構造における各階層の指揮命令系統を把握しやすくなる。

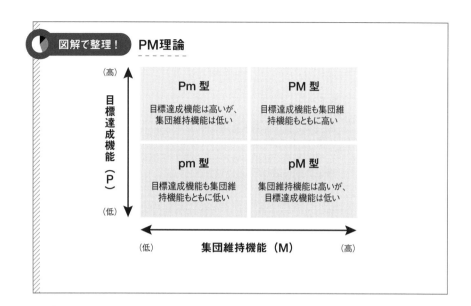

図解で整理！ **PM理論**

目標達成機能（P）
（高） ↑ ｜ （低）

Pm 型
目標達成機能は高いが、
集団維持機能は低い

PM 型
目標達成機能も集団維
持機能もともに高い

pm 型
目標達成機能も集団維
持機能もともに低い

pM 型
集団維持機能は高いが、
目標達成機能は低い

（低） ← **集団維持機能（M）** → （高）

フォロワーシップ

● メンバーがリーダーを支える機能のことを**フォロワーシップ**という。チームワーク
を発揮するためには、リーダーシップだけでなくフォロワーシップも重要である。

● フォロワーシップは、単に指示に従って動くことではない。チームのために自
律的に動いたり、自発的に発言してチーム全体を改善に導いたりすることも
期待されている。

● 複数のチームに所属することが多く、チームによって役割が異なることもある
介護福祉職においては、リーダーシップとフォロワーシップの両方の力を求めら
れる。

業務課題の発見と解決の過程（PDCAサイクル）

● 介護事業を経営する法人では、サービスの内容や時期など示す**事業計画**を
毎年度作成する。各事業所では、事業計画にそって年間計画や月間計画を
作成する。

● 事業計画は、**PDCAサイクル**によって継続的に介護サービスを改善するため
に作成される。PDCAサイクルとは、Plan（計画）→Do（実行）→Check（評
価）→Action（改善）を繰り返すことで業務を改善する方法のことをいう。

Q 組織がチームワークを発揮するためには、チームリーダーのリーダーシップだけではなく、
チームメンバーのフォロワーシップも大切である。 **予想**

4. 人材の育成と管理

人材育成の方法と制度

● 介護現場での実際の仕事を通して学ぶ方法をOJT（on-the-job training）、研修会など現場を離れて学ぶ方法をOff-JT（off-the-job training）という。

● 自発的な学習を奨励・支援する制度をSDS（self-development system）という。学習スペースの提供や、専門書の購入、通信講座や資格試験にかかる費用を補助するなどの形がある。

 表で整理！ 人材育成方法の長所と短所

方法	長所	短所
OJT	・仕事と学習が一体になっているため学習効率がよい ・チーム内の人間関係が形成できる	・指導者により内容に差が出る ・仕事の状況によるため体系的な学習になりにくい
Off-JT	・体系的に学ぶことができる ・現場にはない新しい取り組みや考え方を学ぶのに適している	・学習効果が出るまでに時間がかかる ・実際の仕事内容とのずれが生じやすい
SDS	・本人の都合やスキルに合わせて学習時間や内容を選択できる	・本人の意欲により学習効果が左右されやすい

人材育成の手法

● OJTでは、指導係が新人職員に対して仕事の方法や知識を教えるティーチングと、質問を投げかけることで新人職員に考えさせるコーチングという手法を使い分けながら育成が行われる。

● スーパービジョンとは、職場における指導係と新人職員など、指導するスーパーバイザーと指導されるスーパーバイジーの関係をつくって成長を支援する手法のことをいう。

● コンサルテーションとは、人材育成に限らず組織や事業の運営にも及ぶ専門的な相談や助言のことをいう。コンサルテーションでは、助言者が特定の領域の専門家である場合も多い。

 A ○ 設問文の通り、チームメンバーのフォロワーシップも大切である。

∴∴∴∴∴∴∴∴ 解き方がわかる！過去問解説 ∴∴∴∴∴∴∴∴

介護老人福祉施設は、利用者とその家族、地域住民等との交流を目的とした夏祭りを開催した。夏祭りには、予想を超えた来客があり、「違法駐車が邪魔で困る」という苦情が近隣の住民から寄せられた。そこで、次の夏祭りの運営上の改善に向けて職員間で話し合い、対応案を作成した。

次の対応案のうち、PDCAサイクルのアクション（Action）に当たるものとして、最も適切なものを1つ選びなさい。 第35回

1 近隣への騒音の影響について調べる。
2 苦情を寄せた住民に話を聞きに行く。
3 夏祭りの感想を利用者から聞く。
4 来客者用の駐車スペースを確保する。
5 周辺の交通量を調べる。

ポイント　PDCAサイクルのアクションが「改善」であることを思い出してみましょう。

正解は
4
4以外の選択肢は、調査や聞き取りであるため、適切ではないことがわかります。改善のための行動をとっている4が適切です。

∴∴∴∴∴∴∴∴ 解き方がわかる！過去問解説 ∴∴∴∴∴∴∴∴

D介護福祉職は、利用者に対して行っている移乗の介護がうまくできず、技術向上を目的としたOJTを希望している。

次のうち、D介護福祉職に対して行うOJTとして、最も適切なものを1つ選びなさい。
第35回

1 専門書の購入を勧める。
2 外部研修の受講を提案する。
3 先輩職員が移乗の介護に同行して指導する。
4 職場外の専門家に相談するように助言する。
5 苦手な移乗の介護は控えるように指示する。

ポイント　OJTとは、現場での実際の仕事を通して学ぶ方法のことをいいます。

正解は
3
選択肢5は技術向上の機会を減らしていると考えられるため適切ではなく、1、2、4は現場以外で学ぶ方法であるためOJTにはあたらないと考えられます。

[第 1 領域]
人間と社会

3章

社会の理解

出題傾向分析

1 出 題 傾 向

● 介護保険制度、障害者福祉制度についての出題が約半数を占める。

● 介護実践に関する諸制度については、成年後見制度や日常生活自立支援事業についての出題が比較的多くみられる。

● 新出題基準では、これまで中項目以下に入っていた地域福祉に関する内容が大項目「地域共生社会の実現に向けた制度や施策」として独立した。地域共生社会の推進組織や理念について出題されている。

■過去5年間の出題

出題順	第36回 （2024年）	第35回 （2023年）	第34回 （2022年）	第33回 （2021年）	第32回 （2020年）
1	生活と福祉（セルフヘルプグループ）	地域共生社会の実現に向けた制度や施策（社会福祉協議会）	生活と福祉（地域）	生活と福祉（家族の変容）	社会保障制度（自助・互助・共助・公助）
2	社会保障制度（NPO法人）	地域共生社会の実現に向けた制度や施策（地域共生社会）	生活と福祉（家族）	生活と福祉（セルフヘルプグループ）	社会保障制度（働き方改革）
3	地域福祉の発展（セツルメント）	社会保障制度（社会保障制度に関する勧告）	生活と福祉（人口動態の変化）	社会保障制度（福祉六法）	介護保険制度（サービス利用）
4	社会保障制度（社会福祉基礎構造改革）	介護保険制度（保険者）	社会保障制度（社会福祉法等の改正）	社会保障制度（社会保障給付費）	社会保障制度（財政）
5	社会保障制度（公的医療制度）	障害者福祉制度（合理的配慮）	介護保険制度（サ高住）	介護保険制度（保険者）	介護保険制度（被保険者）
6	介護保険制度（事業所等の指定）	障害者福祉制度（障害者基本法）	介護保険制度（財源構成）	介護保険制度（要介護認定）	介護保険制度（介護予防・日常生活支援総合事業）
7	障害者福祉制度（障害者差別解消法）	障害者福祉制度（障害者総合支援法）	障害者福祉制度（障害者の近況）	介護保険制度（認知症対応型共同生活介護）	障害者福祉制度（障害福祉計画）

8	障害者福祉制度（障害者総合支援法）	障害者福祉制度（障害者総合支援法）	障害者福祉制度（サービス利用）	障害者福祉制度（ノーマライゼーション）	障害者福祉制度（障害福祉サービス利用手続き）
9	介護実践に関連する諸制度（消費者保護）	介護実践に関連する諸制度（個人情報保護法）	障害者福祉制度（重度訪問介護）	障害者福祉制度（共生型サービス）	介護保険制度（共生型サービス）
10	介護実践に関連する諸制度（福祉避難所）	介護実践に関連する諸制度（高齢者虐待防止法）	介護実践に関連する諸制度（成年後見制度）	障害者福祉制度（障害者総合支援法）	障害者福祉制度（障害者虐待防止法）
11	介護実践に関連する諸制度（保健所）	介護保険制度（相談への助言）	介護実践に関連する諸制度（保健所）	障害者福祉制度（障害者総合支援法）	介護実践に関する諸制度（成年後見制度）
12	介護実践に関連する諸制度（福祉事務所）	介護実践に関連する諸制度（生活困窮者自立支援法）	介護実践に関連する諸制度（生活保護制度）	介護実践に関連する諸制度（高齢者虐待防止法）	介護実践に関する諸制度（生活保護法）

2 学習のポイント

● 医療保険、介護保険ともに、保険者と被保険者について多く問われているので、それぞれの定義や役割、加入等の条件について、きちんと押さえておく。

● 介護・障害福祉サービスについては、利用者の条件（障害の種別や要支援・要介護）が事例問題で問われることがあるので押さえておく。

● 歴史やサービス分類などについて、どうしても覚えられないときは、本書などを参考に自分で手を動かして、表の形にまとめ直すと頭に入りやすい。

● 改正があった法制度については、出題頻度が高いので、特に注意して内容を把握しておく。

● 過去に出題されたことがある統計については、できるだけ原典を確認しておくとよい。

・「国民生活基礎調査」（https://www.mhlw.go.jp/toukei/list/20-21.html）

・「人口動態調査」（https://www.mhlw.go.jp/toukei/list/81-1.html）

・「厚生労働白書」（https://www.mhlw.go.jp/toukei_hakusho/hakusho/index.html）

❶ 社会と生活のしくみ

1. 人口動態の変化、少子高齢化

人口動態の変化

- 人口：2005（平成17）年に戦後初めて減少に転じ、2011（平成23）年以降は、一貫して減少している。

- 出生数：1973（昭和48）年の**209万人**をピークに減少を続けたが、1994（平成6）年以後は増減を繰り返し、2016（平成28）年には**98万人**と、はじめて100万人を割り込み、2022（令和4）年には77万人まで減少している。

- 合計特殊出生率：2005（平成17）年に最低値（**1.26**）を記録して以降やや上昇したが、2022（令和4）年に再び**1.26**を記録した。

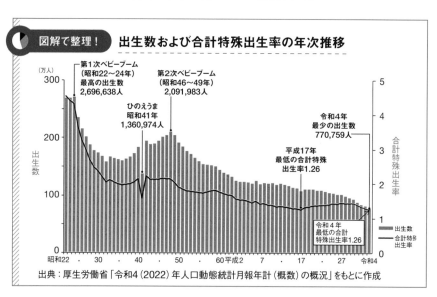

図解で整理！ **出生数および合計特殊出生率の年次推移**

出典：厚生労働省「令和4（2022）年人口動態統計月報年計（概数）の概況」をもとに作成

Q 「令和4年国民生活基礎調査」によると、「高齢者世帯」は全世帯の30%を上回っている。 予想

- 死亡数：2003（平成15）年に戦後初めて100万人を超え、ほぼ毎年増加が続き、2022（令和4）年は**157万人**となっている。

少子高齢化

- 日本では、子どもの数が減少する一方、高齢者が増加する**少子高齢化**が進行している。
- 高齢化率が7％以上になると**高齢化社会**、14％以上になると**高齢社会**、21％以上になると**超高齢社会**という。
- 日本は、1970（昭和45）年に**高齢化社会**、1994（平成6）年に**高齢社会**、2007（平成19）年に**超高齢社会**になった。

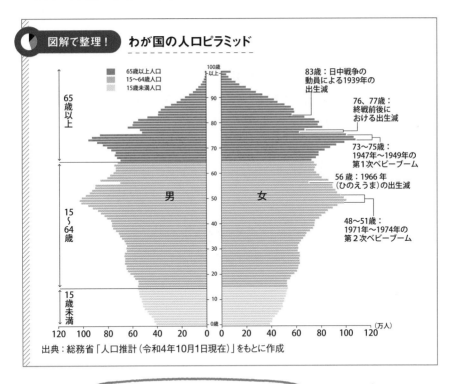

図解で整理！　わが国の人口ピラミッド

出典：総務省「人口推計（令和4年10月1日現在）」をもとに作成

第2次世界大戦後の1947〜1949年頃に生まれた、いわゆる「団塊の世代」は、2022年頃から後期高齢者（75歳以上）になります。

　「令和3年国民生活基礎調査」において、31.2％を占める。

2. ライフスタイルの変化

雇用と労働の変化

● 日本では、第2次世界大戦後の高度経済成長の発展の過程で**第1次産業**が衰退し、**第2次産業**、**第3次産業**が成長し、雇用労働者が増加した。

用語解説

[第1次産業、第2次産業、第3次産業] 国勢調査における分類は、第1次産業が農業、林業、漁業、第2次産業が鉱業、建設業、製造業、第3次産業が医療・福祉、情報通信業、金融業、不動産業、教育および学習支援業、娯楽業などとなっている。

● かつては**性別役割分業**という、男性は外に出て働き女性は家の中で家事や育児をする考え方が広がっていた。

● 現在では、男女平等の理念の広がりや**男女雇用機会均等法**（1985（昭和60）年）の影響などもあり、女性の就業率や社会進出が拡大している。

● 労働力調査（基本集計）によると、2023（令和5）年の役員を除く雇用者総数に占める女性雇用者の割合は**4割**を超えている。

● 2023（令和5）年の役員を除く雇用者に占める非正規の職員・従業員（非正規雇用者）の割合は、**37.0%**である。

● 1991（平成3）年には育児休業法が制定され、その後、1995（平成7）年に**育児・介護休業法**に改正された。

● 長時間労働を是正して**多様な働き方**を選択できる社会の実現を図るため、また、同一賃金同一労働など、**雇用形態**にかかわらず公正な待遇を実現するために、2018（平成30）年に「**働き方改革**を推進するための関係法律の整備に関する法律」が制定された。

少子化、健康寿命の延長

● **世界保健機関（WHO）**は、健康を「病気でないとか、弱っていないということではなく、肉体的にも、精神的にも、そして**社会的**にも、すべてが満たされた状態にあること」と定義している。

Q 非正規雇用の割合は、全雇用者数の3分の1を上回っている。 **第30回改**

- **健康寿命**は、2000（平成12）年に世界保健機関（WHO）が提唱した健康に関する新しい指標である。
- 「令和5年版 高齢社会白書」によると、2019（令和元）年の平均寿命と健康寿命の差は、男性が**8.73**年、女性が**12.07**年となっている。

健康寿命を延ばすためには、ロコモティブシンドローム（運動器症候群）対策を行い、ADLの低下を防ぐことが重要だといわれています。

用語解説

［健康寿命］日常的に介護を必要とせずに暮らせるなど、健康上の問題で日常生活が制限されることなく生活できる期間のこと。

図解で整理！ 人の一生に関わる福祉施策

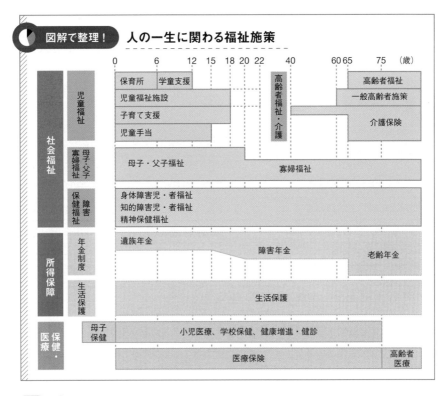

3. 家族

家族の変容

● かつての家族は、**親子**や**三世代**での同居が多く、家族が家事、子育て、介護などで一定の役割を果たしてきた。

● 生活スタイルや生活時間の変化、一人暮らしの増加などによって世帯の**小規模化**が進んだ結果、近年は家族で助け合う機能が低下している。

 表で整理！ 家族の機能、役割

生命維持機能	食欲、性欲、安全・保護を求める欲求など、それによって生命や種を維持する機能
生活維持機能	一定基準に照らして満足のいく生活を送りたいという欲求を充足する機能
パーソナリティ機能	パーソンズ（Parsons, T.）は、家族の機能として、子どもの基礎的な社会化（パーソナリティの形成）と、成人のパーソナリティの安定化を挙げている
ケア機能	自力で生活を営むことができない乳幼児・病人・障害者・高齢者などを保護したり援助したりする機能

 表で整理！ 世帯構造別の世帯数の推移

単位：千世帯、（ ）内は構成割合

世帯構造 ＼ 年次	2015年	2022年
単独世帯	13,517（26.8%）	17,852（32.9%）
夫婦のみの世帯	11,872（23.6%）	13,330（24.5%）
夫婦と未婚の子のみの世帯	14,820（29.4%）	14,022（25.8%）
ひとり親と未婚の子のみの世帯	3,624（7.2%）	3,666（6.8%）
三世代世帯	3,264（6.5%）	2,086（3.8%）
その他の世帯	3,265（6.5%）	3,353（6.2%）

出典：厚生労働省「令和4年 国民生活基礎調査」をもとに作成

Q **第31回** 家族の機能のうち、衣食住などの生活水準を維持しようとする機能は、生命維持機能である。

図解で整理！ 家族の構造と形態

家族の構成に基づく分類

核家族
夫婦のみ、夫婦と子ども、
またはひとり親と子どもからなる家族。

拡大家族
核家族に親や兄弟などが
同居する家族。

家族と自分との関係性に基づく分類

定位家族（出生家族）
生まれ育った家族。

生殖家族（結婚家族）
自らが伴侶を選び、結婚、出
産をして新たに形成する家族。

一般的に人の一生は、定位家族から生殖家族へと
移行するといわれているんだよ。

 ✕ 生活維持機能に該当する。

表で整理！　世帯類型別の世帯数の推移

単位：千世帯、（　）内は構成割合

世帯類型 ＼ 年次	2015年	2022年
高齢者世帯	12,714 (25.2%)	16,931 (31.2%)
母子世帯	793 (1.6%)	565 (1.0%)
父子世帯	78 (0.2%)	75 (0.1%)
その他の世帯	36,777 (73.0%)	36,738 (67.6%)

出典：厚生労働省「令和4年 国民生活基礎調査」をもとに作成

 表で整理！　65歳以上の者のいる世帯の世帯構造の推移

単位：千世帯、（　）内は構成割合

世帯構造 ＼ 年次	2015年	2022年
単独世帯	6,243 (26.3%)	8,730 (31.8%)
夫婦のみの世帯	7,469 (31.5%)	8,821 (32.1%)
親と未婚の子のみの世帯	4,704 (19.8%)	5,514 (20.1%)
三世代世帯	2,906 (12.2%)	1,947 (7.1%)
その他の世帯	2,402 (10.1%)	2,463 (9.0%)

出典：厚生労働省「令和4年 国民生活基礎調査」をもとに作成

> 上の2つの表から、世帯類型別では高齢者世帯が増加しており、65歳以上の者のいる世帯においては三世代世帯が減少していることがわかります。

············ **解き方がわかる！過去問解説** ············

現在の日本の雇用では、正規雇用も非正規雇用も、雇用保険の加入率に差はない。
第30回

 ポイント 我が国の場合、正規雇用と非正規雇用を比較すると、同じ内容の仕事をしていても非正規雇用のほうが賃金が低いなど、正規雇用と非正規雇用とでは待遇面で差があることを覚えておくとよいでしょう。

正解は ✕ 非正規雇用の雇用保険加入率は上昇していますが、まだ、正規雇用と比べて加入率に差がないというところまで達していません。

 Q 2015年（平成27）年以降の動向として、65歳以上の者のいる世帯の中で、「三世代世帯」が減少している。第33回改

❷ 地域共生社会の実現に向けた制度や施策

1. 地域福祉の発展

地域福祉の理念

● **地域福祉**とは、それぞれの地域で人々が安心して暮らせるよう、地域住民や公私の社会福祉関係者が協力して**地域生活課題**の解決に取り組む考え方である。

● 地域福祉は、ホームヘルプサービスや日常生活自立支援事業といった公的なサービスや事業だけで成り立つものではなく、**地域住民**や**ボランティア**、行政・関係諸機関、社会福祉関係者による協働によって推進される。

☑ **原文をCheck！**

社会福祉法

第4条

3　地域住民等は、地域福祉の推進に当たっては、福祉サービスを必要とする地域住民及びその世帯が抱える**福祉**、**介護**、**介護予防**（要介護状態若しくは要支援状態となることの予防又は要介護状態若しくは要支援状態の軽減若しくは悪化の防止をいう。）、**保健医療**、**住まい**、**就労及び教育**に関する課題、福祉サービスを必要とする地域住民の地域社会からの孤立その他の福祉サービスを必要とする地域住民が日常生活を営み、あらゆる分野の活動に参加する機会が確保される上での各般の課題（以下「地域生活課題」という。）を把握し、地域生活課題の解決に資する支援を行う関係機関（以下「支援関係機関」という。）との連携等によりその解決を図るよう特に留意するものとする。

コミュニティ・ソーシャルワーク

● **コミュニティ・ソーシャルワーク**とは、個人や家族に対する支援と、地域に対する支援を総合的に展開する実践のことをいう。

地域福祉計画

● **地域福祉計画**とは、地域福祉の推進に関する計画で、市町村が策定するよう努めるものと社会福祉法に定められている。

 ○　38ページの表からも65歳以上の者のいる世帯の中で、「三世代世帯」が減少していることが読み取れる。

● 地域福祉計画の策定にあたっては、**地域住民**等の意見を反映させること、その内容を公表することについて努力義務が定められている。

社会福祉法

第107条（市町村地域福祉計画）

市町村は、地域福祉の推進に関する事項として次に掲げる事項を一体的に定める計画（以下「**市町村地域福祉計画**」という。）を策定するよう努めるものとする。

一　地域における高齢者の福祉、障害者の福祉、児童の福祉その他の福祉に関し、共通して取り組むべき事項

二　地域における福祉サービスの適切な利用の推進に関する事項

三　地域における社会福祉を目的とする事業の健全な発達に関する事項

四　地域福祉に関する活動への住民の参加の促進に関する事項

五　地域生活課題の解決に資する支援が包括的に提供される体制の整備に関する事項

民生委員

● 民生委員は、**都道府県知事**の推薦により、**厚生労働大臣**の委嘱を受けて無給で地域福祉のための職務を行う民間奉仕者である。

● 民生委員には、担当地域の支援が必要な人に関わる情報を収集し、相談にのったり、専門的支援機関につなげるなどの役割が求められている。

● 民生委員の任期は**3年**で、再任も認められている。

● 民生委員は、児童福祉法に基づく**児童委員**も兼ねることになっている。

過疎化

● 高齢化率が5割を超える**限界集落**は、共同体機能の維持が困難になっている。

孤独・孤立

● 社会の変化による人と人とのつながりの希薄化を背景に、**孤独・孤立**（日常生活や社会生活において孤独を覚えることや社会から孤立していることにより心身に**有害な影響**を受けている状態）の問題が顕在化・深刻化している。

● 2023（令和5）年に**孤独・孤立対策推進法**が制定（2024年4月から施行）された。孤独を「社会全体の課題」として国による重点計画の作成を法定化し、地方公共団体が**孤独・孤立対策地域協議会**を設置することを努力義務とした。

Q 共助は、社会保障制度に含まれない。**第32回**

2. 地域共生社会

- **地域共生社会**とは、地域の課題に「我が事」として参画し、人と資源が世代や分野を超えてつながることで包括的支援が可能となるような社会像である。
- 考え方の背景には、介護と育児といった複数分野の課題を抱える世帯（**ダブルケア**）など、対象者ごとに縦割りで整備されてきた公的支援では対応の難しい課題の増加がある。
- 地域共生社会の理念においては、社会の中のあらゆる人々を排除しない**ソーシャル・インクルージョン**（社会的包摂）が目指される。
- 外国人労働者の受け入れなどを背景に、国籍や文化を超えて共生する**多文化共生**の地域づくりもますます重要となっている。

3. 地域包括ケア

- 地域包括ケア研究会報告書（2013（平成25）年）では、少子高齢化や財政状況から、共助や公助の大幅な拡充を期待することは難しく、**自助**と**互助**の果たす役割が大きくなることを意識した取り組みが必要であるとしている。
- 一方で共助にあたる介護保険サービスや、互助にあたる地域のインフォーマルサービスが分断されており、要介護者が住み慣れた自宅や地域での生活を諦めなければいけないという状況が存在していた。
- こうした状況を受け、地域にある資源を統合し、地域の実情に合わせたケアを提供するための仕組み（地域包括ケアシステム）が検討されてきた。
- 地域包括ケアは「医療や介護が必要な状態になっても、可能な限り、**住み慣れた地域**でその有する能力に応じ**自立した生活**を続けることができるよう、医療・介護・予防・住まい・生活支援が包括的に確保される」という考え方のことである。また、そのための仕組みが地域包括ケアシステムである。
- **地域包括支援センター**は、地域包括ケアの相談窓口としての役割を担っている。

A ✕ 　共助の代表例として、社会保障制度の一つである社会保険がある。

❸ 社会保障制度の歴史

頻出度 ★☆☆

1. 日本の社会保障制度の基盤

● 日本国憲法第25条は、日本の社会保障施策の根拠となっている。

● 日本国憲法第25条第1項で明確にされた生存権を実現するために、同条第2項において国の責任が明確にされた。

 原文をCheck!

日本国憲法

第25条
1　すべて国民は、健康で文化的な最低限度の生活を営む権利を有する。
2　国は、すべての生活部面について、社会福祉、社会保障及び公衆衛生の向上及び増進に努めなければならない。

● 社会保障制度審議会は、1950（昭和25）年に勧告（1950年勧告）をまとめ、社会保障を「社会保険、国家扶助（生活保護）、公衆衛生（医療含む）、社会福祉の4部門で構成される」と定義した。

 原文をCheck!

社会保障制度に関する勧告

いわゆる社会保障制度とは、疾病、負傷、分娩、廃疾、死亡、老齢、失業、多子その他困窮の原因に対し、保険的方法又は直接公の負担において経済保障の途を講じ、生活困窮に陥った者に対しては、国家扶助によって最低限度の生活を保障するとともに、公衆衛生及び社会福祉の向上を図り、もってすべての国民が文化的社会の成員たるに値する生活を営むことができるようにすることをいうのである。

1995（平成7）年の『社会保障体制の再構築に関する勧告』（社会保障制度審議会）では、「制度の運用に要する財源は主として保険料に依存する公的介護保険を基盤にすべき」と提言されています。

Q 日本国憲法第25条で定められている権利は、財産権である。 **第30回**

2. 日本の社会保障制度の発達

● 昭和20年代に、(旧)生活保護法、児童福祉法、身体障害者福祉法が制定されたことにより、**福祉三法体制**が確立された。

● (旧)生活保護法は、素行不良の者には保護を行わないといった欠格条項が存在するなどの不備が多かったことから、1950(昭和25)年に全面改正され、現行の生活保護法となった。

● 福祉三法に加えて、昭和30年代に、精神薄弱者福祉法(現・知的障害者福祉法)、老人福祉法、母子福祉法(現・母子及び父子並びに寡婦福祉法)が制定されたことにより、**福祉六法体制**が確立された。

● 2000(平成12)年の社会福祉基礎構造改革によって、社会福祉事業法は社会福祉法へと改正された。

表で整理！ 日本の社会保障制度の歴史

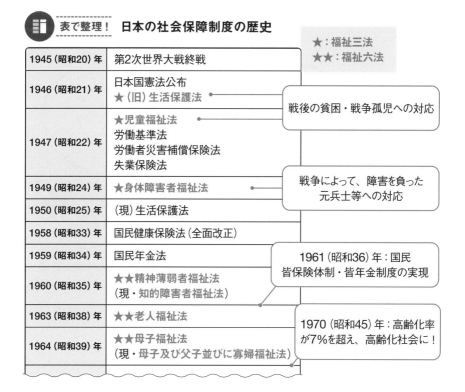

★：福祉三法
★★：福祉六法

1945(昭和20)年	第2次世界大戦終戦
1946(昭和21)年	日本国憲法公布 ★(旧)生活保護法
1947(昭和22)年	★児童福祉法 労働基準法 労働者災害補償保険法 失業保険法
1949(昭和24)年	★身体障害者福祉法
1950(昭和25)年	(現)生活保護法
1958(昭和33)年	国民健康保険法(全面改正)
1959(昭和34)年	国民年金法
1960(昭和35)年	★★精神薄弱者福祉法 (現・知的障害者福祉法)
1963(昭和38)年	★★老人福祉法
1964(昭和39)年	★★母子福祉法 (現・母子及び父子並びに寡婦福祉法)

戦後の貧困・戦争孤児への対応

戦争によって、障害を負った元兵士等への対応

1961(昭和36)年：国民皆保険体制・皆年金制度の実現

1970(昭和45)年：高齢化率が7%を超え、高齢化社会に！

A ✕ 生存権である。なお財産権は日本国憲法第29条に定められている。

1981（昭和56）年	国際障害者年	「完全参加と平等」をテーマに、ノーマライゼーションなどの理念を掲げた
1982（昭和57）年	老人保健法（老人医療有料化）	
1986（昭和61）年	年金制度改正（基礎年金制度）	1994（平成6）年：高齢化率が14％を超え、高齢社会に！
2000（平成12）年	社会福祉基礎構造改革 介護保険法	
2004（平成16）年	発達障害者支援法	高齢者を家族だけでなく、社会全体で支える方向性へ転換
2005（平成17）年	障害者自立支援法	
2006（平成18）年	高齢者虐待防止法	
2008（平成20）年	高齢者の医療の確保に関する法律 （後期高齢者医療制度）	2007（平成19）年：高齢化率が21％を超え、超高齢社会に！
2012（平成24）年	障害者虐待防止法	老人保健法から改称
2013（平成25）年	障害者総合支援法 障害者差別解消法	
2014（平成26）年	医療介護総合確保推進法	障害者自立支援法から改称

2000（平成12）年の社会福祉基礎構造改革では、社会福祉事業法（法律名も社会福祉法に改称）に加え、民生委員法、身体障害者福祉法、知的障害者福祉法、児童福祉法、社会福祉施設職員等退職手当共済法、生活保護法の一部改正や、公益質屋法の廃止なども実施されました。

解き方がわかる！ 過去問解説

我が国の社会保障制度の基本となる、1950年（昭和25年）の社会保障制度審議会による「社会保障制度に関する勧告」の内容として、介護保険制度の創設が提言された。 第35回

ポイント

介護保険制度が創設された背景を思い出してみましょう。

正解は

✕

1950（昭和25）年は終戦後5年というタイミングであり、社会保障制度を、社会保険、国家扶助、公衆衛生及び医療、社会福祉で構成することが提言されました。介護保険制度の提言がされたのは、少子高齢化が深刻になってからのことになります。

Q 所得保障を中心としたナショナルミニマムの確保は、地域包括ケアシステムを支える互助に当たる。
第30回

❹ 社会保障制度の概要

頻出度 ★★★

1. 社会保障の基本的な考え方

社会保障の概念

● 私たちは、自分の努力と責任で生活を営むこと（**自助**）を基本として暮らしている。しかし自分の力だけで生活を維持することが困難になることもあり、そのとき、**互助**や**共助**、**公助**が必要になる。

● **ナショナルミニマム**の確保は、国民の税負担により国の責任で行っており、**公助**に分類される。

 用語解説

[ナショナルミニマム] 国家が各種の法律、施策などによって国民に保障するべき最低限の生活水準のこと。

図解で整理！ 自助、互助、共助、公助の特性

自助	自ら働いて、または自らの不労所得などにより、自らの生活を支え、自らの健康を自ら維持すること（例）預貯金
互助	インフォーマルな相互扶助（例）ボランティア・近隣の助け合い
共助	社会保険のような制度化された相互扶助（例）年金、介護保険
公助 生活保護	自助・互助・共助では対応できない困窮などの状況に対し、所得や生活水準・家庭状況などの受給要件を定めたうえで必要な生活保障を行うこと（例）生活保護、人権擁護対策、虐待防止策

A ✕ 国民の最低生活を保障する生活保護などのナショナルミニマムの確保は、国民の税負担により国の責任で行っており、公助に分類される。

社会保障の役割・機能

● 社会保障には、**生活安定・向上機能**、**所得再分配機能**、経済安定機能という3つの役割・機能がある。

 表で整理！ **社会保障の3つの役割・機能**

役割・機能	内容
生活安定・向上機能	生活の安定を図り、安心をもたらす機能
所得再分配機能	所得の多い人・世帯から所得の少ない人・世帯に所得を再分配し、国民生活の安定を図る機能
経済安定機能	たとえば、失業者が失業保険給付を消費に回したり、高齢者が年金収入を消費に回したりすることにより、消費の落ち込みを一定程度防ぐ機能

社会福祉法

● 社会福祉法では、**地域福祉**の推進を目指している。

● 社会福祉事業は、第一種社会福祉事業と第二種社会福祉事業に区分されており、第一種社会福祉事業を経営できるのは、原則として**国**、**地方自治体**、**社会福祉法人**に限られている。

入所サービスなど利用者保護の必要性が高い事業が第一種社会福祉事業に指定されています。意外なものでは、共同募金も第一種社会福祉事業ですので注意して覚えましょう。

● 社会福祉法人は、社会福祉法に基づく都道府県や市町村において**地域福祉の推進を図ることを目的とする団体である。

● 社会福祉法人は、経営する社会福祉事業に支障がない限り、**公益事業**や**収益事業**を行うことができる。また、法人の合併や解散も認められている。

● 社会福祉法人には、**評議員**、評議員会、**理事**、理事会、**監事**を置かなければならない。理事は**6**人以上、監事は**2**人以上でなければならない。

Q 社会福祉法人は、収益事業を実施することができない。**第31回**

2. 日本の社会保険制度のしくみの基礎的理解

社会保障費用

- 2024（令和6）年度一般会計歳出（臨時・特別の措置を除く）の総額は112兆717億円で、そのうち**33.7%**にあたる37兆7,193億円を社会保障関係費が占めている。

- 2021（令和3）年度の社会保障給付費の総額は**138兆7,433億円**であり、前年度よりも増加している。国民1人当たりの社会保障給付費は**110万5,500円**である。

- 部門別社会保障給付費をみると、「**年金**」が55兆8,151億円、「**医療**」が47兆4,205億円、「福祉その他」が35兆5,076億円となっており、「**年金**」が4割以上を占めている。

- 機能別社会保障給付費をみると、「**高齢**」が58兆7,204億円、「**保健医療**」が45兆8,954億円となっており、「**高齢**」が5割近くを占めている。

- 2021（令和3）年度の社会保障財源の総額は163兆4,389億円となっており、その内訳は、**社会保険料**が75兆5,227億円、**公費負担**が66兆1,080億円、他の収入が21兆8,082億円となっている。

- **国民負担率**（国民所得に占める租税と社会保険料の負担の割合）は、1970（昭和45）年には**24.3%**だったが、2022（令和4）年度には**46.5%**になっている。

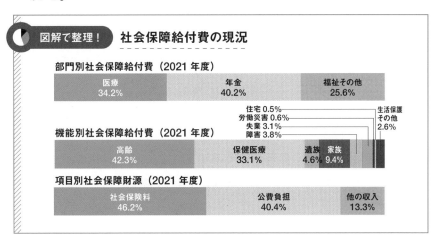

図解で整理！ 社会保障給付費の現況

部門別社会保障給付費（2021年度）

| 医療 34.2% | 年金 40.2% | 福祉その他 25.6% |

機能別社会保障給付費（2021年度）

住宅 0.5%
労働災害 0.6%
失業 3.1%
障害 3.8%
生活保護その他 2.6%

| 高齢 42.3% | 保健医療 33.1% | 遺族 4.6% | 家族 9.4% |

項目別社会保障財源（2021年度）

| 社会保険料 46.2% | 公費負担 40.4% | 他の収入 13.3% |

A ✕ 経営する社会福祉事業に支障がない限り、収益事業を行うことができる。

社会保障給付費の中で最も多いのは年金で、全体の約40%を占めているんですね。

日本の社会保険制度

- 日本の社会保険には、**年金保険、医療保険、介護保険、雇用保険、労働者災害補償保険**がある。
- 社会保険は共助に分類され、その財源は、基本的に**公費**と加入者の**保険料**で賄われる。

年金保険

- 公的年金保険制度には、**国民年金**と**厚生年金**があり、その給付として**老齢年金、障害年金、遺族年金**がある。それぞれ基礎年金、**厚生年金**がある。
- 障害基礎年金受給者で18歳未満の子がいる場合、**子の人数**に応じた加算がある。

障害基礎年金の支給要件 (保険料納付に関するものを抜粋)

①初診日のある月の前々月までの公的年金の加入期間の2/3以上の期間について、保険料が納付または免除されていること
②初診日において65歳未満であり、初診日のある月の前々月までの1年間に保険料の未納がないこと
※20歳前の年金制度に加入していない期間に初診日がある場合は、上記の要件はありません。

医療保険

- 医療保険には、会社に雇用されているサラリーマンなどの被用者が加入する**健康保険**や、自営業者や無職の人などが加入する**国民健康保険**などの種類がある。
- 健康保険には、一般企業が加入する協会けんぽ (保険者：全国健康保険

Q 日本の社会保険制度は、医療保険、年金保険、雇用保険、労災保険、介護保険の5つである。
第29回

協会) と大企業などが自前で設立した組合健保 (保険者：健康保険組合) がある。

● 国民健康保険は、都道府県および市町村や、国民健康保険組合が保険者となる。

後期高齢者医療制度

● 後期高齢者医療制度の対象は、①75歳以上の後期高齢者、および②65歳以上75歳未満で後期高齢者医療広域連合により一定の障害状態にあると認定された者である。

● 後期高齢者医療制度の運営主体は、都道府県の区域ごとの後期高齢者医療広域連合となっている。

● 患者負担は、原則1割負担であるが、一定以上の所得者 (単身世帯で年収200万円以上) は2割、現役並み所得者 (単身世帯で年収383万円以上) は3割負担となる。

75歳以上の人が医療費の支払いに使用できる制度は、国民健康保険ではなく、後期高齢者医療制度です。

介護保険

● 介護保険は、2000 (平成12) 年に施行された社会保険である。

雇用保険

● 1947 (昭和22) 年に制定された失業保険法が、1974 (昭和49) 年の法改正によって雇用保険法になった。

● 給付には、求職者給付のほか教育訓練給付などの種類がある。

● 保険料は、原則として事業主と労働者が折半して負担する。

労働者災害補償保険 (労災保険)

● 労災保険は、業務上あるいは通勤時の負傷や死亡などに対応するための保

介護保険は、社会保障制度のなかで最後に創設された。

険制度である。

● パートやアルバイトなどの**非正規社員**も保険給付の対象である。

● 原則として、労働者を使用するすべての事業者に適用される。

● 保険料は、**雇用主（事業主）**が全額負担し、労働者の負担はない。

図解で整理！ **社会保険の概要**

保険の種類		保険者	被保険者	主な給付
年金保険	国民年金	国	20歳以上60歳未満の者	・老齢基礎年金 ・障害基礎年金 ・遺族基礎年金
	厚生年金	国	会社員・公務員などの被用者	・老齢厚生年金 ・障害厚生年金 ・遺族厚生年金
医療保険	国民健康保険	都道府県 市町村 国民健康保険組合	自営業者や無職の者など	・療養の給付 ・高額療養費 ・訪問看護療養費
	健康保険	協会けんぽ 健康保険組合	会社員・公務員などの労働者と扶養されている者	
	共済保険	共済組合		
	後期高齢者医療制度	後期高齢者医療広域連合	75歳以上の人など	
介護保険		市町村 特別区	市町村に住所を有する40歳以上の者	・介護給付 ・予防給付 ・市町村特別給付
雇用保険		国	雇用されている労働者	・求職者給付 ・就職促進給付
労災保険		国	雇用されている労働者	・療養（補償）給付 ・障害（補償）給付

Q 77歳男性に適用される公的医療制度は、国民健康保険である。 **第36回**

3. 現代社会における社会保険制度の課題

● 少子高齢化により、社会保障制度の給付を受ける人が増加し社会保障費が増大している。一方、税金や社会保険料を主に負担する現役世代が減少することにより、**バランスの崩壊**が進んでいる。

● 1947〜1949年に生まれた**団塊の世代**が後期高齢者となる2025（令和7）年前後で医療や介護を必要とする人が劇的に増え、人材不足におちいる**2025年問題**が指摘されている。

● 機能別社会保障給付費において、高齢者関係給付費が42.3%であるのに対し児童・家族関係給付費は9.4%となっており、支出割合が偏っていることが課題となっている。

社会保障給付費については、47ページで詳しく解説しています。

解き方がわかる！過去問解説

生活保護費の財源内訳は、社会保険料と税である。 第32回

 ポイント

生活保護は公助に分類されることから考えてみましょう。

正解は
✕

生活保護は共助ではなく公助であり、全額が税でまかなわれています。社会保険料は財源ではありません。

→ Ａ ✕ 75歳以上の後期高齢者に適用されるのは、後期高齢者医療制度である。

❺ 高齢者福祉と介護保険制度の歴史

頻出度 ★★☆

1. 高齢者福祉の制度と動向

● 高齢化の進展に伴い、高齢者介護を国民全体で支えるため、**社会保険方式**の介護保険制度が創立された。

 原文をCheck！

介護保険法

第1条（目的）

　この法律は、加齢に伴って生ずる心身の変化に起因する疾病等により要介護状態となり、入浴、排せつ、食事等の介護、機能訓練並びに看護及び療養上の管理その他の医療を要する者等について、これらの者が尊厳を保持し、その有する能力に応じ自立した日常生活を営むことができるよう、必要な保健医療サービス及び福祉サービスに係る給付を行うため、国民の共同連帯の理念に基づき介護保険制度を設け、その行う保険給付等に関して必要な事項を定め、もって国民の**保健医療**の向上及び**福祉**の増進を図ることを目的とする。

 表で整理！ 介護を支援する制度の主な動向

1963（昭和38）年	老人福祉法成立 ・特別養護老人ホーム、養護老人ホーム、軽費老人ホーム、有料老人ホーム、老人家庭奉仕員派遣等を定めた
1973（昭和48）年	老人福祉法改正 ・**老人医療費の無料化** ← 福祉元年
1982（昭和57）年	老人保健法（現・高齢者の医療の確保に関する法律）成立 ・老人医療（原則として**70**歳以上を対象）、一部負担制度を導入
1989（平成元）年	ゴールドプラン（高齢者保健福祉推進十か年戦略）策定
1990（平成2）年	福祉関係八法改正 ・在宅福祉サービスの推進 ・福祉サービスの市町村への一元化
1997（平成9）年 12月	介護保険法成立

Q 介護保険法第1条には「介護が必要となった者等が尊厳を保持し、その有する能力に応じ自立した日常生活を営めるよう、保険給付を行う」と明記されている。 **第30回**

2000（平成12）年 4月	介護保険制度施行	高齢者介護を家族だけでなく、社会全体で支えるしくみに
2005（平成17）年	第一次改正（2006年施行） ・地域支援事業の創設 ・地域包括支援センターの創設 ・新予防給付の創設 ・地域密着型サービスの創設	介護予防を重視
2008（平成20）年	第二次改正（2009年施行）	地域包括ケアシステムの構築
2011（平成23）年	第三次改正（2012年施行） ・定期巡回・随時対応型訪問介護看護の創設 ・複合型サービスの創設 ・介護福祉士による喀痰吸引や経管栄養を条件つきで認める	
2014（平成26）年	第四次改正（2015年施行） ・在宅医療・介護の連携強化 ・認知症施策の推進 ・地域ケア会議の推進 ・生活支援サービスの充実・強化 ・予防給付として全国一律で行われていた「通所介護」「訪問介護」を市町村および特別区が取り組む「地域支援事業」に移行 ・「介護老人福祉施設」の入居者を原則「要介護3」以上に ・一定以上所得のある第1号被保険者の利用者負担を1割から2割に引き上げ	費用負担の公平化
2017（平成29）年	第五次改正（2018年施行） ・介護医療院の創設 ・共生型サービスの創設 ・2割負担者のうち、特に高所得な者を3割負担に	
2020（令和2）年	第六次改正（2021年施行） ・地域包括ケアシステムの推進（地域包括支援センターの強化、「通いの場」の推奨など） ・介護人材の確保・介護現場の革新（社会福祉連携推進法人の創設など） ・制度の安定化・持続可能性の確保（高額介護サービス費、補足給付、要介護認定有効期間の見直しなど）	
2023（令和5）年	第七次改正（2024年施行） ・介護サービス事業者の財務状況等の見える化（財務状況の報告を義務づけ） ・介護小規模多機能型居宅介護のサービス内容の明確化（「通い」「泊まり」における看護サービスを明記）	

  第1条では、介護保険制度が国民の共同連帯の理念に基づいて創設されたことも規定されている。

表で整理！ **主な共生型サービス**

障害福祉サービス等		介護保険
居宅介護・重度訪問介護	⇨	**訪問介護**
生活介護・自立訓練・児童発達支援・放課後等デイサービス	⇨	**通所介護**（地域密着型サービスを含む）
生活介護・児童発達支援・放課後等デイサービス	⇨	**療養通所介護**
短期入所	⇨	**短期入所介護**（予防を含む）

∴∴∴∴∴∴∴∴∴∴ **解き方がわかる！ 過去問解説** ∴∴∴∴∴∴∴∴∴∴

地域包括支援センターには、身体障害者福祉司の配置が義務づけられている。 第30回

 ポイント

地域包括支援センターは、2006年に施行された第一次改正介護保険法で創設されました。
地域の高齢者の介護予防などの業務を行うことから考えてみましょう。

正解は ✕ ｜ 身体障害者福祉司は、都道府県に設置義務がある身体障害者更生相談所に配置される職員です。地域包括支援センターには、社会福祉士、保健師、主任介護支援専門員が配置されます。

∴∴∴∴∴∴∴∴∴∴ **解き方がわかる！ 過去問解説** ∴∴∴∴∴∴∴∴∴∴

予防給付の訪問介護（ホームヘルプサービス）・通所介護（デイサービス）を都道府県が実施する事業に移行した。 第28回

 ポイント

介護保険法に基づいて実施されているサービスの実施主体は市町村です。この基本的な考え方に基づいて判断すると答えを導き出すことができるでしょう。

正解は ✕ ｜ 予防給付の訪問介護、通所介護は、ともに市町村が実施していました。これが、2015（平成27）年施行の第四次改正で、市町村が取り組む地域支援事業に移行しました。

Q 2018（平成30）年に施行された介護保険制度の改正により、介護医療院が創設された。 第31回

❻ 介護保険制度の概要

頻出度 ★★★

1. 介護保険制度のしくみの基礎的理解

介護保険の保険者と被保険者

● 介護保険の保険者は、**市町村**および**特別区**（以下、「市町村」）である。

● 介護保険の被保険者は、**第1号被保険者**と**第2号被保険者**に分類される。

● 介護保険の被保険者資格の要件を満たしたものは、**強制的に加入（強制適用）**となる。

 表で整理！ **介護保険の被保険者の定義**

第1号被保険者	市町村の区域内に住所を有する65歳以上の者
第2号被保険者	市町村の区域内に住所を有する40歳以上65歳未満の医療保険加入者

第2号被保険者が介護サービスを受けられるのは、16の「特定疾病」により要支援・要介護認定された場合に限られます。一方で第1号被保険者は原因にかかわらず要支援・要介護と認定されれば介護サービスを受けられます。

介護保険の保険料

● 保険料の徴収方法は、第1号被保険者の場合、その者の所得に応じて、**特別徴収**または**普通徴収**の方法をとる。

● 第2号被保険者の場合は、加入している医療保険の**医療保険料**と併せて徴収される。

● 介護保険の財源は、介護サービスの利用者負担分を除き、残りを公費と保険料で半分ずつ負担する。

  介護医療院は、医療法上の医療提供施設でもある。

 **表で整理！ 特別徴収と普通徴収**

特別徴収	年額18万円以上の年金を受給している第1号被保険者を対象に、年金から天引きする方法により、年金保険者が介護保険料を徴収する方法
普通徴収	年額18万円未満の年金を受給している、もしくは年金を受給していない第1号被保険者を対象に、市町村に直接納める方法。口座振込や納付書といった方法があり、委託を受けたコンビニエンスストアで支払うこともできる

介護サービスの利用

- 介護サービスを利用するには、要介護認定（要支援認定を含む）を受ける必要がある。要介護認定は、申請書に介護保険の被保険者証を添付して市町村に申請する。

- 要介護認定は、認定調査や主治医意見書などを活用して、一次判定（コンピュータ判定）、二次判定を経て、最終的に市町村が認定をする。

- 二次判定は、介護認定審査会が行う。

- 要介護1〜5に認定された者は、主に介護給付対象サービスを利用でき、要支援1・2に認定された者は、主に予防給付対象サービスを利用できる。

- 介護保険の認定内容に不服がある場合は、都道府県が設置する介護保険審査会に審査請求ができる。

- 要介護認定の有効期間中に要介護状態区分の変更をしたいときは、介護保険の保険者（市町村及び特別区）に申請する。

- 介護保険サービスにおける苦情への対応は、サービス事業者・施設、居宅介護支援事業者、市町村および特別区（保険者）、国民健康保険団体連合会、都道府県などが行っている。

- 要介護・要支援と認定されなかった者でも、地域支援事業の介護予防・日常生活支援総合事業（65ページ）などを利用することができる。

- 障害福祉サービスを受ける人が65歳以上になっても、使い慣れた事業所で引き続きサービスを利用しやすくすることを目的として、2017（平成29）年の介護保険法改正で共生型サービスが創設された。

Q 第2号被保険者の保険料は、国が徴収する。 第32回

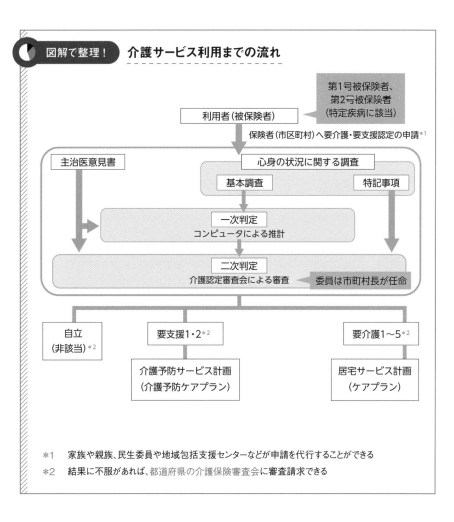

図解で整理！ 介護サービス利用までの流れ

第1号被保険者、
第2号被保険者
（特定疾病に該当）

利用者（被保険者）

保険者（市区町村）へ要介護・要支援認定の申請*1

主治医意見書

心身の状況に関する調査

基本調査 | 特記事項

一次判定
コンピュータによる推計

二次判定
介護認定審査会による審査 ← 委員は市町村長が任命

自立
（非該当）*2

要支援1・2*2

要介護1〜5*2

介護予防サービス計画
（介護予防ケアプラン）

居宅サービス計画
（ケアプラン）

*1 家族や親族、民生委員や地域包括支援センターなどが申請を代行することができる

*2 結果に不服があれば、都道府県の介護保険審査会に審査請求できる

介護認定審査会を構成する委員の定数は、5人を
標準として市町村が定めます。

  第2号被保険者の介護保険料は、加入している医療保険の保険料とともに徴収される。その
ため、国ではなく協会けんぽなどの医療保険の保険者が徴収することになる。

★共生型サービスの対象

保険給付の種類*	予防給付対象サービス	介護給付対象サービス
利用できる者	要支援1・2	要介護1〜5
都道府県が指定・監督を行うサービス	・介護予防サービス 　介護予防訪問入浴介護 　介護予防訪問看護 　介護予防訪問リハビリテーション 　介護予防居宅療養管理指導 　介護予防通所リハビリテーション 　介護予防短期入所生活介護 　介護予防短期入所療養介護 　介護予防特定施設入居者生活介護 　介護予防福祉用具貸与 　特定介護予防福祉用具販売	・居宅サービス 　★訪問介護 　訪問入浴介護 　訪問看護 　訪問リハビリテーション 　居宅療養管理指導 　★通所介護 　通所リハビリテーション 　★短期入所生活介護 　短期入所療養介護 　特定施設入居者生活介護 　福祉用具貸与 　特定福祉用具販売 ・施設サービス 　介護老人福祉施設 　介護老人保健施設 　介護医療院 　介護療養型医療施設
市町村が指定・監督を行うサービス	・地域密着型介護予防サービス 　介護予防小規模多機能型居宅介護 　介護予防認知症対応型通所介護 　介護予防認知症対応型共同生活介護 ・介護予防支援	・地域密着型サービス 　定期巡回・随時対応型訪問介護看護 　夜間対応型訪問介護 　地域密着型通所介護 　認知症対応型通所介護 　小規模多機能型居宅介護 　認知症対応型共同生活介護 　地域密着型特定施設入居者生活介護 　地域密着型介護老人福祉施設入所者生活介護 　看護小規模多機能型居宅介護 ・居宅介護支援

＊：予防給付、介護給付のほかに、市町村特別給付がある

Q 施設サービスは、都道府県が指定（許可）・監督を行う。**第36回**

2. 施設サービスの種類とその特徴

● 介護保険施設とは、**介護老人福祉施設**、**介護老人保健施設**、**介護医療院**をいう。

● 施設に配置される**介護支援専門員（ケアマネジャー）**が施設サービス計画を作成する。

 表で整理！ **介護保険施設の対象者**

施設名	対象者、特徴、根拠法など
介護老人福祉施設	身体上または精神上著しい障害があるために常時介護を必要とする者で、原則として要介護3以上の者 ・特別養護老人ホームの中で介護保険法で指定を受けたものが介護老人福祉施設となり、終身で入所できる ・特別養護老人ホームの根拠法は老人福祉法である
介護老人保健施設	要介護者で、主に心身機能の維持回復を図り、居宅での生活を営むことができるようにするための支援が必要な者 ・在宅への移行が目的のため、入所期間は3〜6か月程度と短い ・根拠法は介護保険法である
介護医療院	要介護者で、主に長期にわたって療養が必要な者 ・医師や看護師が常駐しており、介護に加えて医療的ケアが受けられ、終身で入所できる ・根拠法は介護保険法である

在宅への移行のため、リハビリ等を受けながら一時的に入所できるのが介護老人保健施設、介護を受けながら継続的に生活ができるのが介護老人福祉施設、さらに、医療的ケアが整っているのが介護医療院と考えるとよいと思います。

● 介護医療院は、介護老人保健施設と同様、医療法上の**医療提供施設**の1つとしても位置づけられている。

● 介護医療院の許可は、**都道府県知事**が行う。

  都道府県は、施設サービスのほか、居宅サービスや介護予防サービスの指定（許可）・監督を行う。

3. 居宅サービス（介護予防サービス）の種類とその特徴

訪問介護

● 訪問介護の支援内容は、**生活援助と身体介護**に大別できる。

● 訪問介護事業所には、**サービス提供責任者**を配置しなければならない。

● 訪問介護計画は、**サービス提供責任者**が、居宅サービス計画の内容に沿って作成するものである。

● サービス提供責任者は、訪問介護計画の作成のほか、訪問介護の**利用申込み**に係る調整や**訪問介護員**の業務の実施状況把握などの業務も担う。

● 居宅介護や重度訪問介護の指定があれば、**共生型訪問介護**を行う事業所として介護保険の指定を受けやすい（共生型サービス）。

 表で整理！ 訪問介護の支援内容

生活援助	・一般的な調理や配膳　　　・掃除や洗濯　　　・衣類の整理 ・ベッドメイク　　　　　　・買い物や薬の受け取り　　　など
身体介護	・糖尿病食などの特別な調理　　　・排泄や食事などの介助 ・利用者ができない部分を支援しながら一緒に行う洗濯 ・身体整容や体位変換　　　　　　　　　　　　　　　　など
保険給付 対象外	・来客への応接　　　・飼い犬の散歩などのペットの世話 ・窓ガラスを磨く　　・庭の草むしり ・利用者の家族の居室の掃除　　　　　　　　　　　　　など

入浴の介助では、通常、介護職員に加えて看護師が必要ですが、利用者の身体状況が安定し、サービス提供に支障がない場合は、主治医の意見を確認したうえで、看護職員を介護職員（訪問入浴介護であれば介護職員3人でサービス提供）に代えて行うことができます。

Q 予想　居宅サービス計画におけるモニタリングは、2か月に1回は利用者の居宅を訪問して面接を行う。

表で整理！　その他の居宅サービス（介護予防サービス）

訪問入浴介護 （介護予防訪問入浴介護）	・利用者に浴槽を提供して入浴介護を行うサービス ・1回の訪問につき、看護職員1人と介護職員2人で行う
訪問看護 （介護予防訪問看護）	・利用者の居宅を訪問して、居宅要介護者に対し、療養上の世話や必要な診療の補助を行う
訪問リハビリテーション （介護予防訪問リハビリテーション）	・利用者の居宅を訪問して、理学療法や作業療法などのリハビリテーションを行う
居宅療養管理指導 （介護予防居宅療養管理指導）	・通院が困難な居宅要介護者に対し、病院、診療所、薬局の医師、歯科医師、薬剤師などにより療養上の管理や指導などを行う
通所介護	・利用目的には、利用者の社会的孤立感の解消、利用者の心身機能の維持、利用者の家族の介護負担の軽減などがある
通所リハビリテーション （介護予防通所リハビリテーション）	・通所する利用者に対し、理学療法や作業療法などのリハビリテーションを行う
短期入所生活介護 （介護予防短期入所生活介護）	・介護老人福祉施設などに短期入所する利用者に対し、食事などの介護、日常生活上の世話、機能訓練などを行う ・おおむね4日以上継続して入所する利用者に対して、短期入所生活介護計画を作成する
短期入所療養介護 （介護予防短期入所療養介護）	・短期入所する利用者に対し、看護、医学的管理の下における介護、機能訓練などを行うサービス。特定短期入所療養介護というサービスもある ・おおむね4日以上継続して入所する利用者に対して、短期入所療養介護計画を作成する
特定施設入居者生活介護 （介護予防特定施設入居者生活介護）	・介護付有料老人ホーム、軽費老人ホーム（ケアハウス）、養護老人ホームといった特定施設において、入居者に対し、食事などの介護、日常生活上の世話、機能訓練、療養上の世話を行う ・事業所形態として、外部の事業者が提供する介護サービスを利用する外部サービス利用型もある

用語解説

 ［特定短期入所療養介護］難病やがん末期であり、医療ニーズと介護ニーズを有する要介護者などを対象にした日帰りサービスのこと。

A ✕　居宅サービス計画におけるモニタリングは、1か月に1回は利用者の居宅を訪問して面接を行う。

福祉用具貸与（介護予防福祉用具貸与）

福祉用具貸与種目

①車いす
②車いす付属品
③特殊寝台
④特殊寝台付属品
⑤床ずれ防止用具
⑥手すり
⑦スロープ
⑧歩行器
⑨歩行補助つえ
⑩体位変換器
⑪認知症老人徘徊感知機器
⑫移動用リフト（つり具の部分を除く）
⑬自動排泄処理装置

特定福祉用具販売（特定介護予防福祉用具販売）

● 指定を受けた事業者が、自宅での自立生活を支援するため、貸付になじまない入浴や排泄などの用具を販売する。

特定福祉用具販売種目

①腰掛便座
②自動排泄処理装置の交換可能部品
③入浴補助用具
④簡易浴槽
⑤移動用リフトのつり具の部分

福祉用具貸与事業所や特定福祉用具販売事業所には、福祉用具専門相談員を2名以上置かなければなりません。

4. 地域密着型サービスの種類とその特徴

定期巡回・随時対応型訪問介護看護

● 定期巡回・随時対応型訪問介護看護では、定期巡回サービス、随時対応サービス、随時訪問サービス、訪問看護サービスという4つのサービスを提供する。事業所形態には、一つの事業所がすべてのサービスを提供する一体型と複数の事業者が連携してサービスを提供する連携型がある。

● 定期巡回・随時対応型訪問介護看護計画は、看護師や介護福祉士などの計画作成責任者が作成する。

Q 定期巡回・随時対応型訪問介護では、利用者の状態の変化に応じて、随時訪問サービスを利用することができる。 第31回

表で整理！ **定期巡回・随時対応型訪問介護看護の支援内容**

定期巡回サービス	訪問介護員等が、定期的に利用者の居宅を巡回して日常生活上の世話を提供する
随時対応サービス	あらかじめ利用者の心身の状況、その置かれている環境等を把握したうえで、随時、利用者またはその家族等からの通報を受け、通報内容等をもとに相談援助、訪問介護員等の訪問、看護師等による対応の要否等を判断する
随時訪問サービス	随時対応サービスにおける訪問の要否等の判断に基づき、訪問介護員等が利用者の居宅を訪問して日常生活上の世話を提供する
訪問看護サービス	看護師等が医師の指示に基づき、利用者の居宅を訪問して療養上の世話や必要な診療の補助を提供する

夜間対応型訪問介護

● 夜間対応型訪問介護は、**定期巡回サービス、オペレーションセンターサービス、随時訪問サービス**を一括して提供する。

 表で整理！ **夜間対応型訪問介護の支援内容**

定期巡回サービス	定期的に利用者の居宅を巡回するサービス
オペレーションセンターサービス	あらかじめ利用者の心身状況・環境などを把握したうえで、利用者からの通報を受けて、通報内容などにより、訪問介護員の訪問の要否などを判断するサービス
随時訪問サービス	オペレーションセンターなどからの連絡によって、随時、対応するサービス

 表で整理！ **その他の地域密着型サービス**

地域密着型通所介護	・療養通所介護は、地域密着型通所介護の一部として位置づけられている
認知症対応型通所介護（介護予防認知症対応型通所介護）	・認知症である居宅要介護者に対して、食事などの介護、日常生活上の世話、機能訓練などを行う通所サービス ・事業所形態には、単独型、併設型、共用型の3類型がある
小規模多機能型居宅介護（介護予防小規模多機能型居宅介護）	・利用者のニーズや心身状態に合わせて、通いサービス、訪問サービス、短期宿泊サービスを適切に組み合わせて提供する ・登録者の小規模多機能型居宅介護計画や居宅サービス計画は、小規模多機能型居宅介護事業所の介護支援専門員（ケアマネジャー）が作成する

 随時訪問サービスは、利用者または家族等からの通報を受けて提供される。

認知症対応型共同生活介護（介護予防認知症対応型共同生活介護）	・グループホームとも呼ばれ、家庭的な環境で集団生活を送り、食事や入浴などの日常生活上の支援や機能訓練などのサービスを行う ・支援は、計画担当の介護支援専門員（ケアマネジャー）が作成する認知症対応型共同生活介護計画に基づいて行われる
地域密着型特定施設入居者生活介護	・地域密着型特定施設の入居者に対し、食事などの介護、日常生活上の世話、機能訓練、療養上の世話を行う
地域密着型介護老人福祉施設入所者生活介護	・地域密着型介護老人福祉施設の入所者に対し、食事などの介護、日常生活上の世話、機能訓練、健康管理、療養上の世話を行う
看護小規模多機能型居宅介護	・利用者のニーズや心身状態に合わせて、通いサービス、訪問サービス、短期宿泊サービス、看護サービス（療養上の世話または必要な診療の補助）を適切に組み合わせて提供する

用語解説

［地域密着型特定施設］入居定員が29人以下である介護専用型特定施設（介護付有料老人ホーム、養護老人ホーム、軽費老人ホームなど）のこと。
［地域密着型介護老人福祉施設］入所定員が29人以下である特別養護老人ホームのこと。

5. 居宅介護支援

● 居宅介護支援事業者の指定は、**市町村長**が行う。

● 居宅において日常生活を営むために必要な指定居宅サービス等を適切に利用することができるよう、要介護者からの依頼を受けて居宅サービス計画を作成する。

6. 介護予防支援

● 介護予防支援事業者の指定は、**市町村長**が行う。

● **介護予防サービス計画**は、地域包括支援センターに所属する保健師などの担当職員が作成する。

Q 住宅改修費の支給限度基準額は、10万円である。 **第36回**

7. 住宅改修

● 住宅改修費の支給額は、要支援・要介護状態区分にかかわらず定額20万円の支給限度基準額が設定されている。

● すでに住宅改修費を満額受給している場合であっても、要介護状態が3段階以上重くなった場合や、転居後に住宅改修の必要がある場合には、特例として、再支給を受けることができる。

表で整理！ 住宅改修費対象工事の種類

手すりの取り付け	廊下、トイレ、浴室、玄関などの必要な箇所に手すりを設置し、転倒予防や移動の円滑化を図る
段差解消	スロープ設置や床段差緩和工事など、廊下・トイレ・浴室・玄関などの段差の解消を図る
床材の変更	畳からフローリングなどへの変更、浴室の床材を滑りにくい材質に変更するなど、滑り防止や移動の円滑化を図る
扉の取り替え	開き戸の引き戸・折り戸・アコーディオンカーテンなどへの変更、ドアノブの変更、戸車の設置、引き戸等の新設などを行う
便器の取り替え	和式便器から洋式便器への取り替え、便器の向きの変更などを行う

※その他付帯する工事も支給対象に含まれる

8. 地域支援事業

● 地域支援事業には、介護予防・日常生活支援総合事業、包括的支援事業、任意事業がある。さらに、介護予防・日常生活支援総合事業は、介護予防・生活支援サービス事業と一般介護予防事業に分かれる。

● 地域ケア会議は、個別ケースの課題分析等を行うことによる地域課題の把握などを目的としている。

→ **A** ✕ 住宅改修費の支給限度基準額は、20万円である。なお、福祉用具購入費の支給限度基準額は10万円である。

地域支援事業の事業構成

介護予防・日常生活支援総合事業

介護予防・生活支援サービス事業（第一号事業）
- ・訪問型サービス
- ・通所型サービス
- ・生活支援サービス
- ・介護予防ケアマネジメント

一般介護予防事業
- ・介護予防把握事業
- ・介護予防普及啓発事業
- ・地域介護予防活動支援事業
- ・一般介護予防事業評価事業
- ・地域リハビリテーション活動支援事業

包括的支援事業
- ・総合相談支援事業
- ・権利擁護事業
- ・包括的・継続的ケアマネジメント支援事業
- ・在宅医療・介護連携推進事業
- ・認知症総合支援事業
- ・生活支援体制整備事業
- ・地域ケア会議推進事業

任意事業
- ・家族介護支援事業
- ・介護給付等費用適正化事業
- ・その他の事業

解き方がわかる！過去問解説

介護保険審査会の設置者は、都道府県である。 第29回

ポイント 間違えやすいのが、介護認定審査会と介護保険審査会です。不服を申し立てるための機関が介護保険審査会であることを覚えておきましょう。

正解は ⭕ 介護保険審査会は都道府県に設置され、介護保険の認定に対する不服申し立てを受け付け審査します。

Q 障害者基本法において、政府は、「障害者基本計画を策定しなければならない」と規定されている。 第28回

❼ 障害者福祉制度

1. 障害者福祉制度

障害者自立支援法と障害者総合支援法

- 支援費制度では、**精神障害者**が利用対象外になっているなどの問題があったことから、2005（平成17）年に障害者自立支援法が制定された。
- 障害者自立支援法は、2013（平成25）年の法改正で、**障害者総合支援法**となり、障害者の範囲に「**難病を有する者**」が含まれることになった。

2010（平成22）年12月には、「利用者負担の見直し」（応能負担を原則とする）、「障害者の範囲の見直し」（発達障害者を障害者の範囲に含める）などを内容とする法改正が行われました。

精神保健福祉法

- 精神障害者を福祉の対象としても位置づけ、「自立と社会経済活動への参加」を目的に盛り込んだほか、**精神障害者保健福祉手帳制度**を導入した。

心身障害者対策基本法→障害者基本法

- 心身障害者対策基本法は、1993（平成5）年に障害者基本法に改正された。障害者基本法が成立したことによって、障害者の範囲に**精神障害者**が含まれるようになった。
- 障害者基本法は、2004（平成16）年の改正で、**障害者に対する差別禁止**の理念が盛り込まれた。さらに、障害者の権利に関する条約の批准に向けた2011（平成23）年の改正で障害者の範囲に「**難病を有する者**」が含まれることを明示したほか、**社会的障壁の除去**についても規定した。
- 障害者基本法では、**政府**に障害者基本計画の策定を**義務づけ**ている。

 A **◯** 障害者基本法は、障害者福祉についての基本となる法律である。

表で整理！　日本の障害者福祉制度の歴史

年	制度	備考
1945（昭和20）年	第2次世界大戦終戦	
1949（昭和24）年	身体障害者福祉法	
1950（昭和25）年	精神衛生法	精神病者監護法や精神病院法は廃止
1960（昭和35）年	精神薄弱者福祉法	
1970（昭和45）年	心身障害者対策基本法	
1981（昭和56）年	国際障害者年	
1987（昭和62）年	精神保健法	精神衛生法を改正・改称
1993（平成5）年	障害者基本法	心身障害者対策基本法を改正・改称
1995（平成7）年	精神保健福祉法	精神保健法を改正・改称
1999（平成11）年	知的障害者福祉法	精神薄弱者福祉法を改正・改称
2000（平成12）年	社会福祉基礎構造改革	
2003（平成15）年	支援費制度	措置から契約へ
2004（平成16）年	障害者基本法改正 発達障害者支援法	差別禁止の理念を明示
2005（平成17）年	障害者自立支援法	
2011（平成23）年	障害者基本法改正	障害者権利条約の批准に向け、障害者の定義の見直しや社会的障壁の除去等を規定
2012（平成24）年	障害者虐待防止法 児童福祉法改正	
2013（平成25）年	障害者総合支援法 障害者差別解消法 精神保健福祉法改正	障害者自立支援法を改正・改称
2014（平成26）年	障害者の権利に関する条約（障害者権利条約）の批准	
2016（平成28）年	障害者総合支援法改正	
2018（平成30）年	障害者総合支援法改正	就労定着支援や自立生活援助の創設

Q 1981（昭和56）年の国際障害者年は、ノーマライゼーションの理念を社会に広める契機となった。
第27回

2. 障害者対策の変遷

● 障害者対策に関する長期計画は、「国連障害者の十年」の国内行動計画として、1982（昭和57）年に策定された。

● 障害者対策に関する新長期計画は、障害者対策に関する長期計画の後継計画、さらには、障害者基本法に基づく障害者基本計画として位置づけられ、1993（平成5）年に策定された。

● 新長期計画は、「ノーマライゼーション」や「リハビリテーション」の理念、「完全参加と平等」の目標が受け継がれた内容となった。

● 新障害者基本計画は、「ノーマライゼーション」や「リハビリテーション」といった前回の計画の理念が継承された。

→障害者福祉の基本理念については、第11章❶（385ページ）を参照。

新障害者基本計画でも、障害の有無にかかわらず、国民誰もが相互に人格と個性を尊重し支え合う共生社会の実現を目指しました。

● 障害者基本計画（第3次）では、共生社会の実現を目指し、障害者の自己実現の支援と社会参加を制約している障壁を除去することを目的としている。

● 障害者基本計画（第4次）では、共生社会の実現に向け、障害者が自らの決定に基づき社会のあらゆる活動に参加し、その能力を最大限発揮して自己実現できるように支援をすることとした。

障害者基本計画（第4次）を通じて実現を目指すべき社会

・「一人ひとりの命の重さは障害の有無によって少しも変わることはない」という当たり前の価値観を国民全体で共有できる共生社会。
・2020年東京オリンピック・パラリンピックにおいて、成熟社会における我が国の先進的な取組を世界に示し、世界の範となるべく、女性も男性も、お年寄りも若者も、一度失敗を経験した方も、障害や難病のある方も、家庭で、職場で、地域で、あらゆる場で、誰もが活躍できる社会。
・障害者施策が国民の安全や社会経済の進歩につながる社会。

 A ○ ノーマライゼーションの理念は、デンマークのバンク・ミケルセンが提唱した。

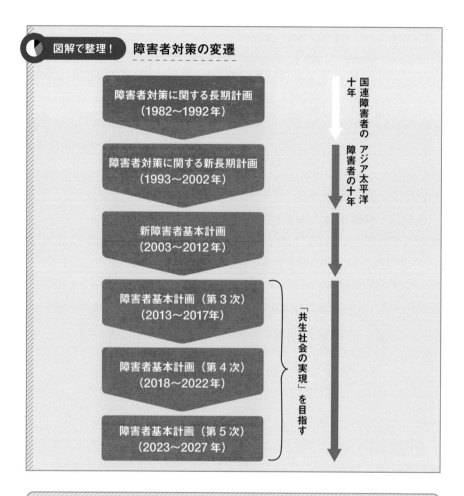

図解で整理！　障害者対策の変遷

障害者対策に関する長期計画
（1982～1992年）

障害者対策に関する新長期計画
（1993～2002年）

新障害者基本計画
（2003～2012年）

障害者基本計画（第3次）
（2013～2017年）

障害者基本計画（第4次）
（2018～2022年）

障害者基本計画（第5次）
（2023～2027年）

国連障害者の十年

アジア太平洋障害者の十年

「共生社会の実現」を目指す

3. 障害者の定義

● 障害者の定義は、障害者基本法や障害者総合支援法で規定されている。

● 精神障害者の定義は精神保健福祉法に、発達障害者の定義は発達障害者支援法に規定されている。

「障害者総合支援法」において障害者の年齢は18歳以上と規定されています。なお、障害児（18歳未満）については児童福祉法で規定されています。

Q　「障害者総合支援法」の障害者の定義では、発達障害者は除外されている。　第33回

 **原文をCheck!**

障害者基本法

第2条（定義）（一部抜粋）
　身体障害、知的障害、精神障害（発達障害を含む。）その他の心身の機能の障害（以下「障害」と総称する。）がある者であって、障害及び社会的障壁により継続的に日常生活又は社会生活に相当な制限を受ける状態にあるものをいう。

障害児の定義

● 障害児の定義は、児童の定義と同様、**児童福祉法**に規定されている。

 原文をCheck!

児童福祉法に基づく児童と障害児の定義

第4条（一部抜粋）
　1　児童とは、満18歳に満たない者。
　2　障害児とは、身体に障害のある児童、知的障害のある児童、精神に障害のある児童（発達障害児を含む。）又は治療方法が確立していない疾病その他の特殊の疾病であって（中略）障害の程度が厚生労働大臣が定める程度である児童をいう。

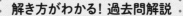 **解き方がわかる！過去問解説**

指定障害福祉サービス事業者は、サービスの質の評価を行い、サービスの質の向上に努めなければならない。　**第28回**

 ポイント
障害福祉サービスだけでなく、福祉サービスの質の評価、質の向上に努めなければならないことは社会福祉法に基づいています。福祉サービスにおいて共通の事項として覚えておきましょう。

正解は
◯
障害者総合支援法第42条第2項に規定されています。社会福祉法第78条で、福祉サービス全般について、質の評価・質の向上について規定されています。

A ✕　同法第2条で「精神障害（発達障害を含む）」とされており、除外されていない。

❽ 障害者福祉制度の概要

頻出度 ★★★

1. 障害者の福祉に関する制度

障害者基本法

● 政府は、**障害者基本計画**を、都道府県や市町村は、**都道府県障害者計画**や**市町村障害者計画**を策定しなければならない。

 原文をCheck！

障害者基本法

第1条（目的）
この法律は、全ての国民が、障害の有無にかかわらず、等しく基本的人権を享有するかけがえのない個人として尊重されるものであるとの理念にのっとり、全ての国民が、障害の有無によって分け隔てられることなく、相互に人格と個性を尊重し合いながら共生する社会を実現するため、障害者の自立及び社会参加の支援等のための施策に関し、基本原則を定め、及び国、地方公共団体等の責務を明らかにするとともに、障害者の自立及び社会参加の支援等のための施策の基本となる事項を定めること等により、障害者の自立及び社会参加の支援等のための施策を総合的かつ計画的に推進することを目的とする。

児童福祉法

● 児童福祉法では、**障害児入所支援**、**障害児通所支援**や障害児福祉計画など、障害児を対象とする支援についての規定を設けている。
● 児童発達支援や放課後等デイサービスには、**共生型サービス**が設けられている。
● 障害児福祉計画には、**市町村障害児福祉計画**と都道府県障害児福祉計画がある。

用語解説

 [障害児通所支援] 児童発達支援、医療型児童発達支援、放課後等デイサービス、居宅訪問型児童発達支援、保育所等訪問支援の総称。

Q 障害者差別解消法は、障害者基本法の基本的な理念を具体的に実施するために制定された。
第36回

表で整理！ **障害者（基本）計画と障害福祉計画と障害児福祉計画**

計画名	障害者（基本）計画※	障害福祉計画	障害児福祉計画
概要	障害者のニーズや課題をまとめ、取り組むべき施策の方向性について定めた基本計画	提供する福祉サービス等の数値目標及びサービス見込み量等を定めた実施計画	提供する障害児福祉サービス等の数値目標及びサービス見込み量等を定めた実施計画
根拠法	障害者基本法	障害者総合支援法	児童福祉法
作成者	政府、都道府県、市町村	都道府県、市町村	都道府県、市町村

※作成者が国の場合は「障害者基本計画」であるが、作成者が都道府県や市町村の場合は「障害者計画」という。

障害者虐待防止法

● 障害者虐待には、**養護者**による障害者虐待、**障害者福祉施設従事者等**による障害者虐待、使用者による障害者虐待があるとしている。

● 虐待を、①身体的虐待、②性的虐待、③心理的虐待、④ネグレクト（介護や世話の放棄）、⑤経済的虐待の5類型に区分している。この類型は、**高齢者虐待防止法**と同様である。

 表で整理！ **障害者虐待の種類**

身体的虐待	・障害者の身体に外傷が生じる、もしくは生じるおそれのある暴行を加えること ・正当な理由なく障害者の身体を拘束すること　　　　など
性的虐待	・障害者にわいせつな行為をすること ・障害者にわいせつな行為をさせること　　　　など
心理的虐待	・障害者に対する著しい暴言や著しく拒絶的な対応 ・障害者に著しい心理的外傷を与える言動を行うこと　　　　など
ネグレクト	・障害者を衰弱させるような著しい減食 ・障害者を衰弱させるような長時間の放置　　　　など
経済的虐待	・障害者の財産を不当に処分すること ・障害者から不当に財産上の利益を得ること　　　　など

障害を理由とする差別の解消の推進に関する法律（障害者差別解消法）

● 障害者差別解消法は、**障害者の権利に関する条約（障害者権利条約）**の締結に向けた国内法制度の整備の一環として、2013（平成25）年に制定され、2016（平成28）年に施行された。

● 障害者差別解消法では、障害を理由とする差別の解消の推進に関する基

  障害者基本法の基本的な理念にのっとり、同法4条（差別の禁止）を具体化するものとして位置づけられている。

本方針や、行政機関等および事業者における障害を理由とする差別を解消するための措置などについて規定している。

● 障害者差別解消法では、行政機関や事業者に対して、障害者に対する不当な差別的取り扱いを禁止するとともに、行政機関に対して障害者に対する合理的配慮を義務づけた。民間事業者は当初は努力義務であったが、2024（令和6）年4月1日から義務となる。

用語解説

［合理的配慮］障害者がほかの者との平等を基礎としてすべての人権および基本的自由を享有し、または行使することを確保するための必要かつ適当な変更および調整であって、特定の場合において必要とされるものであり、かつ、均衡を失したまたは過度の負担を課さないもの。

☑ **原文をCheck！**

障害者差別解消法

第1条（目的）
この法律は、障害者基本法の基本的な理念にのっとり、全ての障害者が、障害者でない者と等しく、基本的人権を享有する個人としてその尊厳が重んぜられ、その尊厳にふさわしい生活を保障される権利を有することを踏まえ、障害を理由とする差別の解消の推進に関する基本的な事項、行政機関等及び事業者における障害を理由とする差別を解消するための措置等を定めることにより、障害を理由とする差別の解消を推進し、もって全ての国民が、障害の有無によって分け隔てられることなく、相互に人格と個性を尊重し合いながら共生する社会の実現に資することを目的とする。

2. 障害者総合支援法

障害者自立支援法から障害者総合支援法へ

● 障害者自立支援法は、2005（平成17）年に成立し、「障害児・障害者の福祉の増進を図るとともに、障害の有無にかかわらず国民が相互に人格と個性を尊重し安心して暮らすことのできる地域社会の実現に寄与すること」を目的とした。

● 2012（平成24）年に障害者自立支援法を改正・改称した法律として成立したのが障害者総合支援法である。

Q 「障害者総合支援法」の居宅介護を利用したときは、利用者の負担能力に応じて負担する。**第35回**

- 障害者総合支援法では、障害児・障害者の定義に**難病**が追加され、従来の障害程度区分を**障害支援区分**に改めるなどの変更が行われた。

用語解説

[障害支援区分]障害者等の障害の多様な特性その他の心身の状態に応じて必要とされる標準的な支援の度合を総合的に示すものとして厚生労働省令で定める区分。1から6まで分類されている。

原文をCheck!

障害者総合支援法

第1条の2（基本理念）

障害者及び障害児が日常生活又は社会生活を営むための支援は、全ての国民が、障害の有無にかかわらず、等しく基本的人権を享有するかけがえのない個人として尊重されるものであるとの理念にのっとり（中略）全ての障害者及び障害児が可能な限りその身近な場所において必要な日常生活又は社会生活を営むための支援を受けられることにより社会参加の機会が確保されること（中略）並びに障害者及び障害児にとって日常生活又は社会生活を営む上で障壁となるような社会における事物、制度、慣行、観念その他一切のものの除去に資することを旨として、総合的かつ計画的に行わなければならない。

障害者総合支援法に基づくサービスの体系

- 障害者総合支援法に基づくサービスの実施主体は、**市町村**である。
- 障害者総合支援法に基づくサービスは、**自立支援給付**（介護給付、訓練等給付、自立支援医療、補装具）と**地域生活支援事業**が柱となっている。
- サービスの利用申請は、障害者または障害児の保護者が**市町村**に対して行う。
- 障害支援区分認定調査と医師の意見書をもとに、**市町村審査会**が障害支援区分（全6段階）の審査・判定を行い、**市町村**が認定する。
- 支給決定後は、指定特定相談支援事業者（指定障害児相談支援事業者）により、**サービス等利用計画**が作成され、サービスの利用が開始される。
- サービスの利用にあたって利用料は、**利用者の負担能力**に応じて負担（**応能負担**）する。

サービスの利用は応能負担であり、生活保護の支給の有無などにより段階的に上限額が設定されている。

第3章

❽ 障害者福祉制度の概要

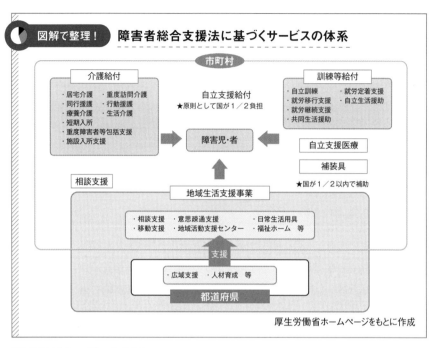

図解で整理！ 障害者総合支援法に基づくサービスの体系

厚生労働省ホームページをもとに作成

障害福祉サービスの体系

● 障害福祉サービス事業者の指定は、**都道府県知事**が行う。

● 2018（平成30）年4月から訓練等給付に、**就労定着支援**と**自立生活援助**が加わった。

● 居宅介護、重度訪問介護、生活介護、短期入所、自立訓練には、**共生型サービス**が設けられている。

表で整理！ 介護給付

サービス項目	障害種別	利用条件
居宅介護	身・知・精・難	居宅において介護などを行う
重度訪問介護	身・知・精・難	常時介護を要する重度の肢体不自由者などに、総合的な介護を行う
同行援護	身・難	移動が困難な視覚障害者に、外出時の移動に必要な情報提供などを行う
行動援護	知・精	知的障害や精神障害により行動上著しい困難を有する者に対し、危険を回避するために必要な援護などを行う

Q 指定障害福祉サービス事業者の指定は、厚生労働大臣が行う。**第28回**

療養介護	身・難	医療と常時の介護を要する者に、主に昼間、病院などで機能訓練や療養上の管理、看護などを行う
生活介護	身・知・精・難	常時介護を要する者に、主に昼間、障害者支援施設などで介護や創作的活動の機会の提供などを行う
短期入所	身・知・精・難	障害者支援施設などに短期入所している者に、介護などを行う
重度障害者等包括支援	身・知・難	常時介護を要する者に、居宅介護、重度訪問介護などの障害福祉サービスを包括的に提供する
施設入所支援	身・知・精・難	施設に入所する者に、主に夜間、介護などを行う

障害種別　身：身体障害　知：知的障害　精：精神障害　難：難病
※精神障害者に発達障害者を含む。

 **図解で整理！** 同行援護と行動援護の違い

同行援護

対象：視覚障害者

行動援護

対象：障害支援区分3以上の知的障害者・精神障害者（自己判断能力が制限されている人）

 表で整理！ 訓練等給付

サービス項目	障害種別	利用条件
自立訓練（機能訓練）	身・難	理学療法や作業療法などによる身体機能の維持・向上のための訓練を行う
自立訓練（生活訓練）	知・精・難	食事や家事等の日常生活能力の維持・向上のための訓練や支援を行う
宿泊型自立訓練	知・精・難	自立訓練（生活訓練）対象者のうち、日中に一般就労をしている者や外部の障害福祉サービスを利用している者に対して、地域移行に向けて一定期間、居住の場を提供して帰宅後における生活能力などの維持・向上のための訓練を行う

→ **A** ✕ 指定は都道府県知事が行う。

就労移行支援	身・知・精・難	65歳未満の者で、一般就労を希望する者や、技術を取得し就労を希望する者の支援を行う
就労継続支援A型	身・知・精・難	一般就労が困難な者で、雇用契約に基づき継続的に就労することが可能な65歳未満の者の支援を行う
就労継続支援B型	身・知・精・難	一般就労ができなかった者や50歳に達している者で、生産活動に係る知識と能力の向上や維持が期待される者の支援を行う
就労定着支援	身・知・精・難	一般就労をした者の生活面の課題に対応するために必要な支援を行う
自立生活援助	身・知・精・難	定期的な居宅訪問や随時の対応により、日常生活における必要な支援を行う
共同生活援助（グループホーム）	身・知・精・難	共同で日常生活を営むうえで、主に夜間において相談などの支援を行う

障害種別　身：身体障害　知：知的障害　精：精神障害　難：難病
※精神障害者に発達障害者を含む。

就労継続支援A型とB型の大きな違いの1つは雇用契約を結ぶかどうかです。一般に年齢や体力的にA型での支援が難しい場合にB型での支援が行われます。

自立支援医療制度

● 自立支援医療は、障害者自立支援法（現・障害者総合支援法）の制定時に創設された公費負担医療制度である。

● 利用者の負担額は、原則として医療費の1割となっている。ただし、一定の所得のある世帯に属する者は、自立支援医療費の支給対象にならない。

補装具費

● 補装具の種目には、義肢、装具、座位保持装置、盲人安全つえ、義眼、眼鏡、補聴器、車いす、電動車いす、歩行器、歩行補助つえ（T字状や棒状のものを除く）、重度障害者用意思伝達装置などがある。

● 補装具に係る利用者負担は、原則として補装具費の1割となっている。

Q 使っていた車いすを自分で操作することが困難になったDさんが、「障害者総合支援法」で電動車いすを購入するときに利用できるものとして、介護給付費が適切である。 第32回

地域生活支援事業

- 地域生活支援事業は、障害者の地域生活を支援するための事業として障害者自立支援法（現・障害者総合支援法）の制定時に法定化されたものであり、市町村が行う事業と都道府県が行う事業があり、さらに必須事業と任意事業に細分化できる。
- 成年後見制度利用支援事業は、障害者総合支援法の地域生活支援事業では必須となっており、介護保険法の地域支援事業では任意となっている。

 表で整理！ **地域生活支援事業の必須事業**

市町村	・相談支援事業 ・基幹相談支援センター等機能強化事業 ・成年後見制度利用支援事業 ・成年後見制度法人後見支援事業 ・意思疎通支援事業 ・移動支援事業 ・地域活動支援センター機能強化事業　　　　など
都道府県	・専門性の高い相談支援事業 ・広域的な支援事業 ・専門性の高い意思疎通支援を行う者の養成研修事業　　など

解き方がわかる！過去問解説

障害者基本法では、障害者は、自助努力によって社会的障壁を解消しなければならないとしている。 第28回

 ポイント

障害者基本法第1条にある「共生社会」という言葉から考えるとよいでしょう。第8条では、国民が、第1条に規定する社会の実現に寄与するよう努めなければならないとしています。

正解は ✕

社会的障壁の解消には、国による公助、国民による共助が必要になります。障害者の自助努力だけで解消できるものではありません。

 ✕　補装具費が適切である。

❾ 介護実践に関連する諸制度

頻出度 ★★★

1. 個人の権利を守る制度

個人情報の保護に関する法律（個人情報保護法）

- 個人情報保護法は、個人情報の適正な**取り扱い**に関する基本方針などを定めた法律である。

- 個人情報とは、**生存**する個人を識別できる情報のことであり、具体的には、氏名、生年月日、電話番号、家族構成、障害の有無、病歴、学歴、職業歴、収入、財産保有状況、婚姻（離婚）歴、賞罰などが該当する。

- **死者**に関する情報は、原則として個人情報保護の対象にならない。

- 個人情報には、文字だけでなく、テープやCDなどの**音による情報**、写真やビデオなどの**映像による情報**も含まれる。

☑ **原文をCheck！**

個人情報保護法

第1条（目的）
　　この法律は、高度情報通信社会の進展に伴い個人情報の利用が著しく拡大していることに鑑み、個人情報の適正な取扱いに関し、基本理念及び政府による基本方針の作成その他の個人情報の保護に関する施策の基本となる事項を定め、国及び地方公共団体の責務等を明らかにするとともに、個人情報を取り扱う事業者の遵守すべき義務等を定めることにより、個人情報の適正かつ効果的な活用が新たな産業の創出並びに活力ある経済社会及び豊かな国民生活の実現に資するものであることその他の個人情報の有用性に配慮しつつ、**個人の権利利益を保護する**ことを目的とする。

- 個人情報取扱事業者には、営利か非営利かという区分はない。したがって株式会社だけでなく、**社会福祉法人や医療法人**なども含まれる。

- 個人情報取扱事業者は、個人情報を取り扱う場合、その**利用目的**をできる限り特定しなければならない。

- 個人情報取扱事業者は、**利用目的**を変更する場合、変更前の利用目的と

Q 個人情報取扱事業者には、営利、非営利という区分はない。 予想

関連性を有すると合理的に認められる範囲を超えて行ってはならない。

● 個人情報取扱事業者は、あらかじめ**本人の同意**を得ずに、特定された利用目的の達成に必要な範囲を超えて、個人情報を取り扱ってはならない。

本人の保護に必要な場合や、明らかに本人の利益になるような場合など、公益性の観点から必要だと認められるときは、本人の同意がなくても第三者に個人情報を提供することができます。

たとえば、意識消失とけいれん発作を起こした利用者の個人情報を救急隊員に提供する場合や、災害時に支援が必要な人の名簿を関係者に公開する場合などがあります。

用語解説

[個人情報取扱事業者] 個人情報をデータベース化して事業で活用している事業者のこと。

成年後見制度

● 成年後見制度は、成年のなかで保護が必要な人を対象に、**家庭裁判所**の審判を経て、その人の権利を保護する後見人などを選ぶ制度である。

● 成年後見制度は、法定後見制度と任意後見制度に区分でき、法定後見制度は、さらに**後見、保佐、補助**の3類型に細分化される。

表で整理！ 法定後見制度の3類型

事項＼類型	補助	保佐	後見
本人の事理を弁識する能力	不十分	著しく不十分	欠く常況
利用開始時の本人の同意取得	必要	不要	不要
後見人の権限	裁判所が定める特定の法律行為に限定される	民法第13条第1項に定められた重要な法律行為に関する同意権と取消権（さらに裁判所が拡張する場合もある）	日常生活行為を除くすべての法律行為の取消権や代理権を持つ

 営利、非営利の区分がないため、株式会社だけでなく、社会福祉法人や医療法人なども含まれる。

法定後見制度

● 法定後見開始の申し立ては、本人、配偶者、4親等内の親族、市町村長、検察官などが行うことができる。

● 後見人は、原則、成年被後見人が行った**法律行為**を取り消すことができる。

● 保佐人は、被保佐人の重要な財産を処分するなどの一定の行為について**同意権**を有している。

● 老人福祉法では、**市町村長**による法定後見制度の利用開始の審判請求などについての規定がある。

用語解説

[同意権] 他人の行為に賛成の意思を示す権利のこと。成年後見制度においては、保佐人などが賛成の意思を示すことによって、法律的な効果が認められることになる。

任意後見制度

● 任意後見制度とは、判断能力が不十分になる前に、後見人になってくれる者をあらかじめ本人が任意後見受任者と**任意後見契約**を締結することによって選任しておく制度である。

● 任意後見契約は、**公正証書**によって締結しなければならない。

● 任意後見監督人は、原則として任意後見人の不正や権限の濫用を防ぐため、任意後見契約発効時に、本人の同意を得たうえで、**家庭裁判所**が選任する。

● 任意後見人を解任する権限を有しているのは、**家庭裁判所**である。

選任された任意後見監督人は、定期的に家庭裁判所に状況報告を行います。

消費者保護に関連する法律

● 特定商取引法では、①訪問販売、②通信販売、③電話勧誘販売、④連鎖販売取引、⑤特定継続的な役務提供、⑥業務提供誘引販売取引、⑦訪問購入の取引を**特定商取引**と定義して、適切な取引が行われるよう規制をしている。

Q 法定後見開始の申立てができるのは、利用者とその配偶者に限られている。**第27回**

- 通信販売以外の6つの取引には、要件を満たせば消費者の側から契約を取り消しできる**クーリング・オフ制度**が設けられている。
- クーリング・オフが可能な期間は、購入後原則**8日以内**（連鎖販売取引、業務提供誘引販売取引の場合は**20日以内**）で、取り消しの理由は問われない。

2. 地域生活を支援する制度

日常生活自立支援事業

- 日常生活自立支援事業は、社会福祉法に基づく**福祉サービス利用援助事業**に基づく事業である。
- 日常生活自立支援事業の対象は、**認知症**がある高齢者、知的障害者、精神障害者などの十分な判断能力がなく、適切な福祉サービスを受けることができない者であって、日常生活支援事業の**契約内容**について判断し得る能力を有している者である。
- 日常生活自立支援事業の実施主体は、**都道府県社会福祉協議会**および**指定都市社会福祉協議会**である。
- 日常生活自立支援事業に関わる専門職には、**専門員**と**生活支援員**の2種類がある。
- 都道府県社会福祉協議会に設置された**運営適正化委員会**は、事業全体の運営監視、利用者からの苦情処理などを行う。
- 日常生活自立支援事業に係る利用料は、**利用者**から徴収することができ、その額は実施主体ごとに異なる。

表で整理！ 日常生活自立支援事業の支援内容

生活支援	・要介護認定などの申請手続きの援助 ・サービス事業者との契約締結の援助　　　　など
行政手続きの援助	・行政手続きの代行
日常的金銭管理	・通帳・印鑑などの預かり ・公共料金や家賃の支払 ・預貯金の引き出し　　　　など
書類などの預かり	・大切な書類などの保管　　　　など

A ✕ 法定後見開始の申立てができるのは、本人、配偶者、4親等内の親族、市町村長、検察官などである。

表で整理！ **日常生活自立支援事業の専門職**

専門員	初期相談から支援計画の策定、利用契約の締結、支援内容の確認や見直しなどの業務を担当
生活支援員	支援計画に基づく実際の支援を担当

3. 保健医療に関する制度

健康増進対策

● 21世紀における**国民健康づくり運動**（健康日本21）は、2000（平成12）年から実施され、2013（平成25）年からの健康日本21（第2次）では、5つの基本的な方向に沿って53項目の目標が設定されている。なお、実施期間は2023年度まで延長されている。

健康日本21（第2次）が掲げる5つの基本的な方向

①健康寿命の延伸と健康格差の縮小
②生活習慣病の発症予防と重症化予防の徹底
③社会生活を営むために必要な機能の維持および向上
④健康を支え、守るための社会環境の整備
⑤栄養・食生活、身体活動・運動、休養、飲酒、喫煙および歯・口腔の健康に関する生活習慣および社会環境の改善

● 健康増進法は、健康増進の基本的な方針を定め、国民健康・栄養調査、健康診査、保健指導などの実施、**受動喫煙**の防止などを定めた法律であり、2003（平成15）年に施行された。

● **市町村**は、健康増進法に基づき、健康手帳の交付、健康教育、健康相談、機能訓練、訪問指導、歯周疾患検診、骨粗鬆症検診、肝炎ウイルス検診を実施している。

2018年の健康増進法改正では、望まない受動喫煙をなくすよう、国や地方公共団体に責務を課すほか、喫煙をする際の配慮義務などが盛り込まれました。

Q 生活習慣病の検査は、特定健康診査に含まれている。 **第30回**

特定健康診査・特定保健指導

● 特定健康診査は、各種の医療保険制度に加入する40歳以上75歳未満の被保険者および被扶養者を対象に、**生活習慣病**の予防に着目した検査で、高齢者の医療の確保に関する法律に規定されている。

● 特定健康診査の実施が、**各種医療保険の保険者**に義務づけられている。

● 特定保健指導は、特定健康診査の結果から、生活習慣の改善が特に必要な者に対して実施される。ただし、服薬中の者は、特定保健指導の対象外となる。

● 特定保健指導には、①**情報提供**、②**動機づけ支援**、③**積極的支援**の3種類がある。65歳以上75歳未満の前期高齢者については、**積極的支援**の対象となった場合でも、**動機づけ支援**を行う。

医療法

● 医療法には、医療提供施設、医療法人、医療計画などについての規定がある。

● 医療提供施設とは、病院、診療所、**介護老人保健施設**、**介護医療院**、**調剤を実施する薬局**その他の医療を提供する施設をいう。

● 助産所は、妊婦、産婦、じょく婦**10人以上**の入所施設を有してはならない。

● 病院または診療所でないものは、病院、病院分院、産院、療養所、診療所、診察所、医院その他病院または診療所といった**紛らわしい名称**をつけてはならない。

介護老人保健施設と介護医療院は、介護保険法に規定される施設でありながら、医療提供施設としても規定されています。

 A ○ 特定健康診査・特定保健指導については、高齢者の医療の確保に関する法律に規定されている。

表で整理！ **病院と診療所の定義**

病院	医師や歯科医師が、公衆または特定多数人のため医業（歯科医業）を行う場所であって、20人以上の患者を入院させるための施設を有するもの
診療所	医師や歯科医師が、公衆または特定多数人のため医業（歯科医業）を行う場所であって、患者を入院させるための施設を有しないものまたは19人以下の患者を入院させるための施設を有するもの

病院と診療所では、入院患者の定員に違いがあるんですね。

精神保健及び精神障害者福祉に関する法律（精神保健福祉法）

● 精神障害者は、障害者基本法において**身体障害者**や**知的障害者**とともに、いわゆる3障害の一つとして位置づけられている。

用語解説

［精神障害者］統合失調症、精神作用物質による急性中毒またはその依存症、知的障害、精神病質その他の精神疾患を有する者。

原文をCheck！

精神保健福祉法

第1条（この法律の目的）
　この法律は、精神障害者の医療及び保護を行い、障害者の日常生活及び社会生活を総合的に支援するための法律と相まってその社会復帰の促進及びその自立と社会経済活動への参加の促進のために必要な援助を行い、並びにその発生の予防その他国民の精神的健康の保持及び増進に努めることによって、精神障害者の福祉の増進及び国民の精神保健の向上を図ることを目的とする。

● 精神保健福祉センターは、**都道府県**が設置する。

● 精神保健福祉法に基づく入院形態は、**任意入院、措置入院、緊急措置入院、医療保護入院、応急入院**の5類型がある。

Q 病院は、20人以上の入院施設がなくてはならない。**第28回**

任意入院	入院を必要とする精神障害者で、入院について、本人の同意がある者を対象とする。精神保健指定医の診察は不要
措置入院	入院させなければ自傷他害のおそれのある精神障害者を対象とする。精神保健指定医2名の診察の結果が一致した場合に都道府県知事が措置する
緊急措置入院	上記の措置入院と同じ状態の精神障害者に対し、精神保健指定医2名の診察が行えない場合、1名のみの診察の結果により行われる。入院期間は72時間以内に制限される
医療保護入院	入院を必要とする精神障害者で、自傷他害のおそれはない者を対象とする。精神保健指定医（または特定医師）の診察・判定および家族等の同意が必要。本人の同意は不要
応急入院	入院を必要とする精神障害者で、任意入院を行う状態になく、急速を要し、保護者の同意が得られない者を対象とする。精神保健指定医（または特定医師）の診察・判定が必要であり、入院期間は72時間以内に制限される（特定医師による診察の場合は12時間まで）

精神保健福祉センターの業務

- ・精神保健および精神障害者の福祉に関する知識の普及と調査研究
- ・複雑または困難なケースに対する精神保健および精神障害者の福祉に関する相談および指導
- ・精神医療審査会の事務　　　　　　　　　　　　　　　　　　　　など

 ○　19人以下は診療所という。

4. 貧困と生活困窮に関する制度

生活保護法

- 生活保護は、国民の生活を保障する社会保障制度の柱の一つである**公的扶助**（公助）に該当する。

- 生活保護の実施機関は、**都道府県知事、市長**、福祉事務所を設置する町村長である。

- 生活保護には、8つの扶助があり、医療と介護以外は**金銭給付**を原則としている。

- 介護扶助は、原則として**現物給付**で支給されるが、福祉用具や住宅改修などの一部は**金銭給付**によって支給される。

- 保護費に係る財源は、75%を**国**が負担し、残りの25%を**都道府県**または**市**（町村が福祉事務所を設置している場合は町村）が負担する。

- 保護施設には、①**救護施設**、②**更生施設**、③**医療保護施設**、④**授産施設**、⑤**宿所提供施設**の5種類がある。

> 救護施設に入所した者は、介護保険の被保険者資格の適用除外となります。そのため、年齢や住所地などの要件を満たしたとしても介護保険の被保険者になることができません。

 表で整理！ **生活保護の基本的原理**

国家責任の原理	日本国憲法第25条に規定する理念に基づき、国家の責任によって生活に困窮するすべての国民に対し、必要な保護を行うことで、国民の最低限度の生活を保障し、国民の自立を助長するという原理
無差別平等の原理	要保護者が生活困窮に陥った原因を問わず、法による保護を無差別平等に受けることができるという原理
最低生活保障の原理	保障される最低限度の生活は、健康で文化的な生活水準を維持することができるものでなければならないという原理
保護の補足性の原理	要保護者が利用できる資産や能力その他あらゆるものを、その最低限度の生活の維持のために活用することを要件に保護が行われる。扶養義務者の扶養、他法による扶助は、生活保護に優先して行うという原理。ただし、急迫した状況下において行われる必要な保護を妨げるものではない

Q 生活保護の給付方法には、金銭給付と現物給付がある。**第34回**

表で整理！ 生活保護の実施原則

申請保護の原則	保護は、要保護者、その扶養義務者またはその他の同居の親族の申請に基づいて開始する。ただし、要保護者が急迫した状況下にある場合は、申請なしに必要な保護を行うことができる。これを職権保護という
基準及び程度の原則	生活保護基準は、要保護者の年齢別、性別、世帯構成別、所在地域別などに応じて必要な事情を考慮した最低限度の生活の需要を満たすに十分なものであって、かつ、これを超えないものとしている
必要即応の原則	要保護者の年齢別、性別、健康状態等その個人または世帯の実際の必要性に対応して保護が行われる
世帯単位の原則	原則として保護は世帯を単位としているが、必要に応じて個人を単位として保護することもできる

 表で整理！ 保護の種類

保護の種類	内容	支給方法（原則）
生活扶助	衣食その他日常生活の需要を満たすために必要なもの、移送にかかる費用	金銭給付
教育扶助	義務教育に伴って必要な教科書その他の学用品、通学用品、学校給食などにかかる費用	金銭給付
住宅扶助	住居（家賃）、補修その他住宅の維持のために必要なものにかかる費用	金銭給付
医療扶助	診察、薬剤または治療材料、医学的処置、移送などにかかる費用	現物給付
介護扶助	居宅介護（居宅介護支援計画に基づき行うものに限る）、福祉用具、住宅改修、施設介護、介護予防（介護予防支援計画に基づき行うものに限る）、介護予防福祉用具、介護予防住宅改修、介護予防・日常生活支援（介護予防支援計画または第一号介護予防支援事業による援助に相当する援助に基づき行うものに限る）、移送にかかる費用	現物給付
出産扶助	分娩の介助、分娩前後の処置、脱脂綿、ガーゼその他の衛生材料にかかる費用	金銭給付
生業扶助	生業に必要な資金、器具または資料、必要な技能の修得、就労のために必要なものにかかる費用。ただし、要保護者の収入を増加させ、またはその自立を助長することのできる見込のある場合に限られる	金銭給付
葬祭扶助	検案、死体の運搬、火葬または埋葬、納骨その他葬祭のために必要なものにかかる費用	金銭給付

→ 生活保護の扶助のうち、多くは金銭給付であるが、医療扶助と介護扶助は原則現物給付となっている。

生活困窮者自立支援法

- 生活困窮者に対する自立支援策を強化して、その自立促進を図ることを目的としている。
- 生活困窮者自立支援制度に基づく事業には、生活困窮者自立相談支援事業や生活困窮者住居確保給付金などの種類がある。
- 生活困窮者自立相談支援事業は、社会福祉法人などに委託することができる。
- 生活困窮者住居確保給付金の支給を受ける権利は、他人に譲り渡したり担保にしたり、差し押さえることができない。

[生活困窮者] 就労の状況、心身の状況、地域社会との関係性その他の事情により、現に経済的に困窮し、最低限度の生活を維持することができなくなるおそれのある者のこと。
[生活困窮者住居確保給付金] 生活困窮者のうち離職などの事由により経済的に困窮し、居住する住宅の所有権などの権利を失い、または現に賃借して居住する住宅の家賃を支払うことが困難となったものであって、就職を容易にするために住居を確保する必要があると認められるものに対して支給する給付金のこと。

原文をCheck!

生活困窮者自立支援法

第1条（目的）
　この法律は、生活困窮者自立相談支援事業の実施、生活困窮者住居確保給付金の支給その他の生活困窮者に対する自立の支援に関する措置を講ずることにより、生活困窮者の自立の促進を図ることを目的とする。

第2条（基本理念）
　1 生活困窮者に対する自立の支援は、生活困窮者の尊厳の保持を図りつつ、生活困窮者の就労の状況、心身の状況、地域社会からの孤立の状況その他の状況に応じて、包括的かつ早期に行われなければならない。
　2 生活困窮者に対する自立の支援は、地域における福祉、就労、教育、住宅その他の生活困窮者に対する支援に関する業務を行う関係機関及び民間団体との緊密な連携その他必要な支援体制の整備に配慮して行われなければならない。

Q 子どもへの学習支援は、必須事業とされている。**第35回**

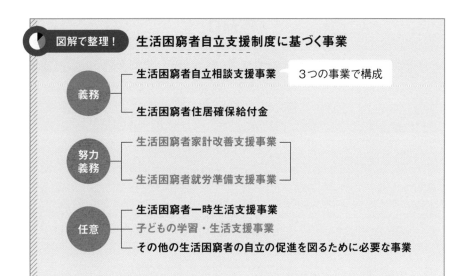

図解で整理！ 生活困窮者自立支援制度に基づく事業

義務
- 生活困窮者自立相談支援事業 ── 3つの事業で構成
- 生活困窮者住居確保給付金

努力義務
- 生活困窮者家計改善支援事業
- 生活困窮者就労準備支援事業

任意
- 生活困窮者一時生活支援事業
- 子どもの学習・生活支援事業
- その他の生活困窮者の自立の促進を図るために必要な事業

生活困窮者自立支援法の改正では、2019年4月に「生活困窮者である子どもに対し学習の援助を行う事業」が「子どもの学習・生活支援事業」に強化されました。

生活保護法の改正では、生活保護世帯の子どもの大学等への進学時の「進学準備給付金」の支給や、医療扶助として後発医薬品の処方が原則化されるなどの措置が講じられました。

解き方がわかる！ 過去問解説

年金や稼働収入がある高齢者は、すべて生活保護の対象とはならない。 第28回

ポイント
生活保護には「保護の補足性」という原理があります。

正解は ✕
「保護の補足性」は、資産・能力等を活用した上で保護を行うというものですが、裏を返せば、年金や稼働収入があってもその額が「最低基準」を下回っていれば、生活保護の対象になると考えられます。

A ✕ 任意の事業である。必須の事業には自立相談支援事業と住居確保給付金がある。

MEMO

[第2領域]
介護

4章

介護の基本

出題傾向分析

1 出題傾向

- 第36回試験での問題数は10問であり、第1章「人間の尊厳と自立」と併せて最低でも1問正解することが合格の条件になっている。
- 尊厳や自立を支えるケアについての事例問題がほぼ毎年出題されている。
- 近年では、事故・防災対策や介護従事者の安全についての出題が多くみられる。

■過去5年間の出題

出題順	第36回 （2024年）	第35回 （2023年）	第34回 （2022年）	第33回 （2021年）	第32回 （2020年）
1	介護を必要とする人の理解（介護需要や家族機能の変化）	尊厳を支える介護（利用者主体）	介護を必要とする人の理解（多様性・複雑性の理解）	介護を必要とする人の理解（国民生活基礎調査）	尊厳を支える介護（認知症）
2	介護福祉士の役割	介護福祉士の役割（求められる介護福祉士像）	自立に向けた介護（自己決定・自己選択）	尊厳を支える介護（ソーシャルロール・バロリゼーション）	尊厳を支える介護（ノーマライゼーション）
3	介護従事者の倫理（施設における個人情報の保護）	介護福祉士の責務（社会福祉士及び介護福祉士法）	自立に向けた介護（自己決定・自己選択）	自立に向けた介護（ICF）	自立に向けた介護（ICF）
4	尊厳を支える介護（個別性や多様性を踏まえた介護）	自立に向けた介護（意思決定支援）	自立に向けた介護（ICF）	自立に向けた介護（見守り的援助）	尊厳を支える介護（認知症）
5	介護を必要とする人の理解（家族介護者の理解と支援）	自立に向けた介護（ユニバーサルデザイン）	介護を必要とする人の理解（家族介護者の理解と支援）	自立に向けた介護（リハビリテーションの基礎）	介護を必要とする人の理解（高齢社会白書）

6	自立に向けた介護（サービス提供責任者の対応）	尊厳を支える介護（認知症）	介護サービス（サービス担当者会議）	尊厳を支える介護（施設利用者への介護福祉職の対応）	介護サービス（認知症対応型共同生活介護）
7	介護実践における連携（民生委員）	介護を必要とする人の理解（聴覚障害者標識）	介護実践における連携（フォーマルサービス）	介護サービス（介護医療院）	介護サービス（サービス提供責任者の役割）
8	介護における安全（防災標識）	協働する多職種の役割と機能（介護保険施設の専門職）	介護従事者の倫理（職業倫理）	介護実践（多職種連携）	介護実践（多職種連携）
9	介護実践（感染症対策）	協働する多職種の役割と機能（チームアプローチ）	介護従事者の倫理（施設における個人情報の安全管理対策）	介護従事者の倫理（施設におけるプライバシーの保護）	介護従事者の倫理
10	介護実践（服薬の介護）	介護における安全（危険回避のための対応）	介護従事者の安全（ハラスメント）	介護における安全（ハインリッヒの法則）	介護における安全（感染対策）

2 学習のポイント

● 事例問題については、利用者の尊厳や自立を支えるケアとはどのようなものかを理解していれば解答できる問題が多いので、過去問でしっかり確認しておく。

● 介護福祉士の役割については義務規定を、自立に向けた介護ではICFに基づいた情報整理の方法についてしっかり理解しておくことが大切である。

❶ 介護福祉の基本となる理念

1. 介護福祉を取り巻く状況

● 1987（昭和62）年に**社会福祉士及び介護福祉士法**が制定され、介護福祉士という国家資格の専門職が生まれた。

介護需要の変化

● 公衆衛生や医療技術の発展により日本人の平均寿命は延びており、2021（令和3）年には男性は81.47歳、女性は87.57歳と、80歳を超えて生きることが一般的になってきている。それに伴い**介護需要**も高まっている。

家族機能の変化

● 世帯の**小規模化**が進み、これまで家族や地域が担ってきた介護の役割を社会が代替する必要が生じている。
● 高齢者が高齢者を介護する**老老介護**の傾向が加速している。

介護ニーズの複雑化と多様化

● 認知症高齢者の増加により、それまで身体介護が中心であった**介護ニーズ**が変化し、「**心身の状況に応じた介護**」が求められている。
● 介護福祉を取り巻く状況の変化を受けて2017年に見直された「求められる介護福祉士像」では、「地域の中で、施設・在宅にかかわらず、**本人**が望む生活を支えることができる」としている。
● **医療的ケア**へのニーズが高まり、2011（平成23）年より介護福祉士の喀痰吸引・経管栄養業務が条件つきで解禁された。

介護職への海外人材受け入れ

● 介護職の**人材不足**を解消するため、海外からの人材を受け入れている。

 2017年の「求められる介護福祉士像」では、在宅か施設かに関係なく、家族が望む生活を支えるとしている。 **第35回**

- 経済連携協定（Economic Partnership Agreement：EPA）に基づく介護福祉士候補者の受け入れは、2008（平成20）年度から始まった。
- 外国人技能実習制度は、2016（平成28）年に公布、2017（平成29）年11月に施行された「外国人の技能実習の適正な実施及び技能実習生の保護に関する法律（技能実習法）」に基づいている。

表で整理！ **経済連携協定（EPA）に基づく介護福祉士候補者と技能実習生**

	EPA	技能実習生
開始時期	2008年度	2017年11月
在留期間	4年（介護福祉士の国家試験に合格した場合は永続的に滞在可能）	3年（諸条件をクリアした場合は5年）
受入国	インドネシア、フィリピン、ベトナム	インド、インドネシア、ウズベキスタン、カンボジア、スリランカ、タイ、中国、ネパール、バングラデシュ、フィリピン、ベトナム、ペルー、ミャンマー、モンゴル、ラオス
受入施設の要件	常勤介護職員の4割以上が介護福祉士であること	常勤介護職員の総数に応じて設定

- 2018（平成30）年に「出入国管理及び難民認定法及び法務省設置法の一部を改正する法律」が成立し、在留資格特定技能が創設された。
- 技能実習生、在留資格「特定技能」で就労している人のどちらも、在留期間中に介護福祉士資格を取得できれば、在留資格「介護」が認められ、永続的に滞在可能となる。

「技能実習生」は、日本に技術を学びに来る人たちの在留資格で、できる業務にも制限があります。それに対して、「特定技能」は、労働者としての在留資格です。共通点としては、介護福祉士資格を取得できれば「介護」の在留資格を選択できて、永続的に就労することも可能です。

 A ✕ 「地域の中で、施設・在宅にかかわらず、本人が望む生活を支えることができる」としている。

2. 介護福祉の歴史

 表で整理！ **介護の歴史**

1945（昭和20）年まで	・家庭内での家族による介護が中心
昭和20年代 1945〜1954年	・福祉三法（旧生活保護法（後に新生活保護法へ改正）、児童福祉法、身体障害者福祉法）が制定される
昭和30年代 1955〜1964年	・福祉六法（福祉三法に知的障害者福祉法、老人福祉法、母子福祉法（現・母子及び父子並びに寡婦福祉法）を加えたもの）時代へ ・入所施設による介護が制度化される
1970（昭和45）年	・日本の高齢化率が7％を超え、高齢化社会に
1987（昭和62）年	・社会福祉士及び介護福祉士法制定
1989（平成元）年	・高齢者保健福祉推進十か年戦略（ゴールドプラン）の策定
1994（平成6）年	・日本の高齢化率が14％を超え、高齢社会に
2000（平成12）年	・介護保険法施行 　高齢者の介護は老人福祉制度および老人医療制度から介護保険制度へと転換される →第3章❺「高齢者福祉と介護保険制度の歴史」（52ページ）を参照
2002（平成14）年	・老人医療制度の対象者を段階的に75歳以上に引き上げ

用語解説

［高齢化率］65歳以上の人口が全人口に占める割合のこと。7％を超えると「高齢化社会」、14％を超えると「高齢社会」、21％を超えると「超高齢社会」と呼ばれる。
［社会福祉士及び介護福祉士法］国家資格である社会福祉士、介護福祉士の資格を定めて、社会福祉の増進に寄与することを目的とする法律。

Q 「今後の社会福祉のあり方について（意見具申）」（1989（平成元）年3月）の内容で、介護保険法の理念・仕組み等につながる事項は、施設福祉サービスの法定化である。 **第29回**

2003（平成15）年	・障害福祉分野で支援費制度の導入 →第3章❼「障害者福祉制度」（68ページ）を参照
2005（平成17）年	・介護保険法の5年以内の見直し規定を受けて法改正
2006（平成18）年	・障害者自立支援法施行
2007（平成19）年	・日本の高齢化率が21％を超え、超高齢社会に
2008（平成20）年	・老人医療制度から後期高齢者医療制度（長寿医療制度）への切り替えが行われる ・経済連携協定（EPA）に基づく介護福祉士候補者等の受け入れ開始
2010（平成22）年	・障害者自立支援法等の一部改正 同行援護の創設、相談支援の充実、障害児支援の強化等 →第3章❽「障害者福祉制度の概要」（72ページ）を参照
2011（平成23）年	・障害者基本法改正 障害者の定義、障害者の自立および社会参加の支援等のための基本的施策等に関する見直し ・障害者虐待の防止、障害者の養護者に対する支援等に関する法律（障害者虐待防止法）制定 養護者、障害者福祉施設従事者等、使用者による障害者虐待の防止 ・高齢者の居住の安定確保に関する法律の改正 高齢者円滑入居賃貸住宅（高円賃）と高齢者専用賃貸住宅（高専賃）を廃止し、サービス付き高齢者向け住宅（サ高住）を創設 ・介護保険法改正 定期巡回・随時対応型訪問介護看護の創設 介護福祉士の喀痰吸引・経管栄養業務の条件つき解禁 →第12章「医療的ケア」（417ページ）を参照
2013（平成25）年	・障害者総合支援法施行 障害者自立支援法を改正・改称して、障害者の定義に難病等の患者を追加
2014（平成26）年	・介護保険法改正 介護予防・日常生活支援総合事業の実施

介護福祉士制度が創設された背景として、日本学術会議社会福祉・社会保障研究連絡委員会が1987（昭和62）年2月25日にまとめた「社会福祉におけるケアワーカー（介護職員）の専門性と資格制度について（意見）」が挙げられます。

→ **A** ✕ 介護保険法の理念・仕組み等につながる事項は、市町村の役割重視である。

2016（平成28）年	・社会福祉法改正 社会福祉法人のガバナンス強化、地域貢献の法定化、他
2017（平成29）年	・介護保険法改正 新たな介護保険施設（介護医療院）の創設、特に所得の高い層の負担割合を3割とする、等 ・介護分野での外国人技能実習制度開始
2019（令和元）年	・介護業種の「特定技能1号」技能評価試験開始
2020（令和2）年	・介護保険法改正 国及び地方公共団体の責務の見直し、介護保険事業計画の見直し、等 ・社会福祉法改正 社会福祉連携推進法人制度の創設、重層的支援体制整備事業の創設
2023（令和5）年	・介護保険法改正 市町村の包括的な支援体制の構築支援

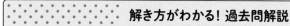

解き方がわかる！過去問解説

経済連携協定に基づく介護福祉士候補者受入れ施設の要件は、常勤介護職員の2割以上が介護福祉士であることである。 第30回

ポイント 受入れ施設で、候補者に対する十分な指導ができるようにするために、常勤介護職員における介護福祉士の割合が高いことから考えてみましょう。

正解は ✕ 経済連携協定に基づく介護福祉士候補者受入れ施設では、常勤介護職員の4割以上が介護福祉士であることとされています。

第1章で解説したノーマライゼーションやQOL、自立の概念も「介護福祉の基本となる理念」として出題範囲とされています。こちらについては、第1章の解説内容をしっかりと確認してください。

Q 介護福祉士は2000（平成12）年の介護保険法の施行に伴い制定された。 予想

❷ 介護福祉士の役割と機能

1. 介護福祉士の役割

● **社会福祉士及び介護福祉士法**において、介護福祉士は以下のように定義されている。

 原文をCheck!

社会福祉士及び介護福祉士法

第2条第2項（定義）
　この法律において、「介護福祉士」とは、第42条第1項の登録を受け、介護福祉士の名称を用いて、**専門的知識及び技術**をもって、身体上又は精神上の障害があることにより日常生活を営むのに支障がある者につき**心身の状況に応じた介護**を行い、並びにその者及びその介護者に対して**介護に関する指導**を行うことを業とする者をいう。

● 2016（平成28）年に施行された改正では、「介護」の内容として「**喀痰吸引**その他のその者が日常生活を営むのに必要な行為であって、医師の指示の下に行われるものを含む」と記載された。

● 介護福祉士は**都道府県知事**の登録を受けなければ、喀痰吸引等を実施することはできない。

介護福祉士を規定しているのは社会福祉士及び介護福祉士法で介護保険法ではありません。介護保険法では介護支援専門員（ケアマネジャー）を規定しています。

介護福祉士になるには、国家試験合格後に登録が必要です。登録業務は、厚生労働大臣の指定を受けて社会福祉振興・試験センターが行っています。

→ **A** ✕ 介護福祉士は1987（昭和62）年の社会福祉士及び介護福祉士法によって定められている。

介護福祉士の業務

誠実義務 （第44条の2）		その担当する者が個人の尊厳を保持し、自立した日常生活を営むことができるよう、常にその者の立場に立って、誠実にその業務を行わなければならない
信用失墜 行為の禁止 （第45条）		介護福祉士の信用を傷つけるような行為をしてはならない
秘密保持義務 （第46条）		正当な理由がなく、その業務に関して知り得た人の秘密を漏らしてはならない。介護福祉士でなくなった後においても同様とする
連携 （第47条）		その担当する者に、福祉サービス等が総合的かつ適切に提供されるよう、地域に即した創意と工夫を行いつつ福祉サービス関係者等との連携を保たなければならない
資質向上の責務 （第47条の2）		介護を取り巻く環境の変化による業務の内容の変化に対応するため、介護等に関する知識及び技能の向上に努めなければならない

名称独占と業務独占

● 社会福祉士及び介護福祉士法第48条第2項では、**名称独占資格**であることを規定している。

介護福祉士の資格は、名称独占ですが、業務独占ではありません。

表で整理！ **名称独占と業務独占**

	名称独占	業務独占
内容	業務そのものは資格がなくても行うことができるものの、資格取得者以外の者は、その資格を名乗ることが法令で禁止されている資格	特定の業務は特定の資格を取得している者しかできないとされている資格
例	介護福祉士の資格を持っていない人が、名刺などに「介護福祉士○○」と記すことはできない	・医師免許がなければ治療はできない ・税理士でなければ第三者のための税務の業務を行うことはできない

介護福祉士資格取得者数の状況

● 2024（令和6）年2月現在、介護福祉士の登録者数は全国で約194万人である。

 表で整理！ **過去の受検者数と合格者数**

	第30回	第31回	第32回	第33回	第34回	第35回	第36回
受験者数	9万2,654名	9万4,610名	8万8,032名	8万4,483名	8万3,082名	7万9,151名	7万4,595名
合格者数	6万5,574名	6万9,736名	5万8,745名	5万9,975名	6万99名	6万6,711名	6万1,747名
合格率	70.8%	73.7%	69.9%	71.0%	72.3%	84.3%	82.8%

解き方がわかる！過去問解説

介護福祉士は、利用者に関する情報について業務以外では公表してよい。 第34回

 ポイント

介護福祉士の義務規定から考えてみましょう。

 正解は ✕

利用者に関する情報の公表は、秘密保持義務に抵触します。介護福祉士でなくなった後でも、秘密保持義務は守らなければいけないことに注意が必要です。

  社会福祉士及び介護福祉士法第47条の2に規定されている。

頻出度
★★☆

❸ 介護福祉士の倫理

1. 介護福祉士の欠格事由

● 次の項目のいずれかにあてはまる人は、介護福祉士になれない。

・心身の故障により介護福祉士の業務を適切に行うことができない者として厚生労働省令で定めるもの。
・禁錮以上の刑に処せられ、その執行を終わり、または執行を受けることがなくなった日から起算して2年を経過しない者。
・社会福祉士及び介護福祉士法の規定等で、罰金の刑に処せられ、その執行を終わり、または執行を受けることがなくなった日から起算して2年を経過しない者。
・介護福祉士の登録を取り消され、その取消しの日から起算して2年を経過しない者。

以前は成年被後見人または被保佐人が介護福祉士の欠格事由でしたが、2019（令和元）年に「心身の故障により社会福祉士又は介護福祉士の業務を適切に行うことができない者として厚生労働省令で定めるもの」と、心身の故障等の状況を個別的、実質的に審査する形に変更になりました。

用語解説

[禁錮]受刑者を刑事施設（刑務所）に拘置する刑（刑法13条）。

2. 罰則

● 介護福祉士の義務規定は社会福祉士及び介護福祉士法で定められており、違反すると罰則が科せられるものがある。

Q 介護福祉士は信用失墜行為をした場合、罰則により1年以下の懲役または30万円以下の罰金に処せられる。**第30回**

表で整理！ 介護福祉士の主な罰則

分類	罰則の内容
「信用失墜行為の禁止」に違反した場合	登録の取消し、または、期間を定めた名称の使用停止
「秘密保持義務」に違反した場合	・登録の取消し、または、期間を定めた名称の使用停止 ・1年以下の懲役、または、30万円以下の罰金
介護福祉士という名称の使用停止期間中に、名称を使用した場合	30万円以下の罰金
介護福祉士ではない者が、介護福祉士という名称を使用した場合	30万円以下の罰金

プライバシーの保護

● 日本介護福祉士会倫理綱領にも規定されているとおり、介護福祉士は**プライバシー**を保護するため、職務上知り得た**個人情報**を守らなければならない。

● 一方で、利用者の経歴を周囲に知ってもらうことが本人にとって有益であることもある（例えば、周囲にとって不可解な言動が本人の経歴に関係している場合など）。

● **職業倫理**に照らし、利用者の個人情報をどのように扱うのか関係者間で話し合うことが重要である。

3. 職業倫理

介護従事者の倫理

● 介護従事者は、利用者とともに生活課題を解決し、生活を支援していく専門職であり、専門的な知識と技術、また法令遵守（コンプライアンス）はもちろんのこと、**高い倫理**と**人間性**が求められる職業である。

● 日本介護福祉士会は**倫理綱領**を定めており、介護福祉士は、これに基づく行動規範を守る必要がある。

A ✕ 違反したときは登録の取消しや名称使用の停止を命じられることがあるが、懲役や罰金を科されることはない。

日本介護福祉士会倫理綱領
1995（平成7）年11月17日宣言

前文

　私たち介護福祉士は、介護福祉ニーズを有するすべての人々が、住み慣れた地域において安心して老いることができ、そして暮らし続けていくことのできる社会の実現を願っています。（後略）

1. 利用者本位、自立支援

　介護福祉士は、すべての人々の基本的人権を擁護し、一人ひとりの住民が心豊かな暮らしと老後が送れるよう利用者本位の立場から自己決定を最大限尊重し、自立に向けた介護福祉サービスを提供していきます。

2. 専門的サービスの提供

　介護福祉士は、常に専門的知識・技術の研鑽に励むとともに、豊かな感性と的確な判断力を培い、深い洞察力をもって専門的サービスの提供に努めます。

　また、介護福祉士は、介護福祉サービスの質的向上に努め、自己の実施した介護福祉サービスについては、常に専門職としての責任を負います。

3. プライバシーの保護

　介護福祉士は、プライバシーを保護するため、職務上知り得た個人の情報を守ります。

4. 総合的サービスの提供と積極的な連携、協力

　介護福祉士は、利用者に最適なサービスを総合的に提供していくため、福祉、医療、保健その他関連する業務に従事する者と積極的な連携を図り、協力して行動します。

5. 利用者ニーズの代弁

　介護福祉士は、暮らしを支える視点から利用者の真のニーズを受けとめ、それを代弁していくことも重要な役割であると確認したうえで、考え、行動します。

6. 地域福祉の推進

　介護福祉士は、地域において生じる介護問題を解決していくために、専門職として常に積極的な態度で住民と接し、介護問題に対する深い理解が得られるよう努めるとともに、その介護力の強化に協力していきます。

7. 後継者の育成

　介護福祉士は、すべての人々が将来にわたり安心して質の高い介護を受ける権利を享受できるよう、介護福祉士に関する教育水準の向上と後継者の育成に力を注ぎます。

● 介護福祉士には、必要な情報を利用者本人やその家族に説明するという責任（**説明責任**）がある。

Q 「身体拘束ゼロへの手引き」（2001（平成13）年、厚生労働省）では、切迫性と非代替性と永続性の3つの要件を満たせば、身体拘束は認められるとしている。 **第29回**

個人情報の保護については、「個人情報の保護に関する法律」が2005（平成17）年4月に施行されています。詳細は第3章❾（80ページ）を参照してください。

4. 利用者の人権と介護

身体拘束禁止

● 介護保険指定基準において、身体拘束の禁止規定がある。介護施設や指定居宅サービス等では、身体拘束は**原則禁止**とされている。

● 介護保険指定基準において、禁止の対象となっている行為は、「**身体拘束その他入所者（利用者）の行動を制限する行為**」である。「生命や身体を保護するため緊急やむを得ない場合」には身体拘束が認められている。

● 身体拘束が認められるのは、①**切迫性**、②**非代替性**、③**一時性**の3つの要件を満たし、かつ、要件確認の手続きが極めて慎重に行われるケースに限られる。

図解で整理！ **身体拘束の例外となる3要件と注意点**

切迫性	本人または他の利用者等の生命または身体が危険にさらされる可能性が著しく高い
非代替性	身体拘束その他の行動制限を行う以外に代替する介護方法がない
一時性	身体拘束その他の行動制限が一時的なものである

● 極めて慎重な確認手続きのうえ、3つの要件すべてを満たす必要がある。
● スタッフ個人や数名によるものではなく、施設全体として判断しなければならない。
● 身体拘束等を行う場合には、その態様や時間、その際の入所者の心身の状況、緊急やむを得ない理由を、記録しなければならない。

A **✕** 身体拘束が認められるのは、「切迫性」「非代替性」「一時性」の3要件を満たした場合である。

高齢者虐待防止法（高齢者虐待の防止、高齢者の養護者に対する支援等に関する法律）

● 高齢者虐待防止法では、高齢者を、65歳以上（介護を要しない者も含む）とし、また養護者とは、家族など高齢者を現に養護する者と定義している。

表で整理！ 高齢者虐待の5つの種類

虐待の種類	内容
①身体的虐待	高齢者の身体に外傷が生じる、または生じる恐れのある暴行を加えること
②ネグレクト（介護の怠慢・放棄）	高齢者を衰弱させるような著しい減食または長時間の放置、養護者以外の同居人による①、③、④に掲げる行為と同様の行為の放置等、養護を著しく怠ること
③心理的虐待	高齢者に対する著しい暴言または著しく拒絶的な対応をとるなど、高齢者に著しい心理的外傷を与える言動を行うこと
④性的虐待	高齢者にわいせつな行為をすることまたは高齢者にわいせつな行為をさせること
⑤経済的虐待	養護者または高齢者の親族が高齢者の財産を不当に処分すること。その他当該高齢者から不当に財産上の利益を得ること

図解で整理！ 養護者による高齢者虐待

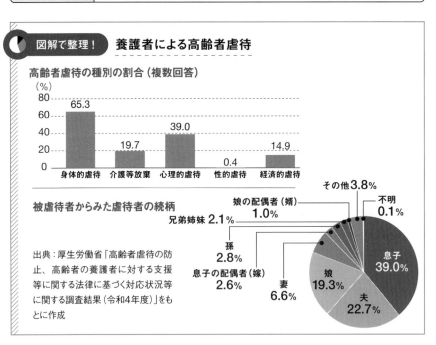

高齢者虐待の種別の割合（複数回答）

- 身体的虐待 65.3
- 介護等放棄 19.7
- 心理的虐待 39.0
- 性的虐待 0.4
- 経済的虐待 14.9

被虐待者からみた虐待者の続柄

- 息子 39.0%
- 夫 22.7%
- 娘 19.3%
- 妻 6.6%
- 息子の配偶者（嫁）2.6%
- 孫 2.8%
- 兄弟姉妹 2.1%
- 娘の配偶者（婿）1.0%
- その他 3.8%
- 不明 0.1%

出典：厚生労働省「高齢者虐待の防止、高齢者の養護者に対する支援等に関する法律に基づく対応状況等に関する調査結果（令和4年度）」をもとに作成

Q 「高齢者虐待調査結果」（2022年度）では、被虐待高齢者からみた虐待を行った養護者（虐待者）の続柄は、「夫」が最も多い。 第29回改

表で整理！ 通報義務（高齢者虐待防止法）

養護者による 高齢者虐待	養護者による高齢者虐待を受けたと思われる高齢者を発見した者は、高齢者の生命又は身体に重大な危険が生じている場合は、速やかに、これを市町村に通報しなければならない（第7条）
養介護施設 従事者等による 高齢者虐待	養介護施設従事者等は、（中略）施設従事者等による高齢者虐待を受けたと思われる高齢者を発見した場合は、速やかに、これを市町村に通報しなければならない（第21条）

第4章 ❸ 介護福祉士の倫理

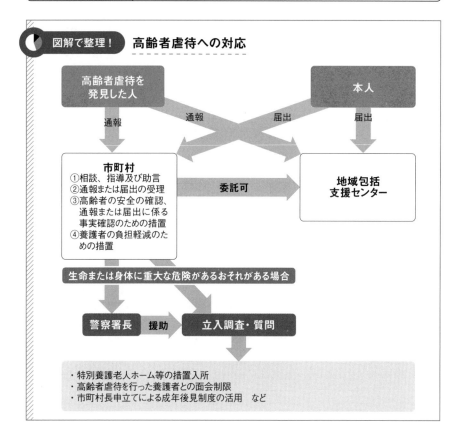

図解で整理！ 高齢者虐待への対応

高齢者虐待を発見した人 → 通報 → 市町村
本人 → 届出 → 市町村

市町村
①相談、指導及び助言
②通報または届出の受理
③高齢者の安全の確認、通報または届出に係る事実確認のための措置
④養護者の負担軽減のための措置

委託可 →

地域包括支援センター

生命または身体に重大な危険があるおそれがある場合

警察署長 ─援助→ 立入調査・質問

・特別養護老人ホーム等の措置入所
・高齢者虐待を行った養護者との面会制限
・市町村長申立てによる成年後見制度の活用　など

地域包括支援センターは、地域で高齢者虐待
防止ネットワーク構築の中心になる機関です。

 ✗ 虐待を行った養護者（虐待者）の続柄は「息子」が39.0％で最も多く、「夫」は22.7％である。

介護福祉職の倫理に関して、次の記述は適切である。「業務が忙しかったので、施設の廊下で職員同士の打合せを行った。」 第32回

ポイント 介護福祉士の義務規定の1つである「秘密保持義務」に照らして考えてみましょう。

正解は ✕

廊下などの不特定多数の人が出入りする場所で打ち合わせをすることで、利用者やその家族などの個人情報が外部に漏れた場合、「秘密保持義務」の違反にあたる可能性があります。業務が忙しかったとしても、一定の機密性が保たれた空間で打ち合わせを行う必要があります。

夫と二人暮らしのAさんは、認知症で訪問介護を利用しながら生活している。訪問介護員に、利用サービスを変更したいが夫とは仲が悪いので話したくないと言っている場合、訪問介護員が夫と相談してサービス変更することを判断するのは、意思決定支援を意識した適切な対応である。 第35回

ポイント 利用者本位、プライバシー保護、利用者ニーズの代弁から考えてみましょう。

正解は ✕

Aさんは認知症ですが、自分の気持ちとして利用サービスの変更を訪問介護員に話しています。夫とは話したくないと言っていることからも、夫と相談することは不適切です。また、利用者本位の考え方から、訪問介護員がサービス変更を判断することも適切な対応ではありません。なぜサービスを変更したいのかをAさんに確認することが必要です。

Q 利用者の自己決定に関して、判断能力が低い利用者の場合、家族の意向を優先して決定する。 第28回

❹ 自立に向けた介護

頻出度
★★☆

1. 介護福祉士における自立支援

自立の考え方

● 介護などの支援を受けながらも、**自己決定（自己選択）**を通じて主体的、選択的に生きることを自立した生活といい、介護者には、それを**保障する支援**が求められる。

高齢者にとって自己決定・自己選択することの意味

1　人や周囲の状況、時間、場所など自分自身が置かれている状況を正しく認識する力（現実見当識）と**自尊心**を高め、潜在力や安らかさを引き出すため。
2　その人らしく主体的に生きていくため。
3　自分らしい時を過ごし人生の完結に向かうため。

日常生活での自己決定・自己選択を支えることの意味

1　日常生活は、24時間何を・誰と・どこで・どのように生活するのか自己決定・自己選択の連続であるが、不安が高齢者を消極的にし、自己決定・自己選択力の発揮を妨げている。
2　適切な支援があれば自分で決めて自立できる場合が多くあり、自己決定・自己選択の機会は、その人らしく安心していきいきと暮らしていけるよりどころとなる。
3　**本人（利用者）の意向**を抜きにした援助は、高齢者の混乱と不安、さらには怒りを招き、その積み重ねが問題行動を誘発する。
4　高齢者を管理しようとすればするほど、問題行動の症状を悪化させる悪循環を招くことになる。

用語解説

［自己決定］個別援助の原則の一つで、援助サービスの利用者が自らの意思で自らの方向性を選択すること。この原則は利用者自身の人格を尊重し、自らの問題は自らが判断して決定する自由があるという理念に基づく。

→ **A** ✕　家族ではなく利用者の意向が優先されなければならない。

高齢者の自己決定・自己選択を促すための技法

1 援助の手掛かりになるので、どのような場面で、どのように本人が意思や望みを表現しているのかを正確に記録しておくことが大切である。
2 日常の食事・排泄・時間の過ごし方・整容などの癖・好みなどの情報は、障害などが重度化したときにも援助の質を高めるための助けとなる。
3 高齢者の意向や願いを引き出すには、提案などの際に選択肢を増やしていく創造性が必要となる。また、話し方・言葉の使い方・声のトーンに注意して、本人のペースでゆっくりと待つことが重要である。

介護における自立に向けた支援とは、他者の支援を受けずに、自らの力で生活できる状態にすることではありません。介護を受けていても社会参加できるように支援することです。

生活意欲への働きかけ、エンパワメント

● エンパワメントとは当事者や当事者グループが、十分な情報に基づき意思決定し行動できるよう、サポートしたり環境整備したりすることである。
● エンパワメントアプローチは、利用者の持っている力を引き出し、問題解決能力や自己決定能力を高めることを目的に行われる支援である。

エンパワメントの原則

1 目標を本人が選択する。
2 本人が主導権と決定権を持つ。
3 問題点や解決策を本人が考える。
4 ウェルビーイングに向けた本人の意欲を喚起する。
5 本人がそれまでに経験した失敗や成功を分析してその後に生かす。
6 専門職と本人で自分の強みになる因子を見つけ出し、それを増強する。
7 問題解決過程への本人参加によって個人の責任を意識づける。
8 問題解決に資する資源と関係者の連携を強化する。

ウェルビーイングについては、第1章❶（8ページ）を参照してください。

Q 「娘が近隣に住み、毎日訪問している」ことは、ICF（International Classification of Functioning, Disability and Health：国際生活機能分類）の環境因子にあたる。**第33回**

国際障害分類（ICIDH）

● 国際障害分類（International Classification of Impairments, Disabilities, and Handicaps：ICIDH）は、1980（昭和55）年に世界保健機関（WHO）が制定した国際的な障害分類のモデルである。

● 疾病による帰結（結果）、つまり疾病によって最終的にもたらされる社会的不利に着目して分類するモデルである。

用語解説

［世界保健機関（WHO）］World Health Organization。健康を人間の基本的人権の一つとしてとらえ、その達成を目的に設立された国際連合の専門機関。

図解で整理！　国際障害分類（ICIDH）モデル

3つのレベル

疾病→　機能障害　→　能力障害　→　社会的不利

疾病から直接生じる身体の形態異常や臓器機能などの障害／機能障害によって、日常的に行われる動作やコミュニケーションなどが障害された状態／機能障害や能力障害の結果もたらされる社会的な不利益

国際生活機能分類（ICF）

● 国際生活機能分類（International Classification of Functioning, Disability and Health：ICF）は、2001年5月にICIDHの改訂版として、WHOによって採択された分類。

● 医療関係者や政策立案者、障害を持つ当事者などの共通言語を確立することが目的の一つであり、さまざまな専門職間（家族を含む）で用いられる。

● ICFは、健康状態と生活機能、そして背景因子の3つが互いに影響しあうというモデルであり、その視点に立って情報を収集することで、利用者の問題やプラス的側面を多方面から把握することができる。

用語解説

［共通言語］ICFで健康状態などを表現するために、多くの専門職間や専門職と利用者、利用者と行政などで用いられる統一された言語。

 　環境因子のうち、人的環境にあたる。

ICIDHが障害をマイナス面からとらえていたのに対し、ICFはプラス面を重視して障害をとらえていることが特徴です。

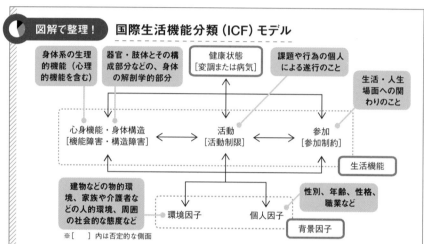

図解で整理！ **国際生活機能分類（ICF）モデル**

身体系の生理的機能（心理的機能を含む）

器官・肢体とその構成部分などの、身体の解剖学的部分

健康状態［変調または病気］

課題や行為の個人による遂行のこと

生活・人生場面への関わりのこと

心身機能・身体構造［機能障害・構造障害］ ←→ 活動［活動制限］ ←→ 参加［参加制約］

生活機能

建物などの物的環境、家族や介護者などの人的環境、周囲の社会的な態度など

性別、年齢、性格、職業など

環境因子 個人因子

背景因子

※［　］内は否定的な側面

:::: **解き方がわかる！過去問解説** ::::

Gさん（70歳、男性、要介護2）は、パーキンソン病と診断されていて、外出するときは車いすを使用している。歩行が不安定なため、週2回通所リハビリテーションを利用している。Gさんは、1年前に妻が亡くなり、息子と二人暮らしである。Gさんは社交的な性格で地域住民との交流を望んでいるが、自宅周辺は坂道や段差が多くて移動が難しく、交流ができていない。
Gさんの状況をICFで考えた場合、参加制約の原因になっている環境因子として、最も適切なものは、選択肢4である。 第34回

1　パーキンソン病(Parkinson disease)
2　不安定な歩行
3　息子と二人暮らし
4　自宅周辺の坂道や段差
5　車いす

ポイント

まずは、環境因子に当てはまらないものを除外して考えてみましょう。

正解は
○
Gさんの身体機能に当てはまる選択肢1、2はまず除外できます。また、息子との二人暮らしについては、問題文から参加制約の原因になっているとは考えられず、車いすについては、むしろ、社会参加を助けるものであると考えられます。

Q リハビリテーションの理念を表す用語は「機能回復訓練」である。 第28回

2. 介護予防

- 要介護状態になることをできる限り防ぐ、または遅らせることを介護予防という。
- すでに要介護状態にあっても、その悪化の予防や軽減を目的として行う。
- 高齢者の生活機能低下予防としては、運動器の機能向上や栄養改善、口腔機能の向上などが挙げられる。

3. リハビリテーション

- リハビリテーションとは、疾患やけがによって失ったものを再び元の状態に戻すことであり、人として本来あるべき姿に回復することで、全人間的復権を意味している。
- 単に疾患や機能障害の治療を行うのではなく、生活の視点を重視することが重要である。

用語解説

[全人間的復権] 何らかの障害を受けた人が、人としての尊厳や権利、資格を本来あるべき姿に回復すること。

表で整理！ 日常生活動作（ADL）と生活関連動作（APDL）

	日常生活動作 (Activities of Daily Living：ADL)	生活関連動作 (Activities Parallel to Daily Living：APDL)
定義	日常生活を営むうえで不可欠な動作	日常生活動作（ADL）よりも広い生活圏での動作のこと。手段的日常生活動作（Instrumental Activities of Daily Living：IADL）ともいわれる
内容	各人が共通して毎日繰り返して行う、食事、更衣、整容、入浴、排泄など	家事（調理、掃除、洗濯など）、交通機関の利用、薬の管理、社会参加など

→ **A** ✕ リハビリテーションの理念は全人間的復権を意味している。単に疾患や機能障害の治療を行うのではなく、生活の視点を重視することが重要である。

急性期リハビリテーション

障害が発生した場合、できるだけ早い時期にリハビリテーションを行う。

(1) 医学的リハビリテーション

医学的な考え方や方法により、障害の除去や軽減を図る。

回復期リハビリテーション

社会復帰に向けて、機能回復などのリハビリテーションを集中的に行う。

維持期リハビリテーション

集中的なリハビリテーションの成果を生活に結びつけることや身体機能の悪化を予防するために行う。

(2) 社会的リハビリテーション

社会的なバリアを減少させて、社会参加をできるだけ可能にすること。
住宅や地域の環境整備、各種介護サービス、福祉用具の活用などが含まれる。

(3) 教育的リハビリテーション

障害児の教育に関することで、学習活動や友人などとの交流から、身体および精神面の自立を目指す。
教育的リハビリテーションを行う施設には特別支援学校や肢体不自由児施設などがある。

(4) 職業的リハビリテーション

就職や復職に関するリハビリテーションで、職業相談、職業訓練、雇用確保などがある。

身体の機能回復を図るいわゆる「リハビリ」は、医学的リハビリテーションにあたります。

Q 利用者の自立支援の観点から、利用者が自分でできないことは、できるまで見守る。 **第34回**

4. 自立と生活支援

生活環境の整備

 表で整理！ **3つの側面からみた生活環境の整備**

物理的環境	【安全面・安心面の維持】 ・立地、強度の面で犯罪や災害から一定の安全が確保されていること ・段差の解消、動線の改善など生活行為を行ううえで不便のない空間と構造 ・冷暖房、採光、防音など快適な環境の整備
心理的環境	【安心感・快適さの確保】 ・家族との交流が感じられる状態 ・自然や四季の変化を感じられる環境
社会的環境	【人とのつながりや社会参加の確保】 ・生活に必要な情報へのアクセス ・移動手段の確保 ・ガイドヘルパー、介護タクシーや交通料金割引など社会資源の活用

バリアフリー

 表で整理！ **バリアフリー関連施策の変遷**

1994（平成6）年	高齢者、身体障害者等が円滑に利用できる特定建築物の建築の促進に関する法律（ハートビル法）
2000（平成12）年	高齢者、身体障害者等の公共交通機関を利用した移動の円滑化の促進に関する法律（交通バリアフリー法）
2006（平成18）年	高齢者、身体障害者等の移動等の円滑化の促進に関する法律（バリアフリー新法） （ハートビル法、交通バリアフリー法を統合・拡充。これにより両法は廃止）

ユニバーサルデザイン

● ユニバーサルデザインとは、**すべての人**が暮らしやすい社会の実現に向けて、どこでも、だれでも、自由に、使いやすくという考え方に基づいた製品、建物、環境のデザインのことである。

 ✕ 利用者が自分でできることについては、介入しすぎないことがときには大切であるが、利用者が自分でできないことについては、適切な支援が必要である。

表で整理！　ユニバーサルデザインの7つの原則

1. 公平性	誰でも使えて、誰でも購入可能である
2. 自由度	幅広い人たちの好みや能力に柔軟に対応できる
3. 単純性	理解が容易であり、誰でも使い方が簡単にわかる
4. 明快さ	利用者に必要な情報が効果的に伝わる
5. 安全性	使い方を間違えても危険な状態や重大な結果にならない
6. 持続性	能率的で快適であり、少ない力で楽に使える
7. スペースの確保	使うときに適切な大きさと広さがある

解き方がわかる！過去問解説

ユニバーサルデザイン（universal design）の7原則に則ったデザインとは、高齢者が優先的に使用できるものである。 第32回

 ポイント

「ユニバーサル」には、普遍的、すべての、といった意味があります。

正解は
✕
ユニバーサルデザインとは、年齢や障害等に関係なくすべての人が暮らしやすい社会の実現に向けて、どこでも、だれでも、自由に、使いやすくという考え方に基づいたデザインのことを示します。誰かを優先するようなものではありません。

解き方がわかる！過去問解説

介護における自立に向けた支援は、他者の支援を受けずに、自らの力で生活できる状態にすることを目的としている。 第30回

 ポイント

できることは自分で、できないことは援助を受けることが介護における自立支援の考え方です。ここから考えてみましょう。

正解は
✕
利用者のもっている残存能力や潜在能力を活用しながら援助していくことが必要です。他者の支援を受けずに生活することが自立ということではありません。

Q その人らしさは、障害特性から判断する。 第36回

頻出度 ★★☆

❺ 介護を必要とする人の理解

1. 生活の個別性と多様性

「その人らしさ」とは

● その人らしさとは、利用者一人ひとりの個性や、生活経験のなかで培われた**価値観やこだわり・プライド**といったことである。先入観を持たず一人ひとりの個別性を把握していくことが重要である。

多様性・複雑性の理解

● 「その人らしさ」を理解するには、その人が過ごしてきた**時代**や**社会**の姿、**風俗・風習**などについての知識が必要である。

● 利用者の多様な価値観や趣味・好みを**尊重**する姿勢が大切である。それらは、利用者自身にとっての**自分らしさ**であり、自身の存在感につながっているからである。

● 日本では地域によって人口密度の差が大きく、文化や風習にも違いがある。そのため、その人らしさは**地域性**によっても影響を受ける。

2. 高齢者の生活

● 高齢者の生活に関する状況を以下の表に示す。

 表で整理！ **高齢者の暮らしに関する主な統計データ**

項目	統計データ	出典
死亡の場所別にみた死亡数・百分率	病院：101万1,326人（64.5%） 自宅：27万3,265人（17.4%）	2022（令和4）年「人口動態調査」
65歳以上の通院者率の高い疾病	男性：高血圧症、糖尿病、眼の病気 女性：高血圧症、脂質異常症、眼の病気	2022（令和4）年「国民生活基礎調査」

A ✕ その人らしさとは、個性や、これまでの生活歴のなかで培われた価値観やこだわりなどのことであり、障害特性から先入観を持たないことが求められる。

高齢者世帯における1世帯あたりの平均年間所得金額	318万3,000円	2022（令和4）年「国民生活基礎調査」
高齢者世帯の所得の種類別の状況	公的年金・恩給：62.8%（199.9万円）	
公的年金・恩給の総所得に占める割合が100%の世帯	44.0%	
全世帯の生活意識（ゆとりがある（大変ゆとりがある or ややゆとりがある）、普通、苦しい（大変苦しい or やや苦しい）で調査）	苦しい：51.3%、普通：42.1%「苦しい」と答えた世帯の構成割合は、児童のいる世帯では54.7%、高齢者世帯では51.7%	

 表で整理！ 高齢者のいる世帯の割合・世帯構造別の構成割合の推移

年次	65歳以上の者のいる世帯の割合（%）	左記の世帯の世帯構造別の構成割合（%）				
		単独世帯	夫婦のみ	親と未婚の子のみ	三世代世帯	その他
2004（平成16）年	38.6	20.9	29.4	16.4	21.9	11.4
2013（平成25）年	44.7	25.6	31.1	19.8	13.2	10.4
2022（令和4）年	50.6	31.8	32.1	20.1	9.3	7.1

出典：厚生労働省 各年「国民生活基礎調査」をもとに作成

高齢者のいる世帯の世帯構造では、三世代世帯が減り、単独世帯や夫婦のみの世帯が増えていることに注目しましょう。

高齢者の住宅

● 高齢者の住居確保については、2001（平成13）年より高齢者居住法（高齢者の居住の安定確保に関する法律）が施行され、「高齢者円滑入居賃貸住宅登録制度」や「高齢者向け優良賃貸住宅供給促進事業」などの取り組みが始まった。

Q 2004（平成16）年と2022（令和4）年の65歳以上のいる世帯について、65歳以上のいる世帯は、どちらも全世帯の6割を超えている。 第28回改

用語解説

[高齢者居住法] 高齢社会の急速な進展に対応し、民間活力の活用と既存ストックの有効利用を図りつつ、高齢者向けの住宅の効率的な供給を促進するとともに、高齢者の入居を拒まない住宅の情報を広く提供するための法律。
[高齢者円滑入居賃貸住宅登録制度] 高齢者の入居を拒まない賃貸住宅を、貸主が都道府県知事または各都道府県の指定登録機関に登録し、入居希望者に情報提供する制度。
[高齢者向け優良賃貸住宅供給促進事業] 高齢者が安心・安全に住み続けられる良質な賃貸住宅を供給するための制度。

● その後の法改正でこれらの制度や事業は**サービス付き高齢者向け住宅**を都道府県知事が登録する制度に変化した。

● 高齢者向けの公共賃貸住宅として、福祉サービスとの密接な連携のもとに、**ライフサポートアドバイザー**が派遣され、緊急時の対応や安否確認、生活指導・相談などのサービスが受けられる**シルバーハウジング**（高齢者の生活特性に配慮した設備・仕様）がある。

用語解説

[ライフサポートアドバイザー] 生活援助員のこと。設置の基準は30戸あたりに1人。所属は社会福祉法人などで、ホームヘルパーや介護福祉士などの資格を持つ人が多い。

● バリアフリー化など高齢者用の住宅整備のために、都道府県または市町村が実施主体となって**高齢者住宅整備資金（高齢者向け増改築資金）貸付制度**が行われている。

用語解説

[高齢者住宅整備資金（高齢者向け増改築資金）貸付制度]
安心して住める住宅づくりのために、60歳以上の高齢者と同居する者が、所有する住宅を高齢者向けに増改築、または改造するのに必要な資金の貸付を低利で行う制度。実施主体は都道府県または市町村で、貸付の限度額や利率は国が一応の条件を設定しているが、それぞれの実情に応じて定められている。

A ✕ 2004（平成16）年は38.6％、2022（令和4）年は50.6％でどちらも6割を超えていない。

3. 障害者の生活

● 障害者の数は約965万人で、これは人口の約8%に相当する（内閣府「令和4年版 障害者白書」）。

● 障害者は**身体障害者**、**知的障害者**、**精神障害者**に分けられ、それぞれ手帳制度がある。

 表で整理！ **障害者の定義と人数**

	身体障害者	知的障害者	精神障害者
人数（人口に対する割合）	436万人 (3.4%)	109万4,000人 (0.9%)	614万8,000人 (4.9%)
定義	身体障害者障害程度等級表に掲げる身体上の障害がある18歳以上の者であって、都道府県知事から手帳の交付を受けた者（身体障害者福祉法）	知的機能の障害が発達期（おおむね18歳まで）に現れ、日常生活に支障が生じているため何らかの援助を必要とする者（「知的障害児（者）基礎調査」）	統合失調症、精神作用物質による急性中毒またはその依存症、知的障害、精神病質その他の精神疾患を有する者（精神保健福祉法）
手帳制度	身体障害者手帳	療育手帳	精神障害者保健福祉手帳
手帳の等級	1〜6級	A、B（自治体によって異なる）	1〜3級
有効期間	原則なし	あり	2年

出典：内閣府「令和5年版 障害者白書」をもとに作成

> 知的障害者については法律上の定義はありません。

Q 障害基礎年金と老齢厚生年金は併給できない。**第28回**

● 身体障害者は、肢体不自由者、内部障害者、聴覚・言語障害者、視覚障害者に分けられる。

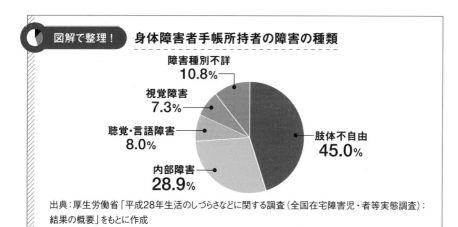

図解で整理！　身体障害者手帳所持者の障害の種類

障害種別不詳 **10.8%**

視覚障害 **7.3%**

聴覚・言語障害 **8.0%**

内部障害 **28.9%**

肢体不自由 **45.0%**

出典：厚生労働省「平成28年生活のしづらさなどに関する調査（全国在宅障害児・者等実態調査）：結果の概要」をもとに作成

● 障害者に対しての**年金制度**や各種手当制度などがある。

 表で整理！　障害基礎年金と障害厚生年金

	障害基礎年金	障害厚生年金
受給要件	障害の原因となった傷病の初診日に、**国民年金**の被保険者であることなど	障害の原因となった傷病の初診日に、厚生年金の被保険者であることなど
支給額	障害等級（1・2級）により異なる	障害等級は1〜3級に分類される
特徴	・20歳未満で障害のある人は、20歳の時点で障害の等級に該当すれば、支給を受けられる（ただし、所得制限あり） ・18歳未満の子どもがいる場合、その人数に応じて加算	・障害厚生年金は障害基礎年金に上乗せして支給される ・初診日から5年以内に治り（症状が固定し）、障害厚生年金が支給されるより軽い障害が残ったときには、治った日から5年以内に請求することで、障害手当金（一時金）が支給される

障害基礎年金は生活保護の収入認定に含まれ、生活保護費から障害基礎年金の支給額が差し引かれます。一方で、生活保護制度には、障害の程度に応じて障害者加算があります。

 ✕ 障害基礎年金と老齢厚生年金は併給できる。

表で整理！　**障害年金以外の制度**

種類	対象	根拠法
特別障害給付金	国民年金が任意加入だった時期に障害者となり、障害基礎年金などを受給していない人	特定障害者に対する特別障害給付金の支給に関する法律
特別児童扶養手当	障害児（20歳未満であって、障害等級1級および2級に該当する程度の障害の状態にある者）の父母または養育者	特別児童扶養手当等の支給に関する法律
障害児福祉手当	常時の介護を必要とする在宅の重度障害児	特別児童扶養手当等の支給に関する法律
特別障害者手当	政令で定める程度の著しい重度の障害のため、常時の介護を必要とする在宅の20歳以上の人	特別児童扶養手当等の支給に関する法律

4. 家族介護者の理解と支援

● 要支援・要介護者の総数は約690万人（2022（令和4）年3月末現在）であり、これは第一号被保険者の約**19**％に相当する。

● 要介護者等の割合は、女性が男性の約**2倍**である。

● 要介護になった原因は、**認知症**や**脳血管疾患**などが多い。

「介護が必要となった主な原因」は、第9章 ❸（329ページ）を参照してください。

● 主な介護者は、**配偶者、子、子の配偶者**の順に多い。同居の主な介護者の割合は女性が男性の約2倍である。

● 同居の主な介護者の年齢は、**60〜70歳未満**が最も多く、次いで**70〜80歳未満、50〜60歳未満**の順である。

● 介護時間は、要介護度が高くなるほど**多く**なる。「要介護5」では「ほとんど終日」が半数以上を占める。

● 「悩みやストレスがある」介護者は**69**％にも上る。

Q 18歳未満の子がいる障害基礎年金受給者には、子の人数に応じた加算がある。 **第27回**

図解で整理！ 要介護者等に関するデータ

要支援・要介護者認定者数の推移

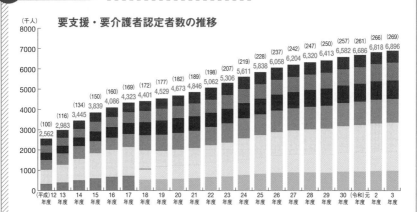

■要支援　■要支援1　■要支援2　■経過的要介護　■要介護1　■要介護2　■要介護3　■要介護4　■要介護5
※東日本大震災の影響により、22年度の数値には福島県内5町1村の数値は含まれていない。
※（　）の数値は、平成12年度を100とした場合の指数である。

出典：厚生労働省「令和3年度 介護保険事業状況報告（年報）」をもとに作成

要介護者等との続柄別主な介護者の構成割合

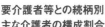

配偶者 22.9%
子 16.2%
同居 45.9%
別居の家族等 11.8%
子の配偶者 5.4%
父母 0.1%
その他親族 1.2%
事業者 15.7%
その他 0.6%
不詳 26.0%

同居の主な介護者の性・年齢階級別構成割合

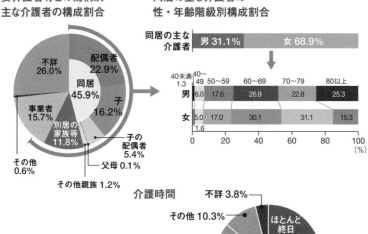

出典：厚生労働省「2022年 国民生活基礎調査の概況」をもとに作成

介護時間

不詳 3.8%
その他 10.3%
ほとんど終日 19.0%
半日程度 11.1%
2〜3時間 10.9%
必要なときに手をかす程度 45.0%

  障害基礎年金の支給額は、障害等級に応じた金額＋子の加算によって決定される。

● 支援を必要とする人に関わる人間関係を図式化したものに、**エコマップ**や**ジェノグラム**がある。

● エコマップやジェノグラムを図式化することで全体の**関係性**を簡潔に把握することができ、各機関の役割を検討する際に役立つ。

図解で整理！ **エコマップ（生態地図）とジェノグラム**

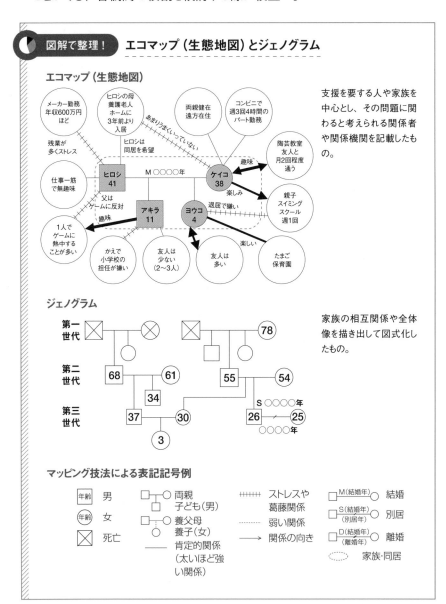

エコマップ（生態地図）

支援を要する人や家族を中心とし、その問題に関わると考えられる関係者や関係機関を記載したもの。

ジェノグラム

家族の相互関係や全体像を描き出して図式化したもの。

マッピング技法による表記記号例

Q 2019（令和元）年の「国民生活基礎調査」（厚生労働省）において、主な介護者が同居の家族の場合、その介護者の年齢は、男女共に60歳以上の割合が半数を超えている。**第27回改**

解き方がわかる！過去問解説

障害基礎年金は、全額が生活保護の収入認定の対象外となる。 第28回

ポイント　生活保護費の支給額は、基本的に最低生活費と収入認定額との差になることを覚えておきましょう。

正解は　障害基礎年金は収入とみなされ、最低生活費から障害基礎年金の金額を差し引
✕　いた額が、生活保護費として支給されます。収入認定の対象外とはなりません。

解き方がわかる！過去問解説

介護を必要とする人のためのエコマップ（ecomap）には、親、兄弟及び祖父母など、数世代にわたる家族関係の情報を記載する。 第26回

ポイント　エコマップを作成する目的を考えましょう。エコマップは、利用者の周りにある家族や友人、社会資源などを整理するために作成します。

正解は　数世代にわたる家族関係の情報を記載するのは、エコマップではなくジェノグラムで
✕　す。エコマップには利用者や家族を取り巻く様々なシステムとの関係を記載します。

解き方がわかる！過去問解説

家族が担っていた介護の役割は、家族機能の低下によって社会で代替する必要が生じた。 第36回

ポイント　世帯の小規模化という介護福祉を取り巻く状況を理解していれば解ける問題です。

正解は　世帯の小規模化が進み、それまで家族や地域が担ってきた介護の役割を社会が
◯　代替する必要が生じたことが、介護保険制度の導入につながっています。

　高齢者が高齢者を介護する老老介護の状況が多くみられる。

頻出度 ★★☆

6 介護を必要とする人の
生活を支えるしくみ

1. 介護を必要とする人の生活を支えるしくみ

ケアマネジメント

● **介護保険制度**では、総合的・効率的・一体的サービスの提供のために**ケアマネジメント**が位置づけられた。

● ケアマネジメントは、**介護支援専門員（ケアマネジャー）**によって担われる。

● また、具体的にみると、介護支援専門員が作成した、要介護者に対する**介護サービス計画（ケアプラン）**または要支援者に対する**介護予防サービス計画（介護予防ケアプラン）**に基づいて利用者の支援が行われる。

● ケアマネジメントとは、本来、複数のニーズを持つ利用者のまわりに必要な**サービスや資源を集めるしくみ**である。

サービス担当者会議

● 介護支援専門員（ケアマネジャー）が主催する会議。ケアプラン原案をもとに、**利用者・家族**と、実際にサービスを提供する担当者が一堂に集まり、情報を共有する。目標となる生活の実現に向けて、利用者・家族の思いや専門的な視点から計画について協議し、ケアプランを完成させていく。

● 開催場所は、**特に規定はない**。利用者宅や居宅介護支援事業所などで行われる。

サービス担当者会議では、介護福祉士には利用者の日常生活に関する情報を提供すること、利用者の権利擁護（アドボカシー）を行うことが期待されています。

地域包括支援センター

● 地域包括支援センターは、2005（平成17）年の介護保険制度の見直しに伴い、**地域包括ケア**や**介護予防の推進**を目的として設置された。

Q サービス担当者会議は、サービス提供者の実践力の向上を主な目的とする。**第28回**

- 高齢者を地域で支援するための拠点、地域の**相談窓口**であり、高齢者だけではなく、家族や地域住民の相談に対し、適切な機関や専門職、ボランティアなどと連携して支援する。

地域包括支援センターは、高齢者虐待防止ネットワークの構築・運営でも中心的な役割を担っています。

都道府県、市区町村

- 都道府県や市および特別区には、**福祉事務所**の設置が義務づけられており（町村の設置は任意）、福祉事務所には、社会福祉主事、身体障害者福祉司、知的障害者福祉司、老人福祉指導主事などが配置されている。
- 福祉事務所以外にも**児童相談所**、身体障害者更生相談所、知的障害者更生相談所、女性相談支援センター（旧婦人相談所）などの相談機関がある。

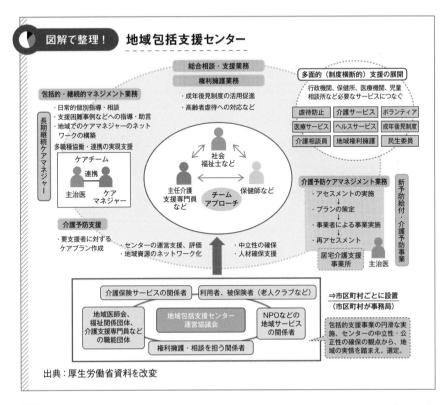

図解で整理！ 地域包括支援センター

総合相談・支援業務
権利擁護業務

多面的（制度横断的）支援の展開
行政機関、保健所、医療機関、児童相談所など必要なサービスにつなぐ

包括的・継続的マネジメント業務
・日常的個別指導・相談
・支援困難事例などへの指導・助言
・地域でのケアマネジャーのネットワークの構築
多職種協働・連携の実現支援

・成年後見制度の活用促進
・高齢者虐待への対応など

虐待防止	介護サービス	ボランティア
医療サービス	ヘルスサービス	成年後見制度
介護相談員	地域権利擁護	民生委員

長期継続ケアマネジャー

ケアチーム
連携
主治医　ケアマネジャー

社会福祉士など
主任介護支援専門員など　保健師など
チームアプローチ

介護予防ケアマネジメント業務
・アセスメントの実施
・プランの策定
・事業者による事業実施
・再アセスメント

新予防給付・介護予防事業

介護予防支援
・要支援者に対するケアプラン作成

・センターの運営支援、評価
・地域資源のネットワーク化

・中立性の確保
・人材確保支援

居宅介護支援事業所　主治医

介護保険サービスの関係者　利用者、被保険者（老人クラブなど）

地域医師会、福祉関係団体、介護支援専門員などの職能団体

地域包括支援センター運営協議会

NPOなどの地域サービスの関係者

権利擁護・相談を担う関係者

⇒市区町村ごとに設置（市区町村が事務局）

包括的支援事業の円滑な実施、センターの中立性・公正性の確保の観点から、地域の実情を踏まえ、選定。

出典：厚生労働省資料を改変

 A ✕ 利用者の状況等に関する情報を担当者と共有するとともに、居宅サービス計画の原案の内容について、各担当者の専門的な見地からの意見を求めるものである。

129

第4章

❻ 介護を必要とする人の生活を支えるしくみ

用語解説

[主任介護支援専門員] 介護支援専門員の業務(ケアマネジャー)を5年以上行った人で研修を受けた人。

 表で整理！　地域のさまざまな組織・団体と職種

名称	役割等
民生委員・児童委員	・都道府県知事の推薦によって、厚生労働大臣から委嘱される非常勤の地方公務員(無報酬)であり、任期は3年 ・民生委員は児童福祉法に定める児童委員を兼ねることとされている
ボランティアセンター	・ボランティア活動を行っている団体や個人、ボランティアを必要としている人のコーディネート(連絡・調整)や、ボランティア活動の推進のための研修や情報提供を行っている ・市町村社会福祉協議会に設置されている
セルフヘルプグループ	・同じ障害や問題などをもつ人たちによって自主的に結成、運営される相互支援集団 ・課題を共有し、解決のために活動することが目的
社会福祉協議会	・社会福祉法において地域福祉を推進する団体として位置づけられている ・地域住民によるふれあいサロンやネットワーク活動、食事サービス、ボランティアセンター運営などのほか、介護保険事業や作業所運営、低利による公的融資(生活福祉資金)などさまざまな事業を行っている ・日常生活自立支援事業として、認知症高齢者や知的障害者、または精神障害者などの判断能力が不十分な人の支援として、日常的な金銭管理などの援助を行う窓口にもなっている
NPO法人	・特定非営利活動促進法により、人が集まって団体を組織し、その組織が法人格を持つことで、契約などの法律上の権能を与えられるものである

2.　介護を必要とする人の生活の場とフォーマルな支援の活用

● 介護保険サービスは、**居宅サービス**、**施設サービス**、**地域密着型サービス**などに分けられる。

介護保険サービスの種類については、第3章❻(58ページ)で指定・監督を行う者に着目して分類した表を掲載しています。次ページの表と見比べてみましょう。

Q 特定非営利活動法人(NPO法人)は、社会福祉法に基づいて設置される。　**第36回**

表で整理！ 居宅・施設等の分類に基づいた介護保険サービスの種類

＊は予防給付におけるサービスもあり

区分		種類	指定・監督
居宅サービス等	訪問系	訪問介護（ホームヘルプサービス） 訪問入浴介護＊ 訪問看護＊ 訪問リハビリテーション＊ 居宅療養管理指導＊	都道府県
	通所系	通所介護（デイサービス） 通所リハビリテーション（デイケア）＊	
	短期入所系	短期入所生活介護（ショートステイ）＊ 短期入所療養介護（ショートステイ）＊	
	特定施設入居者生活介護（介護付有料老人ホームなど）＊		
	福祉用具貸与＊		
	特定福祉用具販売＊		
	住宅改修＊		
	居宅介護支援		市町村
施設サービス	介護老人福祉施設 介護老人保健施設 介護療養型医療施設 介護医療院		都道府県
地域密着型サービス	定期巡回・随時対応型訪問介護看護 夜間対応型訪問介護 地域密着型通所介護 認知症対応型通所介護＊ 小規模多機能型居宅介護＊ 認知症対応型共同生活介護＊ 地域密着型特定施設入居者生活介護 地域密着型介護老人福祉施設入所者生活介護 看護小規模多機能型居宅介護（複合型サービス）		市町村

A ✕ 社会福祉法ではなく、特定非営利活動促進法に基づいて設置される。

障害福祉サービスの活用

- 障害福祉サービスには、**障害者総合支援法**に基づく**自立支援給付**(介護給付、訓練等給付、自立支援医療、補装具)と**地域生活支援事業**がある。
- 障害者総合支援法では、必要とされる支援の度合いに応じた6段階の**障害支援区分**が設けられている。
- 介護福祉士は、障害の高齢化に対応するため、介護保険サービスと障害福祉サービスの利用が円滑に行われ、障害者が生涯にわたって**一貫性**のあるサービスを受けられるよう支援をする。

障害福祉サービスについては、第3章❽「障害福祉制度の概要」(72ページ)でも詳しく解説しています。

共生型サービス

- ホームヘルプサービス、デイサービス、ショートステイについて、**高齢者や障害児・者**がともに利用できるサービス。
- 障害者が65歳以上になっても、**使い慣れた**事業所でサービスを利用しやすくすることや、地域の実情に合わせて、限られた福祉人材を有効活用するという観点から創設された。

📊 **表で整理！ 共生型サービスの種類**

種類	介護保険サービス	障害福祉サービス等
ホームヘルプサービス	訪問介護	居宅介護、重度訪問介護
デイサービス	通所介護	生活介護、自立訓練(機能訓練・生活訓練)、児童発達支援、放課後等デイサービス
ショートステイ	短期入所生活介護	短期入所

3. 介護を必要とする人の生活の場とインフォーマルな支援の活用

- **インフォーマルサービス**とは、私的サービスともいい、法制度に基づくフォー

  訪問看護と小規模多機能型居宅介護を組み合わせて一体的に提供されるサービスは、看護小規模多機能型居宅介護である。**第26回**

マルサービス以外のサービスすべてがこれにあてはまる。サービスの内容は地域により大きく異なる。

● インフォーマルサービスにおいては、地域に存在するすべての**社会資源**がサービスの提供者になりうる。主なサービスの提供者としては、例えば、家族や友人、近隣住民、当事者団体、ボランティア団体などが挙げられる。

● フォーマルサービスとインフォーマルサービスがどのようにすみ分けられるのか、あるいは一体的に行われるのかという関係についてはさまざまな考え方があるが、主に3つのモデルに整理できる。

表で整理！ フォーマルサービスとインフォーマルサービスの関係

階層的補完モデル	支援の順序は利用者と支援者の関係の強弱によって決まるという考え方 例：もっとも関係が強い配偶者がまず支援し、次いで子ども、親戚、友人が支援者となっていき、それでも支援が不十分な場合にフォーマルケアを受ける
課題特定モデル	利用者の課題に合わせ、適切な機能特性をもつ支援者を選択するという考え方 例：日常的な介護は家族、話し相手は友人、専門的なケアはフォーマルケアというように振り分ける
代替モデル	フォーマルサービスがインフォーマルサービスの代替になるという考え方 例：訪問介護サービスの利用により、それまで介護を担ってきた家族の負担を軽くする

解き方がわかる！ 過去問解説

認知症対応型共同生活介護（グループホーム）での介護に関する次の記述は適切である。「利用者の、なじみのある人や店との関係は継続していく。」 第32回

ポイント

認知症の利用者にとってどのような生活が望ましいか考えてみましょう。

正解は ◯

介護や支援が必要な状態であっても、できる限り住み慣れた地域でその人らしい生活を送ることが地域密着型サービスでは目指されます。特に、認知症ケアにとっては地域社会における人間関係と文化を尊重することが大切であるため、利用者の身近な人間関係がそれまで通り継続するよう配慮するのは適切といえます。

  ◯ 看護小規模多機能型居宅介護では、通所介護、小規模多機能型居宅介護を利用しながら訪問看護を必要に応じて利用することができる。

❼ 協働する多職種の役割と機能

1. 他の職種の役割と専門性の理解

他の福祉職種の機能と役割・連携

● 利用者の自立した日常生活を支援するためには、介護福祉士による生活支援だけでは困難なことが多くあり、専門性をもつ多職種の**チームケア**による連携が求められる。

● 介護福祉士は、**社会福祉士及び介護福祉士法**において、福祉サービス関係者等との連携を保つことが義務とされている。

● 連携には、社会福祉や保健医療などの専門職のほか、家族や知人、さらにはボランティア団体などの**インフォーマル**な社会資源も含める。

 表で整理！　介護福祉士以外の福祉職種

種類	内容
社会福祉士	・福祉サービスを必要とする人に対する相談援助を業とするソーシャルワーカー。権利擁護や自立支援を目的とし、介護福祉士と同じく名称独占の国家資格である ・病院の医療ソーシャルワーカーや福祉施設の生活相談員、福祉事務所のケースワーカーや地域包括支援センターの職員などとして、幅広く活躍している
精神保健福祉士	・精神保健福祉領域のソーシャルワーカーとして、精神科医療機関や精神障害者社会復帰施設職員、保健所や精神保健センターなどで働いている。名称独占の国家資格である
介護支援専門員 （ケアマネジャー）	・介護保険法に規定された職種で、介護福祉士との接点も多く、連携も求められるのでその職務内容について理解する必要がある ・介護支援専門員は、要介護者などが自立した日常生活を営むことを支援するため、居宅介護支援事業所や介護保険施設、地域密着型サービス事業所などで働いている。居宅サービス計画、施設サービス計画を作成する

Q 第35回　チームアプローチでは、チームメンバーが得た情報は、メンバー間であっても秘密にする。

- 他職種との連携においては、専門職独自の目標や方針でサービス提供するのではなく、一体となった**共通の目標や方針**に基づいて、役割分担してサービス提供していくことが重要である。
- 連携のために情報を共有する場合において、**プライバシーの保護**が最優先であり、利用者や家族の承諾が必要である。

保健医療の専門職には、作業療法士や理学療法士、言語聴覚士などがあります。詳しくは第11章❹(412ページ)を参照してください。

2. 多職種連携の意義と課題

- 複数の慢性疾患がある場合や、認知症で生活に支障をきたす場合など、利用者が複数の**ケアニーズ**(生活課題)を抱えているケースが少なくない。介護福祉職だけでこれらの課題を解決するのは多くの場合困難であることから、**多職種の連携・協働**が不可欠になっている。
- 多職種の連携・協働を成功させるためには、チームを形成しコミュニケーションをとりながらケアにあたる**チームアプローチ**が必要になる。チームには利用者やその家族が加わることもある。

社会福祉の現場で連携・協働する主な職種

介護福祉士、社会福祉士、精神保健福祉士、看護師、介護支援専門員(ケアマネジャー)、医師、歯科医師、歯科衛生士、作業療法士、理学療法士、言語聴覚士、管理栄養士、公認心理師、薬剤師、サービス提供責任者

- 多職種のチームアプローチでは、介護福祉職としての専門性を自覚し、チーム内のルールと専門職としての規範との間にずれが生じた場合などにはメンバーとコミュニケーションをとりつつ、専門職としての責任を果たさなければならない。これを**専門職の自律性**という。
- 自分の専門能力を自覚すると同時に、ほかの各職種の専門能力を理解しておくことが重要である。

A ✗ チームメンバーが得た情報は、利用者や家族の承諾を受けたうえでメンバー間で共有することができる。

一人暮らしの認知症高齢者のJさんが、一昨日、訪問販売で高価な寝具を購入して、家族が困惑している。この家族に介護福祉職が、クーリング・オフ制度を利用して、契約を解除できることを伝えるのは、正しい対応である。 第30回

ポイント　認知症高齢者が、よくわからずに訪問販売で高額商品を購入した場合の契約解除方法として、クーリング・オフ、消費生活センターに相談するなどの方法があることから考えてみましょう。

正解は
○　訪問販売で寝具を購入した場合、契約から原則8日以内であれば契約を解除することができます。この場合、契約解除の理由は問われません。

介護保険施設における施設サービス計画の作成は、介護支援専門員が行う。 第35回

ポイント　介護支援専門員（ケアマネジャー）が、要介護者などが自立した日常生活を営むことを支援するための職種であることを踏まえて考えましょう。

正解は
○　介護支援専門員（ケアマネジャー）は、介護保険法に規定される専門職です。要介護者等が利用する介護サービスなどの情報を利用者に提供するとともに、利用者が希望するサービスを組み込んだ居宅サービス計画を作成します。また、利用者が入所した施設でのサービス計画も作成します。

Q　一つの重大事故の背景には、多くの軽微な事故とヒヤリハットが存在する。 第33回

⑧ 介護における安全の確保とリスクマネジメント

頻出度 ★★☆

1. 安全の確保

安全対策

- 生活支援の介護の場面において、事故の原因は**一つではなく**、いくつかの要因が重なり合って発生することが多い。
- 介護が必要な高齢期においては、心身の衰えなどにより**生活障害**を抱えている場合が多く、日常生活のなかの事故のリスクが高まる。
- 介護保険施設や事業所には、介護するうえで安全な暮らしの環境について検討する場として、事故対策に関する**委員会**がある。
- このような委員会の設置については、「介護事故の防止のための委員会その他施設内の組織に関する事項」を、事故発生の防止の指針に盛り込むことが**義務づけ**られている。

事故情報の共有

- 介護業務に慣れれば慣れるほど注意が散漫になり、事故が起きる可能性が高くなる。また、細心の注意を払っても事故は起きる。事故を起こさないためには、**事前**に防止策を考えておく必要がある。
- 一つの重大事故の背景には、29の軽微な事故、300のヒヤリ・ハットが潜んでいる（**ハインリッヒの法則**）。
- ヒヤリ・ハットの事例を**インシデント報告書（ヒヤリ・ハット報告書）**に記録して収集しておく。事例を分析することにより、再発防止の手立ての情報を共有することができ、重大事故の防止につながっていく。

用語解説

［ヒヤリ・ハット］「ヒヤリ」としたり「ハッ」としたりするような経験で、重大な災害や事故には至らないものの、直結してもおかしくない事例のこと。

  一つの重大事故の背景には、29の軽微な事故、300件のヒヤリハットが潜んでいる（ハインリッヒの法則）。

● 事故発生に関わったスタッフのみ、あるいは代表者のみの課題にしても再発防止策は生まれてこない。一つひとつの事故を、事故の大小にかかわらず、**チームや組織全体**で受け止める姿勢、そして誰が直面しても**スタッフ全体**のこととして考えていく風土や組織文化を作ることがリスクマネジメントには不可欠である。

用語解説

[リスクマネジメント] リスクとは損失や事故、危険性といった意味。介護分野でのリスクマネジメントは、通常、利用者の介護事故の予防と事故発生を未然に防止する事故対策が主で、ほかにも事業の管理手法としてさまざまな事業環境のリスク対応も含まれる。人間が起こすエラーが事故につながらないようにするための、問題解決プロセスである。

図解で整理！ 事故発生時の対応

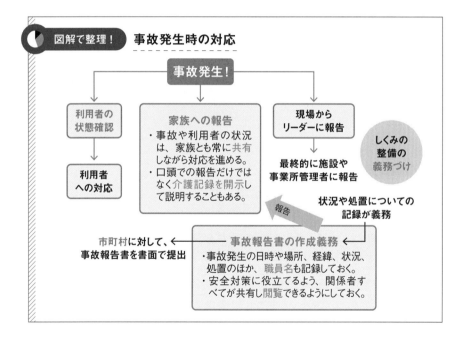

事故発生！

- 利用者の状態確認 → 利用者への対応
- 家族への報告
  ・事故や利用者の状況は、家族とも常に共有しながら対応を進める。
  ・口頭での報告だけではなく介護記録を開示して説明することもある。
- 現場からリーダーに報告
  最終的に施設や事業所管理者に報告

しくみの整備の義務づけ

状況や処置についての記録が義務

報告

市町村に対して、事故報告書を書面で提出 ← 事故報告書の作成義務
・事故発生の日時や場所、経緯、状況、処置のほか、職員名も記録しておく。
・安全対策に役立てるよう、関係者すべてが共有し閲覧できるようにしておく。

小さな介護事故でも個人で対応せず、職員全体で対応することが重要です。

Q 下肢筋力が低下している利用者が、靴下で歩いていたので、スリッパを履いてもらった。
第35回

2. 事故防止、安全対策

転倒・転落防止

● 高齢者が転倒すると機能低下が起こり、介護や医療を受ける人が増加し、約半数の人が長期臥床の状態になるといわれている。

● 内閣府が2010（平成22）年に実施した「高齢者の住宅と生活環境に関する意識調査」によると、自宅における転倒事故に関して転倒した場所は、「庭」が最も多い。次いで、「居間・茶の間・リビング」「玄関・ホール・ポーチ」「階段」の順となっている。

● 利用者が転倒した場合には、転倒したときの状況や、利用者の身体の状態を把握するように努め、処置については医師や看護師に判断を求める。

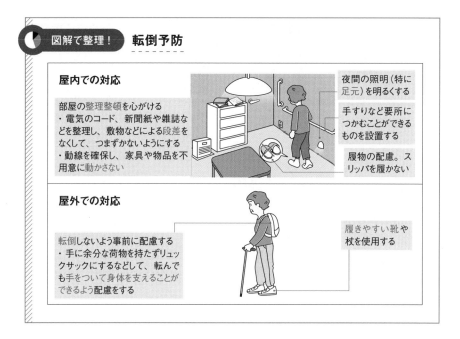

図解で整理！ **転倒予防**

屋内での対応

部屋の整理整頓を心がける
・電気のコード、新聞紙や雑誌などを整理し、敷物などによる段差をなくして、つまずかないようにする
・動線を確保し、家具や物品を不用意に動かさない

夜間の照明（特に足元）を明るくする

手すりなど要所につかむことができるものを設置する

履物の配慮。スリッパを履かない

屋外での対応

転倒しないよう事前に配慮する
・手に余分な荷物を持たずリュックサックにするなどして、転んでも手をついて身体を支えることができるよう配慮をする

履きやすい靴や杖を使用する

福祉用具

● 福祉用具は、利用者が取り扱いに慣れたものを優先して使用するのがよい。

● 車いすを使用する際には、使用前に必ず点検をする。急な坂道を降りるときは、車いすは後ろ向きにする。

 A ✕ スリッパは転倒の原因になるため、履いてもらうことは適切ではない。

図解で整理！ **福祉に関するマーク**

福祉用具JISマーク制度

・手動車いす、電動車いす、在宅用電動介護用ベッドの3つの福祉用具が対象。

・工業標準化法に基づくJISマーク（福祉用具とわかるJISマーク）である。

・国に登録された第三者認証機関から認証を受けた事業者のみが、認証を受けた製品に表示できるマークである。厳しい審査に合格したことの証明であり、このマークのある福祉用具は、品質が保証されている。

福祉に関するマーク

・その他にも福祉関係では、以下のようなマークが使用されている。

障害者のための国際シンボルマーク	盲人のための国際シンボルマーク	オストメイトマーク*	聴覚障害者標識

*オストメイト（人工肛門、人工膀胱を造設している人）対応のトイレに表示

車いすの介助については、第6章❸（181ページ）を参照してください。

防火・防災対策

● 福祉施設ではカーテンや壁紙に防炎加工が施された素材を使用しなければならない。

● 災害時、避難所に長時間いると、足を動かさないこと、また脱水症状になることなどによって、**エコノミークラス症候群**（深部静脈血栓症、静脈血栓塞栓症）が起こる危険性が高くなる。

● 脱水症状の予防のために、長時間座ったまま眠らないようにし、足を動かしたり、足をマッサージしたり、また**水分を多くとる**ように注意する。

Q 介護保険施設の駐車場で、聴覚障害者標識を付けた車の運転手が困っている場合、手話や筆談を用いて話しかける。**第35回**

福祉施設等の防火・防災対策

・「非常災害対策計画」の作成。
　→消防計画、風水害、地震などの災害に対応する計画
・関係機関との連携体制の整備。
・定期的な避難訓練の実施。

用語解説

[防火管理者] 学校や施設・病院などで、消防用設備の点検整備や消防訓練の実施その他の防火管理上必要な業務を行う者。

3. 感染対策

感染予防の意義と介護

● 複数の利用者に複数の介護者が関わることが多いことから、介護者全員が感染予防に関する知識と技術を身につけ、実践することが必要である。

図解で整理！ **感染対策の3原則**

①感染源の排除

感染源：感染症の原因となる微生物（細菌、ウイルスなど）を含んでいるもの
例：・排泄物（嘔吐物、尿、便など）
　　・血液、喀痰、化膿した傷の膿など
　　・処置に使用した器具・器材など
　　・排泄物や血液、喀痰などに素手で触れた後、その手で取り扱った食品など
※「感染源には決して素手で触れない」ということが重要

②感染経路の遮断

・感染源（病原体）を持ち込まない
・感染源（病原体）を拡げない
・感染源（病原体）を持ち出さない
※手洗いの徹底やうがいの励行、環境の清掃などが重要

③人間の抵抗力の向上

・発熱や下痢などがあり、抵抗力が弱っている場合には、咳、痰、便への曝露などに対する注意が必要
・介護職に発熱や下痢、嘔吐が続く場合は、業務はなるべく避けるようにする

  聴覚障害者標識は、聴覚障害者が車を運転する際に表示することが義務づけられている。耳の形を図式化したものである。

感染経路	特徴	例
接触感染	体位変換や入浴など直接的な身体接触による感染や、汚染した器具・衣類、病原体が付着した手による感染など ※接触感染の可能性がある利用者の入浴は最後にする	メチシリン耐性黄色ブドウ球菌（MRSA）感染症、疥癬など
飛沫感染 （経気道感染）	病原体を持っている人の咳やくしゃみ、会話時などのしぶき（飛沫）を吸った場合に起こる感染	インフルエンザ、風疹、結核など
空気感染	病原微生物が長期間空中に浮遊している間に吸い込んで起こる感染	麻疹（はしか）、水痘など
経口感染	水や飲食物に病原体が混じったり、手指に付いた病原体が口から入ったりして感染する	O157などによる食中毒など
経皮感染	虫さされなどによる咬傷・刺傷などから病原体が侵入することによる感染	マラリア、日本脳炎など

表で整理！ **主な感染症の種類**

感染症	特徴
疥癬	ヒゼンダニの寄生による皮膚感染症。接触感染する。湿疹、虫さされ、じんましんなどと似た病状がみられる
インフルエンザ	潜伏期間は2〜3日と短く、症状には38℃以上の高熱、全身の倦怠感、筋肉痛などがある。冬に流行する
新型コロナウイルス（COVID-19）	接触感染、飛沫感染で感染し、潜伏期間は1〜14日（多くは5日程度）。主な症状は発熱や咳などの呼吸器症状、強いだるさ（倦怠感）など。頭痛、嘔吐、下痢、結膜炎、臭覚・味覚障害などが起きる場合もある。予防策として、手洗いなどの一般的な衛生対策のほか、人との間隔を約2メートル確保する、3密（換気の悪い密閉空間、多くの人の密集する場所、近距離の会話での密接場面）の回避が挙げられる
ノロウイルス	主に経口感染で発症するが、飛沫感染による場合もある。症状は嘔吐や下痢など。感染性胃腸炎を起こす。消毒には次亜塩素酸ナトリウム液を用いる。冬に多く発生する
メチシリン耐性黄色ブドウ球菌（MRSA）感染症	MRSAは抗生物質に耐性のある黄色ブドウ球菌。多くの抗生物質に対しての耐性があるため院内感染の原因となる。肺炎や敗血症を起こすことがある
結核	結核菌に飛沫感染して発症する。初期症状として咳、痰、発熱などがある

Q 手洗いは、液体石鹸よりも固形石鹸を使用する。**第36回**

腸管出血性 大腸菌感染症	食中毒の原因の一種で、特に毒性が強い菌としてO157がある
日和見感染症	健康であれば感染症を起こすことが少ない病原菌でも、病気の治療中や高齢者など、免疫力が低下している人が発症する感染症。メチシリン耐性黄色ブドウ球菌（MRSA）感染症など

 表で整理！ **主な感染経路の遮断方法**

手洗い	・1回の介護行為ごとに、石けんと流水で手洗いをする ・石けんは液体石けんが望ましい ・タオルの共有は避け、ペーパータオルを使用したり温風で乾燥させたりすることが望ましい
うがい	・感染予防に効果がある
エプロン	・脱ぐときは汚染された面が内側になるようにして軽くたたみ、すみやかに洗濯する
マスク	・咳や痰などの症状がある人の介護を行う場合には、飛沫感染を予防するために使用する ・嘔吐物や便の処理の際にも着用する
手袋	・血液や体液に触れるときは素手で触らず、使い捨ての手袋を着用する ・手袋を着用していても、排泄物や嘔吐物などに触れた場合は、手洗いをする ・手袋を外す際は、手袋の表側が内側になるように外し、外した後にも、必ず手洗いを行う
消毒	・ドアノブなどは、エタノール消毒液で清拭する ・血液や嘔吐物などが付着した場合は、手袋やマスクを着用して、次亜塩素酸ナトリウムなどで清拭する

解き方がわかる！ 過去問解説

高齢者介護施設で、MRSA（メチシリン耐性黄色ブドウ球菌）の保菌者が確認された場合、接触感染予防策を実施する。 第32回

 ポイント
感染症の予防策を考える場合、その感染症がどのような経路で感染するかを踏まえて対応する必要があります。感染経路には、接触感染、飛沫感染、空気感染などがあります。

正解は
⭕
MRSAは抗生物質に対して耐性を示しますが、石鹸や通常の消毒薬は有効であり接触感染予防策を実施します。また、保菌者に咳・くしゃみ等の症状が見られない場合は、接触感染予防策を行っていれば、必ずしも隔離をする必要はありません。

→ ❌ 固形石鹸はウイルスを媒介する危険があるため、液体石鹸の使用が推奨されている。

頻出度
★★☆

❾ 介護従事者の安全

1. 介護従事者を守る法制度

● 労働基準法や労働安全衛生法、育児・介護休業法などがある。

労働基準法

・賃金や労働時間、休憩など労働条件の最低基準を示す法律。
・使用者は、1週間に40時間、1日に8時間を超えて労働させてはならない。
・女性の産前6週間（請求があった場合）、産後8週間（請求の有無にかかわりなく一律）の就業禁止など。
・労働者が業務上負傷、または疾病にかかった場合において、使用者は必要な療養の費用を負担しなければならない。
・年5日の有給休暇
・時間外労働の上限規制
・正規・非正規の待遇改善

育児・介護休業法

● 育児または家族の介護を行う労働者が、仕事と家庭を両立できるように支援することを目的とした法律。

育児・介護休業制度

● 育児・介護休業制度には、**育児休業、介護休業、子の看護休暇、介護休暇**などの種類がある。
● 1日の所定労働時間を原則として6時間とする短時間勤務制度を活用することができるのは、子が満3歳になるまでの期間である。

Q 労働安全衛生法は、常時20名以上の労働者を使用する事業場に衛生委員会の設置を定めている。**第28回**

表で整理！ 育児休業・介護休業などの期間

育児休業	育児休業期間は、原則として子が1歳に達するまでの期間であるが、期間中に子が保育所に入所できない場合には、最長で2歳になるまで延長できる。2回を上限として分割取得することができる
産後パパ育休	子の出生後8週間以内に4週間まで取得可能。2回を上限として分割取得することができる
子の看護休暇	小学校就学前の子について、1年度において5日（養育する小学校就学の始期に達するまでの子が2人以上の場合は10日）を限度に取得できる。時間単位での取得も可能
介護休業	2週間以上要介護状態が続いている家族を介護するためのもので、対象家族1人につき通算93日まで、3回を上限として分割取得することができる
介護休暇	対象家族の介護や世話をする場合に、1年度において5日（対象家族が2人以上の場合は10日）を限度に取得できる。時間単位での取得も可能

● 対象家族の介護や通院の付き添いのほかに、対象家族が介護サービスの提供を受けるために必要な手続きの代行、その他対象家族に必要な世話を行う際にも介護休暇を取得することができる。

● 介護休業の対象家族は配偶者、父母および子並びに配偶者の父母、祖父母、兄弟姉妹、孫である。

 表で整理！ 労働安全衛生法

労働者の協力	労働者は、労働災害を防止するため必要な事項を守るほか、事業者その他の関係者が実施する労働災害の防止に関する措置に協力するように努めなければならない
衛生管理者	事業者は、常時50人以上の労働者を使用する事業場ごとに、衛生管理者を1人以上選任しなければならない（50人未満の事業場は衛生推進者）
衛生委員会	事業者は、常時50人以上の労働者を使用する事業場ごとに、衛生に関することを調査審議し、事業者に意見するための衛生委員会を設置しなければならない

 労働安全衛生法による衛生委員会は、常時使用する労働者が50名以上の全業種の事業所に設置義務がある。

2. 介護従事者の心身の健康管理

心の健康管理（ストレス、燃え尽き症候群、その他）

● 疲労やストレスをためて介護に従事すると、介護の質の低下や事故につながる。

ストレスに気づき、対処するための知識、方法を身につけ、実施するセルフケアが重要です。悩みは1人で抱え込まないで周囲に相談するようにしましょう。

身体の健康管理

● 介護職に多い健康問題として、腰痛が挙げられる。

● 介護職は腰痛健康診断を1年に2回以上受けるよう求められている。

● 腰痛予防と対策については、以下のようなものがある。

腰痛予防と対策

・静的なストレッチ（筋肉を伸ばした状態で静止する）
　筋肉への負担が少なく、安全に筋疲労を回復させ、リラクゼーションを高めることができるため、腰痛予防として効果的。
・ボディメカニクスを応用した介護動作を守る
・体重の重い利用者は複数で介助する
・腰痛体操
・腰部保護ベルトの着用

用語解説

［ボディメカニクス］力学的原理を活用した介護技術のことで、介護する側にとって無理のない自然な姿勢で行う介護をいう。ボディメカニクスを活用した介護は、最小の労力で疲労が少なく腰痛防止にもつながる。詳しくは第8章❸（273ページ）を参照。

Q 燃え尽き症候群の特徴として、人格・行動変化や失語がみられる。 **第31回**

- 「燃え尽き症候群」（バーンアウト・シンドローム）とは、一生懸命に働いていた人が理由もなく突然無気力になり、学校や職場に適応できなくなる症状のことをいう。
- 症状としては無気力感や疲労感、無感動だけにとどまらず、ストレス性の身体状況（頭痛・肩こり・不眠など）や自分に自信が持てなくなったり、人との関わりが苦痛になったりする。
- 2014（平成26）年の労働安全衛生法改正により、労働者50人以上の事業場の事業者にストレスチェック制度の実施が義務づけられた（50人未満の事業場は、努力義務）。

表で整理！ ストレスチェック制度

目的	労働者自身のストレスへの気づきおよび対処の支援並びに職場環境の改善を通じて、メンタルヘルス不調となることを未然に防止する「一次予防」が主な目的
実施者	医師、保健師または厚生労働大臣が定める研修を修了し、検査のための知識を得ている歯科医師、看護師、精神保健福祉士または公認心理師
通知	ストレスチェックの結果は検査を行った医師等から、労働者に直接通知しなければならない
実施回数	毎年検査を実施する

解き方がわかる！ 過去問解説

ストレスチェック制度では、ストレスチェックは会社の上司が実施するとされている。
第30回

ポイント
自身の状態を率直に記載してもらうためには、人事評価に関与しない人が実施する必要があります。また、ストレスチェックを実施するためには専門的な知識が必要なことも考えてみましょう。

正解は

✕
ストレスチェック制度におけるストレスチェックは、医師、保健師または厚生労働大臣が定める研修を修了し、検査のための知識を得ている歯科医師、看護師、精神保健福祉士または公認心理師が実施するとされています。

  人格・行動変化や失語は、燃え尽き症候群ではなく前頭側頭型認知症にみられる症状である。

MEMO

[第2領域]
介護

5章

コミュニケーション技術

出題傾向分析

1 出題傾向

● 第36回試験での問題数は6問であり、第2章「人間関係とコミュニケーション」と併せて最低でも1問正解することが合格の条件になっている。

● 介護場面におけるコミュニケーションの基本からの出題が最も多く、その中でも、認知症がある人とのコミュニケーションについての問題がよく出題されている。

● 傾聴、共感、バイステックの7原則など、第2章「人間関係とコミュニケーション」と共通する問題もよく出題される。

■過去5年間の出題

出題順	第36回 (2024年)	第35回 (2023年)	第34回 (2022年)	第33回 (2021年)	第32回 (2020年)
1	介護におけるコミュニケーションの基本（非言語コミュニケーション）	介護におけるコミュニケーションの基本（閉じられた質問）	介護におけるコミュニケーションの基本（基本的な態度）	介護におけるコミュニケーションの基本（信頼関係の形成）	介護におけるコミュニケーションの基本（直面化）
2	介護におけるコミュニケーションの基本（家族との信頼関係）	介護におけるコミュニケーションの基本（家族との信頼関係）	介護におけるコミュニケーションの基本（アサーティブ・コミュニケーション）	介護におけるコミュニケーションの基本（初対面時の対応）	介護におけるコミュニケーションの基本（意欲が低下した人への対応）
3	介護場面におけるコミュニケーション（言語障害）	介護場面におけるコミュニケーション（聴覚障害者）	介護におけるコミュニケーションの基本（共感的理解）	介護におけるコミュニケーションの基本（共感的な言葉かけ）	介護におけるコミュニケーションの基本（構音障害の人への対応）
4	介護場面におけるコミュニケーション（抑うつ状態）	介護場面におけるコミュニケーション（認知症）	介護場面におけるコミュニケーション（視覚障害の人への対応）	介護におけるコミュニケーションの基本（質問の技法）	介護場面におけるコミュニケーション（視覚障害の人への対応）

5	介護場面におけるコミュニケーション（夜盲／受容的な対応）	チームのコミュニケーション（申し送りの目的）	介護場面におけるコミュニケーション（高次脳機能障害の人への対応）	介護におけるコミュニケーションの基本（意見の違いを調整する技術）	介護場面におけるコミュニケーション（知的障害と自閉症／興奮した時の対応）
6	チームのコミュニケーション（事例検討の目的）	チームのコミュニケーション（報告のしかた）	介護におけるコミュニケーションの基本（意見の違いを調整する技術）	介護場面におけるコミュニケーション（運動性失語症）	介護場面におけるコミュニケーション（知的障害と自閉症／家族への対応）
7	―	―	チームのコミュニケーション（報告のしかた）	チームのコミュニケーション（介護記録の留意点）	チームのコミュニケーション（認知症）
8	―	―	チームのコミュニケーション（ケアカンファレンス）	チームのコミュニケーション（報告の留意点）	チームのコミュニケーション（介護記録）

2 学習のポイント

● コミュニケーションの基本的な技術である傾聴、受容、共感的応答は、本章に限らず、介護福祉士試験でよく問われる事柄なので、深く理解する必要がある。用語の定義だけではなく、具体的にどのような問いかけや応答が当てはまるのかまで、きちんと理解しておくことが必要である。

● せん妄や幻覚などの対応についてもよく問われている。肯定も否定もせずに受容的な対応をとることを覚えておく。

● 視覚、聴覚などの障害ごとへの対応についてもよく出題されている。先天的か中途障害かによっても対応が変わる場面があるので、一律に記憶するのではなく、利用者本人の状況を考慮した対応法を理解できるとよい。

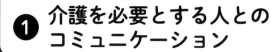

[第5章] コミュニケーション技術

❶ 介護を必要とする人とのコミュニケーション

頻出度 ★★★

1. 介護を必要とする人とのコミュニケーションの目的

● ひとくちに介護を必要とする人々といっても、障害の程度だけでなく、性格や価値観はさまざまである。そのため、コミュニケーションによってその人の**個性**や**障害の特性**を**理解**していくことが必要である。

● 利用者の心身の変化に気づくためには、**表情**や**行動**のちょっとした変化でも見逃さないような観察力も必要である。

 表で整理！ **利用者との関係づくりのポイント**

すべきこと	・身体機能の衰えなどに対して、不安を抱えている利用者の思いを傾聴・受容し、一緒に解決方法を考える ・自己決定を尊重する。そのことが**本人の能力**を発揮することにつながる
しては いけないこと	・「年齢だから仕方ありません」などと、本人の思いを受容しない態度をとる ・「すぐに良くなりますよ」などと根拠のない励ましをする ・本人の希望を無視して、介護者の考えを押し付ける

利用者の考えや体調は時間とともに変わっていきます。そうした変化に気づくためには、普段からきちんとコミュニケーションを取ることが大切です。

表情や行動のちょっとした変化でも見逃さないような観察力が必要とされるんですね。

説明と同意

・介護を提供していく際には、利用者や家族が**納得**できるような説明を行い、支援に対する同意を得ることが必要。
・同意が得られない支援は、相手の**不信感**を強めることにつながる。

傾聴では、相手の目をじっと見つめながら聴く。 第28回

家族との関係

> ・利用者と家族の関係がよくない場合や思いにズレがある場合は、両者の思いを受け止める。片側に肩入れすると、信頼関係が壊れることもある。できる限り両者の意見を調整する。
> ・家族間の調整が難しい場合、他職種と連携し、チームで支援していくことも大切である。

指導・助言を行う際の注意事項

> ・介護福祉士からみれば適切ではないと思われる介護方法であっても、利用者や介護者のやってきた方法を否定してはいけない。これまで一生懸命にやってきたことを尊重する気持ちを持って接していく姿勢が必要。
> ・家族に対して指導や助言を行う際には、家族のやり方をすぐに否定、あるいは訂正するのではなく、尊重しながらより良い方法を見出していく。

共感的理解・共感的態度

● 共感は、相手の世界を理解しようとする姿勢のことである。

● 利用者の状況や感情、思考などを、その人の立場に立って理解し、共有する。

2. コミュニケーションの実際

傾聴

● 傾聴とは、利用者の言葉を妨げないでじっくり聴くことである。

● 相手の話に関心を持ち、相手を理解しようとする姿勢で聴く。

● 利用者の主観的な考えに耳を傾けながら、ゆっくりうなずきながら聴く。

> 利用者の沈黙にはいろいろな意味があります。たとえば次に言うべきことを考えていたり、介護福祉職に対して「話したくない」というような感情を抱いていたりするときなどにも利用者は沈黙します。沈黙の背後にある利用者の気持ちや考えを理解していこうという姿勢も傾聴には必要です。

転移

● 転移とは、利用者が介護福祉士などの対人援助職に感情を向けることである。

● 逆転移とは、介護福祉士などの対人援助職が、本来別の人に向ける感情を利用者に向けてしまうことである。

A ✕ 視線の合わせ方は、話し手のペースに合わせる。じっと見つめられると緊張して話せなくなってしまう人もいる。

直面化

● 直面化とは、利用者が問題に向き合うよう促すことである。

● 葛藤している利用者の感情と行動の矛盾点を指摘することなども直面化の一つだが、そのことで相手を傷つけてしまう恐れもあるため、利用者との深い信頼関係を築いた上で用いる必要がある。

バイステック（Biestec, F.）の7原則

● ケースワーカーがクライエントとの援助関係を形成するときに必要な原則である。

表で整理！ バイステックの7原則に基づく対応例

	良い例	悪い例
個別化	利用者の抱える問題を、その人個人の問題として捉え、できる限りその人に合わせた支援を行う	「その年代の方にはよくあることですよ」と利用者の抱える問題を一般化する
受容	利用者の感情を受け止め、「それはつらかったですね」とその気持ちに寄り添う	利用者の感情を受け止めず「少し気にしすぎているのではないですか?」となだめる
意図的な感情表出	「そのときあなたはどう感じましたか?」とさりげなく利用者の気持ちを聞き出す	相談した内容についてわだかまりがありそうな利用者に対しても、その気持ちを確認しないまま話を続ける
統制された情緒的関与	入浴ケアについて不満を言う利用者に怒りを覚えたが、「自分は今怒っているな」と自覚したうえで感情は表に出さず、冷静に応答する	不満を言う利用者に怒りを覚え、感情的に反論をまくしたてる
非審判的態度	リハビリをしたがらない利用者を非難せず「今日はそういう気分ではないのですね」と共感的な言葉をかける	「リハビリをしないと回復しませんよ。毎日欠かさずやるべきです」と強い口調で利用者を指導する
自己決定	入所施設の選択について、必要な助言をしつつも最終的な決定は本人とその家族に委ねる	「ここがおすすめですから、ここに入所していただきます」と支援者が一方的に決定する
秘密保持	他機関との連携にあたり利用者の情報を伝える必要があるため、本人に説明して合意を得てから、必要な情報のみを伝える	利用者から相談を受けた内容を、本人の合意を得ることなく他機関の担当者に伝える

Q 亡くなった祖母と似ている利用者に、無意識に頻繁に関わるのは利用者とのコミュニケーションにおいて逆転移が起きている事例に該当する。 **第31回**

アサーティブコミュニケーション

- 相手を尊重しながらお互いの意見を伝え合うコミュニケーションのことである。
- 利用者の意向を聞かずに介護職側の主張を押し付けたり、介護職の意見を飲み込んで利用者の要望を一方的に聞くことは、アサーティブなコミュニケーションではない。

受容とは、相手の言い分に同調することではありません。「理解」と「同調」との違いに気をつけましょう。

解き方がわかる！過去問解説

介護職が家族に対して「こうすれば良い」と指示を出すことは、家族と信頼関係を形成する上で有効である。 第35回

ポイント
利用者の家族は、介護福祉職にとって支援のパートナーです。相手を尊重する気持ちをもって丁寧に接していく姿勢が信頼形成につながります。

正解は
✕
介護職の主張を押し付けることは、家族との信頼関係が壊れる危険があります。家族との話し合いの機会を丁寧にもち、指導や助言を行う際には、家族のやり方や意見を尊重しながらより良い方法を見出していくことが適切です。

解き方がわかる！過去問解説

利用者の感情と行動の矛盾点を指摘することは、直面化の技法として正しい。
第32回

ポイント
直面化とは、利用者が抱える問題から逃げずに向き合うように促す技法のことです。

正解は
○
例えば、怒りの表情をみせながら「怒っていない」と発言するのは、怒りの感情やその原因を避けていることが考えられ、そうした感情と行動の矛盾点を指摘することは、直面化といえます。

 A **○** 援助職が別の人に向ける感情を利用者に向けることが逆転移、利用者が援助職に感情を向けることを転移という。

❷ 介護場面における家族との コミュニケーション

頻出度 ★★☆

1. 家族とのコミュニケーションの目的

信頼に基づく協力関係の構築

- 家族は利用者にとって**キーパーソン**である。かけがえのない存在であり、関係の善し悪しにかかわらず、利用者と家族とは切っても切り離せない。
- 介護福祉職にとっては、利用者の家族は支援の**パートナー**である。お互いに尊重しあうことで**信頼関係**を築き、利用者の望む生活を実現するために協働する。

家族の意向の表出と気持ちの理解

- 介護に対して感じる**介護負担感**の大小は家族によってさまざまであり、家族の中でも人によって気持ちは異なる。介護福祉職は一人ひとりの家族とコミュニケーションをとり、それぞれの気持ちを把握する必要がある。
- 家族の気持ちや意向を理解するために、その家族の**家族歴**が重要となる。その家族が過去にどのようなことを経験し、各々がどのように感じることで家族関係が築かれてきたのかを把握する。

2. 家族とのコミュニケーションの実際

本人と家族の意向を調整する技術

- 利用者本人と家族との間で意向にズレがある場合は、個別の話し合いの機会をつくり、一人ひとりの意向を確認する。
- 誰の意向が正しいかということを介護福祉職が判断するのではなく、それぞれの意向を整理したうえで、利用者とその家族が話し合えるようにする。
- 言葉の繰り返しや言い換え、要約などによってそれぞれが自分自身の意向を**言語化**できるようサポートする。コミュニケーションに問題がある場合や、関係が悪くて対話できない状態の場合は、介護福祉職がそれぞれの意向を**代弁**することが必要となる場合もある。

Q 3か月前に右目を中途失明した利用者の体に触れてから挨拶した。 **第28回**

❸ 障害の特性に応じた コミュニケーション

頻出度 ★★★

1. 障害の特性に応じたコミュニケーションの実際

● 視覚障害、聴覚障害、言語障害、認知症、精神障害など、さまざまな障害 や病気のある利用者の特徴を知り、**それぞれの人に合った対応**をすることが 大切である。

表で整理！ 障害・状況別対応のポイント

障害・状況	対応のポイント
視覚障害者	聴覚や触覚の情報が重要。いきなり触れると驚かせてしまうので、その前に**一声かける**とよい
聴覚障害者	視覚や触覚の情報が重要
言語障害者	種類（運動性、感覚性、構音障害）別の対応を知る
認知症	事実とは異なる言動があっても、否定せずに受容する姿勢が大切
精神障害者	うつ状態、躁状態、統合失調症などによって対応が異なる

視覚障害者とのコミュニケーション

● 生まれたときから視力に障害のある**先天性視覚障害者**と、人生のある時期 から障害をもった**中途視覚障害者**がいる。それぞれの**心理的特性**を理解した うえでコミュニケーションをとっていくことが必要である。

表で整理！ コミュニケーションの方法

● コミュニケーションを補助するためのさまざまな道具や手法などがある。

障害の種類	手段	内容
視覚障害者	点字	指先の触覚により読み取る文字。縦3点、横2点の6点の組み合わせで作られている。中途障害者の場合は、習得していないこともあるので注意が必要である
	音声読み上げソフト	文章を音声化する機械

 ✕ いきなり触れると驚かせてしまうので、身体に触れる前に声をかける。

視覚障害者とのコミュニケーションの方法・留意点

- ・コミュニケーションツールは、主に点字であるが、すべての視覚障害者が読めるわけではないため、聴覚や触覚の情報が重要となる。
- ・視覚障害者にいきなり触れることはやめ、まず声がけをする。
- ・名乗りながら話しかけ、視覚情報は整理して口頭で伝えるとよい。
- ・全盲の場合は、声かけをした後に話したり手で触れたりする。
- ・「あっち」や「それ」といった指示語や代名詞を使うことは避ける。
- ・片目に障害がある場合は、見える側からコミュニケーションをとる。

聴覚障害者とのコミュニケーション

● 聴覚障害の種類とコミュニケーション法は、以下の通りである。

 表で整理！ 聴覚障害の種類

種類	特徴
伝音性難聴	耳介（耳の入口）から中耳までに障害が起こる難聴。補聴器の使用が有効
感音性難聴	内耳から大脳までに障害が起こる難聴。高音域が聞きとりにくくなる。補聴器の効果があまりない。加齢が原因である老人性難聴には、感音性難聴が多い

 表で整理！ コミュニケーションの方法

方法	特徴
補聴器	・箱型補聴器は、比較的聞こえる側の耳にイヤホンを装着する ・補聴器に慣れるまでの期間には個人差があり、初めから1日中装着するのはよくない
手話	・聴覚障害者が使用する視覚的な言語
読話	・相手の表情や口の動きから話の内容を理解するコミュニケーション方法
指文字	・手の形で文字をつくる視覚言語
筆談	・中途障害者になったばかりの人は、手話や読話をマスターしていないので、筆談が適している
空書	・空間に人差し指で文字を書く
触手話	・盲聾者（視覚と聴覚の両方に障害がある人）に対するコミュニケーション方法

Q 言語障害の利用者に対し、「お風呂は、今日ではなくあしたですよ」と伝えても理解できない場合、「あしたがお風呂の日で、今日は違いますよ」と言い換える。 第36回

> ［箱型補聴器］本体をポケットに入れイヤホンを使用するポケット型の補聴器。このほか、耳の穴に入れてしまう耳穴型、耳の後ろにかけて使う耳かけ型などの補聴器がある。

言語障害者とのコミュニケーション

● 言語障害にもさまざまな種類があり、それぞれ対応法は異なる。

 表で整理！ **言語障害の種類とコミュニケーション方法**

種類	障害の特徴	コミュニケーション方法
運動性失語 （ブローカ失語症）	聞いたことは理解できるが、話すことや復唱が困難 りんご食べる？　あ…　食べたい	絵や写真など、視覚化された情報を用いて、二者択一の答えやすい問いかけをするとよい
感覚性失語 （ウェルニッケ失語症）	流暢に話せるが、話の内容が支離滅裂になることがある。聞いたことが理解できない りんご食べる？　○×△□　???	言葉の理解ができなくても、状況判断などは可能なことが多いので、ジェスチャーなどが有効
構音障害	発音が不正確、あるいは不明瞭。筋ジストロフィーなど、発音をするための機能が低下する疾患などでみられる	相手の言うことが聞き取りにくい場合は、聞き取れた通りに繰り返す、もう一度言ってもらうなどして、確認するとよい

 表で整理！ **うまく発音できない人のためのコミュニケーション方法**

方法	特徴
トーキングエイド	五十音の文字盤を使って言葉を入力すると、その言葉を文字通りに発音してくれる機械
五十音表	五十音を指で指して使用する。市販されているものもあるが、支援者が手づくりしている場合もある

  聞いたことが理解できない場合、ジェスチャーのほか、「お風呂、あした」などと短い言葉で伝える方法も有効である。

重度の失語症者の場合、文字の識別が困難なこともあるので、五十音表ではなく、いくつかの絵の中から選んで、指で指してもらうとよいでしょう。

認知症の人とのコミュニケーション

● **受容的態度**で接していくことが、認知症の人の**心理的安定**を保つことにつながる。

● 情報は簡潔に伝える。また、**短い言葉**で1つずつ伝えていくとよい。

● **正面**から話しかけ、日常生活で使用している言葉を使い、情緒的に**納得して**もらえるよう、働きかけることが効果的である。**非言語的コミュニケーション**も効果的である。

● 行動・心理症状（BPSD）のある人に対しては、行動を「問題」とはとらえずに、行動の背景にある**本人なりの理由**や**不安**などを理解し、**受容**することが大切である。

→第10章❷「認知症の医学的・心理的側面の基礎的理解①」（358ページ）を参照

認知症の人に対しては、発言や行動を頭ごなしに否定しないようにしましょう。また、できていないことがあっても、行動を強制しないことが大切です。

発達障害児への支援

● **注意欠如・多動症（ADHD）**のある子に対しては、どのような場面で感情をコントロールできなくなるかを理解する。

● **限局性学習症（学習障害）**のある子に対しては、その子にとって得意な科目や不得意な科目をきちんと理解する。

→第11章❸「障害の医学的・心理的側面の基礎的理解②」（403ページ）を参照

Q 「もう死んでしまいたい」とつぶやく抑うつ状態の利用者に対し、「落ち込んだらだめですよ」と言葉を掛ける。**第36回**

●療育で行われているやり方を活用するなどの配慮を行う。

 用 語 解 説

[療育] 治療と教育を一貫して行うこと。

 表で整理！ **精神障害の種類とコミュニケーション方法**

状況	コミュニケーション方法
うつ病や 抑うつ状態	・励ますのではなく受容的態度で接する ・自殺企図などには十分に気をつけ、些細な変化も見逃さないよう、様子観察を続ける
躁状態	・冷静に対応し、客観的に状況を伝える
統合失調症	・妄想を話しているときは、基本的には否定も肯定もせずに関わる

解き方がわかる！ 過去問解説

行動・心理症状（BPSD）のある認知症の人の「亡くなった人が立っている」に対して、受容するのは介護福祉職の対応として適切である。 第27回

ポイント　行動・心理症状（BPSD）のある認知症の場合、どのような症状が現れるのかを考え、それに対する対応を考えてみましょう。

正解は　行動・心理症状（BPSD）の精神症状として、せん妄、幻覚、妄想、睡眠障害、
◯　　誤認があります。「亡くなった人が立っている」と言った場合、幻覚の可能性があります。否定しても本人には理解できないため、本人の話を傾聴し、そのままに受容していく対応は適切です。

 A ✕ 励ますことは、利用者の心をさらに追い詰める危険がある。「とてもつらいのですね」
などと受容的態度で接する。

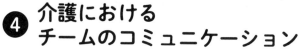

④ 介護における チームのコミュニケーション

頻出度 ★★☆

1. チームのコミュニケーションの実際

チームのコミュニケーションの目的

- チームとは、メンバー間で目標を共有して協働・連携の意識をもち、各々が責任をもって任務を遂行することで目標達成をめざす集団のことをいう。
- チームにおけるコミュニケーションの目的は、目標・方針を共有して理解し、チームを機能させることである。具体的には、チームを機能させるために次の4点が重要である。

チームを機能させるために必要なこと

- ・チーム内での情報共有
- ・メンバー間の合意形成
- ・課題解決のための新しい方策を生み出すこと
- ・信頼関係の形成

介護記録

- 介護記録は、その内容を口頭で報告するとともに、当日中に記述する。訂正をする際には、二重線を引いたり訂正印を押したりする。
- 介護はチームワークで行うため情報の共有や記録が不可欠である。関係者が読んでも理解できるよう、丁寧にわかりやすく記述することが求められる。

施設サービス計画書や居宅サービス計画書は、介護保険法による統一された記録の様式がありますが、介護記録に関しては統一されていません。

Q 第30回 介護業務の事故報告で、口頭での報告は、結論を述べてから事故に至る経過を説明する。

図解で整理！ **介護記録の活用**

利用者によりよいサービスを提供	チーム連携を円滑にする
客観的事実の整理や、情報の共有、ケアの継続性の維持につながる	他職種との情報交換に利用する

利用者や家族への説明に活用	調査・研究目的で利用
利用者や家族に対して説明責任を果たすときに必要である。利用者や家族は記録を閲覧することができる	介護福祉の調査・研究のために利用されることがある。その場合は、利用者が特定されないよう匿名にする

 表で整理！ **記録の種類とその内容**

項目	内容
介護記録	・利用者ごとの状態の変化や介護内容などを、時間経過に合わせて記録する
サービス計画書	・生活全般の解決すべき課題（ニーズ）、長期目標、短期目標、サービス内容、サービス担当者、サービスを実施する期間などを記録する
介護経過記録	・日々行われているサービスの内容や、利用者の様子などを記録する
「ヒヤリ・ハット」の記録	・ヒヤリ・ハットとは、重大な事故には至らなかったものの、事故につながるだろうと思われる事態のこと ・ヒヤリ・ハットの記録を残すことで、事故につながりやすい状況への対策ができ、事故の予防（防止）につながる ・口頭で報告した内容も、報告書に記載する
事故の記録（事故報告書）	・いつ、どこで、どのような事故があったかを客観的に記録する ・ヒヤリ・ハットとは目的が異なるので分けて記載する ・目的は介護事故の再発防止と発生時の速やかな対応である ・2年間の保存義務、保険者（市町村）への提出義務がある

 報告する際には、客観的な事実を具体的に報告する。

163

表で整理！　文体とその方法

叙述体 (じょじゅつ)	・出来事をありのまま、客観的に記述していく方法 ・記述者の主観的な意見や解釈は記入しない
説明体	・出来事と、それに対する記述者の意見や説明を併せて記述していく方法
要約体	・出来事を簡潔に整理して記述していく方法
逐語体 (ちくご)	・やり取りを編集せずにそのまま記述する方法

個人情報の保護

● 個人の記録は、**個人情報保護法**および事業者の定める個人情報取扱規定に則って保管していくことが求められる。

● **プライバシーの保護**には十分気をつけ、利用者情報をメール送信したり、記録を自宅に持ち帰ったりしない。

ICT（情報通信技術）利用の注意点

● USBフラッシュメモリなどは**紛失**や**盗難**の危険性が高い。取り扱いには十分に注意する。

● データは定期的に**バックアップ**をとる。また、ウイルス対策ソフトを使用するだけでなく、システムなどの新しい更新プログラムをインストールしたり、**パスワード**を定期的に変更したりする。

事例検討会での個人情報保護に関する注意点

・利用者の氏名や住所は**個人情報**なので、取り扱いには細心の注意を払い、実際の支援チームが行う以外の検討会では、家族や本人が特定できないよう**匿名化**する。電子メールを使用する必要がある場合も、データを**匿名化**する。
・利用者の**音声や映像**を使用する場合は、本人（必要があればその家族）の了解を得てから使用する。
・介護記録のデータは、基本的には記録した人が**修正**する。データを保存する際にはパスワードを使用し個人情報の保護に努める。

Q ブレインストーミングでは、他人の意見を参考にしてはいけない。 第30回

2. 報告・連絡・相談のしかた

- 「ほうれんそう」は、「**報告**」「**連絡**」「**相談**」のこと。
- チームの**コミュニケーション**を円滑に進めることが主な目的である。

報告のしかた

- 状況の**結論**を先に述べてから、詳細を報告する。
- 指示を受けた仕事の報告は、**指示者**に対して行う。
- 客観的な事実を、抽象的にではなく**具体的**に報告する。
- 報告相手のタイミングを見計らうことが望ましいが、事故やトラブルはすぐに報告する。

会議

- 会議では、互いの意見を**尊重**する。意見の不一致があっても、議論して**合意点**を見出す。また意見が分かれても、**少数の意見**も尊重すること。
- 多職種が参加する会議の場合は、それぞれの**専門性**を理解して参加する。
- 会議の場を、職員の**スーパービジョン**の機会にできる。

> **用語解説**
>
> [スーパービジョン] 介護職員としての成長を支援するために行われる援助方法。スーパービジョンを行う人をスーパーバイザー、スーパービジョンを受ける人をスーパーバイジーという。

ブレインストーミング (brainstorming)

- ブレインストーミングとは、集団で**新しいアイディア**を生み出していくための方法。会議などでも活用されている。

ブレインストーミングで**奨励されていること**

1　出てきたアイディアを**批判しない**：出された意見について正しいかどうかを判断せず、いろいろな意見を出していく。
2　**自由に**アイディアを出し合う。
3　**質より量**：奇抜な意見も排除しないで出していく。意見の質よりも、数多くの意見を出すことで新しいアイディアを生み出していく。

*他人の意見を参考にして自分の意見を発展させていくことは奨励されている。

A ✕　他人の意見を参考にして自分の意見を発展させていくことは奨励されている。

ケア会議 (ケアカンファレンス)

- 利用者に対してどのようなケアを行っていくか、担当者や関係職員、利用者本人や家族が話し合う会議。
- 参加者の役割を明確にし、目標を設定、共有する。連携方法についても確認する。

資料作成

- 事例検討会などでは、課題を言語化して整理し、解決策などを検討するために資料を作成する。
- 課題を整理する場合は、家族歴を時系列でまとめたり、エコマップやジェノグラムを用いて図式化してもよい。
- 解決策などを検討する場合は、内容、それが必要な理由、予想される効果などを明記する。

解き方がわかる! 過去問解説

客観的事実を表す介護記録として、最も適切なのは、選択肢1である。 第32回

1. 16時頃、「仕事は終わりました。家に帰ります」という発言があった。
2. 自宅のことが心配になって「家に帰る」という発言があった。
3. 不安時に無断外出が心配されるため、様子の観察が必要と考える。
4. 認知症 (dementia) が悪化し、ここがどこなのかを理解していないようだ。
5. 帰宅願望があったが、特に問題はなかった。

ポイント　記録者の主観が入っていない記述を選びましょう。文末に注目すると選択肢を絞り込むことができます。

正解は ◯　3の「様子の観察が必要と考える」と4の「理解していないようだ」は文末から記録者の主観的な記述と判断できるため、不適切です。2の「自宅のことが心配になって」という記述は発言者の気持ちを記録者が推し量ったものであり、5の「特に問題はなかった」という記述も記録者の考えなので、客観的事実を表す記述とはいえません。時刻と発言を客観的に表している選択肢1が適切です。

[第2領域]
介護

6章

生活支援技術

出題傾向分析

1 出題傾向

● 第36回試験での問題数は26問と全科目の中で最も多い。

● 過去5年間のテーマごとの出題状況は、生活支援（4件）、居住環境（8件）、身じたく（16件）、移動（14件）、家事（12件）、入浴・清潔保持（16件）、食事（17件）、終末期（12件）、睡眠（12件）、排泄（14件）、ユニバーサルデザイン（1件）であり、比較的まんべんなく出題されている。さらに、新出題基準で、それまで小項目に入っていた福祉用具に関する内容が「福祉用具の意義と活用」として大項目になったことから、直近の2回の試験では2問ずつ出題されている。

● 「身じたく」では衣服の選定・着脱、「移動」ではベッドからの移乗、「食事」「家事（調理）」では嚥下障害への対応、「排泄」では便秘への対応について出題が多くみられる。

■過去5年間の出題

出題順	第36回 （2024年）	第35回 （2023年）	第34回 （2022年）	第33回 （2021年）	第32回 （2020年）
1	生活支援（レクリエーション活動）	生活支援（意欲や生きがいの重視）	居住環境（居住環境整備）	居住環境（ヒートショックの予防）	居住環境（地震対策）
2	居住環境（関節リウマチの人への助言）	居住環境（階段）	入浴・清潔保持（福祉用具）	居住環境（扉）	居住環境（住宅改修）
3	居住環境（心身機能が低下した高齢者の住環境）	移動（安定した歩行に関する助言）	身じたく（耳の清潔）	身じたく（靴）	ユニバーサルデザイン
4	移動（体位変換／ギャッチベッド）	移動（杖歩行）	身じたく（口腔ケア）	身じたく（口腔ケア）	身じたく（着衣失行／着衣の介護）
5	移動（片麻痺／端座位から立位）	身じたく（総義歯の取り扱い）	身じたく（衣服着脱）	身じたく（口腔ケア）	身じたく（更衣）

6	移動（車いす）	身じたく（爪の手入れ）	身じたく（口腔ケア）	移動（体位変換／力点）	身じたく（施設での専門職の役割）
7	身じたく（爪の手入れ）	身じたく（衣服着脱／片麻痺）	移動（ベッドから車いす／スライディングボード）	移動（車いす）	移動（ベッドから車いす）
8	身じたく（片麻痺／着衣の介護）	食事（誤嚥・窒息の防止）	移動（体位変換／トルクの原理）	移動（身体機能に応じた車いすの選択）	移動（立位での移動／ふらつき）
9	食事（嚥下機能の低下／おやつ）	食事（食事のときの姿勢と介助）	移動（視覚障害のある人の外出）	食事（嚥下機能の低下）	移動（片麻痺／階段昇降）
10	食事（管理栄養士との連携）	食事（逆流性食道炎／利用者への助言）	食事（嚥下障害／家族への助言）	食事（慢性閉塞性肺疾患）	食事（体重減少／食事バランスガイド）
11	食事（血液透析患者の介護）	食事（慢性腎不全／食材や調理方法）	食事（慢性腎不全／食材や調理方法）	入浴・清潔保持（入浴の身体への作用）	食事（座位／姿勢確保）
12	入浴・清潔保持（片麻痺のある人の介助）	入浴・清潔保持（洗髪／臥床した状態）	食事（他の職種との連携）	入浴・清潔保持（四肢麻痺者の手浴）	食事（高齢者／疾病予防の食事）
13	入浴・清潔保持（椅座位での足浴）	入浴・清潔保持（目の周囲の清拭）	入浴・清潔保持（入浴時の留意点）	入浴・清潔保持（状態に応じた介護）	食事（食事介護／左半側空間無視）
14	入浴・清潔保持（特殊浴槽での介護）	入浴・清潔保持（認知症の人の介助）	入浴・清潔保持（シャワー浴の留意点）	排泄（排泄の自立）	入浴・清潔保持（清拭）
15	排泄（尿路感染症の予防）	排泄（便秘予防／胃・結腸反射）	入浴・清潔保持（片麻痺のある人の介助）	排泄（自己導尿）	入浴・清潔保持（状態に応じた入浴介護）
16	排泄（便・尿失禁への対応）	排泄（便失禁）	入浴・清潔保持（入浴関連用具）	排泄（一部介助／車いす）	排泄（ポータブルトイレ／右片麻痺）
17	排泄（浣腸を用いた排便介護）	排泄（陰部洗浄）	排泄（便秘）	家事（洗濯表示）	生活支援（膀胱留置カテーテル）
18	家事（見守り的援助）	排泄（利用者の尊厳）	排泄（機能性尿失禁）	家事（しみ取り）	生活支援（座薬挿入）
19	身じたく（靴下と靴）	食事（感染症予防）	排泄（利用者の尊厳）	家事（調理／食中毒）	家事（調理／食中毒）
20	家事（家計の管理）	家事（調理と買い物支援／弱視）	家事（洗濯）	家事（掃除／喘息）	家事（嘔吐物のついた衣服の処理）

21	睡眠（消化管ストーマ）	睡眠（睡眠環境の整備）	家事（裁縫）	睡眠（布団で寝る利点）	家事（悪質商法への対応／クーリング・オフ）
22	睡眠（睡眠障害）	睡眠（入眠への適切な生活習慣）	睡眠（ベッドメイキング）	睡眠（睡眠環境の整備）	睡眠（安眠を促す生活習慣）
23	終末期（事前の意思確認）	終末期（終末期における生活支援）	睡眠（良質な睡眠への生活習慣）	睡眠（施設での安眠を促す環境）	睡眠（施設での安眠を促す環境）
24	終末期（デスカンファレンス）	終末期（家族支援）	終末期（臨終時の介護／看取りに必要な情報）	終末期（言葉かけ）	睡眠（睡眠薬服用高齢者への対応）
25	福祉用具（基本的な考え方）	福祉用具（障害特性に応じた選択）	終末期（家族支援）	終末期（ケアの基本）	終末期（家族への助言）
26	福祉用具（障害特性に応じた選択）	福祉用具（安全な使用方法）	終末期（エンゼルケア）	終末期（デスカンファレンス）	終末期（死亡後の介護）

2 学習のポイント

- 利用者の尊厳や人権を尊重した介護／自立支援や自己決定を促す介護が生活支援の基本であり、介護福祉職の考えや都合を押し付けるなど、それらから外れる選択肢は誤りの可能性が高い。
- 移動については、出題頻度が高い。特に、主な障害別（片麻痺、視覚障害など）・状況別（外出時、ベッドから立位など）に介助方法を整理しておくとよい。
- 衣服の着脱の介助、嚥下障害の利用者へ適した食物などは、以下のような原理原則を覚えておくと解答の助けとなる。

衣服の着脱については「脱健着患」が原則ですね。脱ぐときは障害がない健康な方から、着るときは障害がある方から行うと利用者の負担が少なくなります。

誤嚥しやすい食べ物の特徴は、咽頭の通過速度が速いもの（お茶やみそ汁などのとろみがないもの）、水分が少なくパサパサしたもの（パン、高野豆腐など）、口の中でまとまりにくいもの（肉やこんにゃく、ピーナッツなど）、酸味が強いもの（酢の物など）が挙げられます。

- 排泄に関する出題では、便秘の予防や対応が複数回出題されているので、便秘予防の方法について今一度確認しておこう。
  - ・毎日の排便習慣の確立
  - ・食事（食事量と食物繊維の摂取）
  - ・水分摂取、適度な運動
- 家事に関する出題では、悪徳商法に関するものが複数回出題されている。クーリング・オフの適用条件についてしっかり覚えておこう。
- 身体障害者に関するマークや洗濯表示など、頻出度が高く、暗記すれば解答できる出題もあるので、それらは確実に押さえておこう。

第8章「こころとからだのしくみ」、第9章「発達と老化の理解」と共通する知識が多くあります。共通する項目を関連付けて覚えることで、より深い理解へとつながり、得点力のUPが見込めます。

この本では、各章で共通する事柄についてもあまり省略せずに、それぞれの章で解説しています。そうした箇所は、付属の赤シートを使って復習のつもりで読むと、無理なく知識の定着を図ることができますよ。

❶ 生活支援の理解

頻出度 ★★☆

1. 生活支援と介護過程

● 生活支援を行ううえで、利用者の価値観や嗜好などの**個別性**の尊重、身体的・精神的な自立に向けた援助、自尊心・羞恥心などに配慮するなど**尊厳**や**人権**の尊重が基本となる。

表で整理！ 生活支援の視点

個別性の尊重	日常生活に困難をきたす人たちであっても、**画一的で一方的な援助**ではなく、個別性を尊重して、普通の人の当たり前の生活を送れるように援助を行う。すなわち、**ノーマライゼーション**の実現を目標に援助をする
自立の意味	介護における生活支援とは、日常生活に支障があっても、**自立した生活**が営めるように支援することである
尊厳と人権の尊重	援助が必要な人たちに対して自尊心や羞恥心などの心情面を理解し、**尊厳と人権を尊重**した関わりを行う

第1章で自立や尊厳などの定義を確認しておきましょう。

生活支援の方法

● 生活支援の視点をもとに、具体的には以下のように介護を実践していく。

表で整理！ 生活支援の方法・留意点

予防的な対応	・身体状態が悪化しないよう、常に利用者を観察・把握して積極的に予防的な対応を行う ・必要があれば医療職や医療機関などにつなげていく
利用者の自己決定	・利用者の自己決定を助けられるよう、利用者が自分の意思を示せなくても、その反応や表情などの**非言語的**コミュニケーションからその人の考え方を判断できるように**観察**する

 生活支援では、生活全体よりも、生活動作を中心にした視点で支援する。**第28回**

生活習慣・価値観の理解	・利用者の生活を支援するうえで、それぞれの利用者が積み重ねてきた文化やその生活習慣・価値観を理解する
安全への配慮	・生活支援にはさまざまな危険を伴う場合があるが、そこでは常に利用者の安全面を考えることが最優先される
意欲や生きがいの重視	・利用者の意欲を引き出し、自分の存在が実感できるような生活の実現に向けて、働きかける ・利用者のできないところばかりに目を向けるのではなく、利用者のできるところや生きがいなどに着目する
環境整備・福祉用具の活用	・利用者が自分でできる部分を生かし、環境整備や福祉用具の活用などの工夫を行いながら、生活の維持・拡大ができるように支援する
目標の設定	・利用者の状態をアセスメントし、課題に沿った目標を立案して、目標に沿った援助内容・方法を組み立てて実施していく
チームアプローチ	・利用者の生活を支援するためには多くの専門職の支援が必要 ・その都度適切なチームで連携・協働ができるようにコーディネートする
社会参加	・人は地域社会の一員として生活を送っている。そのため介護職は、利用者の社会参加を支援することも大切

ここで紹介した生活支援の視点や方法は、総合問題やほかの科目の事例問題でも正解を導くカギになることがあります。しっかり押さえておきましょう。

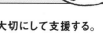

解き方がわかる！過去問解説

生活支援は、利用者の生活習慣よりも、支援者側の規則を大切にして支援する。
第28回

ポイント
生活支援は、生活全体を意識し、利用者主体で総合的に実施することが原則です。ここから考えてみましょう。

正解は
✕
生活支援は、支援者主体ではなく、利用者主体で行うことが原則です。利用者の状態に合わせて支援していく姿勢が大切です。

→ A ✕ 生活動作だけではなく、生活全体を意識したうえで、総合的に生活支援を実施する必要がある。

❷ 自立に向けた 居住環境の整備

頻出度 ★★☆

1. 居住環境整備の意義と目的

● 自宅や部屋には、住む人それぞれのライフスタイルや**価値観**が表れる。住環境整備にあたっては、利用者の**生活の様子**や**個性**を把握し、その人らしい生活を送れるように意識することが大切である。

📊 表で整理！ 介護老人福祉施設における居室の環境整備

使い慣れた家具を置く	・利用者の希望に応じて自宅などで使い慣れた家具や思い出の品を置くことで、本人にとって過ごしやすい環境になり、精神的にも自分の家と近い感じで安心して落ち着いた生活を送ることが期待できる
プライバシーへの配慮	・居室は利用者個人の**プライベート**な空間であり、必要のないときはドアを閉めておく ・多床室であっても各利用者の**プライバシー**に最大限配慮すべきであり、入り口からの見通しを優先して家具を配置することは適切ではない
温度調節	・居室の温度は、利用者の感覚に合わせた調節をする。ただし極端に暑さや寒さの訴えがある場合は体調の確認も必要となる

📊 表で整理！ より良い住まいの条件

光の調節	・作業内容や場所により照明を使い分ける。照明器具による明るさは日本工業規格 (JIS) で定めている照度基準を参考にする ・加齢による**視力の低下**や**光の反射**による疲労に配慮する ・事故防止のために、**手元照明**、**足元灯**を設置する
温湿度の調節	・室温は夏季は26℃前後、冬季は20℃前後とする。また、快適な湿度は40〜60%である ・夏季はクーラーと扇風機の併用により、クーラーの冷気が床面にたまるのを防いで部屋全体に冷気を拡散させる。なお、冷房病対策に、外気温との気温差は5〜7℃に抑える ・トイレや浴室と居室との温度差は血圧を急に上昇させて危険である(**ヒートショック**)。特に高齢者の場合は部屋ごとの温度差に配慮する

Q 屋内での転倒を防ぐための安全対策として、夜間目覚めたときにつける照明は、光源が直接見えるようにする。**第29回**

通風・換気の調節	・石油やガスの暖房器具の使用やガスコンロの使用時に換気が必要。その際、対角線となるよう空気の入り口と出口となる2か所（以上）の窓を開けるとよい ・窓際の結露はカビ発生の原因になるので、**換気を心がけ、水蒸気を外に出して乾燥させる** ・**ハウスダストが原因のアレルギー疾患の増加が報告されている。** 換気や通風に気を配り、掃除を行う
シックハウスの注意	・近年、住宅に使われる新建材や接着剤に含まれるホルムアルデヒドや可塑剤（かそざい）などの化学物質が原因と考えられる**シックハウス症候群**が問題になっている ・新築や改築の際には、常時（24時間）換気システムの設置が義務化されている

可塑剤とは、住宅資材に柔軟性を持たせる添加物のことをいいます。

用語解説

[JIS] JIS（Japanese Industrial Standards：日本工業規格）では、1万件以上の国家規格を制定している。
[照度基準] 日本工業規格（JIS）では、住宅・道路・公園などさまざまな場所において、人工照明でどのくらいの明るさがあればよいのかを照度で示している。

図解で整理！ **生活支援の立場からみた、望ましい住宅の空間構成**

浴室

冬場は、脱衣所や洗い場が寒くないように暖房を用意し、換気に気をつける（湿気によるカビの発生につながるため）。

高齢者には和洋折衷型の浴槽が適している。

脱衣室や浴室の床、浴槽の底に転倒の危険を防ぐために滑り止めのマットなどを敷く。

浴室と脱衣室の段差をなくす。
（介護保険の対象となる住宅改修）

  夜間に目覚めたときに、光源が直接見える照明は、明るいがまぶしさを感じて正確な判断ができない可能性があり危険である。

トイレ

寝室に近い場所が望ましく、トイレまでの通路に手すりを取り付け、車いすが往復できる空間（80～85cm以上）があることが望ましい。

就寝時の寝室よりも照明を明るくする。JISではトイレの照度を廊下や階段よりも明るい50～100ルクスに設定している。

手すりは、洋式便器の先端よりも20～30cm前方に取り付ける。また、麻痺側はどちらかなど、利用者の心身状態を考慮して位置を決める。

介助が必要な場合には、洋式便器の側方および前方に介助スペースを確保するとよい。

引き戸が望ましい。ドアの場合は外開きにして万が一、中で転倒したときに介助者が入れるようにする。

引き戸は障子や襖のようにレールの上を左右に動いて開閉して開口部が広くなるため、車いすなどの使用に適しています。

階段

階段の両側、または、片側のみの場合は降りる際の利き手側に手すりを付ける。

台所

・料理をする場所と食べる場所は近い方がよく、作業動線を短くする。

・コンロは加熱しすぎないように安全センサーが付いているものなど安全性が高く、手入れのしやすいものを選ぶ。電磁調理器（IH調理器）のように炎が出ないタイプは普及が進んでいる。

・調理台（シンク）の高さは選択できるので、使いやすさを考慮し、車いすやいすに座って調理をする場合は、足が入る空間があるとよい（調理台を通常よりも低くし（74～80cm）、シンクの深さを浅いものにする（12～15cm））。

・水道は、手をかざすと水が出るタイプなど高齢者や障害者にも使いやすい工夫があるものが多いので、使いやすいものを取り付ける（従来のひねるタイプは握力が必要）。

電磁調理器は、炎が出ないので引火や立ち消えの心配がなく安全で、調理器そのものは発熱をせず手入れも簡単です。

Q 高齢者の安全な移動に配慮した階段の要件として、「手すりを設置している」は適切である。
第35回

転倒の主な原因

- 滑りやすい床面（玄関のタタキ、階段、フローリング材の床、台所、浴室のタイルなど）。
- 敷居、戸枠などの小さな段差につまずくこと。
- 玄関マット、バスマットなどの端に引っかかり足を取られること。
- スリッパや滑りやすい靴下。
- 段差周りに照明が不足していること。特に夜間は危険であり、足元灯の設置も考慮する。

コード類を動線上に配置するとつまずいて転倒する危険があるので、コード類はまとめて家具の裏側に這わせたり、動かないように固定したりしましょう。

2. 居住環境整備の視点

住宅改修

● 介護保険制度には**住宅改修費助成**があり、要介護度にかかわらず利用可能である。20万円までの工事費の9割が給付される（一定以上の所得がある場合8割または7割）。

介護保険の対象となる住宅改修

1. 手すりの取り付け。
2. 段差の解消。
（例）・門から玄関までは、段差解消用のスロープを利用する
・廊下から部屋への入り口の段差には、すりつけ板（小さなスロープ材）を利用する
・廊下全体に床上げ材を利用して数cm高くし、部屋やトイレの入り口との段差をなくす
3. 滑り防止および移動を円滑化するための、床材または通路面の材料の変更。
4. 引き戸などへの扉の取り替え。
5. 洋式便器などへの便器の取り替え（便座の位置や向きの変更も含む）。
6. その他、1〜5の住宅改修に付帯する住宅改修（便器の取り替えに伴う配管工事など）。

手すりの取り付けは、その付帯工事（壁の下地の補強など）も介護保険の給付対象になります。一方、トイレの増設や階段への昇降機の設置などは、介護保険の給付対象にはなりません。

  転倒のリスクを防止するため、手すりの設置は適切である。

❸ 自立に向けた移動の介護

頻出度 ★★★

1. 移動の意義と目的

● 移動を行うことは、**筋力を維持**し**廃用症候群**の予防にもつながる。

● 移動は、食事や排泄などの**ADL**遂行や、**社会参加**を行う際に重要となる。

2. 移動介護の視点

● 移動の介護の原則は、次の通りである。

> 1. 利用者、介護者ともに**安全**であること。
> 2. 利用者の**同意**が得られ、利用者にとって安楽であること。
> 3. 利用者にとって**不要な負担**がかからず、**効率的**であること。
> 4. 利用者の**生活機能**（残存能力）を引き出し、十分に活用できること。

● 安全で的確な移動の介護を行ううえでの留意点は、以下の通りである。

> 1. 利用者の**活動状況**や必要とする安静、身体の痛み、障害の程度や部位、疾病の状況や心理面などへの考慮・配慮が必要である。
> 2. これから行う援助の仕方について**説明**し、同意を得る。
> 3. 適切な介護方法と利用者にふさわしい**介護量**を提供する。
> 4. 介護者の身体的負担軽減のため**ボディメカニクス**を活用する。

図解で整理! **ボディメカニクスの5つの原理**

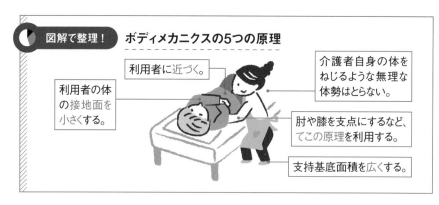

利用者に近づく。

介護者自身の体をねじるような無理な体勢はとらない。

利用者の体の接地面を小さくする。

肘や膝を支点にするなど、てこの原理を利用する。

支持基底面積を広くする。

Q 左片麻痺の利用者が、ベッドで端座位から立位になるときには、利用者にベッドに深く座るように促す。 **第36回**

3. 移動・移乗の介護の基本となる知識と技術

● 歩行のための器具には、シルバーカー、ウォーカーケイン、4点支持杖、ロフストランド・クラッチ、T字杖などがある。

● 関節リウマチなど、手首に変形や痛みがみられる利用者には、腕全体で体重を支えることができる前腕支持型杖（プラットホームクラッチ）が適している。

座位から立位への移行時の注意点

・立位時のふらつき（転倒）には十分に注意する。
・介護者は利用者の患側やや後方に立ち、転倒につながらないよう支援をする。
・片麻痺のある場合は、患側または前方に立ち、立位時の膝折れや患側へのふらつきを防ぐ。

 **図解で整理！** **座位から立位への移行**

 いすやベッドサイドに浅く座る。

 ・両足を軽く開いて足底をしっかりと床につける。
・足を膝より後ろに引いて上体を前屈姿勢にする。

 両足で重心を支え、臀部を浮かしながら上体と膝を伸ばし、立ち上がる。

杖歩行

● 杖は、麻痺がある場合は健側に、機能的に左右差がある場合は自由に使える方に持つ。杖の握りの高さは大転子部に合わせる。

● 歩行が安定している場合は、患側斜め後方から片手を腰にまわして支えるか、いつでも支えられる状態で見守る。

● 杖を使用する際は、杖の先端を足底から横に15cmほど離してつき、握りを持って、肘が150度くらいに曲がる長さが適当である。

 用語解説

[大転子部] 大腿骨上部の外側に出っ張っている部分。体の外側から触れることができる。

 ✕ 座位から立位への移行では、椅子やベッドに浅く座るように促す。

図解で整理！ 歩行時に使用される福祉用具

T字杖

ロフストランド・クラッチ

カフ
上腕部を
支える

握り

握力の弱い人
に適している

多点杖やウォーカーケイン

ウォーカーケイン

4点支持杖

支持面積が広く、立位や歩
行時のバランスが悪い場合
に用いられる

シルバーカー

歩行バランスの不
安定な人に適して
いる

図解で整理！ 杖を使用した階段昇降

昇るとき（右片麻痺のある場合）

①杖を1段上に
出す。

②健側の足を
1段上げる。

③患側の下肢
を引き上げる。

介護者は、利用
者の患側斜め後
方に位置します。

介護者は、利用者より1段先
（患側前方）に降りて、ふらつ
きや転倒の防止に努め、いつ
でも支えられる体勢をとります。

降りるとき（左片麻痺のある場合）

①杖を1段
降ろす。

②患側の足を
1段降ろす。

③健側の足を
そろえる。

Q 車いすを用いた移動の介護では、急な下り坂は前向きで進む。**第36回**

表で整理！ 杖歩行の行い方

2点歩行	3点歩行
①杖と患側を同時に前に出す ②健側をそろえる	①杖を前に出す ②患側を1歩前に出す ③健側をそろえる

車いすの介助

- 利用者が車いすに乗車する前には、**タイヤ**の空気圧、**ブレーキ**の利き具合、**ねじ**の有無やゆるみなど、各部位の異常の有無の点検をする。
- 利用者が車いすに乗車しているときは、介護者は**両手**でグリップを握り、安全を最優先する。
- 車いすを動かすとき、止まるときは、**声をかけて**驚かせないよう気をつける。

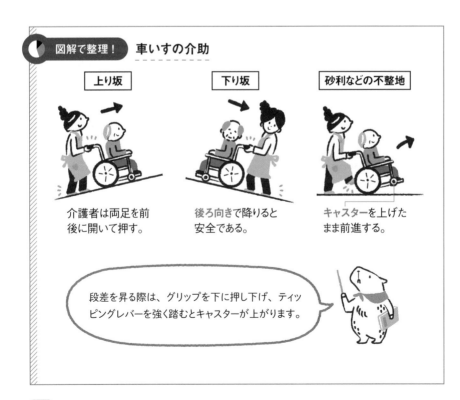

図解で整理！ 車いすの介助

上り坂

介護者は両足を前後に開いて押す。

下り坂

後ろ向きで降りると安全である。

砂利などの不整地

キャスターを上げたまま前進する。

段差を昇る際は、グリップを下に押し下げ、ティッピングレバーを強く踏むとキャスターが上がります。

A ✕ 下り坂では、車いすに座った利用者の転倒のリスクを避けるため、後ろ向きで進む。

①利用者の健側に、ベッドに対して15〜20度の角度で車いすを近づける。

②ブレーキをかけ、フットサポートを上げておく。

③ベッドのストッパーがかかっていることを確認し、ベッドの高さを利用者が移動しやすい高さ（一般的には車いすと同じ高さ）に調節する。

④床に利用者の両足がしっかりつくように浅く座り直す。

⑤利用者は健側の手で車いすのアームサポートを握る。

⑥お辞儀をするように立ち上がり、健側を軸に身体を回転させる。

⑦ゆっくりと腰を下ろし、車いすに座る。このとき、介護者は利用者と一緒に腰を下ろし、勢いよく座ることを防ぐ。

⑧姿勢と体調の確認をする。浅く座った場合は、健側の足で床を蹴りながら上体を浮かし深く座る。

安楽な体位の保持

● 臥床時にはベッドと身体の間に隙間ができるため、同一姿勢が続くと身体に負担がかかり、疲れや痛みが生じる。

● 体位変換を行うときは、利用者の同意を得たうえでベッドの高さを介護者の介護しやすい高さに調節してから行うことを心がける。

● 介護者の足を広げ支持基底面積を広くし、重心を低くする、足先を動く方向へ向けるなど、ボディメカニクスの活用を意識する。

● 身体の回転動作は利用者のめまいを起こしやすいため、**気分**の確認や**体調**の変化に十分留意する必要がある。

● ベッド上に仰臥位でいる利用者が、喘息などで呼吸苦を訴えているときには、オーバーベッドテーブルの上に枕を置いて**上半身を伏せる**と安楽な体勢となる。

図解で整理！ **安楽な体位の保持**

仰臥位

①枕の高さを調節する。
②腰部に柔らかめの毛布などを入れて、身体と布団の接触面を広くする。
③両上肢の下に枕をあて、背部にあたる圧迫部分を**分散**させる。
④両膝の間隔を少し開け、**両膝の下部に枕を入れる**。
⑤尖足予防のため、足首を直角に保つように枕、補助具などをあてる。
⑥掛け布団、毛布などの重さで足元を**圧迫**しないようゆとりを持たせて掛ける。

側臥位

①枕の高さを調節する。
②骨盤（腰）を後方に引き「く」の字にする。
③背部を支えるために大きめの枕やクッションをあてる。
④胸部の前に枕を置き、上側の前腕を乗せる。
⑤膝が重ならないようにするため、上側の下肢を深く曲げ、前方に出す。
⑥下腿全体にかけて大きめの枕をあて、下肢を支える。

半座位（ファーラー位）

①枕の高さを調節する。
②ギャッチベッドの背上げ機能を使用するか、バックレストなどの補助具、布団などを丸めるなどの工夫をして上半身を45度の角度に保持する。このとき、背部の接地面の皮膚とベッドとの摩擦を和らげるため**背抜き**をすることが望ましい。
③両膝下に大きめの枕をあてるか、ギャッチベッドの足上げ機能を使用し、膝を軽く屈曲させる。
④尖足予防のため、足首を**直角**に保つよう足底より高い枕などをあてる。
⑤掛け布団、毛布などの重さで足元を圧迫しないよう**ゆとり**を持たせて掛ける。

  砂利などの不整地の場合と同様に、前輪（キャスター）を上げ、駆動輪（後輪）でレールを越える。

図解で整理！ 仰臥位から側臥位への体位変換

①利用者が横向きになる側に立ち、これから横向きになること、ベッドが動くことを説明してからベッドの高さを調節する。
②枕を介護者側へ引き、利用者の顔を介護者側に向けてもらう。

③利用者の腕を胸の上で組む。

④両ひざを高く立て、かかとをお尻に近づける。
⑤利用者のひざと肩に手を置き、まずひざを手前に倒し、次に肩を起こして手前に引き寄せるようにして身体を回す。
⑥体勢が安定するまでは利用者から手を離さない。最後に体調を確認する。

Q ベッドの端に座っている左片麻痺の利用者の立ち上がりの際、利用者を真上に持ち上げる。
第30回

4. 利用者の状態に応じた留意点

● 利用者がどのような障害をもっているかによって、移動介助で注意すべき点は異なる。

 図解で整理！ **視覚障害者の歩行誘導での注意点**

 アプローチ

 基本姿勢

① 「出かけましょう」といった**声かけ**をしながら、**手の甲**に接触する。白杖を使用している場合は、反対側の手の甲に触れて合図をする（アプローチ）。
②利用者が介護者の腕を伝いながら**肘**の少し上を握る（基本姿勢）。
③外出に不慣れな利用者は、緊張や不安から腕を強く握る傾向があるため、適宜声かけをし、緊張や不安の軽減を図る。
④介護者は、利用者の**半歩前**を歩く。常に**2人分の幅**を意識し、利用者の歩行速度に合わせる。
⑤道路の状況が変わるとき（曲がり角、段差、傾斜など）はその**直前**で声かけをする。

視覚障害者の階段の昇降

1. 階段の直前で止まり、「階段です。昇ります（降ります）」などと**声かけ**をする。
2. **横**に並び、止まる。
3. 「先に1段昇ります（降ります）」と声をかけ、階段の1段目を昇る（降りる）。このとき、利用者が階段に接近しており、**爪先**が縁にそろっているか確認する。
4. 2段目の階段に足をかけ、リズムよく昇る（降りる）。
5. 階段の最上階（最下階）では、「階段終わりです」などといい、できるだけ**大きく**歩幅をとり、両足をそろえて止まる。
6. 利用者が昇り終えたか（降り終えたか）**確認**してから歩き始める。

※このほか、スロープ、エスカレーターなどは、**事前**にそれがあることを伝え、いったん止まるなどの注意を払う必要がある。

A **✕** 真上に持ち上げるのではなく、利用者が前かがみになり、健側の下肢に体重を乗せながらお辞儀をするようにして腰を浮かせ、立ち上がるように介助する。

表で整理！ 運動機能が低下している人の介助の留意点

第1〜3頸髄損傷の場合	・呼吸に使われる筋肉が完全に麻痺する ・人工呼吸器の使用が必要
第4〜5頸髄損傷の場合	・四肢が麻痺する ・目や頭の動きで操作する電動器具の使用が可能である ・移動には電動車いすを使用する
第6頸髄節以下の損傷の場合	・第6頸髄の機能が残存している場合、座った状態で左右の手をつき、おしりを上げる動作（プッシュアップ動作）が可能である ・**長座位姿勢**で床面を押すプッシュアップで移動をする ・ベッドと車いすの間に**スライディングボード**を設置することで、安全に、楽に移乗が行える
パーキンソン病の場合	・パーキンソン病の歩行でみられるものとしては、**小刻み歩行**（歩幅が狭い）、またはすくみ足（最初の一歩がなかなか踏み出せない）、そして**加速歩行**（歩き出すと早足になり止まれない）がある ・一歩目を踏み出しやすくする工夫としては、一度**軽く足を引いて**から歩き出してもらう方法がある ・歩幅に合わせた目印を床に付けたり、**手すり**を設置するなど安全に移動できる方法を検討することが大切である

図解で整理！ 脊髄の損傷部位と障害

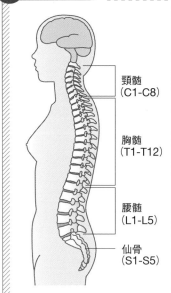

頸髄（C1-C8）
胸髄（T1-T12）
腰髄（L1-L5）
仙骨（S1-S5）

損傷部位	障害
C1-C3	呼吸障害
C4-C5	完全な四肢麻痺
C6-C7	腕、胴体、手首や手の一部の麻痺。肩、肘は動かせる
C7-C8	足、胴体、手の麻痺
T1	対麻痺
T2-T4	脚、胴体の麻痺。乳首から下の感覚喪失
T5-T8	脚、胴体下部の麻痺。胸部からの下の感覚喪失
T9-T11	脚の麻痺。へそから下の感覚喪失
T11-L1	股関節、足の麻痺・感覚喪失
L2-S2	脚の筋力低下、しびれ（損傷の位置による）
S3-S5	会陰部のしびれ

Q 視覚障害のある利用者の外出に同行し、利用者がトイレを使用するときには、トイレ内の情報を提供する。**第33回**

解き方がわかる！過去問解説

視覚障害者の外出支援でタクシーに乗るときは、支援者が先に乗って誘導する。
第28回

ポイント

障害のある人の安全を確認しながら支援していくことが支援者には求められます。この視点から考えてみましょう。

正解は ✕

視覚障害者がタクシーに乗る場合、タクシーの周りに危険な箇所がないか、タクシーに乗るときにつまずいたり、ドア枠に頭をぶつけないかなどを支援者が確認しなければなりません。支援者は、視覚障害者がタクシーに乗ってから乗ります。

解き方がわかる！過去問解説

右片麻痺の利用者が、手すりを利用して階段を降りるとき、介護職は利用者の右前方に立つ。 第32回

ポイント

基本的な考え方は180ページの「杖を使用した階段昇降」と同じです。

正解は ◯

片麻痺がある利用者が階段を降りるとき、介護職は患側前方に位置します。今回の利用者は右片麻痺なので、介護職は利用者の右前方に立ちます。

A ◯　事前にトイレ内の情報を提供することは、視覚障害のある人への支援として正しい。

❹ 自立に向けた 身じたくの介護

頻出度 ★★★

1. 身じたくの意義と目的

● 身じたくは、**危険物**からの保護、**体温調節**や**清潔**保持など「**人体機能の保護と調節**」という役割のほか、自分らしさを表現する1つの手段である。また、社会性や生活意欲を高めるものである。

2. 身じたくの介護の視点

● 衣服着脱の目的には、**体温調節**、**皮膚の保護**、**衛生的機能**、**快適な生活の維持**、**社会生活**への適応などがある。

● 衣服は基本的に**本人**が選択する。介護者が選択する場合には、**利用者の好み**や**身体状況**を考慮して、**生活場面**、**季節**や**気候**に合った衣服を選択する。

● 着脱介助を行う場合は、カーテンなどによる**プライバシーの保護**と**室温**に留意する。また、着脱の際に**皮膚の観察**をし、外傷や褥瘡などの異常の**早期発見**に努める。

● 麻痺や関節拘縮などがある場合、**健側**から脱ぎ、**患側**から着る**脱健着患**を基本とする。

● 衣服を着用したら、**着心地**への配慮や**褥瘡予防**のため、衣服のしわを伸ばす。

Q 認知症（dementia）のある利用者に、ボタンエイドの使用を勧める。**第32回**

図解で整理！ **麻痺や関節拘縮などがある場合の着脱**

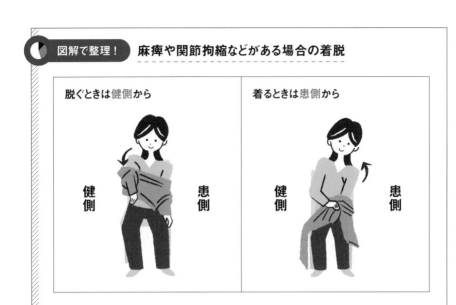

脱ぐときは健側から

着るときは患側から

健側　　患側

健側　　患側

用語解説

[着衣失行] 衣服の左右、上下、裏表を間違えるなど、四肢の麻痺、失調、不随意運動がないのにうまく着衣できないこと。

図解で整理！ **いろいろな自助具**

ボタンエイド
指先の力が弱くなってボタンをかけづらい場合に、服の表側のボタンホールに入れてボタンを引っかけてボタンを引き出す道具。

ドレッシングハンド
衣服の着脱時に、衣服をつまんだり引っ張ったりするのを助ける道具。

ソックスエイド
手の届く範囲が限られる場合に、靴下を自分ではく動作を助けるための道具。

  ボタンエイドは指先の力が弱くなってボタンをかけづらい人が使用する自助具であり、認知症の人が使用するのには適さない。

3. 身じたくの介護の基本となる知識と技術

洗面

● 立位の保持、前傾姿勢が困難な場合、洗面所にいすを準備する。いすに座ることでゆったりと洗面ができることのほかにも、**転倒**の予防になる。

● 移動が困難な場合でも、ベッドで**端座位**になり、洗面器とタオルを準備して洗面ができるようにする。

● 安静時や起き上がりが困難で洗面ができない場合は、利用者に熱め（40℃前後）の湯で濡らしたタオルを渡し、できるだけ自分で拭いてもらう。

● 目を拭くときは、目がしらから目じりに向かって拭き、**小鼻**のまわり、**耳の後ろ**などは汚れが残りやすいため、丁寧に拭く。

> **用語解説**
>
> ［端座位］いすやベッドなどの端に、腰かけた姿勢のこと。

整髪

● ブラッシングは頭皮の血行を促進し、**髪の汚れ**を取る効果がある。

● 洗面所への移動が難しい場合は、**ベッド上**で行う。その際、できる限り自分で行うことができるよう見やすい位置に**鏡**を準備する。

● 注意点を守り、適切に使用することができれば、**整髪料**の使用も可能である。

爪の手入れ

● 爪そのものに異常がみられず、また爪の周辺の皮膚にも**化膿**や**炎症**がなく、なおかつ糖尿病などの疾患に伴う**専門的管理が必要でない**場合に限ってのみ、**介護職が爪切りを行う**ことや爪やすりでやすりがけを行うことが認められている。

● 爪やその周辺の皮膚に異常がみられる場合は、爪は切らず、状態をサービス提供責任者に**報告**する。

● 爪を一度に切ると、爪が縦に割れやすいため、**少しずつ切る**ようにする。

● 爪の先端の白い部分を1mmぐらい残す（切りすぎると深爪となり、巻き爪の

Q 介護老人保健施設の利用者の身じたくに関して、糖尿病（diabetes mellitus）に伴う管理が必要な利用者の爪切りを看護師が行った。**第32回**

原因になる）。

● 爪は水分に浸すと柔らかくなるので、**入浴後**や、蒸しタオルなどを当てた後に行うと安全である。

図解で整理！ 電気かみそりを使ったひげの手入れ

ひげを剃る前：蒸しタオルでひげを柔らかくすると、電気かみそりを当ててもひげが倒れて剃りにくいので、ひげは乾燥して立っている状態で剃るとよい。
※介護職は電気かみそりは扱えますが、T字かみそりは扱えません。

ひげの剃り方：皮膚を伸ばしたうえで、電気かみそりを直角に当て、ひげの流れに逆らうように動かす。

ひげを剃った後：皮膚の保湿・保護のため、クリームや化粧水で整える。

口腔の清潔

● 口腔の清潔には、次の目的がある。

1. 気分を爽快にし、食欲を増進する。
2. 口腔内を清潔にし、二次感染（肺炎など）および口腔内疾患（虫歯、歯周疾患（歯周病）、口腔粘膜疾患等）を防ぐ。
3. 口臭を除去・予防する。
4. 唾液の分泌を促し、口腔内の自浄作用を高める。
5. 生活のリズムを整える。

 A ○ 利用者の状態により、爪切りに専門的な管理が必要な場合は、介護福祉士は爪切りが行えず看護師が行う。

表で整理！ **口腔ケアの基本**

歯磨き	・前歯の裏側や歯と歯の間の境目など、**汚れが付きやすい部分を把握**し、ペングリップ（鉛筆持ち）で歯ブラシを持ち、歯と歯肉を1つずつ小刻みに磨く
含嗽（うがい）	・口腔の清潔を保つためだけでなく、口腔周囲筋の機能訓練の効果が期待できる ・誤嚥しにくい姿勢で実施することが大切 ・レモン・柑橘類を入れた水を用いた含嗽は、唾液分泌の効果があり、緑茶での含嗽は消臭・抗菌の効果がある
特別な場合の手入れ	・経口摂取をしていない場合や、口腔内の炎症が激しい場合は柔らかい**スポンジブラシやガーゼ**などで口腔中を潤しながら汚れを取る ・洗面所への移動が難しいなど、ベッド上で口腔ケアを行う場合には、うがい液を受けるための容器として**ガーグルベースン**を使用する
舌苔の手入れ	・柔らかい歯ブラシや舌ブラシで軽くこすり落とすことで口臭が軽減する

舌苔を残さず取り除こうとすると、舌の表面を傷つける危険がありますので注意しましょう。

 表で整理！ **義歯（入れ歯）の取り扱い**

着脱のポイント		小さな義歯の場合、口の中に落としてしまうと誤嚥する可能性があるため、**下**を向いて着脱する
	全部床義歯（総入れ歯）	**下顎**から外し、**上顎**から入れる。装着の際、口角に引っかからないように注意する
	部分床義歯（部分入れ歯）	クラスプで口腔内を**傷つけない**よう注意する
手入れ		・毎食後に取り外して流水下でブラシ（硬めの歯ブラシ）を使い洗浄する ・義歯の**変形・摩耗**の原因となるので歯磨き剤や**熱湯**は使用しない。また、水を張った洗面器の上で洗うことで、落下による破損や紛失を防止することができる ・乾燥による変形を防ぐため、ケースに**水**を入れた中で保存する

［クラスプ］義歯を装着する際に残っている歯に引っかけて義歯を安定させる金具。

Q 歯ブラシを使用した口腔ケアでは、歯ブラシを小刻みに動かしながら磨く。 第34回

4. 利用者の状態に応じた留意点

表で整理！ 利用者の状態・状況に応じた身じたくの介助の留意点

状態	留意点
皮膚感覚の低下	・洗顔料や整髪料などのつけすぎ、流し忘れなどがないように注意する ・かみそりや爪切りなど、肌に触れる道具の使い方、お湯や蒸しタオルなどの温度に注意し、皮膚・髪への刺激が強すぎないように留意する
視覚障害	・容器に凹凸の印をつけるなどの工夫や、容器の置き場所を変えないなどの配慮をする
運動機能低下	・時間がかかっても利用者自身の残存能力を生かし、積極的に身じたくできるよう、利用者の好みや行いやすい方法を考える ・自助具を取り入れることも検討する ・下肢の筋力が低下した高齢者には、足の甲（足背）までしっかり覆った靴がよい。足の動きと靴が一体化し、脱げにくく歩きやすくなる
筋ジストロフィー	・首を十分に支えられないので、かぶる衣服は首から通す、袖を通した後すぐに手を離さない、などの配慮が必要である ・関節を脱臼しやすいため注意する
関節リウマチ	・関節可動域以上に手足を広げないように注意する ・朝にこわばりがあり、手関節が動きにくかったり、痛みがあったりするときは、無理に引っ張ったり、行為をせかしたりしないように注意する
認知機能低下	・身じたくの行為そのものを忘れてしまったり、石けんや洗顔料などを口にしたりすることへの注意や配慮が必要である ・不潔な状態が不快感、イライラ感につながらないようにするためにも、意識して身じたくを整え、きれいになったことを喜ぶことが大切である ・慣れた環境で行うことも大切である
着衣失行がある場合	・介護者が着脱の方法を言葉で伝える、一緒に動作を行う、着脱が簡単にできる衣服を選択する、着る順に衣服を渡すなどの工夫をする

 A ◯ 小刻みに動かしながら磨くことで、歯と歯の間や歯と歯肉の間の汚れをしっかりと落とすことができる。

表で整理！ 身体状態を考慮した衣服の選択

状態	衣服の選択のポイント
寝たきりの場合	・吸水性に優れている ・前開きの上衣（臥床したままでの着脱が容易） ・浴衣（おむつ交換がしやすい） ・大きな縫い目、飾りなどがない ・背中に縫い目がない
肩、肘の関節可動域に制限がある、または痛みがある場合	・前開きで背幅、腕まわりにゆとりがある ・軽くて柔らかく、伸縮性のある素材 ・着脱が容易で着心地がよい
片麻痺がある場合	・患側の袖が無理なく通せる ・着脱行為が自立している場合はプルオーバー（かぶり）型、臥床している場合は前開きの上衣がよい

 図解で整理！ 着脱のしやすい衣服

前開きのシャツ	プルオーバー	浴衣

解き方がわかる！過去問解説

左片麻痺の利用者が、端座位でズボンを着脱するときは、最初に、左側の腰を少し上げて脱ぐように促す。 第36回

 ポイント

麻痺がある場合の着脱における原則「脱健着患」を思い出しましょう。

 正解は ✕

麻痺がある場合は、健側である右足から脱ぐように促すことが適切です。

  Q 季節や行事と、食事の組合せとして、「桃の節句（ひな祭り）」と「柏餅」はふさわしい。 第30回

❺ 自立に向けた食事の介護

頻出度 ★★★

1. 食事の意義と目的

- 食事の目的は、栄養摂取による**生命維持**に加え、食事を通じて味覚や他者との関係性などから楽しみが得られること、などが挙げられる。

2. 食事介護の視点

食前準備

- 伝統的な日本の配膳法は、ご飯（主食）は**左手前**、汁物は**右手前**、主菜を**右奥**、副菜を**左奥**にし、箸は**左手前側**に箸先が来るように置く。
- 行事食には利用者の生活の質向上だけでなく、**食欲を増進**させる効果がある。

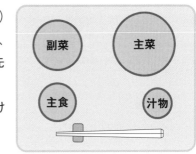

表で整理！ 季節や行事と食事

季節や行事	食事
正月	お節料理
1月7日（人日の節句） 松の内（お正月の期間）の最後の日 （関西では1月15日までが松の内）	七草粥
節分（立春の前日、2月3日頃）	豆、恵方巻き
桃の節句（ひな祭り、3月3日）	ひなあられ、菱餅
端午の節句（5月5日）	柏餅、ちまき
土用の丑の日（7月下旬〜8月上旬頃）	うなぎのかば焼き
冬至（12月22日頃）	カボチャ

 ✕ 桃の節句（3月3日）にふさわしい食事はひなあられ、菱餅などである。柏餅は端午の節句（5月5日）に食べる。

3. 食事介護の基本となる知識と技術

 図解で整理！ **食事のときの姿勢**

座位の場合

テーブルは、肘を90度ほどに曲げ、自然にテーブルに置けるくらいの高さがよい

前かがみの姿勢がとれる

いすに深く座る

かかとが床につく

・車いすで食事をする場合は、ブレーキをかけて車いすを固定し、足をフットサポートから下ろし、床につけ、前かがみの姿勢になるようクッションなどを使用する。

・ベッド上で端座位にて食事をする場合は、マットが軟らかすぎると座位が不安定になるため、注意する。膝の下にクッションや枕などをあてると姿勢が安定する。

臥位の場合

・ベッドを30度以上背上げし、やや枕を高くして頸部を前屈させた姿勢とする。
・体がベッドの下方に滑らないよう、膝を軽く曲げ、膝下にクッションをあてるか、足上げ機能のあるベッドであれば活用する。

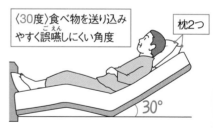

〈30度〉食べ物を送り込みやすく誤嚥（ごえん）しにくい角度

枕2つ

30°

食事の際に頭部を後屈すると、誤嚥する危険を増やすので、頭部を少し前屈した姿勢にします。

食事中の介助

● 利用者と目（目線）を合わせられる高さになるように、いすなどに座る。

● 口の中を潤し、唾液の分泌を促すために、最初の一口は水分を勧める。

● 唾液の分泌が少ない場合は、顎の横から下に存在する唾液腺のマッサージ

 Q 加齢に伴う味覚の低下に対しては、塩分や糖分を多く用いる。 **第29回**

を行い、唾液の分泌を促進するとよい。

● 食べ物、汁物の**熱さ**に注意し、やけどを防止する。特に汁物を吸いのみで介助する場合は注意する。

● 次の一口は、口の中が空になってから介助する。**一口の量**や嚥下するまでの時間は人により差があるので、利用者のペースに合わせる。

● 利用者がむせ込んだときは、飲み込まずにしっかりと咳を続けてもらう。

食後の介助

● 食事時の様子、**食事や水分の摂取量**を確認し、記録をする。

● 口元や手指を清潔にし、義歯の洗浄、**含嗽**（うがい）、ブラッシングなどの口腔ケアを行う。

● 食道からの食物の逆流を防ぐため、食後少なくとも30分、可能であれば1～2時間は**安楽な姿勢**で休む。

● 加齢に伴って、食事に関わる味覚機能や嚥下機能が低下しやすくなる。高齢者の介護ではこれらの機能低下についても注意が必要である。

表で整理！ 感覚機能が低下している人の介助の留意点

状態	留意点
味覚が 低下している場合	・塩分を増やして味付けを濃くしてしまうと高血圧などの疾患のリスクが高まるため、塩味を酸味に変える、味を感じやすいよう食事の温度を人肌程度にするなどの工夫を行う
視覚障害者	・クロックポジション（第11章❷（392ページ）を参照）を使って位置を示したり、細かく献立内容を説明するなどの工夫が必要 ・食べ物や汁物の熱さには十分な配慮をする

運動機能が低下している人の介助の留意点（片麻痺があり、臥位の場合）

・麻痺側が上になるように肩の部分にクッションや枕などを差し込み、姿勢を整える。
・健側から介助をし、麻痺側の口腔内に食物の残りがないか確認をしながら介助をする。
・利き手が麻痺している場合は、利き手交換を行うこともある。

A ✕ 塩分や糖分を多く摂取すると、高血圧を始めとする生活習慣病の引き金になるので避ける。

誤嚥・窒息の防止のための留意点

● 誤嚥・窒息のサインには、**呼吸困難、口唇や爪のチアノーゼ、胸痛、痙攣、顔面蒼白、意識喪失**などがある。

● 異物により気道が閉塞した場合、咳をすることができるのであれば、続けさせる。

図解で整理！ **誤嚥・窒息を予防する方法**

食事時の姿勢	頸部を前屈した姿勢にする
意識状態	はっきりと意識が覚醒しているときに食事をする
食事の温度	体温と同程度にすると刺激が少なく嚥下反射が起こりにくい
一口の量	介助する場合は、スプーンの一口を多すぎる量にしない
話しかけ	口腔内に食べ物があるときに返事を求めるような話しかけをしない
食事前の体操	口をすぼめる、頬を膨らませる、口を大きく開けるなど

誤嚥しにくい食品	誤嚥しやすい食品
・ゼリー状のもの ・滑りがよくとろみがあるヨーグルト、煮こごり、とろろなど	・とろみのない液体、みそ汁やこんにゃくなど ・酸味が強いもの

用語解説

[誤嚥] 食べ物や飲み物が気道に入り込むこと。
[チアノーゼ] 血液中の酸素が不足し、皮膚や粘膜が青紫色になること。

とろみのない液体は咽頭を通過するスピードが速く、誤って気管に入りやすくなります。

嚥下しにくい食べ物としては、口の中にくっつきやすいもの（海苔など）、粘り気が強いもの（餅、だんごなど）、噛み切りにくいもの（たこ、いかなど）、パサパサしているもの（パン、ゆで卵など）などがあります。

Q プリンは、嚥下障害がある利用者に提供する食物として適している。**第30回**

背部叩打法	利用者を座らせ頭を低くするか、側臥位にし、肩甲骨の間を手関節付近で数回叩く方法
ハイムリック法	利用者を立たせるか座らせて、その背後にまわり、上腹部を圧迫する方法
指による異物除去	異物が口腔内や咽頭にある場合、ガーゼやハンカチなどを巻いた指を口の中に入れ異物をかき出す方法

- 脱水を疑う変化として、口腔や舌、皮膚が乾燥する、皮膚の弾力が失われる、排尿回数・尿量が減少する、尿の色が濃くなる、などがある。
- 高齢者の脱水予防では、基本的には食事を別にして1日1,000〜1,500mLを目安に、毎食事時、間食時、起床時、入浴前後、就寝前など時間を決めて水分摂取をする。

 表で整理！　**状況別の留意点**

状況	留意点
下痢や嘔吐	水分が失われるため、積極的に水分摂取を行う
むせるため、水分摂取を嫌がる場合	水分の多い果物、ゼリーなどを活用して対応する
心臓病、腎臓病のため水分摂取量に制限がある場合	指示量を確認する
夏季	汗をたくさんかき、脱水になりやすい。水分の喪失を防ぐため室温や衣類の調整をする。また、下痢、嘔吐の予防に努める

高齢者は、のどの渇きを感じる口渇中枢の感受性低下のため十分な水分摂取ができず、脱水症状が起こりやすくなります。

そのほかにも、頻尿の症状があると、水分摂取を控えてしまう人もいるから注意が必要です。

　滑りがよくとろみのある食べ物は誤嚥しにくく、嚥下障害のある利用者には適している。

4. 利用者の状態に応じた留意点

● 加齢に伴う消化機能の低下や疾患にも注意が必要である。

 表で整理！ 高齢者の身体機能の変化に対応した食事

状況	留意点
消化吸収機能の低下	不足しがちなたんぱく質やカルシウムの摂取を心がける
唾液分泌の低下	水分が少なく嚥下しにくいパンは主食には適さない
咀嚼力の低下	・義歯をうまく使い咀嚼力の衰えを補う ・たんぱく質を多く含み必須アミノ酸の栄養源となる肉は、薄切り肉やひき肉を利用し、柔らかく調理する工夫をして料理に加える
腸の蠕動運動の低下	・蠕動運動を活発にする乳酸菌や食物繊維を含む食品を積極的に摂取する ・腸内環境の改善に役立ち、高齢者の便秘解消の対策にもなる

 表で整理！ 生活習慣病を予防する食事

生活習慣病	留意点
糖尿病	・炭水化物・たんぱく質・脂質・ビタミン・無機質の各栄養素をバランスよく摂取して、1つの栄養素に偏ることがないように注意する ・1日の摂取カロリーを適量に保つことが望ましい。全体の糖質量を管理することも大切である ・1日の必要量を分散して摂取する
高血圧症	・塩分（ナトリウム）の摂取を控える 　1日の塩分摂取量は6g未満を推奨している。塩分が増えると血液中の塩分を薄めるために水分摂取が多くなり、血液量が増えて血管の壁に圧力がかかって負担となり、動脈硬化などの原因となる ・カリウムは体内の余分なナトリウムを体外に排泄する働きがあり、血圧を下げる効果があるので十分に必要量を摂取する
高コレステロール血症	・食物繊維を多く含む食品を摂取する ・水溶性食物繊維はコレステロールを減らし、不溶性食物繊維は便通をよくして体外に有害物質を排出する効果がある
骨粗鬆症	・骨基質の合成に重要な栄養素であるビタミンKの多い食品（納豆など）を摂取する ・カルシウムとビタミンDの同時摂取でカルシウムの吸収が促進される
虚血性心疾患	起床後すぐなど、のどが渇く前に水分摂取し水分補給する

Q 夏のある日、一人暮らしをしている利用者のもとへ訪問介護員（ホームヘルパー）が訪ねると、前日からの水分摂取が少なく、唇が乾燥しており、排尿回数も少なく、尿の色がいつもより濃いという。この利用者に勧める食物として、冷たいお茶が適切である。**第28回**

表で整理！ **状況別の食事の留意点**

状況	留意点
人工透析	・尿を作り出しにくい状態であるので、リン・カリウム・塩分・水分やたんぱく質など老廃物の出る栄養素を摂り過ぎず、体内にためない食生活が重要である
肝疾患	・1日のエネルギー量を適正に保ち、栄養バランスのとれた食事を心がける ・特別な低カロリー、低たんぱく食ではなく、普通食が基本となる
慢性閉塞性肺疾患	・呼吸するための筋肉を動かすために、より多くのエネルギーが必要になるため、カロリーの高い食事を心がける ・食事をすると横隔膜が圧迫されて息苦しくなってしまうため、1回の分量を減らし、食事の回数を増やすとよい

食中毒の予防では、中心部の温度が75℃で1分以上の加熱が必要です。ノロウイルス対策では、85℃で1分以上加熱します。

・・・・ **解き方がわかる！過去問解説** ・・・・

利用者が食事中にむせ込んだとき、口の中のものを飲み込んでもらう。

 ポイント

むせ込んだとき、どのようなリスクがあるか考えてみましょう。

正解は
✕

むせ込むのは誤嚥を防止するための防御反応であるため、無理に飲み込んでもらうことで誤嚥につながる恐れがあります。しっかりと咳を続けてもらい、気管の外へ出そうとするのを促すことが適切です。

→ **A** ✕ 脱水が疑われるため、利尿作用があるお茶ではなく、経口補水液が適切である。

⑥ 自立に向けた入浴・清潔保持の介護

頻出度
★★☆

1. 入浴・清潔保持の意義と目的

● 入浴には、単に清潔の維持だけではなく以下のような意味がある。

 表で整理！　**入浴の意義**

生理的**意義**	・皮膚の**清潔**を保ちさまざまな感染を防ぐ、**血行**を促進する、新陳代謝を高める、保湿などの効果がある ・リハビリテーションの一環として活用されることもある
精神的**意義**	・ストレス解消や気分転換にもなる ・食欲が高まり、病気の回復を早めることにもつながる
社会的**意義**	・臭気や不潔感を他人に与えないなど

2. 入浴・清潔保持の介護の視点

シャワー浴

● 浴槽につかることが**身体の負担**になる場合や、浴槽に入ることが困難な場合、汗をかいたり失禁をしたりして身体が**部分的に汚れた**場合にはシャワー浴が適している。

● シャワーをかける前には、必ず介護者が湯温を確認し、利用者に適温かどうか確認する。また、**介護者の指に湯を当て**ながらかけるようにすることで、シャワーの湯温に変化がないかを常に確認する。

全身清拭

● 入浴やシャワー浴をする際には、**体力の消耗が大きい**と判断される場合、または何らかの理由で入浴できない場合には、身体の清潔保持を図るために、疲労感が少ない清拭を行う。

● 清拭の実施前には、**バイタルサイン**や**食事量**などの身体状況を把握し、全身清拭を行うか、部分清拭を行うかを判断する。

Q おむつで排泄を行っている利用者の陰部の清拭は、女性では、会陰から肛門に向かって拭く。
第30回

表で整理！ **清拭の方法**

石けんとお湯を使用した清拭	汚れが落ち、爽快感も得られるが、石けん分を拭き取る手間と時間がかかる。乾燥肌には不向き
お湯のみでの清拭	皮膚の汚れが少ないときに有効で手軽に行える方法
沐浴剤を使用した清拭	皮膚を保護し、殺菌作用もある

全身清拭前の準備

- ・部屋に隙間風がないか確認し、保温に努める。またスクリーンやカーテンなどで羞恥心に十分な配慮をする。清拭しない部分は、バスタオルなどで覆い、露出を最小限に抑える。
- ・ベッド上で行う場合は、寝衣、寝具が濡れないように防水シーツ（防水布）、バスタオルなどで覆う。
- ・介護者は手を温めておく。洗面器に55〜60℃前後の湯を準備する。また、お湯が冷めたら適宜足し湯をするため、準備している間に冷めることを考え、60〜70℃程度の湯をたっぷり準備する。

図解で整理！ **全身清拭の手順・留意事項**

1) 上半身を下半身より先に拭く
- ・顔は石けんを使用しない。
- ・最初に目を拭く。目がしらから目じりに向けて拭き、一度拭いた面では拭かないようにする。可能であれば、利用者本人が拭く。その際、濡らしたタオルをしっかりと絞り、タオルの温度を確かめてから渡す。

①顔や首
③腋
⑦背中
④胸
②腕
⑤腹
⑧臀部
⑥足
⑨陰部

2) 末梢から中枢に向けて拭いていく
- ・汗をかきやすい腋下や皮膚が重なっている部分、褥瘡ができやすい背部や、臀部などは丁寧に拭く。
- ・手の指の間、指の関節の拘縮による変形のある部分は、温めながら少しずつ拭く。
- ・腹部は腸の走行に沿って「の」の字に拭く。
- ・両下肢は、膝を立て、かかとを把持（しっかり持つこと）して、下腿部、大腿部の順に末梢から中枢に向けて、適度な力を加えて拭く。膝窩も忘れずに拭く。
- ・背部、臀部は側臥位の体位で行う。

3) 汚染部位の臀部、足、陰部は後にする
- ・陰部清拭は専用のタオルを使用する。前から後ろに向かって拭き、肛門部を最後に拭く。利用者本人でできるのであれば、陰部専用タオルを渡す。

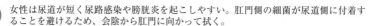
女性は尿道が短く尿路感染や膀胱炎を起こしやすい。肛門側の細菌が尿道側に付着することを避けるため、会陰から肛門に向かって拭く。

全身清拭の留意点

- 清拭用タオルは肌にあたる部分が厚くなるように持ち、タオルの端が肌にあたらないように配慮する。また、適度な圧力で拭く。清拭する部分を蒸すように温めると汚れが落ちやすくなる。
- 石けんを使用する場合、石けん分を拭き取った後は、乾いたタオルで水気をしっかりと拭き取る。
- 清拭中は安楽な体位を心がけ、関節を把持して疲労を軽減させる。
- 清拭時は全身の観察ができるため、皮膚の状態などの観察を行う。

清拭後の介護

- 水分補給と休養をとる。
- 介護者自身の感染予防のため、手洗いを行う。
- 転倒防止のため、床にこぼれた水は速やかに拭き取る。

3. 入浴・清潔保持の介護の基本となる知識と技術

入浴

- 入浴の介助には転倒や熱傷などのリスクがあるので、利用者の心身状態等を考慮し、利用者に適した安全で安楽な方法を選択する。また、事故の予防だけではなく、異常発生時の対応策も検討しておく。
- プライバシーに十分配慮して、コミュニケーションやスキンシップを取りながら入浴を楽しむ環境づくりを行う。

浴室の扉や手すりなどの環境整備については、第6章❷（175ページ）を参照してください。

糖尿病の人の場合、足に神経障害が起きて感覚が鈍くなっていると、けがややけどがあってもなかなか気づかないことがあります。そのため、入浴時には、足先の皮膚などを特に注意して観察します。

Q プライバシーを保護するために、皮膚の観察はしない。 第29回

図解で整理！ **入浴時の留意点**

---

①入浴前に体調確認、バイタルサイン（血圧・脈拍・体温）の確認をする
・浴室に移動する前に、入浴の意思、バイタルサイン、顔色や気分、食事量や睡眠時間などを確認し、入浴が可能であれば排泄を済ませ、水分摂取をする。
・空腹時、食事直後の入浴は避ける。食事から1時間経過後が望ましい。

↓

②脱衣場と浴室は温めておく（22〜26℃程度）
・脱衣室、浴室に隙間風が入らないようにし、脱衣室と浴室の気温差を少なくする（ヒートショックの予防）。気温差による血圧の急変動は、脈拍数の急増や心筋梗塞、脳血管疾患などを引き起こす可能性がある。
・脱衣室、浴室の扉は引き戸が使いやすい。脱衣する際、立位が不安定な場合は、手すりやいすの設置が必要となる。

↓

③湯温（40℃程度）を確認する
・湯加減をみるときは、しっかりと上下の湯を混ぜ合わせ、介護者の手で確認する。

↓

④シャワーの温度をまず介護者が確認。その後、利用者にも確認してもらう

↓

⑤シャワーを足元からゆっくりかける
・身体に湯をかけるときは、まず、介護者が湯温を確認したうえで、利用者が確認し、心臓より遠い足元からかける。
・シャワーチェアなどは腰かける前に温めておく。

↓

⑥利用者自身で洗えないところは介助する
・髪や身体を洗う強さは利用者に確認しながら加減をし、上半身から下半身へと洗う。
・陰部や臀部を洗うときには、タオルやスポンジを替える。
・手すりや床、手足の石けん分は、転倒を防ぐため、速やかに洗い流すようにする。
・滑りやすい場所などに滑り止めマットを敷いたり、手すりを設置するなど転倒予防に努める。
・全身を観察できる機会であるため、発疹・発赤、ただれや傷などがないか確認する。
・体力を消耗するため、入浴時間は全体で10分程度が望ましい。循環器系疾患や呼吸器系疾患がある場合は、医療職と対応を相談するなど注意が必要である。

入浴前

入浴中

 ✕ プライバシーの保護と皮膚の観察をしないことは別問題であり、皮膚の観察をしないことは利用者の皮膚の異常を見逃すことにもつながるため、不適切な介護である。

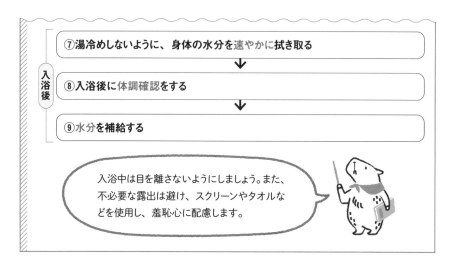

入浴後

⑦湯冷めしないように、身体の水分を速やかに拭き取る

⑧入浴後に体調確認をする

⑨水分を補給する

入浴中は目を離さないようにしましょう。また、不必要な露出は避け、スクリーンやタオルなどを使用し、羞恥心に配慮します。

手浴・足浴

● 手浴や足浴は爽快感が得られるだけでなく、**血液循環**（血行）を改善する効果がある。

● 手浴は、麻痺側を温め指を動かすことで拘縮の予防にもつながる。足浴は、**安眠効果**がある。

● 手浴・足浴とも、利用者の**状態を確認**し、その利用者に合った時間で実施する。5〜10分程度が望ましい。

洗髪

● 洗髪は、頭皮と髪の毛を洗うことで**汚れ**を取り、頭皮を刺激し**爽快感**を与えることで、血行促進や毛髪の成長を促す効果がある。

● 臥床した状態で洗髪を行う際には、**ケリーパッド**を使用する。

● 頭部に湯をかけるときは、湯加減を聞き、湯を介護者の手に沿わせて**湯温の変化**に気付けるようにする。

● 髪を乾かすときは、ドライヤーを20cm程度離して、**熱風**を地肌に当てないよう気を付ける。

用語解説

［ケリーパッド］ベッドやふとんに寝たままの状態で、洗髪する際に使う道具。寝ている側に湯が流れて体が濡れないように、お湯の流れる道を作るのに使う。

Q 心臓機能障害がある人は、半身浴にする。**第32回**

4. 利用者の状態に応じた留意点

● 入浴は身体を清潔にするのに最も効果的な方法であるが、**血圧**の変動や**血流量**の減少による**胃液分泌**の減少、浮力による**溺死**など多くの危険が伴うことを忘れないようにすることが大切である。

 表で整理! 感覚機能が低下している人の介助の留意点

視覚障害のある場合	・洗い場のいすや石けん類などは、常に同じ位置に置く ・床に障害物を置かない、段差をなくすといった配慮が必要
聴覚障害のある場合	・湯が出ている音が聞こえず、やけどや転倒につながることがあるため注意する

 図解で整理! **片麻痺のある人の介助の留意点**

 ①介護者は利用者の**患側**につき、腕と腰を支え、一緒に浴室へ移動する。

↓

 ②シャワーチェアを利用し、いったん座ってもらう。入浴の際は、**健側**から入るとよい。

↓

 ③湯から出るときは、いったん浴槽の縁やバスボードに座ってもらう。

かけ湯は、湯温を知覚できる健側から行いましょう。また、浴槽内では浮力を利用して四肢の機能訓練を行うとよいでしょう。

 全身浴は、静水圧のため心臓に負担がかかる。

表で整理! **その他の人の介助の留意点**

ストーマがある場合	・ストーマ装具は装着したままでも外しても入浴できる。腹腔内圧により湯が体内に入ることはない ・括約筋がないので、入浴時に排泄しないよう、食後の入浴は避ける
心疾患がある場合	・静水圧による心臓への負担を軽減するため、浴槽内の水位を心臓より下（半身浴など）にする
低血圧の人の場合	・起立性低血圧（立ちくらみ）による転倒に気をつける
埋込式ペースメーカーを装着している人	・入浴が埋込式ペースメーカーに直接影響を与えることはないため、通常の入浴をしてもよい
酸素療養中の人	・入浴中も鼻カニューレは外さず、呼吸の状態などを確認しながら入浴介助する ・医療職との連携を図りながら実施する
血液透析を受けている人	・感染の危険があるため、透析直後の入浴を控える ・皮膚が乾燥し、痒みがあらわれやすくなる。そのため、皮膚を保護するために柔らかいタオルで洗うのが望ましい
腹水がある人	・全身浴は、静水圧のため心臓に負担がかかる。半身浴で心肺への負担を減らし、浴槽内では下肢を伸展させて、腹圧をかけないようにすることなどが必要

解き方がわかる! 過去問解説

右片麻痺があり一部介助があれば歩行できる利用者の入浴介護では、介護職が利用者の全身を洗う。 第26回

 ポイント 利用者の介助では、できることは利用者自身で行うことが原則です。ここから考えてみましょう。

正解は ✕ 右片麻痺があっても、一部介助があれば歩行が可能な利用者なので、転倒などの危険に注意しながら、利用者自身が洗える部分は洗ってもらい、洗えない部分について介護職が洗うようにすることが大切です。

Q 直腸性便秘のある高齢者の介護において、排便時は隣に立って見守る。 第30回

❼ 自立に向けた排泄の介護

頻出度
★★★

1. 排泄の意義と目的

● 排泄は**生命維持**に不可欠な生理であり、同時に人間の尊厳に関わる**プライベート**な行為である。

● できる限り自分の力で排泄したいという利用者の気持ちを尊重し、自立に向けた介護をする。介助にあたっては、プライバシーや**自尊心**を傷つけないよう十分な配慮が必要である。

● 自力で排泄できない状態になると、行動範囲が狭まるなど日常生活に制限を受ける。その結果**機能低下**が生じることもあるため、これまでの生活をなるべく維持できるような排泄方法を検討する。

2. 排泄の介護の視点

● 気持ちよい排泄を支えるために、以下のことに留意する。

表で整理！　気持ちよい排泄を支える介護の工夫

我慢させない工夫	・利用者のペースを大切にし、気兼ねなく安全に安心して排泄できるようにする
恥ずかしくなく排泄ができる環境づくり	・ドア、カーテンなどでプライバシーを保護する ・排泄物は目に触れないようカバーで覆い、速やかに処理するなどの配慮も必要である。ただし、排泄物の観察と報告・記録を忘れずに行う
自立に視点を置いた介護	・排泄の自立度・習慣に応じて着脱しやすい衣類を選ぶ、介護用品、補助用品を上手に活用するなどの工夫を行う

⟶ **A** ✕ 排泄は人間の尊厳に関わるプライベートな行為であり、利用者のプライバシーが守られるよう配慮しなければならない。

3. 排泄の基本となる知識と技術

● 利用者の**移動方法**、移動の**自立度**、**姿勢保持能力**などに応じて排泄方法を次のように選択する。

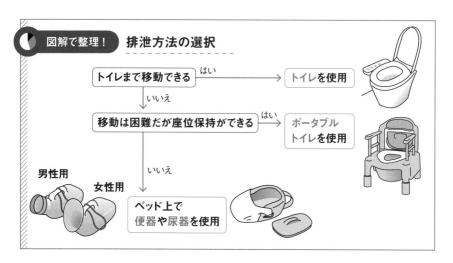

図解で整理! **排泄方法の選択**

トイレまで移動できる ──はい──→ トイレを使用

↓いいえ

移動は困難だが座位保持ができる ──はい──→ ポータブルトイレを使用

↓いいえ

男性用　女性用

ベッド上で便器や尿器を使用

トイレ

● **身体状況に適した**トイレの選択をし、手すりの設置や、立ち上がりを補助する補高便座の活用、足台の設置などの環境を整える。

● **安全の確保のため、扉は引き戸が望ましく、外からも鍵が開けられるようにする。**

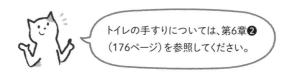

トイレの手すりについては、第6章❷（176ページ）を参照してください。

ポータブルトイレ

● 尿意・便意はあるがトイレまでの**移動が困難**な場合、利用者の身体的機能、日常生活能力とトイレの環境が適合していない場合、トイレまで**我慢ができない**場合などにポータブルトイレを使用する。

● 移乗や移動に困難が伴う場合、夜間など**限定的に使用**することもある。

Q 夜間に自宅のトイレでの排泄が間に合わずに失敗してしまう高齢者に対して、夜間は、ポータブルトイレを使用するように勧める。 **第36回**

ポータブルトイレ介助の留意点

- ポータブルトイレは**安全に移乗できる位置**に設置する。
- 身体の向きを変えるときや衣服を下ろす力で立位バランスを崩し、ふらつきやすいため、十分に注意し、必要に応じて腰部を支えるなどの介助をする。
- 下肢筋力が低下していると尻もちをつくようにポータブルトイレに座ることがあるため注意する。
- ポータブルトイレ内のバケツを片づける際は排泄物が人目に触れたり、臭気を残したりしないようフタや布で覆い、その都度速やかに片づける。排泄物を処理する前に排泄物の量や性状などの観察をする。

採尿器・差し込み便器

- 起き上がることが困難な場合や、移動に介助が得られない場合、あるいは尿意、便意はあるが**立位保持が困難**な場合に使用する。

- 男女とも差し込み便器を使用する場合には、**肛門部**が便器の中央にくるように注意する。また、男性の場合は尿器を同時に使用する。

- 差し込み便器は利用者の肌に直接触れるため、使用前に**温めておく**とよい。

図解で整理！ 　**尿器を使った排泄の留意点**

男性

- 側臥位の方が排尿しやすく、仰臥位で行う場合は背上げすると腹圧がかけやすくなる

女性

- ファーラー位にし、膝関節を曲げて外側へ開き会陰部に尿器を密着させる
- トイレットペーパーなどをかけて飛び散らないように工夫する
- 尿が飛び散らないように、両膝を閉じる

用語解説

［側臥位］身体の左または右のどちらかを下にした臥位のこと。
［ファーラー位］上半身を約45度挙上した体位のことで、ギャッチベッドの背上げ機能やバックレストを使用し、体位を保持する。

  トイレでの排泄が間に合わない場合、ポータブルトイレを夜間など限定的に使用することは効果的である。

便器を差し込む方法

 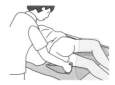

1. 介護者の片手を利用者の腰部に、もう一方の手で便器の取っ手を持ち、腰上げと同時に臀部の下に差し込む。

2. 腰を上げられない場合は、側臥位にしてから便器をあて、仰臥位に戻す。

おむつ

● 利用者自身でトイレまで移動ができない状態、腰部の挙上が困難なため便器の使用ができない場合など、十分な検討をし、**最後の手段**として使用する。

おむつのあて方の留意点

・手早く交換が行えるよう新しいおむつ・おむつカバーをセットしておく。
・汚れたおむつは汚染している面を内側にし、小さく丸めて取り除く。なお、交換時にはスタンダードプリコーションの原則にしたがい、使い捨て手袋を使用する。
・陰部・臀部を清拭または洗浄し、清潔にする。その際、皮膚の観察を行い、異常の早期発見に努める。

🕐 図解で整理！　おむつのあて方

・新しいおむつの中央を臀部の中心、上端を腸骨部に合わせる。
・股間にあたる部分は中心を合わせ、おむつを径部に沿わせながらギャザーをフィットさせる。
・しわができないよう十分留意する。
・おむつカバーからおむつがはみ出さないように注意する。
・腰まわりを締めすぎないよう気をつける。おむつと腹部の間には、指2本程度の余裕をもたせる。

紙おむつのテープの留め方

上のテープは腰骨にかけるように下向きに、下のテープは上向きに留める。

Q 胃・結腸反射を利用して、生理的排便を促すため、起床後に冷水を飲んでもらう。**第35回**

便意や尿意がわからない状態などは、最後の手段としておむつを使用します。なお、センサーが感知して尿が吸引される自動排泄処理装置を使用する場合もあります。

用語解説

[スタンダードプリコーション] 標準予防策。すべての利用者を対象に、血液、排泄物などを感染の可能性のある物質としてみなし、対応する感染予防策のこと。

4. 利用者の状態に応じた留意点

便秘

● 便秘とは、通常の排便習慣より**排便回数**が著しく減少し、便の量が少ない、便が硬い、残便感があるなど排便に困難と苦痛を伴う状態のこと。

● 便秘に伴い、腹部の膨満感、痛み、食欲不振などさまざまな**症状**が現れる。

 表で整理！ 便秘予防のための留意点

生活リズム	・生活リズムを整え、毎日**決まった時間**に排便する習慣をつける
食事・水分	・偏りのない食事と適切な食事量、十分な水分を摂取する。水分摂取制限がなければ1日に1〜1.5L以上の水分摂取を心がける。胃・結腸反射により排便を促すため、起床時にコップ1杯の**水**や**牛乳**を飲むのも効果的である ・食物繊維の多い野菜や果物を意識的に摂取する、腸の蠕動運動を促す食品を食事に取り入れるなどの工夫をする
運動など	・適度な運動や腸の走行に沿った「の」の字マッサージを行う ・体操や散歩を日常生活に組み込んだり、寝たきりの場合は、四肢の自動運動、他動運動を行うなどする

 表で整理！ 便秘予防に有効な食品

食物繊維を多く含む食品	大腸を刺激したり、蠕動運動を促す食品
ごぼう、とうもろこし、かぼちゃ、いも類、きのこ類、豆類、海藻類、プルーン、こんにゃく、柿、りんご　など	はちみつ、水あめ、寒天、乳製品、酢を使用した食品　など

  胃に食物が入ることにより大腸が動き始める胃・結腸反射は空腹時に強く現れるため、起床後に冷水を飲むことで排便が促される。

下痢

● 下痢とは、便中の水分増加により、**軟便または水様便**になった状態で、**排便回数**が増加し、多くの場合**腹痛**を伴う。

● 下痢の方に対する介護では、利用者の**脱水**に気を付ける。また、感染症が原因の場合も考えられるので、感染予防には特に留意する。

 表で整理！ **下痢の原因と対応のポイント**

原因	・細菌やウイルスによる**感染性**のもの ・食べ過ぎ・飲み過ぎ・アレルギー・薬などによる**非感染性**のもの ・精神緊張（ストレス）によるもの
対応の ポイント	・**脱水**になりやすいため、**白湯**やスポーツドリンクを少量ずつ補給する ・**保温**と**安静**に努め、肛門周辺は洗浄などを行い、清潔にする ・食事が摂れるようであれば、消化吸収のよい食事から始める

下痢の状態では、腸で水分が吸収できず、排便時に通常よりも多量の水分が排泄されてしまいます。そのため、脱水になりやすくなります。

 表で整理！ **下痢観察のポイント**

開始時期	・いつから下痢が始まったか
便の性状	・排便の回数、臭気、混入物など
全身状態	・発熱、腹痛、全身倦怠感、嘔気、嘔吐、肛門痛、体重減少など ・尿量、皮膚・粘膜の状態
食事や水分	・食事内容や摂取量、水分摂取量

 表で整理！ **下痢予防のための留意点**

清潔	手指の清潔、特に食事前の**手洗い**を励行する
食べ物	**新鮮**なものを摂り、生もの、アレルギーを引き起こす食品、冷たすぎるものは避ける
ストレス	過度の緊張、心配事、悩みを少なくするなど、生活や**人間関係**の調整に努める

Q 便秘の傾向がある高齢者に自然排便を促すために、散歩を勧めた。 第33回

失禁時の介護の留意点

● 利用者の尊厳を傷つけないような関わりが大切である。馬鹿にする、非難する、罰を与えるなどは絶対にしてはならない。また、安易におむつをあてるなどはしないようにする。

● 尿失禁の場合、失禁の種類により対処方法が異なるため、どのタイプの尿失禁か医療従事者とともに考察し、適切に対応することが必要である。

尿失禁の種類については、第8章❽（300ページ）を参照してください。

消化管ストーマを造設している人の生活支援

● 消化管ストーマを造設している人の生活支援では、以下の点に留意する。

・消化の悪い食物（れんこんやごぼうなど）は注意が必要である。
・回腸ストーマのある人は、尿路感染や尿路結石の予防のために、十分な水分摂取を心がける必要がある。
・排泄物がパウチの3分の1から2分の1程度たまったら処理する。
・腹部を締め付けるような服は避ける。
・一般的な運動は問題なく行うことができる。

解き方がわかる！ 過去問解説

認知機能の低下による機能性尿失禁で、夜間、トイレではない場所で排尿してしまう利用者への対応として、最も適切なものは以下の選択肢5である。　第33回

1　日中、足上げ運動をする。
2　ズボンのゴムひもを緩いものに変える。
3　膀胱訓練を行う。
4　排泄してしまう場所に入れないようにする。
5　トイレの照明をつけて、ドアを開けておく。

ポイント　機能性尿失禁とは、認知機能の低下など、排尿機能以外に原因により起こる尿失禁です。

正解は ○　認知機能の低下により、トイレの場所を見つけにくくなっていることが原因と考えられるので、選択肢が5が正しい。なお、選択肢1〜3は、いずれも排尿機能に問題がある場合に行う対策である。

→ 　散歩などの軽い運動は、自然排便を促す効果がある。

頻出度
★★★

❽ 自立に向けた家事の介護

1. 家事の意義と目的

- 家事は、生命や健康を維持する行為であると同時に、**文化的・社会的な生活**を保つために必要な行為でもある。

- どのように家事をするかということが、利用者やその家族の営んできた生活につながっている。介護においても「**その人らしい生活**」を続けるための支援ということに留意する必要がある。

2. 家事支援の視点

- 介護福祉職が行う家事の支援は、介護保険制度の中の訪問介護における**生活援助**にあたる。

- 介護福祉職は家事をただ代行するのではなく、利用者のもっている力でできるだけ自立をした家事ができるよう、**介護予防**の観点から援助をするあり方が求められる。例えば、掃除や洗濯といった家事の中でも一連の流れを細かく分け、利用者ができる工程は自身で行い、支援が必要な部分は介助をするといった形である。

- **道具**を使用したり**環境**を工夫したりすれば一部でもできるようになる場合がある。利用者の状態を把握し、必要な環境整備を行うことが大切である。

3. 調理

調理形態や味付けの工夫

- 食品は細かく切り**咀嚼**しやすく、煮物は柔らかくして**飲み込み**やすくする。

- 嚥下困難や咀嚼機能の低下などの状態に応じて**普通食**、**きざみ食**、**極きざみ食**、**ミキサー食**を選択する。極きざみ食は、口の中でまとまりが悪く、むせやすい場合がある。

Q 増粘剤（とろみ剤）は添加後、かき混ぜずに提供する。 第27回

- ●**ミキサー食**は、何を食べているのかわかりにくく、食の楽しみを感じにくいという欠点がある。
- ●**水分摂取**は重要であるが、むせることもあり誤嚥に注意する。
- ●**増粘安定剤**や**片栗粉**を利用してとろみをつけると飲み込むスピードがゆっくりになり飲みやすくなる。
- ●塩分を少なくする工夫として、だしを利かせた味付けにする、酸味を利用するなどがある。なお、**酸味**が強いとむせることがあるので、酢の物などでは注意が必要である。

用語解説

 [増粘安定剤] 飲み物にとろみをつける目的で使われ、温かい物・冷たい物両方に使用でき、においや色がない点が優れている。

ゼラチン・寒天を用いた工夫

- ●ミキサーにかけた流動食やひき肉、ほぐした魚、果物、柔らかく煮た野菜などもゼラチンや寒天を使って**ゼリー状**にすると飲み込みやすくなり、メニューが広がる。

表で整理！　ゼラチンと寒天

	ゼラチン	寒天
原料	動物の骨や皮	海藻のてんぐさなど
凝固温度	5〜12℃	28〜35℃
特徴	口に入れると早く溶ける	室温でも固まる

ユニバーサルデザインフード

- ●**すべての人**が食べやすいように配慮された加工食品の名称をいう。レトルト食品、冷凍食品に多く、主菜・主食・副菜など、多くの種類がある。
- ●噛む力、**飲み込む力**を考慮して4種類（①容易に噛める、②歯茎でつぶせる、③舌でつぶせる、④噛まなくてもよい）があり、とろみ調整が可能である。

きざみ食は一般に、咀嚼機能の低下がみられた場合に選択されます。口の中でまとまりにくく、嚥下困難の場合には注意が必要です。

 増粘剤は、冷・温いずれにも使用可能であるが、添加後はダマにならないように撹拌する必要がある。

表で整理！ 消費期限と賞味期限

消費期限	・製造日を含めておおむね5日以内に消費しないと傷む食品に表示される 　例) 弁当・惣菜・生菓子など ・保存法の表示にしたがって期限内に食べるようにする
賞味期限	・保存方法が適正で未開封の場合に製造日から5日以上の保存が可能な食品に表示される ・3か月以内に消費してほしい食品には年月日を、それ以上の場合は年月を表示する ・劣化が少ない、砂糖・食塩・調味料・ガム・アイスクリームなどには表示がないこともある

食物アレルギー

● 食物アレルギーの表示は、アレルギーの発生数・重篤度などに差があるため2つに大別されている。

 表で整理！ 特定原材料と表示が推奨されている食品 (合計28種類)

表示義務のある特定原材料	卵・乳・小麦・そば・落花生・えび・かにの7種類
表示が推奨されている食品	あわび・いか・いくら・オレンジ・キウイ・牛肉・くるみ・さけ・さば・大豆・鶏肉・豚肉・まつたけ・もも・やまいも・りんご・ゼラチン・バナナ・カシューナッツ・ごま・アーモンドの21種類

調理環境を清潔に保つための方法

● 布巾を使った後は、流水だけでは雑菌は落ちないので洗剤を用いて洗う、または煮沸消毒するのも有効である。その後しっかり乾燥させる。

● 食器を洗ったスポンジは、熱湯をかけてから冷水で冷まし、絞って風通しのよい場所で保管する。

● 魚や肉を切ったまな板は、洗剤を用いて水でよく洗う。熱湯を用いるとたんぱく質が固まって汚れが落ちにくくなる。

● 金属製のスプーンは、塩素系の漂白剤につけ置きすると変色したり錆びたりする場合があるため、煮沸消毒やアルコール消毒などが適する。

● 包丁の刃と持ち手の境目には雑菌が残ることがあるので、十分に洗浄して消毒してから乾燥して保存する。

Q 嘔吐物で汚れたカシミヤのセーターは、塩素系漂白剤につけてから洗濯する。**第30回**

4. 洗濯

取り扱い絵表示・品質表示

● 衣料品に付けられている**取り扱い絵表示**は日本工業規格（JIS）により「家庭用品品質表示法」で規定されている。2014（平成26）年に国際規格に整合したJISが制定された。

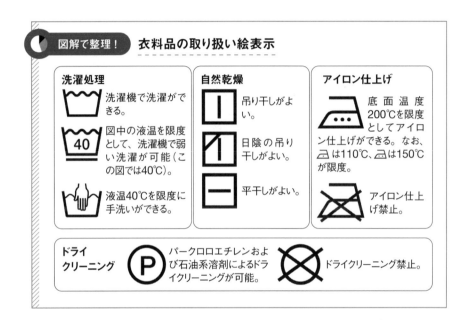

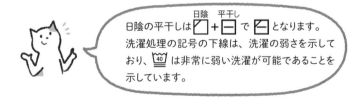

● 品質表示は繊維の**名称・混用率**を示し、表示者名など（氏名、名称と住所または電話番号）を付記することが定められている。

● 品質表示に必ず目を通し、**繊維の特性**を確認してから取り扱い絵表示にしたがって洗濯を行う。

ファスナー部分やマジックテープは
閉じてから洗濯します。

洗剤

● 洗濯に用いる洗剤や漂白剤は、生地や汚れの種類によって適性が異なるので、使い分ける。

 表で整理！　**洗剤の種類と特徴**

種類	特徴
弱アルカリ性の合成洗剤	粉末と液体があり、一般の洗濯機洗いに使われる
中性の合成洗剤	毛・絹やおしゃれ着の洗濯に適し、洗浄力は劣るがデリケートな繊維の風合いを損なわない効果がある

 表で整理！　**しみの種類と処理**

種類	処理
水溶性のしみ	水洗いの後、洗剤を使用する
油性のしみ	ベンジンやアルコールを使用し、しみ抜きを行う

 表で整理！　**漂白剤の種類と特徴**

種類	特徴	使用できる素材
塩素系**漂白剤**	漂白力が強い。その分、色柄物には不向き	白物衣料（綿・麻・アクリル・ポリエステル）
酸素系**漂白剤**	漂白力は劣るが、色柄物にも使用可能	色柄物（綿・麻・ポリウレタン・ポリエステル・アセテート・ナイロン・アクリル）、液体タイプは水洗い可能な毛や絹
還元型**漂白剤**	鉄分による黄変回復などに適する	白物衣料（すべての繊維）のみ

ドライクリーニング

● 取り扱い絵表示にドライクリーニングの表示がある場合は、**水洗い**を避けた方が安心。

● ドライクリーニングは有機溶剤を使用するので、**油（脂）汚れ**を落としやすく、

Q 布団についた、ダニの死骸や糞などのダニアレルゲンを除去するには、掃除機で吸い取る。
第28回

水を使わないので収縮などの心配はない。水溶性の汚れは落ちにくい。

被服の保管

- 被服は着用後ハンガーにかけ、ブラッシングをして**ほこり**を落とすことが大切である。
- 保管中はカビの発生を抑えるために防湿剤を入れる。特に毛の繊維には**防虫剤**が必要。

防虫剤のなかにはほかの防虫剤と併用するとしみをつくってしまうものもあります。ピレスロイド系の防虫剤はほかと併用ができます。

5. 掃除

- 介護職側の考えを押しつけないように**利用者の意思**を確認しながら、衛生的な環境をつくり出す。
- **塩素系**の洗剤と**酸性**の洗剤を混ぜると塩素ガスが発生するため危険である。容器には「まぜるな危険」と書いてあるので十分注意する。塩素系の洗剤と**食酢**や**アルコール**との混用も危険である。

6. 衣類・寝具の衛生管理

- 衣類には、皮膚に密着する**肌着**が体から出る汚れを吸収する役割がある。
- 汗や皮脂、角質層などは外部からのほこりなどと混ざり合い垢となり、放置すると**アンモニア**などが生成され、皮膚を刺激して臭気を放ち、細菌やカビが発生する原因になる。
- ダニアレルゲン（死骸や糞）は、**掃除機**で吸い取り除去できる。
- 皮膚を清潔に保つために、通気性をよくして細菌の増殖を抑える働きのある抗菌・防臭加工の衣料品や寝装品もあり、頻繁に入浴ができない高齢者には適している。

 A ○ ダニの死骸や糞も、アレルゲンになる。

7. 家庭経営、家計の管理

● 金銭管理が難しい場合は**介護支援専門員（ケアマネジャー）**に報告し、自治体に相談をする。

● 認知症が進行した場合などは**成年後見制度**や**日常生活自立支援事業**の利用も考えられる。

成年後見制度と日常生活自立支援事業については、第3章❾（81ページ、83ページ）を参照してください。

消費者被害

● 在宅で暮らしている高齢者だけの世帯や、一人暮らしの高齢者を狙った**悪徳商法**や**悪質詐欺**がある。

● 悪徳商法に関する相談は、**消費生活センター**や**国民生活センター**で受け付けている。

 表で整理！　**消費者被害の防止、被害時の対応**

被害の防止	・訪問系のサービスを担う介護職で、利用者の家で高価な寝具や健康食品を**不必要に購入**した形跡があったり、高額の住宅リフォームや見知らぬ人が出入りしたりしていることを発見した場合は、消費者被害のおそれも考える ・見知らぬ人は**家に入れない**、家族構成などプライバシーは明かさない、勧められてもきっぱり断ることを利用者に助言する
被害時の対応	・実際に被害にあったことが確認された場合は、消費生活センターや国民生活センターあるいはクーリング・オフ制度の利用を案内したり利用を手伝い、**被害を最小限にとどめる**援助をする

Q　催眠商法に対して、友人と一緒なら販売会場まで出かけても構わないと助言する。　**第28回**

問題商法	内容	対処法
電話勧誘販売	電話による勧誘で不意を突く。交渉過程が書面に残らず、強引な勧誘が行われることも多い	業者や勧誘目的を確認して、必要がなければ断る
点検商法	「点検に来た」と来訪し、修理不能、危険な状態など、事実と異なることを言って新品を売りつける商法	日頃から家族や周りにいる者が注意し、家族で連絡し合う
マルチ商法	販売組織の加入者が、新たな加入者を探し、加入者が増えるごとにマージンが入るネズミ講式の取引	「誰でも簡単に儲けられます」などの言葉をうのみにしない
SF（催眠）商法	閉めきった会場に人を集め、日用品をタダ同然で配ったりしながら雰囲気を盛り上げ、最後には高額な商品を売りつける	安易に会場に出かけない
ネガティブ・オプション（送りつけ商法）	注文していない商品を勝手に送りつけ、代金を一方的に請求する	契約成立していないので無視する。商品を受け取った日から14日経過後、または引き取りを請求してから7日経過後に処分する

用語解説

[悪徳商法] 悪質な者が不当な利益を得るような、社会通念上問題のある商売方法。たとえばマルチ（まがい）商法による販売などが代表的。問題商法または悪質商法ともいう。
[国民生活センター] 国民生活センター法に基づき、国民生活の安定・向上を図るため情報提供や調査研究を行う。また、消費生活センターと連携して危害情報の収集や原因分析・評価、教育研修などの事業を行い、消費者への啓発・教育などにおける中心的役割がある。

クーリング・オフ制度

● 訪問販売など、通常の店舗以外の場所での契約は、契約後一定期間内であれば消費者側が販売側に通知して**無条件**で解約できる制度で、1976（昭和51）年に制定された。

● **特定商取引法**により規定されている。

● 代金の総額が**3,000円以上**であればクーリング・オフの対象となる。

 ✕ 催眠商法に対して、販売会場まで行かせてはいけない。

● 通常、**自らの判断**で店舗に行って購入した場合、クーリング・オフの対象にならないが、**アポイントメントセールス**（電話やメール等による店舗への呼び出し）や**キャッチセールス**（街頭での声かけ）によって店舗に行って購入した場合は、クーリング・オフが適用される。

表で整理！　クーリング・オフ制度が適用される取引内容と期間

訪問販売、割賦販売、電話勧誘販売、宅地建物取引、生命・損害保険契約、クレジット契約、訪問購入	8日間
海外先物取引、預託等取引契約	14日間
マルチ商法、内職・モニター商法	20日間

解き方がわかる！過去問解説

エンゲル係数について相談を受けた場合、食料費の内容について一緒に考える。
第30回

ポイント　家計に関係する係数などについて理解し、それを思い出しながら考えてみましょう。

正解は
○
エンゲル係数は、家計の消費支出に占める食料費の割合をいい、食料費÷消費支出×100で計算します。消費支出は一般的な生活費をいい、総支出額から税金や社会保険料などの非消費支出を差し引いた支出をいいます。

Q 睡眠の環境を整えるため、寝床内の温度を20℃に調整する。第35回

❾ 休息・睡眠の介護

1. 休息・睡眠の意義と目的

● 睡眠は、**身体の回復**や免疫系、神経系の機能と深く関わっている。

● 睡眠不足が続くと集中力がなくなり、イライラ感や意欲の低下などの心理的な問題だけでなく、**体重減少**や**疲労感**などの身体的な不調も現れてくる。

2. 休息・睡眠の介護の視点

● 安眠のためには環境を整えることが大切である。寝室の「温度や湿度」「光」「音」は安眠のための大事な要素といえる。

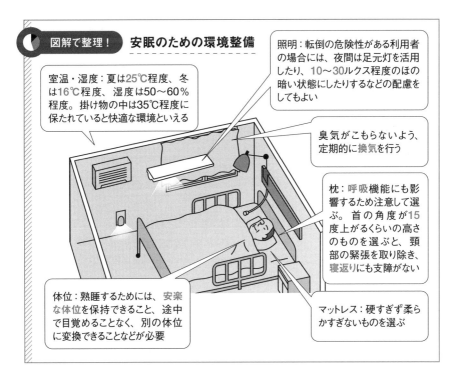

図解で整理！ **安眠のための環境整備**

室温・湿度：夏は25℃程度、冬は16℃程度、湿度は50〜60%程度。掛け物の中は35℃程度に保たれていると快適な環境といえる

照明：転倒の危険性がある利用者の場合には、夜間は足元灯を活用したり、10〜30ルクス程度のほの暗い状態にしたりするなどの配慮をしてもよい

臭気がこもらないよう、定期的に換気を行う

枕：呼吸機能にも影響するため注意して選ぶ。首の角度が15度上がるくらいの高さのものを選ぶと、頸部の緊張を取り除き、寝返りにも支障がない

体位：熟睡するためには、安楽な体位を保持できること、途中で目覚めることなく、別の体位に変換できることなどが必要

マットレス：硬すぎず柔らかすぎないものを選ぶ

A ✕ 35℃前後が最適である。

起床後はカーテンを開けて、日光を浴びるように勧めることは、概日リズム（サーカディアンリズム）を回復させるために有効です。

用語解説

［足元灯］廊下や階段の昇り口・降り口などに、夜間でも安全に歩けるように、足元まわりに取り付ける照明器具。暗くなったり、停電したりしたときに自動点灯するタイプや、コンセントから取り外して懐中電灯としても利用できるコンセント差し込み付きのタイプなどもある。

3. 休息・睡眠の基本となる知識と技術

● 就寝前の注意点には以下のようなものがある。

 表で整理！　**就寝前の注意点**

寝具や環境	・適切な寝具（軽く柔らかく、温かい素材で、清潔で乾燥したもの）や環境（室温や騒音など）を整える
生活習慣	・規則的な日課を定め、日中の過ごし方を工夫する
運動	・運動により適度な疲労が得られるように援助をする ・激しい運動をやりすぎてしまうと逆に眠れなくなるので、日常生活のなかで身体を動かすような運動習慣を身につけると効果的 ・特に、夕方の散歩などは効果的
食事	・朝食をとることで心と身体を目覚めさせる ・空腹でも満腹でも睡眠は妨げられるため、夜食をとる場合は軽くする
昼寝	・昼寝をすることで午後の眠気を解消し、活力増強につながる ・夕方のうたた寝がなくなり夜間の睡眠につながる
カフェインなど	・就寝前（4時間前）のカフェインの摂取を避ける ・コーヒー、紅茶、緑茶、コーラ、チョコレートなどは就寝の5～6時間前から摂取を控える方がよい ・眠る前に温かいスープや牛乳を飲むと体を温めることになるので、安眠につながる

Q 利用者の入眠に向け、「入眠への習慣は控えましょう」という介護福祉職の助言は適切である。
第35回

入浴	・就寝前に39〜40℃程度のぬるめの湯に入る ・足を温める足浴や半身浴でも効果があり、体を温めることで寝つきをよくする ・就寝直前に42℃以上の熱い風呂に入ると、交感神経が亢進し血圧が上がり覚醒してしまうため気をつける ・入浴時間はできるだけ就寝時間に合わせる。入眠の2〜3時間前ぐらいに入浴するのが効果的
イブニングケア	・入眠前に、洗面、歯みがき、入浴または清拭、マッサージや軽いストレッチなどのイブニングケアを行う
入眠儀式	・入眠前の軽い読書、音楽、香りなど自分なりの入眠儀式を持つことも入眠導入としては効果的

用語解説

[入眠儀式] 寝る前にいくつかの行動をすることを習慣づけて、その行動をすることによって、身体や脳に「もう寝る時間だ」と教えること。一連の行動が習慣になれば、脳と身体が「もう寝るんだ」と判断して、自然と睡眠に向けて準備をしてくれる。

表で整理！ **夜間の注意点**

明かり	・高齢者の眠りは浅いので、夜間巡回時の介護従事者の足音や懐中電灯の明かりなど、少しの刺激が覚醒につながるため配慮が必要
物音	・高齢者の睡眠パターンは不安定で、睡眠中の中途覚醒が増える ・高齢者ではちょっとした物音でも起きてしまうことがある。これは、加齢による睡眠の変化であり、自然なことである
アルコール	・アルコールを飲みすぎた場合は、寝つきはよいが夜間に覚醒することが多くなる
早朝覚醒	・早く目覚めてしまったときに、無理に寝床の中で過ごすことで精神的な圧迫となり、余計眠れなくなることもあるので注意が必要
おむつ	・おむつをしている場合、濡れた状態のままでは不快感が強く睡眠が妨げられる原因となる

 ✕ 入眠前の自分なりの習慣（入眠儀式）は入眠導入として効果的であるため、控えるよう助言することは適切ではない。

● 睡眠障害には、以下のような種類がある。

 表で整理！ 睡眠障害のパターン

睡眠障害	内容	原因
入眠障害	寝床に入っても なかなか眠れない状態	①概日リズムの崩れによる「時差ボケ」など ②熱い風呂など、深部体温の上昇が自律 　神経に作用したとき ③気になることや強いストレスがあるとき
中途覚醒	夜中にたびたび目が覚めて 熟睡できない状態	①前立腺肥大症などの頻尿によるもの ②早い時間の就寝 ③高齢者にみられる自然な睡眠のリズム ④いびきや睡眠時無呼吸症候群によるもの
熟眠障害	朝目覚めたときに熟睡感が 得られず、疲労感がある状態	①いびきや睡眠時無呼吸症候群によるもの ②中途覚醒によるもの
早朝覚醒	朝早く目覚め、 以後眠れない状態	①早い時間の就寝 ②うつ病 ③高齢者にみられる自然な睡眠のリズム

 詳細については、第8章❾（306ページ）を参照してください。

∵∵∵∵ 解き方がわかる！過去問解説 ∵∵∵∵

ホーエン・ヤール重症度分類ステージ3（Ⅲ度）のパーキンソン病高齢者のマットレスは体が沈みこむものを選ぶ。 第30回

 ポイント

このように特定の疾患とからめて出題されることもあります。パーキンソン病の進行は、ホーエン・ヤール重症度分類（408ページ）と生活機能障害度が指標になります。ステージごとの症状を思い出し、それに沿って考えてみましょう。

正解は
 ✕

ホーエン・ヤール重症度分類ステージ3（Ⅲ度）では姿勢反射障害がみられるようになり、転倒しやすくなります。このような状態で柔らかいマットレスを使用すると、寝返りをうつことが難しくなります。

Q 終末期で食事量が低下してきた利用者に高カロリーの食事を用意する。 第33回

⑩ 人生の最終段階における介護

1. 人生の最終段階にある人への介護の視点

事前の意思確認

● 本人、家族とともに、終末期の過ごし方や最期の迎え方について話し合いを重ね、**同意**を得る。同意を得たとしても、時が経つと同時に最期を迎えるにあたり気持ちに**変化**が生まれる場合があることに留意し、希望があれば再度話し合いを行う。

● 介護の方針については、その時々に確認・同意を得た内容は**書面**に残し、実践においても本人、家族、介護職やその他ケア提供者による**言動やかかわり**などについて記録しておく。

● 高齢者施設で終末期を迎え、看取り介護を行う場合には、看取りに関する**契約書**を交わし、施設独自に作成した**看取り指針**に基づいたケアが提供されることになる。

用語解説

［アドバンス・ケア・プランニング（ACP）］特に終末期医療において、将来の医療及びケアについて、患者を主体に、家族や近しい人、医療・ケアチームが繰り返し話し合いを行い、患者の意思決定を支援するプロセスのこと。厚生労働省ではこの概念を踏まえ「人生の最終段階における医療・ケアの決定プロセスに関するガイドライン」（2018年（平成30年）改訂）を公表した。

> 本人の意思が確認できない場合は、医師に任せるのではなく家族に確認をしましょう。

2. 人生の最終段階を支えるための基本となる知識と技術

終末期とは

● 定義はされていないが、終末期とは**医学的**に**治癒**が**不可能**である状態と診断され、余命が宣告されてからおおむね6か月以内の時期とされている。

A ✕ 終末期で食欲が低下した利用者への食事介護として、本人の望むもの、嗜好を重視して用意するなど、食欲を引き出す支援が望まれる。

支援の基本姿勢

● その人が生きてきた人生史を理解したうえで**尊重**する。その人が人生の意味について自分で整理するのを側面から支援できるよう、細心の心遣いをもって接していくことが大切である。

● 大切な人を失わなければならない家族は、とても深い悲しみを感じている。その**負担**を少しでも**軽減**できるように**関わる**ことが大切である。

 表で整理！　終末期における生活支援

食事	・エネルギー量の確保を重視するというよりは、本人の嗜好品を口にできるように支援する
水分	・飲みたいもの・飲めるものを準備して少しずつでも**経口摂取**できるように支援する ・無理強いはしないように気をつける
安心できる快適環境	・部屋はあまり騒音のない状況を保ちつつ、静かすぎて**孤独**を感じることがないように配慮する ・見慣れたものや**使い慣れたもの、家族や孫の写真**などを置き**安心感**が得られる雰囲気を整えることも大切
安楽のための介護	・ベッドをギャッジアップするなど気分転換を図ったり、手を握ったり、背中をさするなどの**スキンシップ**を行う ・自力で体位が変えられない場合は、**体位変換**を行い、圧迫を最小限にする ・倦怠感が強い場合は、無理に全身清拭を行わず、**部分清拭**に切り替える ・呼吸を楽にする工夫を行う。呼吸が楽な体位としては**半座位**があり、必要があれば枕を外して気道を開きやすくする ・趣味に合った音楽をかけたり、マッサージをすることは**不安や疼痛**の緩和につながる
医療処置	・免疫力低下により、**感染症**にかかりやすい状態である ・自力での痰の喀出や除去が困難になる。痰を出しやすくするためにも水分補給や場合によっては**輸液**が必要 ・痰の吸引、または酸素吸入が行われることもしばしばあるので、体内の酸素濃度確認のためにパルスオキシメータを使用する ・内服薬やその他の使用薬剤の特性（副作用）を知り、リスクにも対応できるようにする

 用語解説

 ［パルスオキシメータ］動脈血酸素飽和度（SPO$_2$）を光センサーにより測定する機器。

 Q 高齢者施設において介護福祉職は、家族に、死亡後の介護を一緒に行うかどうかを確認する。
第32回

緩和ケア

● 2002年、WHO（世界保健機関）は、緩和ケアを以下のように定義した。

 原文をCheck！

WHO（世界保健機関）

緩和ケアの定義（2002年）

生命を脅かす病に関連する問題に直面している患者とその家族に対して、痛みやその他の身体的、心理的、社会的な問題、さらにスピリチュアル（人生の意味など、宗教的・哲学的な問いなどを指す）な問題を早期に発見し、的確な評価と処置を行うことによって、苦痛を予防したり和らげることで、QOL（人生の質、生活の質）を改善する行為である。

> 終末期の人に対する心理面への配慮として、次ページのキューブラー・ロスによる死への受容プロセスを理解しておきましょう。

● 死後硬直は死後2〜4時間の間に出現する。筋肉が硬くなるが、温度や環境の変化によってその時間は多少異なる。30〜40時間を経過すると硬直が解け弛緩する。

 表で整理！ 臨終時の対応

死亡時の確認	・医師が死亡を診断する ・声かけに反応がなく、瞳孔が散大し、呼吸・脈拍が停止する
死後のケア （エンゼルケア）	・医療器具（酸素、点滴、挿管チューブ、留置カテーテル、ペースメーカーなど装着していたもの）は医療従事者が取り外す ・家族等が利用者とお別れをしてから行う。家族等が一緒に行うこともある

> 死後の処置では、義歯を装着し、着物の場合は左前に合わせ、帯紐は縦結びにします。

 家族によって死亡後の介護を行いたい場合と、そうでない場合があるため、介護福祉職の独断では決めず、家族の意思を確認する。

3. 家族・介護職が「死」を受けとめる過程

グリーフケアとグリーフワーク

● グリーフケアとは、死別後の遺族の悲しみに対する**支援**のことで、グリーフワークとは、立ち直りのための**過程**のことである。

グリーフケアに必要な態度

①悲しみを共有できる**聞き手**になる。
②**助言者**にならないように配慮する。
③遺族が、生前の関係に後悔や罪悪感を抱いているようであれば、ボランティアなどの**代償行為**を行える環境を示唆する手段もある。
④亡くなられた人への想い・思い出を大切にしつつも、悲しみや喪失感が新しい**アイデンティティ獲得**と、次なる生活への**力**となるように支援する。

表で整理！ キューブラー・ロスの終末期にある人の心理過程

第1段階 『否認』	・死の運命の事実を拒否し否定する段階 ・「そんなはずはない」や「何かの間違いだろう」という心理状態
第2段階 『怒り』	・なぜ死ぬのか死の根拠について強い怒りで問いかける段階 ・「なぜ私が死ななくてはならないのだろうか」や「私が一体どんな悪いことをしたというのか」という心理状態
第3段階 『取引』	・奇跡への願いの気持ちを表す段階 ・「神様、どうか助けてください」や「病気さえ治れば何でもしますから」という心理状態
第4段階 『抑うつ』	・第3段階の取引が無駄であったことを知り、気持ちが滅入る状態になる段階 ・「何をしてももう助からない」という心理状態
第5段階 『受容』	・死んでゆくことが自然なことと認識することに達する場合や、信仰や宗教の力を借りて到達する段階 ・「死ぬのは自然なことなんだ」や「最後は皆死ぬのなら、残された時間を自分らしく過ごしたい」という心理状態

介護職自身へのケア

● 懸命にケアするあまり、本人や家族の悲しみや不安を抱え込んでしまう介護職もいるため、利用者の死後に行う**デスカンファレンス**では、ケアの振り返

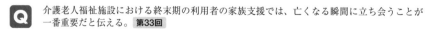
介護老人福祉施設における終末期の利用者の家族支援では、亡くなる瞬間に立ち会うことが一番重要だと伝える。**第33回**

りとともに、悲しみを共有できるようにする。

● 燃え尽きてしまわないように**周囲のスタッフへの配慮**も必要である。

解き方がわかる! 過去問解説

デスカンファレンス (death conference) の目的は、終末期を迎えている利用者の介護について検討することである。 第36回

ポイント
デスカンファレンスが行われる時期を押さえておきましょう。

正解は　デスカンファレンスは、利用者の死後に行われ、亡くなった利用者の事例を振り返
✗　り、今後の介護に活かすとともに、介護職の悲しみの共有を目的としています。

解き方がわかる! 過去問解説

Bさん (83歳、女性) は、介護老人福祉施設に入所している。終末期で、「最期はこの施設で迎えたい」という本人の希望があり、家族もそれを望んでいる。昨日から死前喘鳴（しぜんぜんめい）が出現し、医師から、「あと数日でしょう」と言われた。
「呼吸が苦しそうだ」と言っている家族への介護として、最も適切なものは選択肢1である。 第32回

1「自然な経過なので体位の工夫をして一緒に見守りましょう」
2「Bさんに意識はないので心配いらないですよ」
3「痰の吸引をすると楽になるので準備しますね」
4「Bさんを励ましてください」
5「すぐに救急車を呼びましょう」

ポイント
終末期における生活支援 (230ページ) として利用者が安楽に過ごせるよう配慮すべき点を考えましょう。

正解は　終末期には利用者の様子を見ながら、半座位の体位をとるなどしてできる限り呼吸
○　が楽になるよう工夫します。不安な気持ちで見守る家族に配慮した声かけも大切です。

　✗　亡くなる時間はコントロールできず、家族が立ち会える保証はない。そのため、亡くなる瞬間に立ち会うことが一番大切だと伝えるのは不適切である。

⑪ 福祉用具の意義と活用

1. 福祉用具の意義と目的

● 1993（平成5）年に福祉用具の研究開発及び普及の促進に関する法律（福祉用具法）が施行され、福祉用具が法的に定義された。

 原文をCheck！

福祉用具の研究開発及び普及の促進に関する法律

第2条
　この法律において「福祉用具」とは、心身の機能が低下し日常生活を営むのに支障のある老人又は心身障害者の日常生活上の便宜を図るための用具及びこれらの者の機能訓練のための用具並びに補装具をいう。

● 福祉用具の使用には、利用者の日常生活の自立促進、介護負担の軽減、社会参加・雇用の促進、生きがいの創出などの意義がある。

 表で整理！　公的制度における福祉用具給付の変遷

1950（昭和25）年	身体障害者福祉法による補装具給付制度の開始 ・義肢や補聴器の給付
1969（昭和44）年	重度身体障害者を対象にした日常生活用具の給付
1976（昭和51）年	老人日常生活用具給付等事業
1989（平成元）年	高齢者保健福祉推進十か年戦略（ゴールドプラン） ・1990年代、老人日常生活用具給付等事業に移動用リフト、電動車いす等の品目が加わる
2000（平成12）年	介護保険制度の施行 ・老人日常生活用具給付等事業の品目の多くが介護保険法による給付制度に移行

Q 認知症老人徘徊感知機器は、介護保険法における特定福祉用具販売の対象となる福祉用具である。　**予想**

2. 福祉用具活用の視点

- 福祉用具には、日常的な動作を助ける用具のほか、レクリエーションやスポーツに関わる用具もある。これらは利用者の行動範囲を広げ、生きがいや自己実現の可能性を拡大することが期待される。

- 一方で、使い方によっては利用者の能力を奪う恐れや、事故につながる危険性もある。利用者の状態や希望に応じ、十分な説明のもとに福祉用具をアセスメントすることが重要である。

- 消費者庁公表による福祉用具関連の重大事故の集計では、2007年5月〜2024年2月に起きた重大事故のうち、製品起因の死亡事故は16件（3.7%）、重傷事故は50件（11.6%）であった。福祉用具提供の際には、リスクマネジメントの観点からさまざまなリスク要因（製品、操作する人、製品の管理、環境など）を考慮する必要がある。

- 福祉用具専門相談員は、目録等の文書を示して福祉用具の機能、使用方法、利用料等に関する情報を提供し、個別の福祉用具の貸与について、利用者の同意を得る必要がある。

- 福祉用具専門相談員は、指定福祉用具貸与の目標、目標を達成するための具体的なサービスの内容等を記載した福祉用具貸与計画を作成しなければならない。

3. 適切な福祉用具活用の選択の知識と留意点

福祉用具に関する制度

- 介護保険法では、要支援や要介護の状態に応じた福祉用具の給付が定められている。給付は、福祉用具貸与と特定福祉用具販売（購入費用の補助）の2種類がある。原則は貸与とし、貸与で対応するのが難しい種目のみ購入費用が補助されるしくみになっている。

- 障害者総合支援法では、自立給付における補装具費支給制度と、地域生活支援事業における日常生活用具給付等事業が定められている。

→ 特定福祉用具販売ではなく、福祉用具貸与の対象となる福祉用具である。

それぞれの福祉用具が、どの制度に基づくかについて
出題が予想されるので、次の表を押さえておきましょう。

図解で整理！ **介護保険における福祉用具の対象種目**

【福祉用具貸与】〈原則〉
・車いす（付属品含む）
・特殊寝台（付属品含む）
・床ずれ防止用具
・体位変換器
・手すり
・スロープ
・歩行器
・歩行補助つえ
・認知症老人徘徊感知機器
・移動用リフト（つり具の部分を除く）
・自動排泄処理装置

【福祉用具販売】〈例外〉
・腰掛便座
・自動排泄処理装置の交換可能部
・入浴補助用具（入浴用いす、浴槽用手すり、浴槽内いす、入浴台、浴室内すのこ、浴槽内すのこ、入浴介助ベルト）
・簡易浴槽
・移動用リフトのつり具の部分

出典：厚生労働省「介護保険制度における福祉用具貸与・販売の概要」をもとに作成

介護ロボットの開発・普及

● **介護ロボット**とは、ロボット技術が応用され、利用者の自立支援や介護者の負担の軽減に役立つ介護機器のことをいう。

● 福祉ニーズが多様化・複雑化する一方、介護人材が不足しているという現状に対する改善策として、介護ロボットの開発・普及に期待が寄せられている。

● 厚生労働省・経済産業省が定めた介護ロボット関連の**開発重点分野**として、移乗支援、移動支援、排泄支援、見守り・コミュニケーション、入浴支援、介護業務支援があげられている。

[第2領域]
介護

7章

介護過程

出題傾向分析

1 出題傾向

● 第36回試験での問題数は8問である。

● アセスメントについての出題が多く、情報収集の方法から生活課題の抽出まで幅広く出題されている。

● 複数の設問にまたがる事例問題がほぼ毎年1〜2題出題されている。

■過去5年間の出題

出題順	第36回 (2024年)	第35回 (2023年)	第34回 (2022年)	第33回 (2021年)	第32回 (2020年)
1	アセスメント(情報収集)	介護過程の意義・目的	介護過程の意義・目的	介護過程の意義・目的	介護過程の意義・目的
2	介護過程の評価	介護過程の評価(評価項目)	アセスメント(情報収集)	アセスメント(情報収集)	介護計画の作成
3	チームアプローチ(介護福祉職が担う役割)	介護計画(居宅サービス計画と訪問介護計画の関係)	アセスメント(生活課題)	アセスメントの目的	介護計画の実施
4	介護計画の評価(新たな課題への評価・分析)	アセスメント(情報の分析)	介護計画の立案(長期目標と短期目標)	介護計画の作成(短期目標の設定)	介護計画の展開
5	介護計画の展開(支援の方向性の見直し)	チームアプローチ(カンファレンス)	介護計画の立案(計画作成の要点)	アセスメント(新しいニーズの把握)	介護計画の立案(短期目標)
6	介護計画の評価(利用者が大声を上げた理由の解釈)	アセスメント(情報収集の優先度)	アセスメント(情報収集の優先順位)	アセスメント(支援の方向性の見直し)	介護計画の評価(利用者が断った理由の解釈)
7	介護計画の展開(支援の方向性の見直し)	介護計画の展開(情報提供)	アセスメント(新たな課題への評価・分析)	介護記録(介護記録の書き方)	介護計画の評価(優先して取り組むべき課題)
8	介護過程の意義(事例研究)	介護過程の意義(事例研究)	チームアプローチ(カンファレンス)	介護計画の評価(優先して取り組むべき課題)	カンファレンスにおける介護福祉職の役割

● 介護過程については、具体的な事例に基づいて自ら解答を導くタイプの出題が多く、暗記だけでは対応できない問題もある。特に、生活課題に対する優先順位の付け方や長期目標・短期目標の設定方法などは、本書で原則をきちんと押さえたうえで、過去問で考え方のコツを習得するとよい。

● 第4章4で学習したICFについての出題もみられる。生活機能や背景因子に分類される各用語の定義などはしっかりと見直しておこう。

● 暗記すれば得点できるインテークなどの用語の定義、主観的情報と客観的情報の分類、介護記録の留意点などは、確実に押さえておこう。

● カンファレンスなど他職種との連携について問われるときは、介護福祉職の役割を意識するとよい。利用者の生の声をよく聞き、価値観などを理解している介護福祉職は、利用者の真のニーズの代弁者となり得る。

介護過程の展開については、普段の介護業務の中で、今、自分がどのステップを行っているのかを意識すると理解しやすく、覚えやすいと思います。

❶ 介護過程の意義と基礎的理解

頻出度 ★★★

1. 介護過程の意義と目的

● 利用者の望む生活の実現という介護の目的に向かって、客観的で科学的な思考を行い実践する過程のことを介護過程という。

● 専門的な知識・技術を駆使し、利用者主体の"その人らしい自立した生活を実現"すべく、知識を持って根拠ある支援を行うことが専門職としての質の向上につながる。

2. 介護過程を展開するための一連のプロセスと着眼点

● 介護過程の展開のプロセスは、「①インテーク ⇒ ②アセスメント ⇒ ③介護計画の立案 ⇒ ④実施 ⇒ ⑤評価（モニタリング）」という流れに沿って系統的に展開する。

用語解説

[インテーク] 介護展開過程において、利用者や家族と初めて会って相談を受ける段階。相談を受けながら、何を求めているのか、何が必要か等、専門職の視点からニーズを見極めるために行われる。

アセスメント①情報収集

● アセスメントとは、利用者に関連する情報を収集し、それらの分析・統合を行い、利用者の課題、ニーズ、強みを明確にすることである。

● 主観的情報や客観的情報を複数の情報源から多角的にかつ継続的に得ることが重要である。なお、記録をつける際には主観的情報と客観的情報の区別がわかるように記述する。

● 主な情報源は、本人、家族、職員、他利用者、諸記録、自分や他者とのかかわり、カンファレンス、地域住民等である。

Q 介護過程を展開する目的は、根拠のある介護を実践することにある。**第35回**

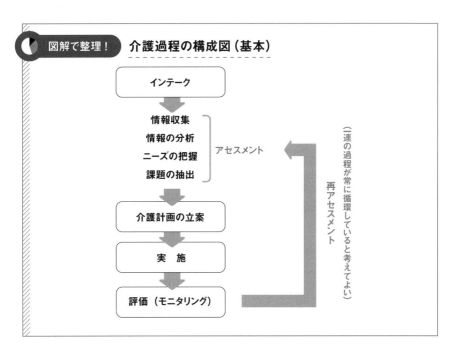

図解で整理！　介護過程の構成図（基本）

```
        ┌──────────────┐
        │   インテーク   │
        └──────────────┘
               │
               ▼
        情報収集
        情報の分析    ┐
        ニーズの把握   ├ アセスメント
        課題の抽出    ┘
               │
               ▼
        ┌──────────────┐
        │  介護計画の立案  │
        └──────────────┘
               │
               ▼
        ┌──────────────┐
        │     実　施     │
        └──────────────┘
               │
               ▼
        ┌──────────────┐
        │ 評価（モニタリング）│
        └──────────────┘
```

（一連の過程が常に循環していると考えてよい）

再アセスメント

● **個人情報**を得る場合は、**利用者・家族**に説明を行い、**同意**を得る必要がある。

 表で整理！　情報の種類

面接による情報 **（利用者・家族など）**	家族関係、慢性疾患、内服薬、普段の体調、重度化予防、生活の規則性、移動、食事、排泄、清潔、更衣、意思の疎通、人間関係、趣味、物的・人的・社会的環境、金銭面などの各項目に関連する具体的な情報と、五感を使った観察から情報を得る
各関連機関および各 **専門職からの情報** **（書類など）**	本人の日録（手記）や録音・録画されたもの、家族が残している日記など、専門職の記録、主治医の意見書、診療情報提供書（診療記録）、看護記録、カンファレンス記録などから情報を得る

アセスメントを行う際には、介護福祉の知識を活用して情報を取捨選択し、解釈することが必要となります。

  利用者の望んでいる、よりよい生活を実現するという介護の目的を達成するためには、根拠のある介護実践である介護過程を展開することが求められる。

主観的**情報**	・本人が表現した見方や感情、考え方、期待、意見 ・観察した者の価値観や経験で判断したり、意味づけした内容 【具体例】利用者の発言　など
客観的**情報**	・測定され数値で表される内容 ・観察した者が得たありのままの情報・事実 【具体例】主治医の意見、検査の結果　など

（情報源を明確にする：利用者からは直接的、本人以外からは間接的）

アセスメント②情報の分析

● **時間の経過**や**情報の関係性**などを把握しながら情報を整理する。望む生活に向けて現状の満足度を判断し、どのような介護を提供したら利用者の求める暮らしになるかを判断する。

> 情報の分析の際は情報の判断基準を明確にします。247ページの事例のようにICFの「健康状態・生活機能・背景因子」を活用しましょう。

● 主観的情報、客観的情報、環境因子などから事実を推測する。

・ニーズの把握によって望む生活に支障をきたしている原因を発見し、本人が現在「している・行っている活動」を残存能力として生かしながら、「できる活動」にするために分析をする。
・現状とアセスメントで導き出した目標の間には、解決すべき課題があることを忘れず分析する。

● **知識**（勉学・人生経験・書物・他人の経験）を駆使して情報を関連づける。なお、関連づけるために用いた理論と判断の根拠を**明確**にする（解釈）。

● アセスメントで全体的な支援方針を定め、解決すべき課題に向かって方針を明確にする（**統合化**）。

　Q　利用者のアセスメントでは、生活課題を明確にした後で情報を関連づける。　**第30回**

- 解決すべき課題に2つの側面（利用者本人、利用者以外）からアセスメントし判断した結果から、課題解決に向けた支援方法をみつける。
- 表現としては、援助者が主体となる表現で記述する。「～できるように支援する（必要がある）」とし、わかりやすく明記する。

アセスメント③課題の抽出

● 情報の整理では、ICFの分類を利用することで、**個人因子**（健康状態、心身機能・身体構造）と、**環境因子**を明らかにできる。

● すでに明らかになっている課題（**顕在的**な課題）だけでなく、**潜在的**な課題を含めて明らかにすることが大切である。

アセスメントでは、集めた情報の関連づけを行います。関連づけができたら生活課題が抽出され、課題に優先順位をつけることで介護計画が明確になります。

介護計画の立案

● 介護計画では、アセスメントの段階で導き出された生活上の解決すべき課題の解決のために、**長期目標**と**短期目標**を設定する。

図解で整理！ **長期目標と短期目標**

長期目標	短期目標
・生活課題を解決し、利用者が「こうなりたい」と願う最終目標 ・半年～1年後を期待（解決すべき課題が解決できる時期を推測）して立案する	・長期目標を達成するための具体的かつ段階的に到達できる目標 ・結果を適宜モニタリングし修正できるように、期間を設定する ・複数の目標が立案される場合がある

 関連づけができたら生活課題が抽出され、課題に優先順位をつけることで介護計画が明確になる。

目標設定の要点

- 設定する目標は利用者が主体的に取り組むことのできるものとし、利用者と話し合いながらつくる。
- 目標は利用者のニーズが満たされた状態を表現する。
- 利用者を主語にして、誰がみてもわかりやすい記述とする。

具体的支援計画作成の要点

- 目標と具体的な支援方法は、観察・測定が可能な数値や用語を用いて記述するとわかりやすい。
- 誰がみても同じ基準で支援内容を評価できるようにすることが重要である。支援効果を判断する（ニーズが充足し、次の段階への影響・原因を除去し、危険を予測回避する）基準ともなる。
- 段階的に実現可能な目標を設定することで、現実的で達成可能な目標となる（週単位・月単位で目標を設定し評価）。
- 目標達成を目指して、具体的支援内容（統一したケアができる指示書と考えてよい）を記録の基本である5W1Hを用いて記述する。
- 支援内容は、目標と支援方法とが一貫していること。
- 利用者を尊重し、個別性を考え、目標達成にかかる時間など状況を考慮する。
- ※自立支援型介護であるか、他職種協働が可能か、介護の継続性（ケア前に記録を読んで従事する）は保たれているか、を意識すべきである。

用語解説

[5W1H] When：いつ、Where：どこで、Who：誰が、What：何を、Why：なぜ、How：どのように、どうしたかを意味する。

● 介護計画の原案策定後、利用者に関わる人々（利用者本人、家族、医療・福祉専門職など）とカンファレンスの場を設け、意見交換を行い意識の統一を図る。

実施

● 利用者にいわれるがままケアを行っていると、ただ要望に応えているだけになってしまう。本来目指すべき安全・安楽な自立支援、尊厳の保持、求める暮らし（望む生活）に結びつくよう、介護者が介護過程の展開の意義・目的などの必要性を再確認する。

Q 介護計画の短期目標では、実現可能な目標を段階的に設定する。 第33回

図解で整理！　SOAP方式

S Subjective data：**主観的情報** （例：利用者の言葉など）

O Objective data：**客観的情報** （例：実施に対する利用者の反応、介護福祉職が観察したことなど）

A Assessment：**評価** （例：利用者の生活全般のニーズ、介護福祉職が判断したことなど）

P Plan：**計画** （例：介護福祉職が行う今後の介護計画など）

SOAP方式とは利用者の経過記録の書き方の
ひとつです。利用者の問題点を抽出し、上記
の4つの項目に沿って記録していきます。

介護記録の留意点

・実施記録は、5W1Hを含んだ書き方で、実施経過を順を追って記述していく。
・利用者の言動や意見（主観的情報）はもちろんのこと、家族の言動や介護福祉職の判断についても書面に残しておく。
・記録者を必ず明記する。
・介護記録は個人情報になるので、必ず鍵がかけられる場所に保管し、保管管理責任者を定めて管理する。
・情報開示を求められる場合もあるので、速やかに開示できるよう整理整頓を心がける。
・記録を開示する場合には個人情報が漏洩しないように、細心の注意を払った環境で閲覧できるようにする。
・介護保険制度における記録の保存期間は、介護が終結したその日から2年間とされている。

評価（モニタリング）

● 長期目標および短期目標に掲げた到達段階を、到達できているか否か、**客観的な視点**から介護福祉職が責任をもって評価する。

● 目標が達成できなかったり、立案したものの計画を実行できなかったりした場合、または到達していても継続が困難な場合には原因を探り、計画を修正する。

A ○ 長期目標の達成に向け、実現可能な目標を段階的に設定する。

● 目標が達成された場合には、新たな課題が見出されるかどうかなど、記録されてきた内容と**多角的視点から評価・分析**を行い、改善点をみつける。

・・・・・・・ 解き方がわかる! 過去問解説 ・・・・・・・

介護実践のプロセスをSOAP方式で記録する場合、Pに該当するのは介護福祉職が観察したことである。 第29回

ポイント
SOAP方式のアルファベットが、それぞれ何を意味しているのかを思い出し、選択肢と結びつけてみましょう。

正解は
✕
SOAPのSは、Subjective＝主観的情報、Oは、Objective＝客観的情報、Aは、Assessment＝評価（判断した内容）、Pは、Plan＝計画を表しています。介護職が観察したことはO（客観的情報）として表します。Pは介護計画を指します。

・・・・・・・ 解き方がわかる! 過去問解説 ・・・・・・・

介護計画の作成に関する次の記述のうち、最も適切なものは選択肢1である。 第32回
1　抽出されたニーズを踏まえて目標を設定する。
2　内容が明確であれば支援方法の記載は省略する。
3　支援方法は「〜させる」と使役文で記載する。
4　利用者の正しい理解を促すために専門用語を用いる。
5　計画の見直しの時期は決めない。

ポイント
介護計画は誰が見ても同じ基準で評価ができるように記述すること、目標は利用者を主語として記述することなどの原則を理解していれば、選択肢は自然と絞られます。

正解は
〇
アセスメントによって抽出された利用者のニーズをもとに目標を設定します。選択肢2、4、5については、「誰が見ても同じ基準で評価できる」という点から適切ではないことがわかります。また、選択肢3については、「利用者を主語とする」という観点からは、逆の記述であり適切ではありません。

Q 介護過程の評価の実施は、介護福祉職が責任をもつ。 第27回

❷ 介護過程とチームアプローチ

1. 介護過程とチームアプローチ

● 実践の場面では、**利用者の変化**を日々察知しながら、予測を立て行動することを繰り返していく。

● 要望に応えるという気持ちだけでなく、利用者の**真のニーズ**を考えながら**解決**すべき課題を発見する。

事例

■基本概要

Aさん、女性、1943（昭和18）年○月○日生まれ、満80歳。
夫に先立たれてからは隠居生活をしている。
息子夫婦は共働きをしており、家にいるのは出社前の朝の時間と会社が終わって帰宅する夕方以降。家事全般はAさん本人が行っている。

■基本情報

普段から活発に活動するAさんであったが、春先に季節性の胃腸炎を患い、隠居生活ということもあって他人にうつさないようにと往診治療を受けた。徐々に体力が落ちつつあったが、症状が安定した頃から少しずつ活動意欲を取り戻し、地域で開催されている習い事に精を出した。
しかし、再び夏に体調を崩し、肺炎と診断を受け、3週間の入院となった。退院後、著しい体力の低下から家事が困難になり、介護保険を申請して要介護2の認定を受けた。
介護支援専門員は、訪問介護の生活援助（特に家事支援）と地域事業として行われている月2回の配食サービスをケアプランに入れた。
※この事例の場合、ケアプランとは介護保険制度上、ケアマネジャーが作成する計画書のことを指す。

事例を通して介護過程の基本的な展開方法について学習を深めていきましょう。

A ○ 客観的な視点から評価を行うことが必要である。本人や家族が自分の思いを伝えられない場合、介護福祉職が代弁することが必要である。

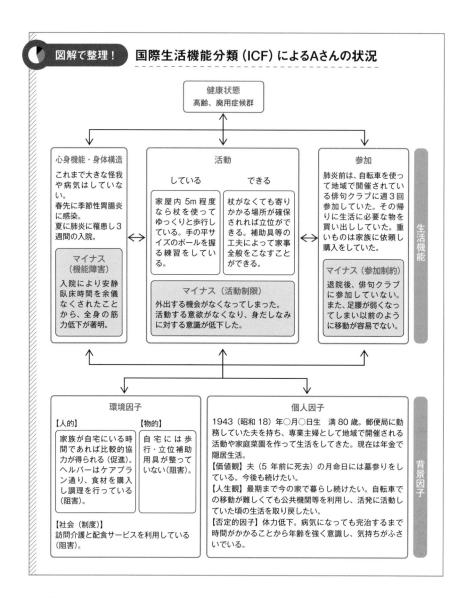

図解で整理！ 国際生活機能分類（ICF）によるAさんの状況

健康状態
高齢、廃用症候群

心身機能・身体構造

これまで大きな怪我や病気はしていない。
春先に季節性胃腸炎に感染。
夏に肺炎に罹患し3週間の入院。

マイナス（機能障害）
入院により安静臥床時間を余儀なくされたことから、全身の筋力低下が著明。

活動

している
家屋内5m程度なら杖を使ってゆっくりと歩行している。手の平サイズのボールを握る練習をしている。

できる
杖がなくても寄りかかる場所が確保されれば立位ができる。補助具等の工夫によって家事全般をこなすことができる。

マイナス（活動制限）
外出する機会がなくなってしまった。活動する意欲がなくなり、身だしなみに対する意識が低下した。

参加

肺炎前は、自転車を使って地域で開催されている俳句クラブに週3回参加していた。その帰りに生活に必要な物を買い出ししていた。重いものは家族に依頼し購入をしていた。

マイナス（参加制約）
退院後、俳句クラブに参加していない。また、足腰が弱くなってしまい以前のように移動が容易でない。

生活機能

環境因子

【人的】
家族が自宅にいる時間であれば比較的協力が得られる（促進）。ヘルパーはケアプラン通り、食材を購入し調理を行っている（阻害）。

【物的】
自宅には歩行・立位補助用具が整っていない（阻害）。

【社会（制度）】
訪問介護と配食サービスを利用している（阻害）。

個人因子

1943（昭和18）年○月○日生　満80歳。郵便局に勤務していた夫を持ち、専業主婦として地域で開催される活動や家庭菜園を作って生活をしてきた。現在は年金で隠居生活。
【価値観】夫（5年前に死去）の月命日には墓参りをしている。今後も続けたい。
【人生観】最期まで今の家で暮らし続けたい。自転車での移動が難しくても公共機関等を利用し、活発に活動していた頃の生活を取り戻したい。
【否定的因子】体力低下。病気になっても完治するまで時間がかかることから年齢を強く意識し、気持ちがふさいでいる。

背景因子

予測

生活援助と配食サービスによって人と会う時間がないこと、外出する機会や理由が減ること、閉じこもりがちになり社会から孤立した状況になること、これまで以上に体力が低下すること、といったことから、重度化していく経過をたどると予測できる。

Q 介護老人保健施設で多職種連携によるチームアプローチを実践するとき、介護福祉職はサービス担当者会議を開催する役割を担う。**第36回**

情報の整理

①春先に胃腸炎により一時体力が落ちたが回復
②夏に肺炎で入院⇒入院により体力低下⇒家事困難

> Aさん自身も活発に生活していた頃の生活に戻りたいという思いを抱いていますので、その思いを生かして長期目標に掲げましょう。
> また、その気持ちが薄れてしまう前に、そして回復の見込みがなくなる前に速やかにアセスメントを行い、長期目標を達成すべく段階的な短期目標を掲げ、具体的な支援計画を立案し実施していきましょう。

ケースカンファレンス

● ケースカンファレンスは、**利用者**にとってよりよい生活を目指したり、よりよい生活の継続を可能にしたりすることを目的に行われる。

● 関係する**多様な専門職**が共通の支援目標を持ち、かつ、各々の専門性を発揮して生活全体を支えつつ、望む暮らしに向かって支援を実践するため、介護過程の展開を検討する場となる。

 用語解説

[ケースカンファレンス] 関係する多様な専門職が情報の共有や、共通の支援目標をもつことなどを目的に実施される会議。ケアカンファレンスとも呼ばれる。

サービス担当者会議

● サービス担当者会議は、**介護保険制度**で開催が義務づけられているケースカンファレンスの一種で、**介護支援専門員（ケアマネジャー）**が開催する。

● 多様な専門職が集まり、利用者や家族の意向を取り入れて介護支援専門員が作成した**ケアプランの原案**を検討する。

 サービス担当者会議を開催するのは、介護支援専門員の役割である。

- 介護福祉職の役割には、利用者の日常生活に関する情報の提供や、利用者の**権利擁護（アドボカシー）**などがある。
- できたケアプランは、本人または家族への**説明**と**同意**を得ることが求められる。

権利擁護（アドボカシー）については、第1章❷（11ページ）を参照してください。

図解で整理！ **ケアプラン原案の種類と内容**

第1表 居宅・施設サービス計画書①

第2表 居宅・施設サービス計画書②

第3表 週間サービス計画表・日課計画表

第4表 サービス担当者会議の要点

第5表 介護支援経過

第6表 サービス利用票

第7表 サービス利用票別表

介護支援専門員が原案として立案したケアプラン（第1表、第2表、第3表）の内容に沿って会議が行われる。その後、第4表を作成する。第5表はモニタリングにも使用できるので、新規利用者以外の人を対象として会議を開催する場合は資料として提示する。

ケアプランと個別介護計画の関係

- 各サービス事業所・施設は、介護支援専門員により作成されたケアプランの目標を理解し、**個別介護計画**はケアプランに沿ったものを策定する。
- 個別介護計画の目標は、ケアプランを丸写しするのではなく、各サービス事業所・施設で行った**アセスメント**を反映したものにする。

Q 介護計画の修正を行うことを利用者に説明した。利用者の同意が得られた後に、介護福祉職間で共通認識をもつためにモニタリングを行う。**第29回**

本節に関しては、毎年、2〜5行の事例文が出題され、情報のとらえ方、主観・客観の区別、介護の長期目標・短期目標などについて3問程度出題されています。

解き方がわかる！過去問解説

Mさん（35歳、男性、障害支援区分5）は、脳性麻痺（cerebral palsy）による四肢麻痺で筋緊張がある。日常生活動作は全般に介護が必要であり、電動車いすを使用している。これまで、本人と母親（70歳）の希望で、自宅で二人暮らしを続けてきた。

Mさんは3年前から、重度訪問介護を利用している。軽度の知的障害があるが、自分の意思を介護者と母親に伝えることができる。相談支援専門員が作成したサービス等利用計画の総合目標は、「やりたいことに挑戦し、生活を充実させる」となっている。Mさん自身も、やりたいことを見つけたいと介護福祉職に話していたことから、次の個別支援会議で検討する予定になっていた。

ある日、重度訪問介護の利用時、パラリンピックのテレビ中継を見ていたMさんが、介護福祉職に、「ボール投げるの、おもしろそう」と話した。

Mさんの発言から、個別支援計画を立案するために、介護福祉職が把握すべき情報として、最も優先すべきものは選択肢4である。 第35回

1　競技で使われるボールの種類
2　話を聞いた介護福祉職の感想
3　競技に対するMさんの意向
4　母親のパラリンピックへの関心
5　テレビ中継を見ていた時間

ポイント

サービス等利用計画の総合目標やMさんが介護福祉職に話していた思いにも注目し、介護過程の意義を思い出しましょう。

正解は

選択肢3が最も適切です。介護過程は、利用者自身の望む生活の実現という介護の目的に向かって実践する過程です。Mさんが新しいことに興味を示す発言をしていることから、競技が「やりたいことに挑戦し、生活を充実させる」というMさん自身の望む生活を実現させるきっかけとなるかもしれません。したがって、競技に対するMさんの意向が最も優先すべき情報といえます。

→ A ✕ モニタリングではなく、カンファレンスが正しい。

Aさん（80歳、女性、要介護3）は、パーキンソン病（Parkinson disease）と診断されている。診断後も家業を手伝いながら、地域の活動に参加していた。

半年前からパーキンソン病（Parkinson disease）が悪化し、動作は不安定となったが、「家族に迷惑をかけたくない」と、できることは自分で取り組んでいた。また、主となる介護者である娘に服薬を管理してもらいながら、通所介護（デイサービス）を週3回利用し、なじみの友人と話すことを楽しみにしていた。

最近、通所介護（デイサービス）の職員から娘に、昼食時にむせることが多く食事を残していること、午後になると、「レクリエーションには参加したくない」と落ち着かない様子になることが報告された。介護福祉職がAさんについて、主観的に記録したものは選択肢2である。 第33回

1　パーキンソン病（Parkinson disease）と診断されている。
2　帰宅願望から、レクリエーションの参加を拒否した。
3　「家族に迷惑をかけたくない」と話し、できることは自分で行っていた。
4　週3回、通所介護（デイサービス）を利用している。
5　昼食時にむせることが多く、食事を残していることを娘に報告した。

 ポイント　主観的な記述を選ぶことが難しい場合は、客観的（実際に起きた出来事、事実）な記述の選択肢を除いていくのも一つの手です。

 正解は　設問文には、レクリエーションの参加を拒否した理由を断定できる記述はないことから、介護福祉職の主観的な記述です。なお、仮に、「帰宅願望から、レクリエーションの参加を拒否した」というAさんの証言や日記などを基にした記録であった場合は選択肢2も客観的な記録といえます。

[第3領域]
こころとからだのしくみ

8章

こころとからだのしくみ

出題傾向分析

1 出題傾向

- 第36回試験での問題数は12問である。

- 複数回出題されている項目としては、記憶・睡眠・排便のしくみ、入浴が身体に与える影響、糖尿病・廃用症候群・尿失禁・便秘への対応などがある。

- 上記にあげた項目のように、高齢者に多い疾患の基礎知識やその支援の方法、記憶に関する知識を問う問題など、他章と共通する知識がよく問われる。
  - ・第6章「生活支援技術」（障害の状態に応じた生活支援）
  - ・第9章「発達と老化の理解」①〜⑥（ほぼすべての項目）
  - ・第10章「認知症の理解」②〜③医学的側面から見た認知症の基礎

- 新出題基準では、大項目「こころのしくみの理解」において中項目「健康の概念」が新しく追加された。今後、小項目（例示）として示されている「WHOの健康の定義」などについての出題が予想される。

■過去5年間の出題

出題順	第36回 （2024年）	第35回 （2023年）	第34回 （2022年）	第33回 （2021年）	第32回 （2020年）
1	こころのしくみ （マズローの欲求階層説）	こころのしくみ （ライチャードの人格5類型）	こころのしくみ （もの盗られ妄想）	こころのしくみ （PTSD）	こころのしくみ （マズローの欲求階層説）
2	からだのしくみ （交感神経）	からだのしくみ （大脳）	からだのしくみ （体温）	からだのしくみ （体温）	からだのしくみ （皮膚痛覚を受け取る大脳の部位）
3	からだのしくみ （骨粗鬆症）	からだのしくみ （筋肉）	からだのしくみ （視覚機能の変化）	からだのしくみ （義歯）	からだのしくみ （爪や指の症状と疾患）

4	からだのしくみ（中耳）	からだのしくみ（廃用症候群）	身じたく（口腔機能）	からだのしくみ（安静臥床での筋力低下）	からだのしくみ（口臭）
5	からだのしくみ（爪）	からだのしくみ（褥瘡）	からだのしくみ（骨）	からだのしくみ（栄養素）	からだのしくみ（大腿部頸部骨折）
6	食事（誤嚥）	からだのしくみ（口臭）	からだのしくみ（ボディメカニクス）	食事（摂食・嚥下のプロセス）	からだのしくみ（摂食・嚥下のプロセス）
7	食事（窒息）	食事（誤嚥の予防法）	食事（三大栄養素）	入浴・清潔保持（入浴の効果）	排泄（尿失禁）
8	入浴（入浴の効果）	食事（脱水予防）	食事（高血糖時の症状）	排泄（尿失禁）	排泄（正常な尿）
9	排泄（尿路感染症）	排泄（便の形成）	入浴・清潔保持（入浴援助時の留意点）	排泄（便秘）	排泄（弛緩性便秘の原因）
10	睡眠（良質な睡眠のための生活習慣）	睡眠（睡眠薬）	排泄（ブリストル便性状スケール）	睡眠（高齢者の睡眠の特徴）	睡眠（抗ヒスタミン薬の影響）
11	睡眠（概日リズム睡眠障害）	人生の最終段階（グリーフ）	睡眠（生活習慣）	睡眠（レム睡眠とノンレム睡眠）	死にゆく人（終末期に関する用語）
12	人生の最終段階（モルヒネ使用時の留意点）	人生の最終段階（危篤時の身体の変化）	死にゆく人（終末期に関する用語）	死にゆく人（死斑）	死にゆく人（死亡直前の身体変化）

2 学習のポイント

● 頻出項目には、他章と関連する部分が多い。そのため、他章と重なりのある部分については、自分の知識を再確認するように読み、不明な点は他章の関連項目に戻って復習することが大切である。そうすることで、理解が深まり知識の定着に役立つ。

● 解剖学的な人体の部位名について、読むだけではなかなか記憶できないという人は、自分で図と部位名を書いてみることをおすすめする。手を動かすことでより覚えやすくなる。

❶ こころのしくみの理解

頻出度 ★★☆

1. 健康の概念

● WHO憲章では、「健康とは、肉体的、精神的及び社会的に完全に良好な状態であり、単に疾病又は病弱の存在しないことではない」と定義している。

● 健康の定義は不変のものではなく、時代や環境により変化するものである。

2. 人間の欲求の基本的理解

● マズロー（Maslow, A.）は、人間の欲求は5段階であるという欲求階層説を提唱した。

● 欲求階層説は、下位の欲求を満たすと上位の欲求が現れてくるという理論である。

● 基本的欲求は、人間が生命や種を維持するために必要な欲求のことで、一次的欲求ともいう。

● 社会的欲求は、生命維持ではなく、後天的に生じる欲求で、二次的欲求ともいう。

● 欲求階層説には、第1層から第4層までを欠乏欲求、第5層を成長欲求に分類する分け方や、第1層を基本的欲求、第2層から第5層までを社会的欲求に分類する分け方もある。

表で整理！ 欲求階層説の各欲求の特徴

自己実現の欲求	自分の持つ能力を最大限発揮したいという欲求
承認と自尊心の欲求	自分が所属する社会で尊重されたいという欲求
所属と愛情の欲求	社会のどこかに属したい、他者に受け入れられたいという欲求
安全と安心の欲求	自分の身の安全を確保したいという欲求
生理的欲求	食欲や睡眠欲、性欲など、人間の種や生命維持に欠かせない欲求

Q 好意がある他者との良好な関係は、マズロー（Maslow, A.）の欲求階層説の所属・愛情欲求に相当する。 第32回

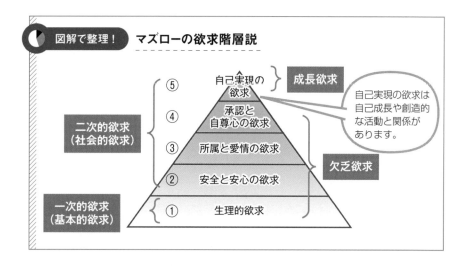

3. 自己概念と尊厳

自己概念に影響する要因

● その人を取り巻く環境、どのように養育されてきたか、受けてきた教育、人生経験などが自己概念の形成に影響を及ぼす。

● エリクソン（Erikson, E.H.）は、アイデンティティを確立していくのは青年期の課題であるとしている。

エリクソンの発達課題については、第9章❶（319ページ）を参照してください。

4. こころのしくみの理解

学習・思考のしくみ

● 学習とは、経験に基づいて生じる比較的永続的な行動の変容である。

● モデルの行動を観察するだけの観察学習、モデルの行動を模倣したときに直接強化を受けることにより成立する模倣学習などがある。

意欲・動機づけのしくみ

● 動機づけには、外発的動機づけや内発的動機づけがある。

  好意がある他者との良好な関係は「愛情欲求」に相当する。

外発的動機づけ	・報酬や社会的評価などが動機となって行動しようとすること ・外部からの刺激が行動の理由となっている
内発的動機づけ	・面白いから勉強する、興味があるからやるといった、自己の内部から湧き出す動機のこと

 表で整理！　**レスポンデント条件づけとオペラント条件づけ**

レスポンデント条件づけ （古典的条件づけ）	・パブロフ（Pavlov, I.P.）が提唱した理論 ・犬に餌を与える直前にメトロノーム音を鳴らすことを繰り返した結果、犬はメトロノーム音（条件刺激）を聞くだけで唾液分泌を生じる（条件反応）ようになった
オペラント条件づけ （道具的条件づけ）	・スキナー（Skinner, B.F.）が提唱した理論 ・勉強している子どもが褒められることで、ますます勉強するというように、褒めるという報酬が、勉強するという行動を強化したということになる

記憶のしくみ

● ものを覚えることを記銘といい、また、覚えた事柄を脳内で保存しておくことを保持という。

● 保持している情報を必要に応じて取り出す（思い出す）ことを想起という。

 表で整理！　**記憶の種類と概要**

感覚記憶 短期記憶 長期記憶	・感覚記憶とは感覚器に入ってくる刺激情報のこと ・記憶を保持している時間によって、短期記憶と長期記憶に区別されており、短期記憶の保持時間は数秒から数十秒と考えられている
エピソード記憶	・個人の経験に関する記憶
意味記憶	・辞書や百科事典などに記述してあるような知識の記憶のこと
手続き記憶	・運動や技能に関する記憶。いわゆる「身体で覚えている」記憶のこと ・一度覚えてしまえば、手順を言語化しなくても思い出すことができる
ワーキングメモリー （作動／作業記憶）	・認知的な処理を行うための記憶で、短期記憶の概念を発達させたもの ・情報を一時的に頭の中に保存し、その情報を使って作業するための記憶

Q エピソード記憶とは、一般的な知識についての記憶である。 第27回

陳述記憶 （宣言的記憶）	・言葉で説明できる種類の記憶 ・エピソード記憶や意味記憶などは記憶の内容を言葉で説明できるので陳述記憶（宣言的記憶）である
非陳述記憶 （非宣言的記憶）	・言葉では説明できない種類の記憶 ・手続き記憶は非陳述記憶（非宣言的記憶）である

手続き記憶の例として、自転車の乗り方の習得が挙げられます。第9章❷（324ページ）も参照してください。

感情のしくみ

● 感情とは、快・不快、喜怒哀楽などの気持ちのことで、①情緒・情動、②気分、③情操・価値観の3つの側面がある。

 用語解説

[情緒] 環境刺激への反応として生じる一過性の意識体験のこと
[情操] 社会的または文化的な価値観をもつ対象に向けられた反応のこと

📊 表で整理！　**感情の発達**

新生児微笑	・新生児が見せる微笑のこと ・楽しいと感じて笑っているわけではなく、生理的なものであると考えられている
社会的微笑	・周囲に対して働きかけをするために見せる微笑 ・生後3か月頃から現れる
アタッチメント （愛着）	・母親と赤ちゃんの情緒的な結びつきのこと ・信頼関係の形成につながる

適応のしくみ

● 適応機制（防衛機制）とは、不適応に陥ってしまった情緒感を解消するために行う無意識的な自我の働きをいう。

 × エピソード記憶とは、個人の経験に関する記憶であり、一般的な知識についての記憶は、意味記憶である。

表で整理！ **適応機制の種類**

抑圧	感情や欲求を無意識に抑え込もうとする心の働きのこと
抑制	意識的に自分の欲求を抑え込もうとする心の働きのこと
退行	厳しい状況などに遭遇したり、欲求不満状態に陥ったりしたとき、子どものような未熟な行動をとる心の働きのこと
代償	本来の目的が得られない場合に、獲得しやすい代わりのものに欲求を移して我慢すること
逃避	つらい状況から逃げ出そうとする心の働きのこと
合理化	自分の欠点や失敗を正当化しようとする心の働きのこと
感情転移	本来は向けるべき人がいる感情を、他の人に向けてしまうこと
置き換え	ある対象に向けられていた関心や感情、あるいは欲求などが別の対象に向けられていること
同一化	他者と自分を同一視することで、満たせない願望を満たしたように感じること
投射（投影）	認めたくない自分の欠点や感情が、他者にあるととらえること
反動形成	認めたくない感情や欲求と、反対の行動をとること
補償	劣等感情をほかの方法で克服しようとすること
昇華	社会では承認されない欲求を、社会的に認められる形で満たそうとすること

解き方がわかる！過去問解説

マズロー（Maslow, A. H.）の欲求階層説で成長欲求に該当するのは、自己実現欲求である。 第36回

ポイント

欲求階層説は、欠乏欲求と成長欲求に分類する分け方もあります。

正解は
○

欲求階層説には、第1層から第4層まで（生理的欲求から承認と自尊心の欲求まで）を何かが欠けている欲求不満状態から生じる欠乏欲求、第5層（自己実現欲求）を自らの存在価値を高める欲求である成長欲求に分類する分け方もあります。

Q 昇華とは、認めたくない欲求を心の中に抑え込んでしまおうとすることをいう。 第27回

❷ からだのしくみの理解①

頻出度 ★★★

1. 人体の基本構造

循環器系

● 循環器系とは、**心臓**、**血管**、**リンパ管**のことをいう。

● 心臓から出る血管を**動脈**、そして、心臓へと向かう血管を**静脈**という。なお、動脈血（肺でのガス交換を終えて酸素を多く含む血液）、静脈血（肺でのガス交換前の二酸化炭素を多く含む血液）とは定義が異なる。

● 心臓には4つの**弁**があり、血液の逆流を防ぐ役割を持つ。

● 心臓に栄養を供給する動脈は**冠動脈**であり、その血流が低下または停止して心筋が壊死すると、**心筋梗塞**となる。

● 心臓の拍動を体表面近くの動脈で触知したものが**脈拍**である。

● 脈拍は、通常手首の**橈骨動脈**で触知する。

● 血管を流れる圧力のことを血圧といい、心臓が収縮したときを**最高血圧（収縮期血圧）**、弛緩したときを**最低血圧（拡張期血圧）**という。

● 血圧の測定は、通常、**上腕動脈**で行う。

 表で整理！ 循環器系に関する数値まとめ

心拍数の正常値	約60～70回／分 （1回あたりの拍出量：約60～90mL）
血圧の正常値	最高血圧（収縮期血圧）：約130mmHg未満 最低血圧（拡張期血圧）：約85mmHg未満

ショック時など、血圧が低下している場合には、頸動脈で脈拍を触知します。

 ✕ 認めたくない欲求を心の中に抑え込むのは、抑圧である。

第8章
❷ からだのしくみの理解①

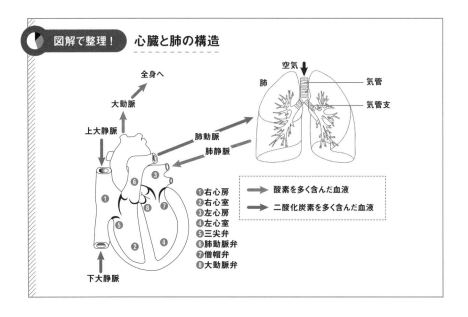

図解で整理！ **心臓と肺の構造**

全身へ

大動脈

上大静脈

肺動脈

肺静脈

空気

肺

気管

気管支

❶右心房
❷右心室
❸左心房
❹左心室
❺三尖弁
❻肺動脈弁
❼僧帽弁
❽大動脈弁

下大静脈

→ 酸素を多く含んだ血液

→ 二酸化炭素を多く含んだ血液

心臓から出て肺へ向かう肺動脈には、二酸化炭素を多く含む静脈血が流れています。一方で、肺から心臓へと戻る肺静脈には、肺でガス交換を終えた、酸素を多く含む動脈血が流れています。

呼吸器系

● 呼吸器系は、気道と肺からなる。

● 鼻腔は外気を温め、湿度を与え、ほこりなどの異物を除去する。そして、鼻腔は咽頭につながり、さらに喉頭、気管へと至る。

● 喉頭には声帯があり、呼気時に振動して声を出すことができる。

● 肺は左右に一対あり、右肺は3つの葉と呼ばれる部分から、左肺は2つの葉からなる。

● 気管は気管支で枝分かれし、肺の中でさらに細気管支に分かれ、ガス交換の場である肺胞へとつながる。

Q 肺動脈には静脈血が流れている。**第30回**

血液系

● 血液は、細胞成分である**血球**（赤血球、白血球、血小板）と、それ以外の成分である**血漿**で構成されている。

● 赤血球は**ヘモグロビン**を含み、酸素と二酸化炭素の運搬を行う。

● 白血球には顆粒球（好中球、好酸球、好塩基球）とリンパ球、単球（血管外でマクロファージとなる）がある。細菌などの異物に対処する役割があり、**細菌感染**があると増加する。

● 血小板は血液の凝固に必要な成分である。減少すると**出血傾向**がみられる。

腎・泌尿器系

● 泌尿器は、**腎臓**と**尿路**（尿管・膀胱・尿道）から構成されている。

● 腎臓は、腰背部の**脊柱**の両側に1対あり、体内で発生した老廃物の排出などを行っている。

● 腎臓を通過した尿は尿管を通り**膀胱**にたまる。その後、尿道を通って排尿される。

腎臓は薬物の排泄にも重要な役割を果たします。加齢のために腎機能が低下すると、薬の効果が強く出たり、副作用が出やすくなったりします。

 A ○ 全身の静脈を流れてきた血液が心臓に集まり、心臓から肺へと向かう血管が肺動脈である。つまり、肺動脈には、ガス交換を行う前の静脈血が流れている。

脳・神経系

● 神経系は、脳や脊髄の**中枢神経系**とそれ以外の**末梢神経系**に分けられる。

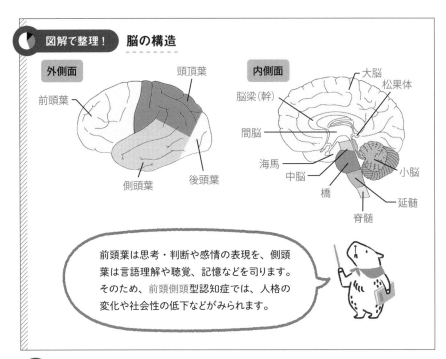

図解で整理！ **脳の構造**

外側面

前頭葉　頭頂葉　側頭葉　後頭葉

内側面

大脳　松果体　脳梁（幹）　間脳　海馬　中脳　橋　脊髄　延髄　小脳

> 前頭葉は思考・判断や感情の表現を、側頭葉は言語理解や聴覚、記憶などを司ります。そのため、前頭側頭型認知症では、人格の変化や社会性の低下などがみられます。

表で整理！ **脳の器官とその働き**

大脳	・右半球と左半球に分けられ、それぞれの半球には**前頭葉**、**側頭葉**、**頭頂葉**、**後頭葉**があり、**言語野**や**視覚野**などの中枢が、部位を決めて配置されている ・**前頭前野**は思考、判断などの高次脳機能を司り、側頭葉の**海馬**は記憶を司り、後頭葉は**視覚**を司っている
間脳	・自律神経や内分泌系（ホルモン分泌）、体液調節の中枢である視床下部がある。体温や血圧など、体の状態を一定に保つ**ホメオスタシス（恒常性）**を司る ・視床下部に接する**脳下垂体**は、成長ホルモン、副腎皮質刺激ホルモン、性腺刺激ホルモン、抗利尿ホルモンなどを分泌する
小脳	・大脳の後方下に位置し、左半球と右半球に分かれている ・手足の動きなどの運動を調整する働きがある
脳幹	・中脳、橋、延髄からなり、生命の維持に直結する循環機能や呼吸機能の中枢がある
脊髄	・脊髄は延髄に続いて下方に伸びる部分で、脊椎（背骨）に囲まれて保護されている

Q 大脳の後頭葉には聴覚野が局在している。**第35回**

● 末梢神経のうち、中枢からの指令を末梢に伝達するのが**運動神経**、逆に情報を中枢に伝達するのが**感覚神経**である。

末梢神経系は、体性神経（脳脊髄神経）や自律神経などに分けられます。体性神経は、骨格筋や皮膚に分布しており、自律神経は、内臓や血管に分布しています。

● 自律神経は、**交感神経**と**副交感神経**に分かれる。

● 交感神経は、血圧の**上昇**、心拍数の**増加**、消化の**抑制**などに作用する。

● 副交感神経は、血圧の**低下**、心拍数の**減少**、消化の**促進**などに作用する。

交感神経が働くのは戦闘態勢、副交感神経が働くのは休息とイメージすると覚えやすいでしょう。たとえば、何かと戦うとき（＝交感神経）には目を見開き（瞳孔の散大）、体を激しく動かしていて（血流の増加、血糖値の上昇）、食事をしている余裕はありません（消化の抑制）。

骨・筋肉系

● 骨は、全身に約200個あり、**カルシウム**と**リン**を主成分としており、コラーゲンなどの**たんぱく質**も含んでいる。

● 骨は、**骨質**と**骨髄**からなる。

● 筋肉は**運動**を担う。そのほか、姿勢の保持、体温の保持、血液を循環させる働きもある。

→ **A** ✕ 大脳の後頭葉には視覚野が局在している。

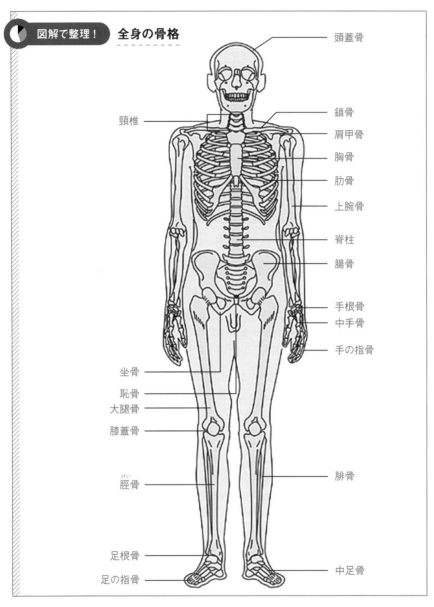

図解で整理！ **全身の骨格**

- 頭蓋骨
- 頸椎
- 鎖骨
- 肩甲骨
- 胸骨
- 肋骨
- 上腕骨
- 脊柱
- 腸骨
- 手根骨
- 中手骨
- 手の指骨
- 坐骨
- 恥骨
- 大腿骨
- 膝蓋骨
- 脛骨（けい）
- 腓骨
- 足根骨
- 中足骨
- 足の指骨

関節運動の主として働く筋肉を主動作筋といいます。股関節屈曲の主動作筋は腸腰筋、足関節伸展の主動作筋は前脛骨筋となっています。

Q 股関節屈曲の主動作筋は、腸腰筋である。 第27回

表で整理！ **骨と筋肉の働き**

骨	・骨質は体を支え筋肉とともに運動を担い、臓器を保護している。骨髄は、赤血球、白血球、血小板をつくる造血器官である ・骨と骨との結合には、可動関節、ほとんど運動性のない結合、運動性がまったくない縫合の3種類がある ・骨は破壊と再生を繰り返し一定の骨量を保っている
筋肉	・肝臓とともにグリコーゲンを蓄える ・平滑筋は消化器や呼吸器などに分布し、内臓筋とも呼ばれ、自分の意思で動かせない不随意筋である

感覚器系

● 感覚器とは、外界のさまざまな刺激を受け取る眼、耳、鼻、舌、皮膚をいう。

● 感覚器は、物理的または化学的な刺激に反応して電気信号を発し、それが大脳の感覚中枢に伝わり認識されることになる。

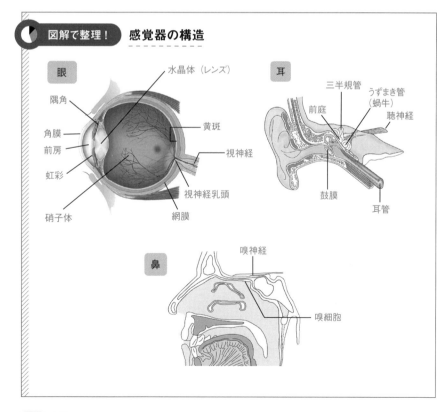

図解で整理！ **感覚器の構造**

眼
水晶体（レンズ）
隅角
角膜
前房
虹彩
硝子体
黄斑
視神経
視神経乳頭
網膜

耳
三半規管
うずまき管（蝸牛）
前庭
聴神経
鼓膜
耳管

鼻
嗅神経
嗅細胞

 A ○ 設問文の通りである。なお、主動作筋とは、主として関節運動の際に働く筋肉をいう。

眼	・眼に入る光は、角膜、虹彩、水晶体を通過して、網膜に当たる ・水晶体は網膜上に像を映し出し、視神経を通じて脳へ伝達される
耳	・外耳、中耳、内耳の3つの部分からなっている ・音による空気の振動は、外耳から鼓膜に達し、耳小骨を介して内耳の蝸牛に伝わり、聴覚中枢に信号が送られる ・中耳 (耳管) には、気圧の調節をする働きがある ・内耳には、三半規管、前庭があり、平衡機能を司っている
鼻	・鼻腔には嗅細胞があり、においを感知する
舌	・味覚器は、舌にある味蕾(みらい)が味覚の受容器で、味細胞の集まりである
皮膚	・皮膚には機械的受容器、温熱受容器、痛覚受容器があり、触覚、痛覚、圧覚、温度感覚を受容する ・皮膚の表面は弱酸性であり、無菌ではなく表皮ブドウ球菌など、さまざまな常在細菌が存在する

内分泌系

● 内分泌系はホルモンを分泌し、神経系とともに全身臓器の機能を調整し、身体の状態を一定に保つ働きをしている。

● 内分泌に対し、汗、唾液、胃液、膵液などの体外 (消化器含む) への分泌は外分泌と呼ばれる。

表で整理！ **内分泌系の器官とその働き**

視床下部	・主に脳下垂体のホルモン分泌を刺激するホルモンを分泌する
脳下垂体	・成長ホルモン、副腎皮質刺激ホルモン、性腺刺激ホルモン、抗利尿ホルモン (バソプレッシン) などを分泌する
甲状腺	・甲状腺ホルモン (サイロキシンなど) を分泌しており、体全体の代謝に大きな影響を与える
副腎	・皮質と髄質からなり、皮質からは、抗ストレス作用をもつコルチゾール、電解質濃度の調整に関与するアルドステロンなどの副腎皮質ホルモン (ステロイド) が分泌される ・髄質からは血管収縮、血圧上昇、瞳孔散大などの作用をもつアドレナリンとノルアドレナリンが分泌される
膵臓	・膵臓のランゲルハンス島でインスリンとグルカゴンが作られる ・インスリンは血糖値を下げ、グルカゴンは血糖値を上げる

睾丸	・男性性器の発育や、精子の形成などに関係している**男性ホルモン（テストステロン）**を分泌する
卵巣	・**女性ホルモン（エストロゲン、プロゲステロン）**を分泌する

消化器系

● 消化器系は、食物を取り入れ、**消化し吸収**する臓器によって構成される。

● 消化器には、胃、大腸、小腸などがある。小腸は、**空腸と回腸**からなる。

図解で整理！ 消化器の構造

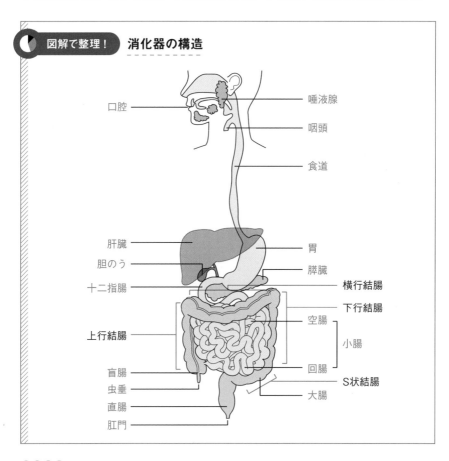

口腔
唾液腺
咽頭
食道

肝臓
胆のう
十二指腸
上行結腸
盲腸
虫垂
直腸
肛門

胃
膵臓
横行結腸
下行結腸
空腸
小腸
回腸
S状結腸
大腸

用語解説

[消化] 食物を吸収できる大きさまで、機械的・化学的に分解すること。

   血液が流れているのは、血管である。リンパ管にはリンパ液が流れている。

口腔・咽頭	・上顎骨と下顎骨に囲まれた空間である口腔は、咀嚼、嚥下、味覚を感知する機能を持つ ・食物は、咀嚼されると同時に、消化酵素を含む唾液と混ぜ合わされて、飲み込みやすい形（食塊）となる ・噛み砕かれた食物が咽頭粘膜にあたると、嚥下反射が起こり、食物は食道に流れ込む
食道	・気管の後ろにあり、蠕動運動により食物を胃に運ぶ
胃	・胃では、塩酸とペプシノーゲンを含む胃液の分泌と胃の蠕動運動により、たんぱく質の分解が行われる ・食物の胃内での消化が進むと、胃の出口である幽門を通過して十二指腸へ送られる
十二指腸	・肝臓で作られた胆汁と膵臓で作られた膵液が分泌される ・胆汁は脂肪の吸収を助け、膵液は多くの分解酵素を含み、食物の糖質、脂肪、たんぱく質の消化をさらに進める
小腸	・小腸では、胃から送られてきた食物が腸液などでさらに分解され、栄養素の吸収が行われる ・消化器官の中でも最も長く（約3m）、蠕動運動と分節運動によって食物は大腸へと運ばれる
大腸	・小腸から送られてきた食物の残渣は、大腸を通過する間に水分が吸収され、硬くなり、S状結腸で通常の便の硬さとなる。便が直腸に下がってくると便意をもよおし、肛門括約筋が緩み排便が起こる ・肛門括約筋は意思によるコントロールが可能である ・大腸には大腸菌をはじめ、無数の細菌が存在する
肝臓	・肝臓には門脈から約85%、肝動脈から約15%の血液供給が行われている ・門脈へは小腸で吸収された栄養素を含む血液が流れ込む ・肝臓は、さまざまな物質の代謝や解毒、胆汁の分泌などの役割をもつ

肝臓では、ブドウ糖からグリコーゲンがつくられ貯蔵されます。

Q 空腸は、小腸の一部である。 第28回

解き方がわかる！過去問解説

尿を通じて、1日に約1gのたんぱく質と約10gのブドウ糖が排出される。 第32回改

ポイント
尿が生成される過程で、体に必要なものは再吸収されるなどして、体に不要なものが濃縮されます。

正解は
✕

尿を生成する過程で、たんぱく質やブドウ糖の大部分は再吸収などで排出されません。そのため、尿を通じた1日の排出量は、たんぱく質は約70mg（0.07g）、ブドウ糖は約30〜130mg（0.03〜0.13g）です。

解き方がわかる！過去問解説

Lさん（84歳、男性、要介護4）は、自宅で妻と暮らしている。数日前から妻が体調を崩しているため、短期入所生活介護を利用することになった。利用初日に、介護福祉職が身体の確認をするために着替えを行ったところ、Lさんの腋窩と腹部に赤い丘疹が見られ、一部に小水疱を伴っていた。強いかゆみを訴えており、手指間には灰白色の線が見られる。
Lさんに考えられる皮膚疾患について、集団生活を送る上で最も注意すべき優先度の高いものは、疥癬である。 第30回

ポイント
症状の特徴のほか、「集団生活を送る上で最も注意すべき優先度の高いもの」という設問の文言もヒントになります。

正解は
○

疥癬は、事例の文章のとおり赤い丘疹と小水疱が現れ、強いかゆみを生じます。ヒゼンダニの寄生による皮膚感染症で、接触感染することから、免疫力が低下している高齢者が集まる施設などでは特に注意が必要です。

A ○ 小腸は回腸と空腸からなる。

頻出度
★☆☆

❸ からだのしくみの理解②

1. 関節の可動域

関節可動域

● 関節ごとに最大で動かすことが可能な**角度**が決まっている。これを関節可動域という。

● 関節可動域は、年齢や性別、各人の筋肉や腱、靭帯などの状態の影響を受け**個人差**が大きい。一般的に加齢により関節可動域は狭くなる。

図解で整理！ **関節の動き**

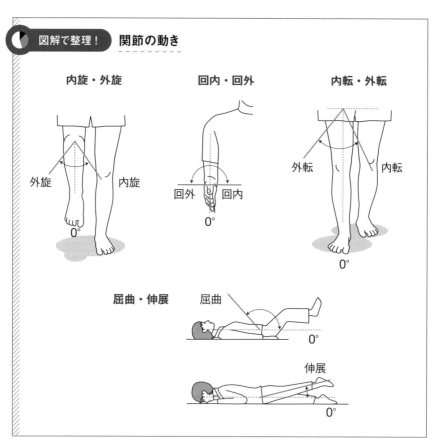

Q 介護者が効率的かつ安全に介護を行うためのボディメカニクスの原則に「支持基底面を広くする」ことがある。**第34回**

2. からだのしくみの基礎

ボディメカニクス

● 物理や力学の原理を、介護者や介護される側の姿勢や動作に応用する技術をボディメカニクスという。

● 介護者は、ボディメカニクスの8原則に基づく介護を行うことによって、腰痛予防などを図る。

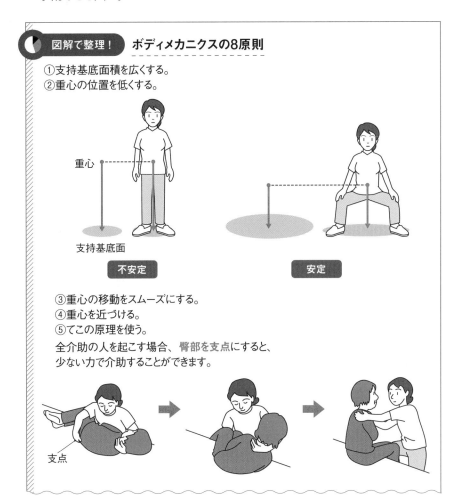

図解で整理！　ボディメカニクスの8原則

① 支持基底面積を広くする。
② 重心の位置を低くする。

重心

支持基底面

不安定　　　　　　　　　　　　　安定

③ 重心の移動をスムーズにする。
④ 重心を近づける。
⑤ てこの原理を使う。

全介助の人を起こす場合、臀部を支点にすると、
少ない力で介助することができます。

支点

A ◯　支持基底面積は広くとった方が身体は安定する。

⑥利用者の身体を小さくまとめる。

⑦大きな筋群を使う。
⑧広い空間で効率よく行う。

その他、身体をねじらないようにします。

ボディメカニクスの8原則については、第6章「生活支援技術」で出題されることもあるので押さえておきましょう。

解き方がわかる！過去問解説

肘関節の伸展は、上腕三頭筋の収縮によって起こる。 第25回

ポイント
内旋・外旋、回内・回外、内転・外転、屈曲・伸展など、関節の動きを思い出しながら筋肉と関連させて考えましょう。

正解は
◯
上腕三頭筋は、肘関節の伸展に関係しています。肘関節を収縮させるのは、上腕二頭筋です。上腕三頭筋は、上腕の背中側にある筋肉です。

  介護者は体幹をねじらず、足先を移動の方向に向ける。 第27回

❹ 移動に関連したこころとからだのしくみ

1. 移動に関連したこころとからだの基礎知識

身体機能の維持

● 移動行為は筋力や関節可動域の維持につながり、そして移動行為の刺激によって骨の強度が保たれる。

良肢位

● 良肢位とは、最もADL（日常生活動作）に支障の少ない関節の角度であり、関節拘縮などの機能障害の発生を予防するための肢位でもある。

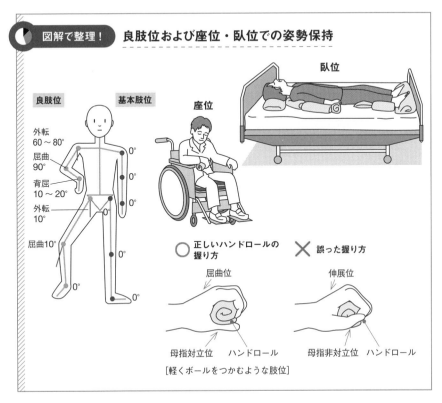

図解で整理！ 良肢位および座位・臥位での姿勢保持

臥位

座位

| 良肢位 | 基本肢位 |

外転
60～80°　0°

屈曲
90°　0°

背屈
10～20°　0°

外転
10°　0°

屈曲10°

0°

○ 正しいハンドロールの握り方

屈曲位

母指対立位　ハンドロール

[軽くボールをつかむような肢位]

× 誤った握り方

伸展位

母指非対立位　ハンドロール

  ボディメカニクスに基づいた介護が腰痛などの予防につながる。

2. 歩行に関連する筋肉・骨の機能

- 筋力を維持するためには、普段の生活から最大筋力の20〜30%以上の筋力を使うことが必要となる。
- 安定した立位を保持するためには、抗重力筋（**脊柱起立筋**、**大腿四頭筋**、**大殿筋**、下腿三頭筋など）の働きとバランスが重要である。抗重力筋の筋力低下は、腰が曲がるなどの姿勢変化を起こす。
- 骨の主成分は、**カルシウム**や**リン**、マグネシウムなどのミネラル、骨・腱・靭帯などを構成するたんぱく質の1つであるコラーゲンなどである。
- 骨は常に分解と合成を繰り返しているため、骨の強度を維持するためには、運動による骨形成促進、日光を浴びることによるビタミンDの産生促進、カルシウム（Ca）やたんぱく質の摂取などが必要である。
- 女性の閉経、骨粗鬆症、寝たきりなどは、**骨量減少**の原因となる。

3. 機能の低下・障害が移動に及ぼす影響

- 高齢者では**大腿骨頸部骨折**（股のつけ根の骨折）、**橈骨遠位端骨折**（手首の骨折）、**脊椎圧迫骨折**（背骨の骨折）、**上腕骨近位端骨折**（肩の骨折）が多く、これらは高齢者の4大骨折部位といわれる。
- 運動器の障害によって要介護状態にあることや要介護のリスクが高い状態を運動器症候群といい、**ロコモティブシンドローム**ともいう。
- 運動機能が衰え、寝たきりの状態が長く続くと、**廃用症候群**になることがある。
- **廃用症候群**では、筋萎縮、骨萎縮、関節拘縮（関節可動域の減少）、起立性低血圧、心肺機能低下、褥瘡、うつ病などがみられる。寝たきりの場合にはエコノミークラス症候群（深部静脈血栓症）にも注意が必要である。

用語解説

［褥瘡］持続的な皮膚の圧迫によって循環障害が起こり、その周囲組織が壊死した状態。

Q 骨のカルシウムはビタミンAによって吸収が促進される。**第34回**

移動の機能低下、障害につながる疾患

● パーキンソン病にみられる運動障害の一つに**歩行障害**がある。
● 関節リウマチの足指の変形には、**外反母趾**や槌指^{つちゆび}などがある。

パーキンソン病の主な症状については、第9章❹（336ページ）を参照してください。

表で整理！　パーキンソン病でみられる移動に関する症状

振戦	・1秒間に4～6回程度のリズムで揺れ動く手や指のふるえ ・安静時に強くみられることから、**安静時振戦**ともいわれる
固縮 ^{こしゅく}	・筋の緊張が持続的に高くなった状態。**筋固縮**ともいわれる
無動・寡動 ^{かどう}	・動作のはじめや途中で手足がすくんでしまう**すくみ足歩行**がみられる ・症状としては、表情が仮面のように乏しくなる**仮面様顔貌**、まばたき回数の減少などがみられる
姿勢反射障害	・姿勢を立て直す反射が障害されて、**バランスがとりにくい** ・歩行障害では、歩幅の小さな**小刻み歩行**や徐々に加速する**加速歩行**（突進現象）などがみられる

表で整理！　関節リウマチでみられる移動に関する症状

朝のこわばり	・朝起きたときに**手足がこわばって**、動きが悪くなる
関節破壊・変形	・手指の変形には、**スワンネック（白鳥の首）変形**、ボタン穴変形、尺^{しゃく}側偏位、母指Z変形などがある ・足指の変形には、**外反母趾**、槌指などがある
関節痛・腫脹	・関節の**炎症**や**破壊**によって、強い関節痛や腫れが起こる
筋力低下	・活動が減少し、上・下肢の筋力が低下する
関節可動域 （ROM）制限	・関節の腫れや関節変形などによって、関節の動く範囲が狭くなる
歩行障害	・関節変形や拘縮、筋力低下などによって**歩行**が障害される

 骨の強化に関するビタミンは、ビタミンAではなく、ビタミンDである。

表で整理！ 脳血管疾患（脳出血、脳梗塞）でみられる移動に関する症状

片麻痺	・麻痺は、下肢よりも上肢に強くみられる傾向がある ・麻痺側の肩関節は亜脱臼を起こしやすく、下肢ではつま先が下内側を向く内反尖足が多くみられる ・歩行障害では、下肢全体を大きく外側に回して歩く分回し歩行がみられる ・脳血管疾患では、障害された脳とは反対側の上・下肢に運動麻痺が起こる

 表で整理！ 変形性関節症でみられる移動に関する症状

関節痛	・立ち上がりや、階段の上り下りなどの際に強く現れる ・関節痛が強いときには、跛行や歩行距離の短縮がみられる
関節変形	・関節の隙間が狭くなることや骨破壊、骨棘などがみられる
関節可動域 （ROM）制限	・関節の動く範囲が狭くなり、日常生活に支障をきたす ・正座や和式便器の使用など、関節を深く曲げることができなくなる
筋力低下	・主に大腿四頭筋や中殿筋などの下肢の筋力低下が起こる
関節水腫	・関節内に滑液といわれる関節液が異常にたまり、関節の腫れが起こる

 表で整理！ 脊髄損傷でみられる移動に関する症状

運動麻痺	・頸髄損傷では四肢麻痺、胸髄損傷では体幹の麻痺と対麻痺、腰髄損傷では対麻痺が起こる

 表で整理！ 歩行に影響を与えるその他の疾患

脊柱管狭窄症	間欠性跛行
閉塞性動脈硬化症	間欠性跛行
脳性麻痺	はさみ足歩行
脊髄小脳変性症	失調性歩行（酩酊歩行）
進行性筋ジストロフィー	動揺性歩行
脊髄損傷	大振り歩行、小振り歩行

  パーキンソン病（Parkinson disease）では、小刻み歩行がみられる。**第26回**

解き方がわかる！過去問解説

僧帽筋は、立位姿勢を維持するための筋肉（抗重力筋）である。 第29回

ポイント 僧帽筋は、後頭部から背中の正中線に沿って始まり、左右の鎖骨・肩甲骨までのひし形の筋肉です。

正解は
✕

僧帽筋は肩の運動に関係しており、抗重力筋ではありません。立位姿勢の維持に関係しているのは、大腿四頭筋などです。

解き方がわかる！過去問解説

廃用症候群によって深部静脈血栓症が起こる可能性を減らすための対応として離床することが適切である。 第28回

ポイント 深部静脈血栓症の発症要因が避難所などで動かずにじっとしていることなどであることを思い出し、考えてみましょう。

正解は
◯

深部静脈血栓症は、飛行機の中などで長時間座ったままでいる、避難所などで動かずにじっとしているなど動かないことで発症します。廃用症候群で安静臥床を続けていることで血液循環量が減少して血液の粘度が増して静脈血栓が生じます。できるだけ離床し体を動かすことが必要です。

A ◯ パーキンソン病でみられる歩行障害としては、歩幅の小さな小刻み歩行や徐々に加速する加速歩行（突進現象）などがある。

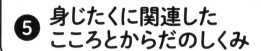

❺ 身じたくに関連した こころとからだのしくみ

1. 毛髪の構造と機能

● 毛の主な機能は、**皮膚の保護**、**体温の保持**、**触覚機能**である。

● **毛包**が減少することによって毛髪が少なくなる。また、毛髪自体が細くなる。

● **遺伝**や**男性ホルモン**の影響により脱毛が目立ってくる。

● メラニンが生成されなくなり色素がなくなって白くなる（**白髪**）。

2. 爪の構造と機能

● 爪は皮膚の角質層が**角化**（ケラチンという硬いたんぱく質に変化）した状態であり、1日に0.1mm程度の早さで伸びる。

● 高齢者には皮膚のかゆみが生じることも多く、爪を長く伸ばすと皮膚を傷つけてしまい**感染**を引き起こす可能性もある。そのため爪は定期的に切ることが望ましい。

爪の生理的変化

● 縦に走る筋が生じ、艶がなくなる。

● 肥厚するとともに、もろくなりやすい（割れやすいなど）。

3. 口腔の構造と機能

● 口腔は消化器官の始まりでもあり、**呼吸器**とも密接な関係がある重要な器官である。

● 口腔内に食べ物が入ると唾液中枢が刺激され、刺激が**唾液腺**に伝達されることで条件反射として唾液分泌が起こる。

Q 副交感神経は唾液分泌を抑制する。**第31回**

- 唾液は99%以上が水分であり、ほぼ中性の液体である。口腔内の自浄作用をもつほか、でんぷんを分解する消化酵素である**アミラーゼ**を含む。唾液の分泌量は1日約1,000〜1,500mLである。
- 唾液には、リゾチームなどの**抗菌成分**が含まれる。
- 唾液は、3対の大唾液腺があり、そこから分泌される。3対の大唾液腺とは、**耳下腺、顎下腺、舌下腺**のことである。
- 歯には、食物を噛み砕き、**唾液**と混ぜ合わせる役割がある。
- 永久歯の数は**28〜32**本である。
- 舌は味覚を感じる器官であり、咀嚼と嚥下、発語にも関連する。味覚は舌の味蕾（みらい）という部分で感知する。
- **喉頭蓋**が正常に機能することで食物や飲料・口腔雑菌が混じった唾液が肺へ侵入するのを防いでいる。

口腔内の生理的変化
- 虫歯や歯周病（歯周疾患）の影響で**歯**の本数が減少することが多い。
- 咀嚼力が低下する。また、唾液分泌量が低下することで**自浄作用**が低下する。
- **味蕾**の数が減り、味を感じにくくなる。

> 味覚が低下したからといって塩分を増やすと、血圧を上昇させてしまいます。ダシや酸味を利かせるなど、味付けの工夫を行いましょう。

A ✕ 副交感神経は、唾液の分泌を亢進する。

口臭のしくみ

● 口腔内の清掃が十分ではなかったり、食品（ねぎ・にら・にんにくなど）の摂取によって**口臭**が発生する。

● 糖尿病や口腔・鼻咽頭・気道・食道・胃・肝臓・腎臓などに**疾患があること**で発生する場合がある。

● 睡眠中や夜間においては、唾液分泌量が減少し口腔内が乾燥しやすい。そうした影響や、磨き残しの**食物残渣**により、起床時に口臭を感じることがある。

障害と口腔衛生の関係

● **経口摂取**が困難になった場合、食事の形態が硬いものから軟らかいものに変更されたりする。この影響で、唾液の分泌がより減少する。

● 舌の機能が衰えると舌を使いながら食べ物を**食塊**状にし、滑らかにのどの奥へ送り出すことができなくなってしまう。

● 喉頭蓋の機能が正常に働かず、飲食された物がスムーズに食道へ運ばれないと、飲食物が**気管支**から肺へ流れ込んでしまう危険性がある。

● 誤嚥した際に反射で咳ができれば、気管支への異物の流入を防ぐことにつながるが、誤嚥が度重なることにより**肺炎（誤嚥性肺炎）**を招く可能性が高くなる。

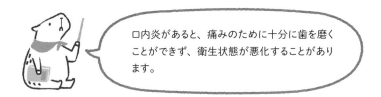

口内炎があると、痛みのために十分に歯を磨くことができず、衛生状態が悪化することがあります。

Q 口臭の原因になりやすい状態として歯周病がある。 **第35回**

表で整理！ 障害と口腔衛生の関係

障害	影響
脳血管疾患の後遺症を持つ要介護者	・白ら口腔ケアを実施する場合、半側空間無視により、麻痺側である顔面や口腔を失認してしまう可能性がある。食後は、麻痺側に食物が残っていないか確認するとよい ・麻痺のために感覚が鈍くなり口腔ケアが不十分となって、食物残渣に細菌が付着し歯垢がたまりやすくなる ・失行により運動麻痺を呈し口腔ケアを実施できないことがある
認知症を持つ要介護者	・口腔機能が正常であっても義歯の紛失により、噛む動作ができにくくなることがある ・歯ブラシを認識できず、また理解が得られないことで不衛生な状態が続いたり、歯科治療への協力が得られず、断念せざるを得ない場合がある ・介助者や医療従事者に痛みや腫れなどの状況を伝えられず、状況が悪化する可能性がある
嚥下障害を持つ要介護者	・吸引カテーテルに歯ブラシを取り付ける場合がある ・必然的に唾液の分泌量が減少することから口腔内が乾燥しやすい

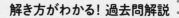 **解き方がわかる！ 過去問解説**

口臭は、食事量が増加した場合に起こりやすい。 第32回

 ポイント
口臭が起こるしくみを今一度確認してみましょう。

正解は
✕

口臭の原因には、食後の口腔内の清掃が不十分であることや、にら、にんにくなどのにおいが強い食品を摂取すること、疾患などが挙げられます。食事量が増加したとしても、においの強い食品を避け、十分に口腔内を清掃すれば防ぐことができ、必ずしも食事量の増加によって口臭が起こりやすくなるとはいえません。

➡ **A** ○ 歯周病の原因となる細菌はメチルカプタンなどの口臭の原因物質を産生する。

⑥ 食事に関連した こころとからだのしくみ

1. 食事の意味としくみ

食べることの生理的意味

● 人は食物を摂取して栄養素を**エネルギー**に変換し、身体を構成する組織を作り出す。

● 生体機能を維持する目的だけでなく、食べることで**楽しみや心の活力**を得ることもある。

食欲を感じるしくみ／のどが渇くしくみ

● 食欲は、血糖値の変動に脳の**視床下部**が反応してコントロールされている。

● 発汗や呼吸などで水分が奪われることによって、体液の**浸透圧**が高くなって、**視床下部**にある口渇中枢が刺激されて水を飲みたいという欲求が現れる。

2. からだをつくる栄養素

五大栄養素

● 五大栄養素とは、**炭水化物（糖質）、脂質、たんぱく質、無機質（ミネラル）、ビタミン**である。

● 炭水化物、脂質、たんぱく質は、**エネルギー源**になる。

● 脂質、たんぱく質、無機質には、**生体組織を構成する**働きがある。

● たんぱく質、無機質、ビタミンは、**生体機能を調節する**働きがある。

● 1g当たりのエネルギー発生量が最も多い栄養素は、**脂質**である。

Q 1g当たりのエネルギー発生量が最も多い栄養素は脂質である。 第28回

表で整理！　**各栄養素の働き**

糖質	・炭水化物に分類され、エネルギー源として使用される ・余剰分は肝臓や筋肉にグリコーゲンとして貯蔵される
脂質	・細胞膜・血液・ホルモンなどの原料となり、脂溶性ビタミンの吸収を助ける ・飽和脂肪酸は、動物性油脂に多く常温で固体である。多用すると血液中のコレステロールや中性脂肪濃度が上昇し、冠動脈疾患や脳血管疾患を誘発する ・不飽和脂肪酸は植物油に多く常温で液体である。そのうち、リノール酸とα-リノレン酸は、体内で合成できないことから、食品を通して摂取する必須脂肪酸である
たんぱく質	・たんぱく質は、皮膚、筋肉、臓器、酵素、ホルモンなどの主成分となり、血液成分中の栄養素を運搬する役割も果たす ・たんぱく質を構成するアミノ酸のうち、体内で合成できず食事から摂取する必要があるものを必須アミノ酸という
無機質 （ミネラル）	・身体機能の調整などの重要な役割を持つ ・体内で合成されないので食品から摂取する ・不足すると欠乏症が発生する
ビタミン	・エネルギー源の代謝に関与し、身体の発育や活動を正常に保つ働きがあるが、体内で合成されないので食品から摂取する ・不足すると欠乏症が発生する ・水溶性ビタミンには、B₁、B₂、B₆、B₁₂、C、ナイアシン、葉酸、パントテン酸、ビオチンがある。過剰摂取の場合は尿から排泄されるため、毎日摂取する必要がある ・脂溶性ビタミンには、A、D、E、Kがあり、油脂と一緒に摂取すると吸収が促進される。余剰分は尿から排泄されず、過剰摂取は過剰障害を起こす
食物繊維	・炭水化物に分類される多糖類であるが、消化されずエネルギー源にならない ・水溶性食物繊維は、熟した果物やこんにゃく、海藻などに多く、血液中のコレステロールの吸収を妨げて体外に排出されやすくし、食後の血糖値の上昇をゆるやかにする ・不溶性食物繊維は、豆類や野菜に多く、腸壁を刺激して蠕動運動を活発にし、便秘の改善や腸内の環境を改善する
水分	・乳児では体重の約80％、成人で約60％を占める ・栄養素を溶かすことで消化・吸収、栄養素や老廃物の運搬に関与するほか、体温保持や発汗による体温調節にも関与している ・水分の調整は腎臓で行われ尿として排出される。そのほか、排便や、呼吸・皮膚からの不感蒸泄でも排泄される ・摂取不足により、熱中症、脳梗塞、心筋梗塞などを生じる

A ○ エネルギー源となる栄養素は糖質、脂質、たんぱく質である。このうち、糖質とたんぱく質は1g当たり4kcalであるのに対し、脂質は1g当たり9kcalのエネルギーを発生させる。

285

表で整理！ **主な無機質の種類とその働き**

ナトリウム	血圧の調整、体液のpHの調節
カリウム	ナトリウムによる血圧の上昇を抑える
マグネシウム	骨の材料になる。神経系の機能維持を担う
カルシウム	骨や歯を作る
リン	骨や歯を作る
鉄	酸素を全身に運ぶ
亜鉛	たんぱく質を骨や筋肉に変える
ヨウ素	ホルモンの材料になったり、細胞の代謝を助ける

 表で整理！ **主なビタミンの種類と欠乏症**

	種類	役割・特徴	欠乏症
脂溶性	ビタミンA	発育促進・視力調節	夜盲症、皮膚、粘膜、眼球結膜の角化
	ビタミンD	カルシウムやリンの吸収を促進し骨形成に関与	クル病、骨粗鬆症、歯の発生の遅延
	ビタミンE	体内の脂質の酸化防止	溶血性貧血
	ビタミンK	血液凝固。プロトロンビン関係の凝固系が障害	肝硬変で欠乏しやすい
水溶性	ビタミンB_1	糖質の代謝に関係	脚気、全身倦怠感、多発性神経炎
	ビタミンB_2	発育促進	口角炎、舌炎、口唇の発赤、びらん、肝障害、慢性腎炎、慢性膵炎、アルコール中毒、抗生物質投与など
	ビタミンC	コラーゲンの生成に関与	壊血病（出血傾向、歯肉出血）

ビタミンCは抗酸化作用とコラーゲン生成に関与しているほかにも、腸管からの鉄吸収に関わるなど重要なビタミンです。

Q 食物が入り誤嚥が生じる部位は、食道である。**第36回**

3. 食べるしくみ

摂食・嚥下のプロセス

● 摂食・嚥下のプロセスは、**先行期**、**準備期**、**口腔期**、**咽頭期**、**食道期**の5段階に区分できる。

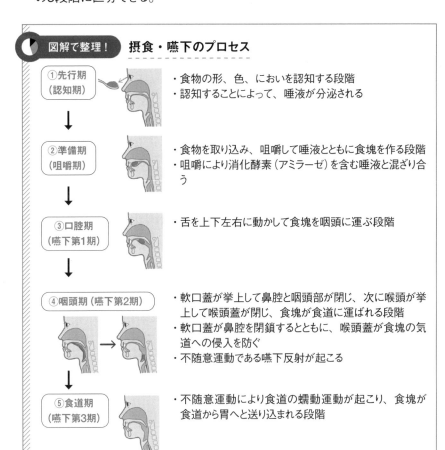

図解で整理！ 摂食・嚥下のプロセス

①先行期（認知期）
・食物の形、色、においを認知する段階
・認知することによって、唾液が分泌される

↓

②準備期（咀嚼期）
・食物を取り込み、咀嚼して唾液とともに食塊を作る段階
・咀嚼により消化酵素（アミラーゼ）を含む唾液と混ざり合う

↓

③口腔期（嚥下第1期）
・舌を上下左右に動かして食塊を咽頭に運ぶ段階

↓

④咽頭期（嚥下第2期）
・軟口蓋が挙上して鼻腔と咽頭部が閉じ、次に喉頭が挙上して喉頭蓋が閉じ、食塊が食道に運ばれる段階
・軟口蓋が鼻腔を閉鎖するとともに、喉頭蓋が食塊の気道への侵入を防ぐ
・不随意運動である嚥下反射が起こる

↓

⑤食道期（嚥下第3期）
・不随意運動により食道の蠕動運動が起こり、食塊が食道から胃へと送り込まれる段階

用語解説

[蠕動運動] 筋肉の収縮波が伝わっていく運動のこと。
[不随意運動] 本人の意思に関係なく、無関係に起こる不合理な身体の運動のこと。
[誤嚥] 食物や唾液が気管に入ってしまうこと。窒息や誤嚥性肺炎につながる恐れがあるので注意が必要である。

→ 誤嚥は、食物や唾液が気管に入ることで起こる。

糖質の消化吸収

- 糖質は体内で唾液・膵液・腸液の作用を受けて**単糖類**（主にブドウ糖）に変わり、小腸で取り込まれ、各組織に血液で運ばれエネルギー源として使われる。
- ブドウ糖は**グリコーゲン**に変化して、肝臓や筋肉にエネルギー源として蓄えられ、過剰摂取分は**脂肪**として蓄積される。

脂質の消化吸収

- 脂質は小腸で分解・吸収され、その後肝臓に運ばれる。
- 肝臓に蓄えられた脂肪は、たんぱく質と結びついて水溶性の**リポたんぱく質**として全身に運ばれる。
- 筋肉に運ばれたものは**エネルギー**として使われ、脂肪組織に運ばれたものは貯蔵脂肪になる。

たんぱく質の消化吸収

- たんぱく質は消化酵素の働きで**アミノ酸**に分解されて小腸から吸収され、肝臓に運ばれる。
- 肝臓から筋肉や各組織に送られ、たんぱく質として**再合成**されて使われる。

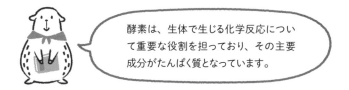

酵素は、生体で生じる化学反応について重要な役割を担っており、その主要成分がたんぱく質となっています。

4. 機能の低下・障害が食事に及ぼす影響

食行動とその予防法

- 心臓、肝臓、腎臓、膵臓などの機能低下に対しては、治療の一環として**食事制限**が行われる場合がある。
- 食事を工夫することは、糖尿病や高血圧などの**予防**につながる。
- 経口摂取が難しくなった人に対しては、**胃ろう**を行う場合がある。

Q 酵素の主要成分は、ビタミン類である。 第30回

胃ろうについては、第12章❸（435ページ）で詳しく説明しています。

 表で整理！ **食行動とその予防法**

低血糖・高血糖の ある人の食行動	・高血糖や低血糖を生じる代表的な疾患に**糖尿病**がある ・**塩分**や**アルコール**を制限し、血糖値が上がりにくくバランスのよい食事を心がける ・**低血糖の場合は、飴やブドウ糖錠剤などを摂取する**
嚥下障害・誤嚥の ある人の食行動	・老化に伴い、嚥下に必要な唾液の分泌が低下する ・認知症、うつ病、高次脳機能障害・筋萎縮性側索硬化症（ALS）などでは、**誤嚥**や**嚥下障害**が起こりやすい ・食事の際は、十分に覚醒していることを確認し、声かけをしながら食事に集中できる環境を整える
食欲不振の ある人の食行動	・**食欲不振の原因には、うつ病などの心理的な問題を抱えている場合や、消化器疾患がある場合などがある** ・食べたいと思う食品をみつけて、少しでも口から摂取できるように努める
食事制限が 必要な人の食行動	・動脈硬化症のある人は血流をよくするために**動物性脂肪**を減らし、エネルギーの過剰摂取にも注意する。さらに、**塩分**の量も控え、ビタミンや食物繊維を多く摂取する ・高血圧の場合には、**塩分摂取を控える**
骨粗鬆症の予防	・カルシウム、動物性たんぱく質、ビタミンDの多い食品を摂取する一方で、**コレステロール**の多い食品や**アルコール**を控える ・日光に当たるとビタミンDが形成され、さらに適度に運動をすることで骨形成に役立つ

糖尿病の治療中で、動悸や冷や汗などがみられたら低血糖の可能性があります。ただちに医療職へ報告・相談しましょう。

A ✕ 酵素の主要成分は、たんぱく質である。

誤嚥を予防するための日常生活での留意点

● 食物や唾液が気管に入ってしまうと、**窒息**や**誤嚥性肺炎**を生じる恐れがあるので、注意しなければならない。

● 高齢者の場合、加齢によって咳反射が低下しているので、誤嚥を生じていてもむせなどがみられない場合（**不顕性誤嚥**）がある。そのため、表情などを観察するなどによって、異変に気づけるように対応しなければならない。

嚥下障害に気づく観察のポイント

● 飲み込むことがうまくできない、よだれが垂れる、鼻の方に逆流する、咳やむせる様子がある、喉が痰でゴロゴロしてくる、拒食や緊張した表情をする場合は、**嚥下障害**の可能性がある。

● 介護者は、食事の状況を観察して**食事形態**を変えるなどの工夫をする。

脱水に気づく観察のポイント

● 口の中が渇く、口唇や皮膚の乾燥、尿量の減少、食欲不振などが認められた場合は、**脱水**の可能性があるのですぐに対処する。

解き方がわかる! 過去問解説

骨粗鬆症の進行を予防するための支援として、ビタミンA（vitamin A）の摂取を勧めることが適切である。 第36回

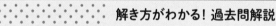 ポイント
骨粗鬆症は、骨密度が低下し、骨の強度が低下している状態です。骨の強度を上げるために必要な栄養素を思い出しましょう。

正解は ✕
骨粗鬆症の進行を予防するためには、日光を浴びることによるビタミンDの産生促進、適度な運動による骨形成促進のほか、カルシウムやたんぱく質、ビタミンD、ビタミンKなどの栄養素の摂取を勧めることが適切です。なお、ビタミンAは、発育促進や視力調節の役割があり、夜盲症の人などに有効な栄養素です。

  胃ろうと経口摂取は併用できる。 第31回

頻出度
★★☆

❼ 入浴・清潔保持に関連した こころとからだのしくみ

1. 入浴に関連したこころとからだのしくみ

入浴による効果と影響

● 入浴には、血行が促進し、**爽快感**も得られるという効果がある。

● その一方で、入浴は、**体力**を消耗させ、ちょっとした不注意から思わぬ事故につながる場合もあるので、十分に注意しなければならない。

> 家庭内での不慮の事故死のうち、最も多いのは
> 浴槽内での溺死・溺水です。

入浴が及ぼす身体への負担

● 全身浴は、血管に対する圧力（**静水圧**）を受け、**心臓**や**肺**に多くの血液が戻るため負担が大きくなる。循環器疾患には注意が必要である。その一方で、温熱作用と静水圧作用により**腎臓**などの臓器の働きが促進されるという効果もある。

● 半身浴は、心臓より下部に**静水圧**がかかるため、全身浴より心臓や肺への負担は少なくなる。

📋 表で整理！ **入浴援助時の留意点**

1	心疾患や脳血管疾患など疾患のある人は、**医師の許可**が必要となる
2	血圧、脈拍、体温、呼吸、気分の**観察**をする
3	**ヒートショック**を避けるために、居室、脱衣室、浴室の温度差を少なくする
4	湯の温度は38〜40℃、室温は20〜26℃に調整する
5	1人で入浴できる場合でも**事故**を起こす可能性があるので声かけをする
6	浴室は滑りやすいため、手すりをつけたり、吸盤マットを敷く

心臓への
負担を軽
減する

右側余白（縦書き）：第8章 ❼ 入浴・清潔保持に関連したこころとからだのしくみ

 A ○ 胃ろうは経口摂取が難しくなった人に対する方法だが、同時に経口摂取を行うことも可能である。

7	入浴時間は10分程度にする
8	片麻痺などがある場合は、健側から浴槽に入る
9	空腹時や食後1時間が経過するまでは入浴を避けることが望ましい
10	疲労を避けるために体調によっては、シャワー浴にする
11	入浴後は十分に水分を拭き取り、湯冷めをしないように保温する
12	水分を補給し、ゆっくり休ませる
13	必要に応じて爪を切り、皮膚の乾燥を防ぐためにクリームなどを塗る

体調がすぐれない場合には、入浴を中止し、清拭、陰部洗浄、足浴、手浴などによって、清潔保持や感染予防を図ります。

 用語解説

[ヒートショック] 環境の温度変化によって血圧が急激に上下し、心臓や血管の疾患が起こること。

図解で整理！ **水位による静水圧の影響の違い**

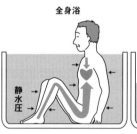

全身浴

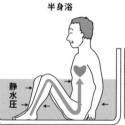

半身浴

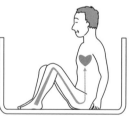

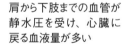

肩から下肢までの血管が静水圧を受け、心臓に戻る血液量が多い

胸から下の血管が静水圧を受け、心臓に戻る血液量が全身浴の場合より少ない

下肢が静水圧を受けない場合、心臓に血液を戻す力は最も小さくなる

Q 入浴による静水圧の直接的な作用として、毛細血管の拡張がある。 第27回

2. 清潔保持に関連したこころとからだのしくみ

皮膚の構造

● 皮膚の構造は、**表皮**、**真皮**、**皮下組織**からなる。

● 表皮は一番底にある基底層から有棘層に移動した後、約**28日**かけて**角質層**へ変化する。その後、垢となって皮膚から脱落する。

皮膚の機能

● 皮膚には内臓を保護し、身体の形を形成し、外からの紫外線・雨風などの刺激や細菌・真菌・ウイルスなどの感染源から**防御**する機能がある。

● 皮膚には、熱の放散を防ぐことにより**体温**を一定に保つ働きがある。

● 体温が上昇した場合には、身体の**恒常性（ホメオスタシス）**により視床下部から指令を受けて皮膚から汗が出て、発汗に伴う**気化熱**により体温が低下する。汗には、**老廃物**を排出する機能もある。

● 皮膚には、**温度**、**痛み**、**圧迫**、**かゆみ**などを感じる機能もある。

免疫力が低下している高齢者では、皮膚感染症についても注意が必要です。特に、ヒゼンダニが原因の疥癬は、施設内での集団感染の恐れがあるため、感染対策が重要になります。

発汗のしくみ

● 汗腺には、**エクリン汗腺とアポクリン汗腺**がある。

● エクリン汗腺は、皮膚の表面にあり、身体中に分布している。成分の99%が水で、においがほとんどない。汗を大量に分泌して**体温調節**をしている。

● アポクリン汗腺は、わきの下、外耳道、まぶた、乳輪、外陰部、肛門周囲などに存在し、汗に脂肪やたんぱく質などの有機物が混ざった特有の**におい**をもつ分泌物を生成している。

● 水分は、発汗や排尿以外からも失われており、1日当たり、呼吸から約300mL、皮膚から約500〜600mLが**不感蒸泄**として排出されている。

A ✕ 毛細血管の拡張は、温熱作用によるものである。静水圧の直接的な作用として、下肢のむくみの軽減などがある。

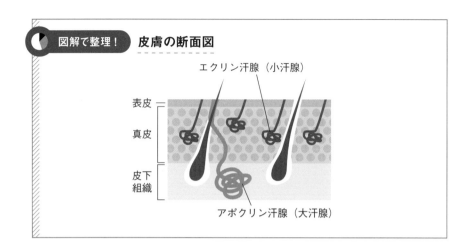

図解で整理！ 皮膚の断面図

エクリン汗腺（小汗腺）

表皮
真皮
皮下組織

アポクリン汗腺（大汗腺）

3. 機能の低下・障害が入浴・清潔保持に及ぼす影響

高齢者の皮膚や粘膜の変化

● 高齢者の皮膚や粘膜の機能は低下し、外的刺激に対して**抵抗力**が下がっている。したがって、病的変化を起こしやすく、一度起こると治りにくくなり、全身状態を悪化させることにもつながる。

 表で整理！ 老化とともに現れる皮膚や粘膜の変化

1	表皮・真皮は血管が見えるように薄くなり、傷つきやすくなる
2	皮膚が乾燥し、角質層の保湿力が低下する。皮脂の分泌が低下し、潤いが失われる
3	外的刺激に対して、温度覚、触覚、振動覚、痛覚などの感受性が低下していく
4	しわが増え、皮膚同士が重なっている部分は水分の蒸発が遅く、老人性皮膚掻痒症や慢性湿疹などの皮膚トラブルを起こしやすくなる
5	爪の伸びが遅くなり、厚く、もろくなる
6	女性は、卵巣機能の低下により膣の自浄作用が低下するため、膣粘膜は萎縮し傷つきやすくなる
7	白髪、眉毛、耳毛、鼻毛などは長くなり、老人性色素斑、老人性イボ、老人性血管腫などがみられるようになる

Q 仙骨部は褥瘡（じょくそう）の好発部位である。**第35回**

4. 褥瘡の主な発生要因

褥瘡とは

- 褥瘡とは、身体の骨突出部で皮膚や皮下組織が体の重さで圧迫され、局所の毛細血管が閉塞し、血流が遮断された状態が長時間続き、その部位の組織が壊死してしまい**皮膚潰瘍**を生じたものである。

- 褥瘡は、心身の苦痛をもたらし、進行すれば生命を脅かすもので、**廃用症候群**の1つである。

- 褥瘡の主な発生要因には、**低栄養**、長時間の**同一体位**、**体位変換**の不足などが挙げられる。さらに、尿失禁、便失禁、発汗、創傷からの浸出液などによって、皮膚の表面が**湿潤**した状態が続くことも原因のひとつである。

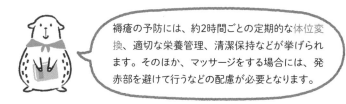

褥瘡の予防には、約2時間ごとの定期的な体位変換、適切な栄養管理、清潔保持などが挙げられます。そのほか、マッサージをする場合には、発赤部を避けて行うなどの配慮が必要となります。

褥瘡の好発部位

- 体圧のかかる**骨**の突出部位で、皮下組織、筋肉が薄い部位に好発する。
- **体位別**にどの部位に圧力がかかり、褥瘡につながるかを把握しておく。

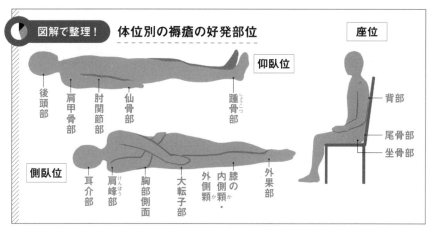

🌓 図解で整理！ **体位別の褥瘡の好発部位**

座位

仰臥位

後頭部／肩甲骨部／肘関節部／仙骨部／踵骨部

側臥位

耳介部／肩峰部／胸部側面／大転子部／膝の内側顆・外側顆／外果部

背部／尾骨部／坐骨部

A ○ 仙骨部は仰臥位（あおむけ）のときに体圧がかかる部位であり、褥瘡の好発部位である。

食事の直後は、入浴を避けるべきである。 第26回

ポイント
入浴によって全身の血液循環がよくなり、胃腸への血液流量が少なくなることを思い出しましょう。

正解は
○
入浴には、全身の血液循環をよくする働きがあります。このため、食事直後に入浴すると血液が全身を循環し、胃腸への血液流量が少なくなり消化不良になります。また、食後1時間は、副交感神経の働きによって蠕動運動が活発になります。

Mさん (85歳、男性) は、通所介護 (デイサービス) での入浴を楽しみにしていて、いつも時間をかけて湯につかっている。ある時介護福祉職が、「そろそろあがりましょうか」と声をかけると、浴槽から急に立ち上がりふらついてしまった。
Mさんがふらついた原因は心拍数の増加である。 第33回

ポイント
入浴後の立ちくらみには静水圧が関係しています。

正解は
×
適温の入浴によって血液循環がよくなりますが、静水圧があるために全身をめぐっていた血液が心臓へと戻ります。この状態で浴槽から急に立ち上がると、下肢へと流れていた血液が静水圧がなくなったことで心臓へと戻りにくくなり、結果として脳への血流量が減少し、ふらつきがみられることがあります。

皮膚の乾燥に伴うかゆみは、高齢者では、まれである。 第31回

ポイント
高齢者の皮膚疾患を思い出し、どのような症状が現れるのかから考えましょう。

正解は
×
加齢による皮膚の乾燥が原因で起きる疾患として、老人性皮膚掻痒症がある。かゆみを伴います。

Q 高齢期になると、皮脂の分泌が増加する。 第29回

頻出度
★★☆

⑧ 排泄に関連した こころとからだのしくみ

1. 排泄に関連したこころとからだのしくみ

尿の排泄

● 全身をめぐる血液は、腎臓の**糸球体**で濾過され、1日約100〜200Lの原尿が生成される。ブドウ糖やたんぱく質など、尿に含まれる成分の99%は再利用可能な成分として**尿細管**で再吸収される。

● 原尿のうち、1日約1,000〜2,000mLが不要な老廃物・有害物質とされ、**尿**として排泄される。尿の性質は、淡黄色がかった透明、弱酸性、**無菌**である。

● 1回の尿量150〜200mLが膀胱にたまると膀胱内圧が上昇し、知覚神経・脊髄から**大脳**に伝えられ尿意を感じる。1日の排尿回数の標準は5〜8回前後である。排尿回数が多くなる症状を**頻尿**という。

● 摂取した食物や薬物、体調などにより、尿の色やにおいが変化する。血液が混ざった**血尿**や、濁った色をした**混濁尿**などでは身体の異常が疑われる。

● 女性の尿道の長さは男性に比べ短い（女性：3〜4cm、男性：15〜20cm）ため、尿路感染のリスクは**女性**の方が高い。

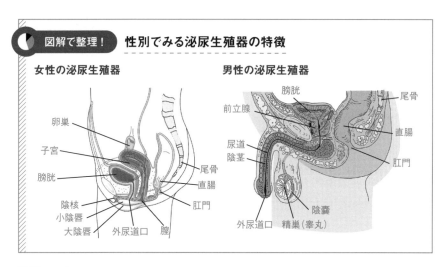

図解で整理！ 性別でみる泌尿生殖器の特徴

女性の泌尿生殖器

卵巣
子宮
膀胱
陰核
小陰唇
大陰唇
外尿道口
膣
尾骨
直腸
肛門

男性の泌尿生殖器

膀胱
前立腺
尿道
陰茎
外尿道口
精巣（睾丸）
陰嚢
尾骨
直腸
肛門

A ✕ 高齢期になると、皮脂の分泌が減少する。

297

尿を濃縮するのが腎臓、尿をためるのが膀胱の働きです。尿の約96%は水で、残りは排泄される成分（尿素、クレアチニン、尿酸、ナトリウム、カリウム、塩素、アンモニアなど）が溶けています。

 表で整理！　**尿量の異常**

	目安となる量	主な原因
無尿	50～100mL以下／日	・出血や心疾患（腎臓に供給される血液が減り尿量も減少する） ・腎機能障害 ・結石や腫瘍による尿道などの閉塞
乏尿	400mL以下／日	
多尿	3,000mL以上／日、あるいは体重1kg×40mL以上	・水分摂取過多 ・糖尿病や下垂体性尿崩症などの疾患

便の排泄

● 摂取した食物は、咽頭、食道を通って胃を通過し、粥状になった食物は蠕動運動により小腸から大腸に送られる。

● 大腸では上行結腸から横行結腸を通る間に水分が吸収され、**下行結腸**から**S状結腸上部**で固形化され、便が形成される。

● 空の直腸に便が送られると、直腸壁に圧力がかかり便意が生じる。そして、直腸筋が収縮し、**内肛門括約筋**が弛緩すると排便反射が起きる。

● 排便反射が起きても意識的に排便がコントロールできるのは、随意筋である**外肛門括約筋**が収縮しているからである。意識的に外肛門括約筋を弛緩させることで排便が可能となる。

用語解説

 ［随意筋］自分の意思で動かせる筋肉で、不随意筋とは胃の筋肉などのように動かせない筋肉のこと。

Q 多尿の原因として前立腺肥大症がある。**第27回**

- 標準的な排便回数は1日1〜2回、大便の1回の重さは約100〜250gといわれているが、便の量や排便の回数には**個人差**がある。
- 便の硬さは大腸での水分吸収の程度により変わり、**個人差**がある。関わる人が共通の基準で観察することが大切であり、その基準として**ブリストル便性状スケール**がある。
- 便は胆汁中のビリルビンの影響で黄茶褐色である。胆汁量が少ないと白っぽくなる。また、胃や十二指腸で出血がある場合や鉄剤の服用中は**黒色便**となり、大腸や肛門部で出血がある場合には**鮮紅色**（真っ赤な色）の便となる。

図解で整理！ ブリストル便性状スケール

タイプ	形	性状
1		コロコロの（排便困難な）硬い便
2		硬くてソーセージ状の便
3		表面がひび割れているソーセージ状の便
4		表面がなめらかで軟らかいソーセージ状、あるいは蛇のようなとぐろを巻く便
5		はっきりしたしわのある軟らかい半固形状の（容易に排便できる）便
6		ふにゃふにゃで不定形の境界がほぐれた小片便、泥状の便
7		固形物を含まない液体状の便

※一般的に1〜2が便秘の便、3〜5が普通便、6〜7が下痢の便とされる。

---

2. 機能低下・障害が排泄に及ぼす影響

尿失禁

- 排尿を自分の意思でコントロールできずに、尿が漏れる、または排尿をしてしまうことを、**失禁**という。

 A ✕ 前立腺肥大症は頻尿の原因となるが多尿の原因とはならない。多尿の原因には、糖尿病や下垂体性尿崩症などがある。

尿失禁については、第9章❻（344ページ）を参照してください。

表で整理！ 尿失禁の種類

失禁の種類	原因、特徴など	尿漏れの特徴
腹圧性尿失禁	特定の疾患ではなく、骨盤底筋群の筋力低下によって起こる。咳をしたときなど、お腹に力が入る状況で失禁してしまう	ちょっぴり漏れる
切迫性尿失禁	過活動膀胱という状態になり、尿意を感じてから、トイレまでに間に合わずに膀胱が収縮することによって起こる	ほとんど漏れる
反射性尿失禁	脊髄損傷などの影響で、一定以上尿がたまると、反射的に膀胱が収縮することによって起こる。尿意はない	全部出る
溢流性尿失禁	前立腺肥大症などによる尿路の閉塞や狭窄によって、膀胱内の尿があふれ出すことによって起こる。排尿しても尿が出きらずに残尿がある	だらだら漏れる
完全尿失禁	尿路の損傷などで、膀胱に尿をためることができず起こる	随時、漏れる

運動障害のためにトイレに行くまでに時間がかかり失禁する場合など、膀胱や尿路の異常以外の原因の失禁のことを機能性尿失禁といいます。

便秘

● 便秘とは、「本来体外に排出すべき糞便を十分量かつ快適に排出できない状態」（慢性便秘症診療ガイドライン2017）と定義されている。

● 便秘には、急性便秘と慢性便秘があり、さらに器質性便秘と機能性便秘に分類され、疾患、食物、環境などの要因が関連している。

● 寝たきり、麻薬性鎮痛剤の使用中、うつ病などの場合は、便秘を生じやすい。

Q 切迫性尿失禁は、尿意を感じて我慢できずに失禁してしまう排尿障害である。 第28回

表で整理！ **便秘の種類**

便秘の種類		主な分類
急性便秘	器質性便秘	・腸疾患による狭窄、閉塞…腸閉塞、直腸肛門の急性炎症 ・腸疾患以外による狭窄、閉塞…腹腔内臓器の炎症 ・全身性疾患…急性の代謝異常、心不全、精神的原因
	機能性便秘	・一過性単純性便秘…食物、生活環境の変化、精神的原因
慢性便秘	器質性便秘	・腸疾患…腸閉塞、腸の形成異常 ・腸疾患以外…腹腔内臓器の腫瘍、炎症、ヘルニア ・全身性疾患…代謝性疾患、内分泌疾患、神経系疾患
	機能性便秘	・痙攣性便秘…腸の緊張により大腸が強く収縮し、便の排泄を阻害する ・弛緩性便秘…腸の蠕動運動の低下により、便が停滞し、水分が再吸収され、硬く排泄されにくくなる ・直腸性便秘…肛門の機能障害によって排便できなくなる
	薬物性便秘	・消化管の運動を抑制する作用をもつ薬剤の服用（緩和医療で使用される麻薬性鎮痛薬（モルヒネ）など） ・便の水分量を減少させる作用をもつ薬剤の服用

便秘の定義にある通り、毎日排便がなくても便秘とは限りません。また、毎日排便があっても排便量が少ない、痛みが伴うなどの不快な症状があれば便秘の可能性があります。

下痢

● 下痢は、頻繁な排出で身体の疲労をまねき、小腸の消化・吸収機能障害により栄養障害も起こすため、電解質のバランスを崩しやすくする。

● 下痢のときは、便に含まれる水分が80〜89％で泥状便、90％以上で水様便となる。そのため脱水に注意する。

● ウイルス感染の場合には、下痢を生じやすい。

 A ○ 切迫性尿失禁の場合、膀胱にたまっている尿のほとんどが漏れる。

3. 感染の防止

● 感染性の下痢や吐物に対しては、**感染拡大**の防止を図る必要がある。

● 感染経路には、トイレのドアノブ、便器のふた、着座部、水洗レバー、水道の蛇口、石けんなどがあるので、それぞれに適した**消毒**を行う。

● ノロウイルスの感染予防として、**次亜塩素酸ナトリウム**を希釈した消毒液の活用がある。

解き方がわかる! 過去問解説

男性に比べて女性に尿路感染症 (urinary tract infection) が起こりやすい要因には、子宮の圧迫がある。 第36回

ポイント
尿路感染は、尿路から細菌が侵入することで起こります。

正解は
✕
女性の尿道の長さは男性の5分の1ほどと短く、細菌が入りやすいため、尿路感染が起こりやすくなります。

解き方がわかる! 過去問解説

Jさん (80歳、男性) は、アルツハイマー型認知症 (dementia of the Alzheimer's type) と診断され、半年前から認知症対応型共同生活介護 (グループホーム) に入居している。最近、Jさんは、トイレに行きたいと言ってグループホーム内を歩き回った後に、失禁するようになった。Jさんの排泄 (はいせつ) の状態として、**機能性尿失禁**が疑われる。 第32回

ポイント
アルツハイマー型認知症と診断されていることから、トイレの場所がわからなくなったことが、失禁の原因とも考えられます。

正解は
◯
Jさんの失禁は、認知症が原因であり、膀胱や尿路以外の原因が考えられるため、機能性尿失禁が疑われます。

Q 炎症性腸疾患では便秘になりやすい。 第33回

❾ 休息・睡眠に関連した こころとからだのしくみ

1. 休息・睡眠に関連したこころとからだのしくみ

睡眠を引き起こすしくみ

- 体内時計による**サーカディアンリズム（概日リズム）**が重要な役割を果たす。脳の視床下部にある視交叉上核に体内時計がある。

- 体温・血圧・脈拍などの自律神経系や内分泌系などが24時間より長い周期でリズムを刻んでいる。これを24時間周期に修正するのは**日光**である。

- その日の睡眠の長さや深さは、目覚めていた時間の長さや**疲労**の程度によって異なる。また、睡眠に適している時間帯は、**体内時計**の働きによって決まる。

- 睡眠負債とは、必要な睡眠の量のことで、その日の時点の**疲労**や**睡眠不足**の程度によって決まる。

- 過程モデルとは、**睡眠負債**と**概日リズム**の2つの要素を組み合わせたモデルのことで、睡眠の深さや長さを予測することができる。

📋 表で整理！ 睡眠時間と年齢

年齢	新生児	幼児	学童	成人	高齢者
睡眠時間	18〜20時間	12〜14時間	10〜12時間	7〜8時間	5〜7時間

睡眠のリズム

- 浅い眠りである**レム睡眠**と深い眠りである**ノンレム睡眠**は、90〜110分周期で一夜に4〜5回、一定のリズムで繰り返される。

- レム睡眠時は、抗重力筋の**筋緊張**が低下することから、身体全体は弛緩する。

- 高齢者の睡眠のリズムをみると、若年者に比べて**ノンレム睡眠**が減少する傾向にある。

- 睡眠不足は、注意力や遂行能力の低下につながるだけでなく、**食欲**が増え、**肥満**につながりやすくなる。

A ✗ 炎症性腸疾患の場合には、下痢を生じやすい。なお、感染性腸炎や経管栄養なども下痢の原因となりうる。また、長期臥床では、大腸の蠕動運動が低下し、便秘になりやすい。

レム睡眠	・浅い眠りであり、急速に眼球がキョロキョロ動き、身体の力が完全に抜けている状態で、夢をみることが多い ・呼吸数は不規則で増加し、心拍も増加するため血圧の上昇がみられる
ノンレム睡眠	・深い睡眠で、大脳は休んでいるが身体を支える筋肉は働いている状態で、夢はみない ・呼吸数や心拍数は減少する

睡眠とホルモンの関係

● 脳下垂体前葉から分泌される成長ホルモンは、ノンレム睡眠中に分泌され、身体の成長や修復、疲労回復を担う働きがある。

● 副腎から分泌されるコルチゾールは、ストレスに対抗する働きがある。

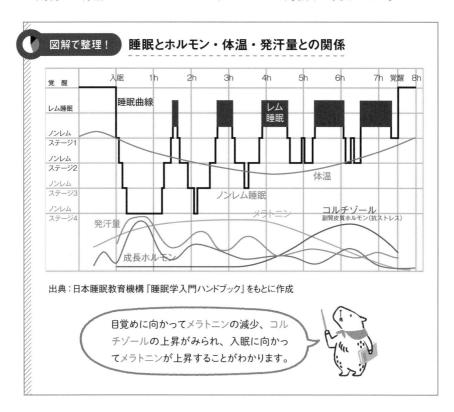

図解で整理！ **睡眠とホルモン・体温・発汗量との関係**

出典：日本睡眠教育機構『睡眠学入門ハンドブック』をもとに作成

目覚めに向かってメラトニンの減少、コルチゾールの上昇がみられ、入眠に向かってメラトニンが上昇することがわかります。

Q 就寝前の飲酒は、眠りが浅くなる原因となる。 第36回

- コルチゾールは、**就眠**直後に最小値、**覚醒**前に最大値となり、覚醒後の1日をよりよく過ごす準備をしている。
- 松果体から分泌されるメラトニンは、**体内時計**を調整する働きがある。
- 朝の強い光を浴びてから、15時間後にはメラトニンの分泌量が増え、**覚醒**の状態から**眠り**への準備を始める。

2. 機能の低下・障害が休息・睡眠に及ぼす影響

高齢者の睡眠の特徴

- 高齢者は、入眠までの時間が成人より長くなり、**寝つき**が悪くなる。
- 高齢者は、睡眠周期が不規則になり、**深い睡眠**が減り、**浅い睡眠**の割合が増加する。そのため、夜間に**目を覚ます**回数（中途覚醒）が増える。
- 高齢者は、全睡眠時間が減少し、**朝早く目が覚める**ことが多くなる。
- 高齢者は、腎臓などの機能低下や、複数の薬剤を服用する人が多く、薬剤同士の相互作用が起こりやすいなどの理由から、**睡眠薬**や**精神安定薬**の副作用が出現しやすい。

良質な睡眠のための生活習慣

- 良質な睡眠を確保するためには、就寝1～2時間前に**体温**を上げることや、寝る直前の**食事**は控えるなどの対応が必要となる。

 表で整理！ **良質な睡眠のための生活習慣**

就寝1～2時間前に体温を上げる	・ぬるめのお湯につかり、ストレッチをする ・末梢の血管を拡張して放熱し、体温を下げ、寝る準備に入る ※熱いお湯は交感神経を刺激し、眠りにくくなるため避ける
寝る直前の食事は控える	・就寝の2～3時間前に食事をすませる ※就寝前の食事は胃の消化活動が活発になるため、寝つきが悪くなり、熟睡できなくなる
寝る前の嗜好品は覚醒作用があるため避ける	・コーヒー、紅茶、緑茶に含まれるカフェインには、覚醒作用のほか、利尿作用があるためトイレが近くなる ・タバコに含まれるニコチンは、血圧を上昇させる ・寝酒は、入眠はできるが、眠りが浅くなり夜間覚醒するので控える ・ホットミルクなど温かい飲み物を飲んで寝るようにする

 A ○ 寝酒は、一時的な眠気の効果から入眠はしやすくなるが、目が覚める回数が増えるなど眠りが浅くなり、睡眠の質を下げる。

睡眠を阻害する原因

1. 日中の活動が不足する。
2. 夜間頻尿のため中途覚醒する。
3. 腰痛や背部痛、関節痛などの身体的な苦痛がある。
4. 老人性皮膚掻痒症など掻痒感（かゆみ）がある。
5. 喪失感・悩みや孤独感、不安などが増える、うつ病がある。
6. 高血圧や脳動脈硬化症など、疾患の影響がある。

空腹状態が、入眠の妨げの原因となることからも、就寝の2〜3時間前に食事をすませておくと良いでしょう。

睡眠障害による睡眠に関わる疾患や睡眠行動の障害・異常

● 睡眠障害には、不眠症や概日リズム障害などの種類があり、不眠症には、①**入眠障害**、②**中途覚醒**、③**早朝覚醒**、④**熟眠障害**の4種類がある。

● 高齢者では、睡眠薬の作用が**翌朝まで残る**ことがある。その場合、ふらつき、転倒のリスクにも注意が必要である。

 表で整理！ **睡眠障害の種類とその特徴**

不眠症	入眠障害	寝つきが悪い
	中途覚醒	いったん寝ついてもたびたび起きる
	早朝覚醒	朝早くに目が覚めて、その後眠れない
	熟眠障害	長い睡眠時間をとっても、眠った感じがしない
レム睡眠行動障害		・寝言や異常行動として現れる ・レビー小体型認知症によくみられる
過眠症		・夜間に十分な睡眠をとっても、日中に強い眠気を生じる ・抗アレルギー薬（**抗ヒスタミン薬**など）、抗不安薬、抗うつ薬などの副作用としても出現する
概日リズム障害 （睡眠覚醒リズム障害）		・睡眠中に上肢や下肢が勝手にピクピクと動く**不随意運動**がみられる ・睡眠が浅くなり中途覚醒がみられる

Q 熟眠障害は、睡眠の時間は十分にとれているが、ぐっすり眠れた感じがしない状態をいう。
第30回

レストレスレッグス症候群 （むずむず脚症候群）	・むずむず、痛かゆいなどの下肢に異常感覚が出て寝つきが悪く、日中に眠気を生じる ・鉄欠乏性貧血、妊娠などによって出現する
睡眠時 無呼吸症候群	・睡眠中に頻繁に無呼吸状態になる ・肥満体型の男性に多く、睡眠により周囲の筋肉が緩み、気道が閉塞することで生じる ・深い睡眠がほとんどなく、極度の睡眠不足に陥り、日中に過剰な眠気を感じる
精神生理性不眠症	・眠れない経験を繰り返すと不安になり、不眠への恐怖により眠れなくなる ・眠る努力をすることで、神経が興奮して覚醒してしまい、眠れないことがストレスとなる

解き方がわかる! 過去問解説

過眠は睡眠時間が長くなることをいう。 第31回

ポイント 熟眠障害と過眠症は間違えやすいので注意しましょう。「睡眠時間が長くなること」を手掛かりとして考えましょう。

正解は 過眠症は、夜間に十分な睡眠をとっても、日中に強い眠気を生じる状態をいいます。
✕ 抗アレルギー薬、抗不安薬、抗うつ薬などの副作用として現れることもあります。

A ◯ 熟眠障害は不眠症の一つである。

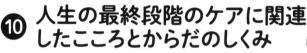

[第8章] こころとからだのしくみ

❿ 人生の最終段階のケアに関連したこころとからだのしくみ

頻出度 ★★☆

1. 人生の最終段階に関する「死」のとらえ方

生物学的な死

● 生物学的な死とは、生理機能が停止し、生命を維持する活動が不可逆的に失われたことをいう。

法律的な死（脳死）

● 1997（平成9）年に臓器の移植に関する法律が施行され、脳死判定基準が確立し、臓器提供の意思表示カードが確認できれば、**臓器提供**時に限り脳死が「人の死」と認められることになった。

● 脳死とは、脳幹を含む脳全体の**不可逆的**な機能停止の状態である。

● 脳死は、脳や脳幹に血液が流れず、脳全体の働きが失われ、脳幹や脳全体の循環も戻らない、**回復不可能**と判断されたものである。

● 脳死の状態では、人工心肺や人工呼吸器などの器械で心肺を動かし続けた場合、数日後に生命の徴候である**バイタルサイン**が停止する。

表で整理！ 脳死の判定基準

①深昏睡	意識状態について各種の検査で深昏睡と判定する
②自発呼吸の消失	人工呼吸器を外して自発呼吸をみる検査で、呼吸の再開がない
③瞳孔反射の消失	瞳孔が動かず、瞳孔径が左右とも4mm以上
④脳幹反射の消失	対光反射、角膜反射、咽頭反射、咳嗽反射など、脳幹で制御される反射がすべて消失する
⑤平坦脳波	①～④がすべてそろい、さらに脳波が平坦である
⑥時間経過	①～⑤の条件が満たされた後、6時間経過しても変化がない

Q 脳死とは、自発呼吸は保たれているが意識がなく昏睡状態にあることである。 第29回

臨床的な死

● 臨床的な死とは、**心臓、肺、脳**の機能が停止した状態をいう。

● 死の三徴候とは、①**心臓停止**、②**呼吸停止**、③**瞳孔散大**（脳幹反射の確認）をいう。

● 以前は、死の三徴候が認められれば、医師は死亡を判断していたが、高度医療や延命技術の進歩に伴い、生命維持装置などにより**心肺機能**を補うことが可能となり、「死」のとらえ方が変化している。

尊厳死

● 終末期の延命治療を拒むなど、本人が**リビングウィル**（事前に示す本人の意思による希望）を表している場合には、家族の承認も得て、その人らしい「死」を迎えること。それが尊厳ある死につながる。

● 残された時間を、「どこで」「誰と」「どのように」過ごし、最期を迎えたいかという、自己選択（決定）といえる。

● 残された家族にとって、本人の意思を尊重することで**看取り**の支援ができる。

● **事前指示書**とは、意思疎通が困難になったときのために、希望する医療ケアを記録したものである。

終末期（ターミナル期）

● 終末期とは、治療をしても治る見込みがなく、**死**を避けられない状態である。

● 終末期にある人に対しては、**トータルペイン（全人的な痛み）**の除去を試みながら、本人の意思を尊重した、自分らしさを保ったケアを実施していく必要がある。

用語解説

[トータルペイン（全人的な痛み）] 身体的な痛み、精神的な痛み、社会的な痛み、霊的（スピリチュアル）な痛みといったすべての苦痛のこと。

A ✗ 脳死とは、脳幹を含む脳全体の不可逆的な機能停止の状態である。

2. 「死」に対するこころの理解

キューブラー・ロスの終末期にある人の心理過程

- 終末期の心理過程として、**キューブラー・ロス**が提唱する5段階の終末期に
  ある人の心理過程がある（第6章10（232ページ）を参照）。

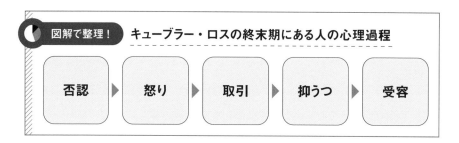

図解で整理！　**キューブラー・ロスの終末期にある人の心理過程**

否認 ▶ 怒り ▶ 取引 ▶ 抑うつ ▶ 受容

- 愛する大切な人が失われようとする状況では、家族は深い**悲しみ**とともに、
  孤独感、罪悪感、葛藤や怒りなどの感情を持ちながら、残された時間を大切
  にして介護に向かう。
- 大切な人との死別後の**悲嘆**を乗り越え、家族が再び自分の人生を歩んでい
  けるかどうかは、終末期の関わり方が大きく影響する。
- 介護福祉士は、**死の準備教育**として、本人が望む最期が迎えられるように、
  看取りの方法を一緒に考える。家族が理解し、受け止めることができ、本人
  と家族の関係を見守りながら支援していくことが望ましい。

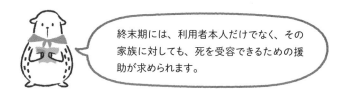

終末期には、利用者本人だけでなく、その
家族に対しても、死を受容できるための援
助が求められます。

- 喪失に関するさまざまな感情と現実を受け止めようとする思いなどで、精神的・
  身体的に不安定な、死別を経験した人に寄り添い、援助することを**グリーフ
  ケア**という。

Q 事前指示書とは、意思疎通が困難になったときのために、希望する医療ケアを記載した書類
のことである。 第29回

悲嘆反応と悲嘆ケア

- 悲嘆反応は、**感情的反応、認知的反応、行動的反応、生理的・身体的反応**に分類できる。
- 大切な人を亡くした後にみられる、寂しさやむなしさ、無力感などの精神的反応や、睡眠障害、食欲不振、疲労感などの身体的反応を**グリーフ**という。
- 遺族が示す悲嘆反応は、個々に異なるため、その反応に合わせて対応する。悲嘆を乗り越えるためには、十分に**悲しむ**ことができるように支援することも重要である。

 表で整理！　**悲嘆反応の4類型**

感情的反応	・抑うつ　・孤独感　・ショック　・絶望 ・悲しみ　・落胆　・苦悩　・不安 ・恐怖　・罪悪感　・楽しみの喪失　　など
認知的反応	・抑圧　・否認　・絶望感　・自己非難 ・無力感　・故人を想うことへの没頭　・故人の現存感　　など
行動的反応	・動揺　・緊張　・落ち着かない　・疲労 ・過行動　・探索行動　・むせび泣く　・泣き叫ぶ ・社会的引きこもり　　　　　　　　　　　　　　　など
生理的・身体的反応	・食欲不振　・睡眠障害　・活力の喪失　・消耗 ・身体愁訴　・免疫機能や内分泌機能の変化　　　など

喪の作業

- 喪の作業とは、愛着の対象を失った後の**反応**や、それに対処していく過程のことをいう。
- 喪の作業は、**フロイト**が提唱し、その後、**ボウルビィ**が4つに区分した。

 表で整理！　**喪の作業の特徴**

感情麻痺の時期	死別に対する**ショックや否認**の段階
思慕と探索の時期	死別への悲しみや探索行動が現れる段階
混乱と絶望の時期	死別に対する疑念から、**怒りや恨み**が現れる段階
脱愛着と再起の時期	死別という事実を**受け入れられた**段階

 　事前指示書は、意思疎通が困難になったときの尊厳死に重要である。

3. 終末期から危篤時・死後のからだの理解

● 危篤時 (臨終期) になると、脈拍、血圧、体温、呼吸などにさまざまな**変化**がみられる。

身体機能低下の特徴

- 脈拍や心拍は微弱でリズム不整 (120回/分以上) があり、触診ではわかりにくくなる。
- 血圧が下降し、徐々に測定不能となる。
- 体温が低下 (腋窩温で35℃以下) し、**四肢冷感**がみられる。
- 血液の循環障害や体温調節機能の低下により、下肢から**浮腫**がみられるようになるほか、**尿量**が減少する。
- 空腹や口渇感を感じにくくなる。食欲もなくなり、栄養状態も低下することから、褥瘡ができやすくなる。
- 呼吸の**間隔**が不規則で深さも乱れる (30回/分以上)。
- 死が近づくと**死前喘鳴**がみられるようになる。喘鳴とは、狭くなった気管を空気が通るため「ヒューヒュー」「ゼーゼー」と異常な呼吸音が連続的に発生することである。
- 死の直前には、**チェーンストークス呼吸**、**肩呼吸**、**下顎呼吸**、**鼻翼呼吸**のような呼吸がみられる。喉から**ゴロゴロする音**が聞かれる。
- 酸素欠乏となり、皮膚や粘膜には**チアノーゼ**がみられるようになる。特に爪や口唇にみられる。
- 意識が低下 (血圧80mmHg以下) し、傾眠、昏迷、昏睡となる。

用語解説

 [チアノーゼ] 血液中の酸素濃度が低下して、唇や爪、手足の先端などが青紫色になった状態。

 聴覚は、最後まで維持されているため、家族に声かけを促すように働きかけるとよいでしょう。

Q 臨終期にある人の喉からはゴロゴロする音が聞かれる。**第30回**

死後の身体的変化

・**死後の体温低下**…1時間に1℃低下し周囲の温度に近くなる。
・**死斑**…死後、血流が止まり、重力に従って血液は下にたまり、暗紫色の斑点を生じる。
死後20〜30分くらいから始まり、8〜12時間で最も強くなる。
・**死後硬直**…筋肉が弾力を失い、筋肉が硬化するため関節が硬化する現象である。死
後2〜4時間で始まり、9〜12時間で全身へ及び、30〜40時間で硬直が解けはじめる。
温度等の環境に影響を受ける。
・**乾燥**…死後の皮膚・粘膜・口唇・角膜などの水分蒸発により身体が乾燥する。

4. 終末期における医療職との連携

● 医師は、患者に対し、状態確認、説明、症状コントロール、看取り、**死亡
確認**などを行う。

● 看護師は、**医療的なケアや日常的なケア**のほか、家族も含めた終末期の
精神的サポートを行う。

● 介護職は、全身状態の変化に伴う身体的ケアと日常的な**家事支援**を行い、
精神的な支えとなる。

● 介護支援専門員は、介護保険で要介護認定を受けた利用者に対して状態を
アセスメントしながら看取りに関するサービスの提案を**ケアプラン**に盛り込み、
多職種で連携しながら調整する役割を担う。

```
・・・・・・・・・・・ 解き方がわかる! 過去問解説 ・・・・・・・・・・・
```

**グリーフケアとは、判断能力が失われた本人に代わって決定を行う代理人を指定す
ることである。** 第29回

ポイント
グリーフケアが、死亡した人の家族に対する死後のケアであることから考え
ましょう。

正解は グリーフケアは、身近な人が亡くなるということを経験し、悲しみに暮れている家族
❌ などに寄り添い、悲しみから立ち直れるように支援していくことをいいます。

A ◯ 死の直前には、鼻翼呼吸、下顎呼吸、肩呼吸、チェーンストークス呼吸などもみられる。 313

MEMO

[第3領域]
こころとからだのしくみ

9章

発達と老化の理解

出題傾向分析

1 出題傾向

● 第36回試験での問題数は8問である。

● 他章との関連が深い項目が多くあり、たとえば以下のような内容で共通する知識が問われることがある。

・第6章「生活支援技術」⑦自立に向けた排泄の介護、⑩人生の最終段階における介護

・第8章「こころとからだのしくみ」①〜⑩（ほぼすべての項目）

・第10章「認知症の理解」②認知症の医学的・心理的側面の基礎的理解①

● 加齢に伴う身体機能の変化については、ほぼ毎年出題されている。

● ほかに複数回出題されているものとしては、排尿障害、便秘、誤嚥性肺炎、糖尿病、パーキンソン病、変形性膝関節症などの高齢者に多くみられる疾患、エリクソンの発達段階説などがある。

■過去5年間の出題

出題順	第36回 （2024年）	第35回 （2023年）	第34回 （2022年）	第33回 （2021年）	第32回 （2020年）
1	乳幼児の心身の発達（スキャモンの発達曲線）	乳幼児の心身の発達（社会的参照）	児童期の発達（愛着行動）	児童期の発達（障害）	乳幼児の心身の発達（社会的参照）
2	乳幼児の心身の発達（広汎性発達障害）	心理学理論（コールバーグの道徳性判断）	乳幼児の心身の発達（言語発達）	さまざまな法令における年齢規定	高齢者に関する概念（高齢者の年齢規定）
3	加齢に伴う心身機能の変化（生理的老化）	乳幼児の心身の発達（体重増加）	高齢者と健康（寿命と死因）	高齢者の心理（喪失体験と悲嘆）	加齢に伴う身体機能の低下（嚥下機能）

4	加齢に伴う社会的変化（エイジズム）	心理学理論（ストローブらの悲嘆のモデル）	高齢者の心理（適応機制）	加齢に伴う心身機能の変化（味覚）	加齢に伴う心身機能の低下（老年期の記憶と注意機能）
5	高齢者の疾患の特徴（心筋梗塞）	加齢に伴う心身機能の変化（認知機能）	加齢に伴う心身機能の変化（記憶）	高齢者の心理（動機づけ）	高齢者の疾患の特徴（心不全）
6	高齢者の疾患の特徴（健康寿命）	加齢に伴う心身機能の変化（腎・泌尿器系）	加齢に伴う心身機能の変化（感覚機能・認知機能）	加齢に伴う心身機能の変化（便秘）	高齢者の疾患の特徴（右片麻痺／褥瘡）
7	高齢者の疾患の特徴（前立腺肥大症）	高齢者の疾患の特徴（変形性膝関節症）	加齢に伴う心身機能の変化（睡眠）	加齢に伴う心身機能の変化（転倒）	高齢者の栄養状態の維持
8	高齢者の疾患の特徴（筋骨格系の疾患）	高齢者の疾患の特徴（脱水）	高齢者の疾患の特徴（肺炎）	高齢者の疾患の特徴（糖尿病）	在宅医療における専門職の役割

2 学習のポイント

● 複数の発達段階説、全身の疾患など問題数のわりに出題範囲が広い科目なので、まずは左のページで紹介した複数回出題されている項目や、他章と共通する部分を重点的に覚えよう。それらをマスターしてから、細かい知識の習得に移ると効率よく学習ができる。

● 本章の設問は、暗記が必要なものが中心であり、覚えにくい箇所については、表の形にまとめ直すなど、自分の手を使いながら覚えると忘れにくい。

● 他章と共通する項目については、あえて重複して解説しているものもあるので、復習する気持ちで解説を読んでみるとよい。

● 発達理論に関しては、さまざまなものがあるが、まずは、エリクソンの発達段階説を重点的に押さえておき、その後、高齢者に関係するほかの発達理論→乳幼児に関する発達理論の順に押さえていくとよい。

頻出度 ★★☆

❶ 人間の成長と発達の 基礎的理解

1. 人間の成長と発達の基礎的知識

ハヴィガーストの発達段階

● ハヴィガーストは、人生を6段階に分類した。

 表で整理！ **ハヴィガーストの発達段階と課題**

発達段階	主な発達課題
乳幼児期	排泄、善悪の区別
児童期	計算・読み書き能力、性役割の理解、道徳の発達
青年期	問題解決に必要なスキルを習得、親から情緒面で自立、社会的に責任ある行動
壮年期	配偶者の選択や結婚、子どもの養育
中年期	経済や生活の確立など
老年期	肉体面の衰退、退職、配偶者の死などに適応

用語解説

[発達課題] 発達段階ごとに達成すべき一定の課題のこと。

「発達課題」という概念をはじめて
提唱したのは、ハヴィガーストです。

エリクソンの発達段階と課題

● エリクソンは人生を8段階に区分し、それぞれに発達課題と心理社会的意義や対人関係を設定した。

Q エリクソンの発達段階説によると、同一性の獲得は青年期の発達課題である。 第29回

表で整理！ **エリクソンの発達段階と課題**

発達段階	発達課題	概要
乳児期 （0～1歳頃）	「信頼」対 「不信」	口唇でお乳を飲む行為を通じて世界を学び、養ってくれる人を信頼し、その後の人間関係の土台が作られる
幼児期前期 （1～3歳頃）	「自律」対 「恥と疑惑」	自分で立って歩けるようになり、排泄をコントロールできるようになって、主体性・自律性の感覚を身につける
幼児期後期 （3～6歳頃）	「積極性」対 「罪悪感」	自分を主張する積極性と、罰を恐れる罪悪感が発達課題となる。自発的に行動することを身につける時期
児童期 （7～11歳頃）	「勤勉性」対 「劣等感」	急速に知識や技能を習得し、集団関係を育成する。この時期に勤勉さが十分達成されないと、劣等感が生じる
青年期 （12～20歳頃）	「同一性」対 「同一性拡散」	性欲が表面化し、新しい自己概念が現れる。自分がどのような人間かということを確立すること（＝自我同一性）が課題となる。これがうまくいかないと、人格が統一されず社会への関わりができない状態（＝同一性拡散）に陥る
成年期初期 （20～30歳頃）	「親密性」対 「孤立」	他者と親密な相互関係を持つようになる。異性と仲良くなり、性を通じて、心身ともに一体感を抱くことを求める。失敗すると、孤立する
成年期中期 （30～65歳頃）	「生殖性」対 「停滞」	生殖性が発達課題となり、次世代を育てることに関心を持ち、社会的、知的、芸術的業績も発達課題に含まれる。失敗すると、自分自身にしか関心が持てず、自己没頭の状態になり、発達が不十分となる
成年期後期 （65歳頃～）	「自我統合」対 「絶望」	自我の統合を目指す時期となり、人間としての生涯を完結する。失敗すると、後悔や挫折感のほうが強くなる

各発達段階には「○○ 対 ○○」という発達課題が設定されています。発達課題が達成されると前者が、達成されない場合は後者が獲得されます。

ピアジェの発達段階と課題

● ピアジェは、子どもの認知機能（思考）の発達を、4つの段階に分類した。

 ◯ 同一性を獲得することは自分がどのような人間かを確立することであり、獲得できないと社会への関わりができない状態に陥る。

発達段階	概要
感覚運動期（0〜2歳）	対象の**永続性**を理解する時期。見る、触るなどの外的運動で外界を認識
前操作期（2〜7歳）	**直観的思考**に頼る。モノの見かけに左右される。他者の視点で物事をみることが難しく**自己中心性**が強い時期
具体的操作期（7〜11歳）	具体的なモノを使い**論理的思考**ができる時期。モノの見かけの変化が理解できる
形式的操作期（11歳以降）	抽象的思考が可能となる時期

見たり、触れたりする認識から、次第に抽象的な概念の操作ができるようになっていきます。

物の永続性とは、今まで見ていた物が布などで覆って見えなくなっても、その物が消えてしまっているのではなく、存在し続けているという認識のことです。たとえば、いないいないばあで遊ぶことができるのも、物の永続性を獲得しているためです。

乳幼児期の心身の発達

● 原始反射とは、外部の刺激にとっさに反応する新生児特有の反射である。生後3〜6か月頃にみられなくなることが多い。

● 言葉の発達としては、生後2〜3か月頃に「アー」「ウー」といったクーイングが、生後5〜6か月頃に「バブバブ」などの繰り返しの音からなる喃語（なんご）が、1歳頃に「ワンワン」など初めての意味ある言葉（初語）がみられるようになる。

Q A君にB君と同じ量のジュースを、別の形のコップに入れて渡したら「量が少ない」と言って泣き出した。これは、ピアジェの認知発達段階によると「感覚運動期」にあたる。**第27回**

2. 老年期の基礎的理解

図解で整理！ **高齢者等に関する規定**

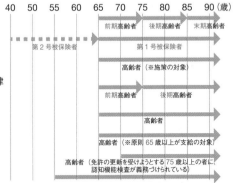

	40	50	55	60	65	70	75	80	85	90（歳）
WHO（世界保健機関）					前期高齢者		後期高齢者			末期高齢者
介護保険法			第2号被保険者		第1号被保険者					
老人福祉法					高齢者（※施策の対象）					
高齢者の医療の確保に関する法律（後期高齢者医療制度）					前期高齢者		後期高齢者			
高齢者虐待防止法					高齢者					
老齢基礎年金					高齢者（※原則65歳以上が支給の対象）					
道路交通法				高齢者			高齢者（免許の更新を受けようとする75歳以上の者に、認知機能検査が義務づけられている）			
高年齢者雇用安定法										

高年齢者（事業主に、雇用している高年齢者が希望するときは、65歳までの継続雇用を義務づけている）

高齢化率、高齢社会については、第3章❶（33ページ）を参照してください。

解き方がわかる！過去問解説

エリクソンの発達段階説によると、12歳頃から20歳頃までの発達課題は、勤勉性を身につけることである。 **第28回**

ポイント 青年期（12～20歳頃）は、第二次性徴が起こり、自分がどのような人間かを見つめる時期です。

正解は ✕　青年期の発達課題は自己同一性の獲得です。勤勉性の獲得は児童期（1～11歳頃）です。

→   コップの形から直感的にジュースの量を判断しているため、前操作期にあたる。

❷ 老化に伴うこころとからだの変化と生活①

頻出度 ★★☆

1. 老化に伴う身体的・心理的変化と生活

老化

● 加齢に伴って、身体を構成する細胞、組織、器官にさまざまな障害が蓄積していく。これを老化と呼び、生理的老化と病的老化に分けられる。

📑 表で整理！ **生理的老化と病的老化**

生理的老化		加齢に伴い、成熟期以降に誰にでも必ず起こる不可逆的な心身の変化。例として、老眼、加齢性難聴などが挙げられる
生理的老化に関する学説	エラー破局説	DNAやたんぱく質などに蓄積する構造的なエラーが老化をもたらすとする説
	消耗説	生命維持に必要な成分が消耗するために老化が起きるとする説
	フリーラジカル説	ミトコンドリアが産生するフリーラジカル（活性酸素の一部など）という物質が細胞を傷害することによって老化するという説
	機能衰退説	加齢に伴って活力や生体能力が衰えることで、老化が起きるという説
	老化プログラム説	人の細胞分裂の回数があらかじめ決まっていることで老化が生じるとする説
病的老化		成熟期以降に起こる心身の変化のうち、誰にでも必ず起こるとは限らないもの。例として、糖尿病や高血圧などが挙げられる

老化に伴い、暗さに目が慣れる能力が低下し、薄暗いなかで物が見えにくくなります。また、聴覚では、高音域とともに、「1時」と「7時」の違いなどの子音も聞き取りにくくなるといわれています。

Q 第30回 エラー破局説では、加齢によって臓器や器官が機能低下することで老化が生じると考える。

図解で整理！ **身体機能の老化**

全身
・身体水分量が低下し、脱水状態に陥りやすい
・免疫機能が低下し、帯状疱疹、肺炎などにかかりやすい

神経系
・神経細胞の減少により、運動能力や平衡機能が低下し、転倒しやすくなる

呼吸器系
・肺活量減少

消化器系
・唾液や胃酸の分泌低下
・嚥下機能の低下による誤嚥の増加

泌尿器系
・排泄機能が低下。尿失禁を起こしやすい

内分泌系
・インスリン分泌量の減少
・加齢による内分泌系の変化で最も明瞭なのは女性の更年期である

その他
・基礎代謝エネルギー減少のため、必要な食事摂取量、1日の必要カロリー量が低下

循環器系
・血中ヘモグロビン量が減少し、貧血になりやすい
・動脈硬化になりやすく、心臓は肥大する
・脈拍数が減少し、不整脈が増加する
・収縮期血圧が上昇する

運動器（骨格・筋）系
・骨密度・筋力の低下。特に下肢の筋力低下が顕著
・筋肉量は40歳くらいから減少し、65歳以降には減少率が増大する
・筋肉量の維持には、たんぱく質をとることが有効
・関節液の減少、関節可動域の縮小

感覚器系
・聴覚の低下は高音域に強く起こる
・味覚の感受性が低くなる
・近方視力が低下。水晶体が混濁する白内障、眼圧が上昇する緑内障、黄斑変性症、糖尿病性網膜症などが起こりやすくなり、視力が低下
・青色系の識別が困難になる。明暗順応も低下する
・皮膚表面は乾燥しやすくなる

第9章

❷ 老化に伴うこころとからだの変化と生活 ①

記憶と変化

- 高齢になると、特に**短期記憶**が低下する一方で、長期記憶については比較的保たれると考えられている。

- 目や耳など感覚器官から入った情報で、数秒保持される記憶（感覚記憶）は低下しやすい。

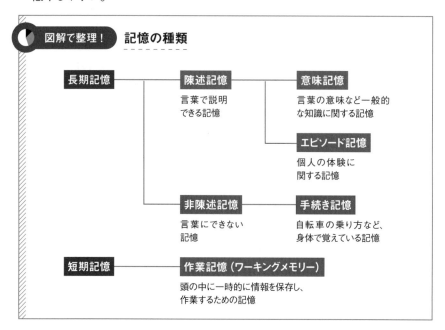

図解で整理！　**記憶の種類**

長期記憶

陳述記憶
言葉で説明できる記憶

意味記憶
言葉の意味など一般的な知識に関する記憶

エピソード記憶
個人の体験に関する記憶

非陳述記憶
言葉にできない記憶

手続き記憶
自転車の乗り方など、身体で覚えている記憶

短期記憶

作業記憶（ワーキングメモリー）
頭の中に一時的に情報を保存し、作業するための記憶

用語解説

［ワーキングメモリー（作動／作業記憶）］短期記憶の概念を発達させたもので、認知的な処理を行うための記憶。情報を一時的に頭の中に保存し、その情報を使って作業するための記憶。

個人の生活のなかで生じる最近の出来事や体験に関する記憶は、加齢の影響を受けます。ただし、若い頃の記憶は比較的保たれています。

Q 複数のことを同時に行う能力は、加齢によって低下する。 第32回

表で整理！　知能の加齢変化

流動性知能	結晶性知能
・情報を処理する能力。新しい場面に適応するときに必要な問題解決能力 ・例として、記銘力や記憶力などが挙げられる ・加齢により低下。30歳くらいにピークに近づき、40歳代から低下する	・学校教育や人生経験によって蓄積、形成される能力 ・例として、判断力、思考力などが挙げられる ・訓練によって維持することが可能 ・60歳代がピークで、80歳代以降に低下

 用語解説

 ［記銘力］新しくものを覚える能力のこと。対して、過去に経験したことを保持する能力を記憶力という。

 表で整理！　感覚機能の変化

視覚	ピント調節機能や明暗順応の衰え、赤やオレンジ色に比べて青や緑色の認識が難しくなる
聴覚	加齢とともに聞こえにくくなるが、特に高音が聞き取りにくくなる
嗅覚	鼻の粘膜にある感覚細胞の減少により、匂いを感じにくくなる
味覚	舌にある味蕾が減少し、味の感じ方が鈍くなる。濃い味付けのために塩分過多にならないよう注意が必要

高齢者の心理

● 高齢になると、さまざまな喪失を体験し、不安・絶望などを経験する機会が多くなる。これをうまく乗り越えられないと、**精神疾患**にかかることがある。

 表で整理！　老年期の主な精神疾患

老年期うつ病	・若年者のうつ病と比べて抑うつ気分が軽い ・頭痛、めまい、のどのつかえなどのさまざまな身体的な症状が現れることが多く、また抑うつ気分が乏しいため、周囲に気づかれにくい ・自殺を試みると、ほかの年代より死に至る率が高い ・脳の疾患やパーキンソン病などで生じるものも多い
アルツハイマー型認知症	・ベータアミロイドの蓄積、大脳の皮質の萎縮など、脳の器質的変化を伴う ・うつ病から発症することがあると考えられている
統合失調症	・老年期に発症した場合、体系的な妄想（訂正がきかない誤った思い込み）型が多いとされている

 複数のことを同時に行う能力は、情報を処理する能力、つまり、流動性知能であり、加齢によって低下する。

2. 老化に伴う社会的変化と生活

● **老性自覚**とは、外見や肉体の衰えや疾病などから、老いを自覚することである。この出現年齢には個人差がある。

● 老年期には、健康の衰退、引退による収入減少、配偶者や友人の死など、**喪失体験**が重なる。

表で整理！ 老年期の発達に関する主な理論・考え方

社会情動的選択性理論	スタンフォード大学の心理学者カーステンセンによって提唱された。人生の残り時間が少なくなると、ネガティブなことを排除するなど、情動的に（感情的により強く）満足できるような活動を主に行うようになるという理論
活動理論	老年期においても活動性を保ち続けることを評価するという理論
離脱理論	加齢によって個人は社会から離れていく傾向を持つという理論
サクセスフル・エイジング	主観的な幸福感のことである。幸せの指標は人それぞれであるが、健康、経済、社会関係などの要素や老いへの適応が関わってくる
プロダクティブ・エイジング	高齢者であっても生産的な活動を続けることが望ましいとする考え方である。セルフケアも生産的な活動に含まれる

プロダクティブ・エイジングは、バトラーによって提唱されました。

表で整理！ ハヴィガーストの老年期の発達課題

1	肉体的な力や健康の衰退に適応すること
2	引退と収入減少に適応すること
3	配偶者の死に適応すること
4	同輩者と明るい親密な関係を結ぶこと
5	社会的、市民的義務を引き受けること
6	身体的に満足できる生活を送れるように準備すること

※ 老年期にこれらの課題の達成に成功すれば、人生の最期をうまく完結することができるといわれている。

Q Hさんは、一人暮らしであるが、隣人と共に社会活動にも積極的に参加し、多くの趣味をもっている。Hさん自身も友人関係に満足している。Hさんは、ライチャードによる老齢期の性格類型の円熟型に相当する。**第35回**

ライチャードの人格5類型

● ライチャードは、定年退職後の男性高齢者について、次の**5**つの人格特性を見出した。

円熟型	未来に対して希望を持つ。積極的に社会参加を行う
安楽椅子（ロッキングチェアー）型	受け身で、自分の現状を受け入れる。他人に依存しやすい
装甲（自己防衛）型	老後の不安を抑えようと、若い頃の水準を維持しようとする
憤慨（外罰）型	過去も老化も受け入れることができない。環境や他人のせいにして、不平不満を周囲にあたり散らす
自責（内罰）型	自分の過去を受け入れることができない。過去にとらわれ、後悔を繰り返す

年齢に基づく差別のことをエイジズムといいます。「老人は頑固」といった思い込みがエイジズムに該当します。

解き方がわかる！過去問解説

Aさん（70歳、男性）は、65歳で定年退職した後、学生時代の旧友のほか、地域のボランティアサークルで知り合った新しい仲間と親交を深めてきた。しかし、サークルでトラブルが起きるようになって、1、2年前からはサークルへの参加が徐々に減り、安心できる旧友とばかり頻繁につきあうようになった。Aさん自身はこの生活に満足している。

Aさんの生活への適応状況を説明する理論として適切なのは、離脱理論である。

第29回

ポイント

「Aさん自身はこの生活に満足している」という記述に注意しましょう。

正解は ✕

Aさんは人との親交を一切絶ってしまったわけではないので、離脱理論は不適切です。トラブルというネガティブな出来事が起きるようになったサークルへの参加を減らし、より安心できる旧友とばかり付き合うようになったAさんの行動から、社会情動的選択性理論の方が適切であるといえます。

  Hさんは積極的に社会参加をしており、受け身な様子もみられず、未来に対して希望をもっている様子がうかがい知れる。そのため、円熟型といってよい。

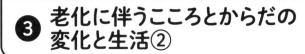

❸ 老化に伴うこころとからだの変化と生活②

頻出度 ★★★

1. 高齢者と健康・高齢者の疾患の特徴

● 完治困難な**慢性疾患**が多く、生活の質への影響が大きい。

● **環境因子**や生活習慣の影響を受けやすく、個人差が大きい。

● **うつ症状**を伴うことが多い。

● 疾病にかかると、通常みられる症状とは異なる**非定型的**な症状が現れやすい。

● 薬の**副作用**が出やすい。薬剤を分解する肝臓や、排出する腎臓の機能低下が影響している。

● 複数の疾患を持っていることが多く複数の薬剤を摂取しているため、薬剤間の**相互作用**（副作用）が起こりやすい。

図解で整理！ **高齢者の疾患の状況**

65歳以上の傷病分類別受療率の順位

	入院	外来
第1位	脳血管疾患	高血圧性疾患
第2位	神経系の疾患	脊柱障害
第3位	悪性新生物	歯肉炎及び歯周疾患

出典：厚生労働省「平成29年 患者調査」をもとに作成

神経系の疾患にはアルツハイマー型認知症やパーキンソン病などが含まれます。また、高齢者の脊柱障害は骨粗鬆症や椎間板の変性、筋力の低下によるものが多いといえます。

Q 健康寿命とは、65歳時の平均余命のことをいう。**第36回**

高齢者の平均寿命と健康寿命

- 2019（令和元）年の平均寿命は男性81.41歳、女性87.45歳であった。
- 2019（令和元）年の健康寿命は男性72.68歳、女性75.38歳であった。

要介護者等の状況

- 「2022年 国民生活基礎調査の概況」によると、介護が必要となった主な原因は、要支援者では「**関節疾患**」が最も多く、次いで「高齢による衰弱」「骨折、転倒」の順となっており、要介護者では「**認知症**」が最も多く、次いで「脳血管疾患（脳卒中）」「骨折・転倒」の順となっている。

用語解説

[関節疾患] 関節リウマチ、何らかの原因による関節炎、関節症、腰痛症をいう。

介護が必要となった主な原因（要介護者）を性別でみると、男性は「脳血管疾患（脳卒中）」、女性は「認知症」が最も多くなっています。

図解で整理！ **性別にみた要介護者等の年齢階級別構成割合**

2022（令和4）年

（%）

	男	女	
90歳以上	17.4	30.9	
85〜89	23.7	28.9	
80〜84	22.6	19.9	
75〜79	17.0	10.6	
70〜74	9.6	5.7	
65〜69	5.4	2.3	
40〜64歳	4.2	1.7	

男性は85〜89歳、女性は90歳以上が最も多くなっています。

出典：厚生労働省「2022年 国民生活基礎調査の概況」をもとに作成

A ✕ 健康寿命とは、健康上の問題で日常生活が制限されることなく生活できる期間のことをいう。

高齢者の死亡原因

● 2022（令和4）年の日本の高齢者（65歳以上）の死亡原因順位第1位は、悪性新生物（がん）である。

 図解で整理！ **高齢者の死亡原因順位**

65歳以上の死亡原因順位

	65歳以上
第1位	悪性新生物
第2位	心疾患
第3位	老衰

第4位は脳血管疾患で、肺炎は第5位となっています。

年齢別死亡原因順位（65歳以上）

	65〜84歳	85〜89歳	90〜99歳	100歳以上
第1位	悪性新生物	悪性新生物	老衰	老衰
第2位	心疾患	心疾患	心疾患	心疾患
第3位	脳血管疾患	老衰	悪性新生物	脳血管疾患

出典：厚生労働省「令和4年　人口動態統計」をもとに作成

2. 生活習慣病

● 食事、運動習慣、睡眠などの生活習慣が原因となる疾患を生活習慣病という。

● 三大生活習慣病とは、がん（悪性新生物）、脳血管疾患（脳卒中）、心疾患（心臓病）のことである。

脳血管疾患（脳卒中）の分類については、第9章❹（335ページ）を参照してください。

Q 日本の高齢者（65歳以上）の死因順位（2021（令和3）年）で、肺炎は第1位である。**第27回改**

表で整理！ がん（悪性新生物）の部位別死亡数順位（2022年）

	1位	2位	3位
男性	肺	大腸	胃
女性	大腸	肺	すい臓

メタボリックシンドローム

● 内臓脂肪型肥満を共通の要因として、**高血糖、脂質異常、高血圧**が引き起こされる状態をメタボリックシンドローム（内臓脂肪症候群）という。

脂質異常症（高脂血症）

● 血液中の脂質のうち、**LDLコレステロール**や中性脂肪が多いか**HDLコレステロール**が少ない症状をいう。

● 間接的に動脈硬化が進行し、心筋梗塞や脳梗塞などの原因になる。

高尿酸血症（痛風）

● 性・年齢を問わず、血清尿酸値が**7.0mg/dL**を超えると診断される。

● **プリン体**を多く含む食品（肉、レバー、イワシ、サバなど）や**飲酒**を控え、肥満を是正するために総エネルギーの見直しを行う。

● 発作時は、関節、特に**足の親指の付け根**が発赤・腫脹し激しく痛む。

糖尿病

● 糖尿病には**1型**（絶対的なインスリン欠乏）と**2型**（インスリン分泌障害を伴うインスリン抵抗性）があるが、大半がカロリー摂取過多、運動不足による**2型糖尿病**である。

● 血糖のコントロールが悪いと、**糖尿病性昏睡**になることがある。

● 高血糖による症状として、口渇、多飲、多尿、夜間頻尿、倦怠感、体重減少などがある。頻尿から脱水症状を起こし、皮膚が乾燥し、かゆみが現れる。

● インスリンの分泌を促進する薬剤が効きすぎて起こる**低血糖**に注意し、発汗、手足のふるえ、動悸、吐き気、空腹感、めまいなどの症状が出た場合、**糖分**を摂取する。

 肺炎は第5位である。なお1位は悪性新生物（がん）である。

糖尿病の予防（食事）

・炭水化物・たんぱく質・脂質・ビタミン・無機質の各栄養素をバランスよく摂取して、
　栄養素が偏ることがないように注意する。
・1日の摂取カロリーを適量に保ち、分散して摂取することが望ましい。
・全体の糖質量を管理することも大切である。

糖尿病の利用者は、適切なカロリーの範囲内で栄
養素をバランスよく摂取することが重要で、1日の
必要量を分散して摂取します。

 表で整理！ **糖尿病の三大合併症**

糖尿病性網膜症	・眼底に網膜出血がみられ、視力が低下 ・悪化すると失明することがある
糖尿病性神経障害	・手足の血行が悪くなり、しびれなどがみられる ・悪化すると壊疽が生じ、切断に至る可能性がある
糖尿病性腎症	・腎臓の機能が低下し、浮腫やたんぱく尿がみられる ・悪化すると人工透析が必要になる

Q 2020（令和2）年時点の日本におけるがんの部位別にみた死亡者数は、男女ともに胃がんが最
も多い。**第29回改**

3. 高齢者にみられる主な症候・リスク

● 高齢者では、以下のような症状や状況になりやすい。

誤嚥 （ごえん）	・咀嚼・嚥下障害があると、誤嚥を起こしやすくなる ・咀嚼できない、飲み込めない、むせるなど、食事がとれなくなることによる低栄養や脱水、誤嚥性肺炎などに気をつける
転倒	・加齢とともに転倒のリスクは上昇する ・男女差はないが、転倒によるけがの程度は女性の方が大きい ・転倒の結果、機能低下が起こり、介護、医療を受けることになる人が増加し、約半数が長期臥床（寝たきり）の状態になる
褥瘡 （じょくそう）	・寝たきり状態での床ずれなどが原因で、持続的な圧迫による血行障害が起こり、皮膚に局所的な壊死がみられる ・骨の突起した部分（仙骨部、尾骨部など）にできやすい
低栄養	・食事摂取に関わる障害、食欲低下などの理由から、食事量が減り、健康の維持に必要なエネルギーやたんぱく質などが不足した状態 ・低栄養状態は、サルコペニアといわれる筋力低下状態を招き、転倒や骨折リスクを上昇させる ・低栄養状態を判断する指標に、食事摂取量、体格指数（BMI）、体重減少率、血清アルブミン値がある
脱水	・主な症状として、口唇・舌の渇き、微熱、唾液の減少、血圧低下、頻脈、排尿回数の減少、尿の色が濃い、皮膚の乾燥、活動性の低下、脱力感、体重減少などがみられる ・血圧が低下するため、めまいを生じやすい ・高齢者の脱水では、口渇感などの自覚症状が乏しいこともあるため、介助者は注意が必要である
めまい	・回転性めまい（目の前がぐるぐる回る）を起こす疾患には、メニエール病や良性発作性頭位めまい症などがある ・動揺性めまい（ふわふわした感覚）は、血流や血圧に関係した病気によって起こる。脳動脈硬化が進んだ高齢者によくみられる。脳梗塞などの発作直後にめまいが出現することもある ・立ちくらみは、立ち上がった際に血の気が引いてふらつくなど、起立性低血圧の症状のことである ・脱水によって血液の粘性が高まり、血流が滞ることで起こることもある
掻痒感 （かゆみ）	・主な原因疾患に皮脂欠乏性湿疹、老人性皮膚掻痒症、白癬（水虫など）、接触皮膚炎などがある ・そのほか、糖尿病や腎不全、肝疾患などもかゆみの原因になる
便秘	・高齢者では、腹筋の筋力低下が便秘の原因の一つになりうる ・副作用として便秘を起こす薬剤があり、複数の薬を服用する高齢者では、薬剤が原因の便秘が起こりやすい

 男性では肺がん、女性では大腸がんが一番多い。

掻痒感（かゆみ）の原因となる疾患の詳細については、第9章❺（340ページ）を参照してください。

解き方がわかる! 過去問解説

高齢者の糖尿病 (diabetes mellitus) では、若年者に比べて低血糖の自覚症状に乏しい。 第33回

ポイント
高齢者の疾患では、非定型の症状があらわれたり、自覚症状があらわれにくかったりする傾向があります。

正解は
◯
高齢者の糖尿病では、低血糖時の自覚症状が乏しい傾向にあることが知られています。

解き方がわかる! 過去問解説

高齢者では、体温が37.5℃未満であれば、肺炎ではない。 第34回

ポイント
高齢者の場合、通常の症状がみられずに非定型の症状がみられることがあることから考えてみましょう。

正解は
✕
通常、肺炎では高熱がみられます。ただし、高齢者の場合、典型的な症状がみられないことがあり、高熱が出ない場合もあります。

高齢者の肺炎は、食欲の低下、なんとなく元気がない、意識が朦朧とするなど、さまざま形であらわれる場合があり、気づかないうちに重症化する恐れがあります。少しの変化を見逃さず、早めに受診することが大切です。

Q 褥瘡の発生部位として、大転子部が最も頻度が高い。 第27回

④ 老化に伴うこころとからだの変化と生活③

頻出度
★★☆

1. 脳・神経系

脳血管疾患（脳卒中）

● 脳神経系の疾患のうち、**脳血管疾患**は発症が急激である。

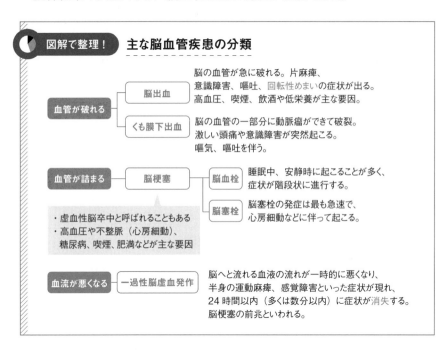

図解で整理！ 主な脳血管疾患の分類

血管が破れる

- **脳出血** — 脳の血管が急に破れる。片麻痺、意識障害、嘔吐、回転性めまいの症状が出る。高血圧、喫煙、飲酒や低栄養が主な要因。
- **くも膜下出血** — 脳の血管の一部分に動脈瘤ができて破裂。激しい頭痛や意識障害が突然起こる。嘔気、嘔吐を伴う。

血管が詰まる

- **脳梗塞**
  - **脳血栓** — 睡眠中、安静時に起こることが多く、症状が階段状に進行する。
  - **脳塞栓** — 脳塞栓の発症は最も急速で、心房細動などに伴って起こる。

・虚血性脳卒中と呼ばれることもある
・高血圧や不整脈（心房細動）、糖尿病、喫煙、肥満などが主な要因

血流が悪くなる

- **一過性脳虚血発作** — 脳へと流れる血液の流れが一時的に悪くなり、半身の運動麻痺、感覚障害といった症状が現れ、24時間以内（多くは数分以内）に症状が消失する。脳梗塞の前兆といわれる。

脳梗塞の症状には、言語障害、失語症、運動障害、感覚障害、視野障害、平衡感覚障害などがあります。

褥瘡の好発部位は仙骨や尾骨（臀部）、踵骨（かかと）、内・外果（くるぶし）、肩甲骨などである。

筋萎縮性側索硬化症（ALS）	・筋萎縮と筋力低下が起き、進行すると気管切開と人工呼吸器の装着による人工呼吸が必要になる ・舌筋や口蓋筋、咽頭筋も萎縮するため、言語障害や嚥下障害が生じる ・症状が進行しても眼球運動が可能な場合が多く、透明文字盤を使ってコミュニケーションをとる
パーキンソン病	・50〜65歳の発症が多い ・振戦（手指、手足のふるえ）、突進現象（歩く速度がだんだん早くなり止まれなくなる）、固縮（筋肉が硬くなる）、寡動（表情・体動が乏しくなる）、姿勢反射障害、前傾姿勢、小幅な歩行、便秘、すくみ足などの症状がある
脊髄小脳変性症	・原因不明の神経変性疾患の総称で、一部は遺伝性 ・運動失調、失調性歩行（ふらつき）、ろれつがまわらない、動作時のふるえなど）が徐々に出現し、ゆっくりと進行する

認知症については第10章（351ページ）を参照してください。

図解で整理！ **パーキンソン病の主な症状**

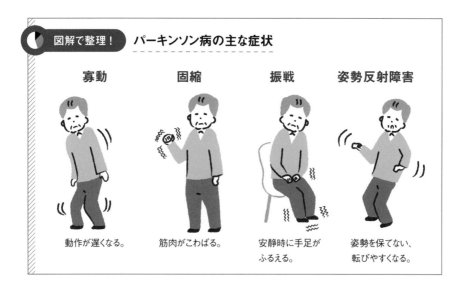

寡動	固縮	振戦	姿勢反射障害
動作が遅くなる。	筋肉がこわばる。	安静時に手足がふるえる。	姿勢を保てない、転びやすくなる。

Q 後屈した姿勢は、パーキンソン病の症状のひとつである。 **第30回**

2. 循環器系

● 高齢者にみられることが多い循環器疾患には、以下のようなものがある。

 表で整理！　循環器疾患

高血圧症	・「収縮期血圧が140mmHg以上」「拡張期血圧が90mmHg以上」のどちらかまたは両方に該当する場合に高血圧と診断される ・放置すると、脳血管疾患、心疾患、腎臓病などのリスクが高くなる ・予防、治療法としては、食習慣の改善（食塩摂取を1日6g未満にする、カリウムの豊富な野菜・果物などを十分摂取するなど）、軽い運動、肥満解消などが行われる ・75歳未満の降圧目標は130/80mmHg未満であるが、75歳以上の場合は若年者より高めの140/90mmHg未満にする
心不全	・心臓の機能が低下し、各臓器に必要な血流を維持できない状態をいう
大動脈解離	・大部分は高血圧の中高齢者に起こる ・呼吸困難、失神、顔面蒼白、発汗、頻拍が現れる ・急激に背部および胸部の急激かつ裂けるような激しい痛みをもって始まる
大動脈瘤	・大動脈が局部的に脆弱となり拡大膨隆したもので、多くは無症状である ・患者の約1/3は大動脈瘤が拡大して破裂し、急死する
狭心症	・心臓に十分な酸素が供給されないときに、胸骨の中央や上方に痛み、灼熱感、重圧感などの症状が起こる ・心筋梗塞と異なる点は、安静で症状が楽になる、ニトログリセリンの舌下投与で症状が治まる、持続時間が1〜3分と短いなどである ・労作性狭心症は、運動など心臓に負荷がかかったときに起こる狭心症のことである
心筋梗塞	・血流が完全に途絶し、心筋組織が虚血性の壊死を起こしたものをいう ・突然起こる胸骨部の絞扼感（しめつけられる感じ）、重圧感、灼熱感、不快感、痛みなどが30分以上持続し、血圧が低下する ・ニトログリセリンは無効 ・高齢になるほど典型的な痛みが出にくく、だるい、気持ち悪いなどの症状となることもある
心房細動	・不整脈の一種で、頻脈になることが多い ・心房内で血栓が形成され、脳梗塞の原因となるのでワルファリンなど抗凝固薬が投与される ・高血圧によって引き起こされることがある

A ✕　パーキンソン病では、前傾姿勢になることが多い。

3. 呼吸器系

● 高齢者にみられることが多い呼吸器疾患には、以下のようなものがある。

 表で整理！ 呼吸器疾患

肺炎	・主に細菌とウイルス、マイコプラズマが原因である ・発熱、咳、痰、胸痛、呼吸困難が認められ、呼吸数は増加する ・口腔ケアは口腔内の細菌を減らし、誤嚥性肺炎の予防に効果がある ・インフルエンザを合併することがある
慢性閉塞性 肺疾患（COPD）	・多くは喫煙が原因による慢性の咳、痰を症状とする疾患である ・進行すると呼吸困難によって酸素吸入が必要になる
肺結核	・結核菌による感染症で、飛沫感染（空気感染）する ・咳、痰、微熱、血痰、倦怠感などの症状がある

解き方がわかる！過去問解説

高齢者において、心不全（heart failure）が進行したときに現れる症状に関する次の記述のうち、最も適切なものは選択肢3である。 第32回

1 安静にすることで速やかに息切れが治まる。
2 運動によって呼吸苦が軽減する。
3 チアノーゼ（cyanosis）が生じる。
4 呼吸苦は、座位より仰臥位（背臥位）の方が軽減する。
5 下肢に限局した浮腫が生じる。

 ポイント 心不全が起こると全身の血液循環が悪化し、肺でのガス交換も十分に行えなくなってしまいます。

 正解は チアノーゼとは、血液中の酸素が不足することで、皮膚や粘膜などが紫色になった状態です。心不全が進行するとみられる現象です。なお、進行した心不全では、浮腫は下肢に限局せずにみられ、安静にしても速やかには息切れは収まりません。また、胸水がたまるため、座位に比べて仰臥位ではその影響で呼吸がしにくくなります。

Q 骨粗鬆症の予防として、ビタミンKの少ない食品を摂取する。 第29回

❺ 老化に伴うこころとからだの変化と生活④

頻出度
★★☆

1. 骨・運動器系

● 高齢者に多い骨・筋肉・関節の疾患には、以下のようなものがある。

 表で整理！ **骨・筋肉・関節の疾患**

骨粗鬆症	・カルシウム摂取不足、ビタミンD摂取不足、運動不足、また女性の場合は、閉経後の骨密度の低下によって起こる ・骨折を起こしやすくなるので、投薬などで治療する ・骨の形成に役立つカルシウム・ビタミンD・ビタミンKなどの栄養素の摂取が必要である
骨折	・外傷によるものがほとんどだが、高齢者は骨粗鬆症が多いので、ちょっとした転倒で骨折することがある ・骨折しやすい部位として、大腿骨頸部骨折、寝たきりの原因になりやすい脊椎圧迫骨折、橈骨遠位端骨折、上腕骨近位端骨折がある
腰痛・下肢痛	・腰部脊柱管狭窄症は、高齢者に多い腰の疾患で、下肢のしびれなどが生じ長い距離を歩くことができない ・主な特徴は、歩行と休息を繰り返す間欠性跛行である
変形性膝関節症	・関節軟骨が老化し、膝に痛みが出る ・症状が進むと、階段の昇降や歩行が困難になることもある ・杖を用いるなど膝への負担を軽減する ・女性の方が男性より、罹患率が高い

用語解説

[間欠性跛行] 歩行時、下肢の重圧感、脱力感、知覚麻痺、疼痛、痙攣などを発し、歩行が困難あるいは不可能となるが、休息すると軽快し、再び歩行できるようになる場合をいう。

 骨折しやすい部位は、第8章❷（266ページ）の全身骨格図を参照してください。

  A ✕ 骨粗鬆症の予防にはビタミンDを摂取する。ビタミンKは骨基質の合成に重要な栄養素である。

第9章

❺ 老化に伴うこころとからだの変化と生活④

2. 皮膚系

● 高齢者に多い皮膚系疾患には、以下のようなものがある。

 表で整理！ **皮膚の疾患**

皮脂欠乏性湿疹	・おしりや膝から下の皮膚にしわができて、かゆみを伴う ・高齢者に最も多い
老人性皮膚掻痒症	・加齢による皮膚の乾燥が原因で起きる
疥癬	・ヒゼンダニによる感染症で、丘疹がみられ、激しいかゆみを伴う ・疥癬には通常疥癬と角化型疥癬があり、角化型疥癬の方が強い感染力をもつ
白癬 （水虫など）	・真菌（カビ）の一種である白癬菌が、足の裏などに感染して起こる ・爪白癬では、爪の白濁・肥厚がみられる
接触皮膚炎	・何かの物質に接触して反応した皮膚疾患

3. 感覚器系

● 加齢に伴う視覚の変化では、網膜から視覚中枢への視覚伝達路の機能低下も生じるため、視野狭窄や、明暗の変化に対応しにくいといったことが起こる。
● メニエール病は、30～50歳代に多くみられ、回転性めまいが反復する。そのほかにも、耳鳴りや難聴がみられる。

 表で整理！ **目の疾患**

網膜黄斑変性症（加齢黄斑変性症）	・網膜視細胞変性により、大部分の患者は視力低下、進行すると一部の患者は失明する ・網膜の腫れが起こり網膜の下に液が溜まると中心部が歪んで見える ・年齢と喫煙が危険因子である
緑内障	・視野欠損が起こり、進行すると失明する疾患の総称である ・必ずしも眼圧の上昇を伴うわけではない
白内障	・水晶体が白濁し、放置すれば失明に至ることもある ・失明原因として最も多く、女性の失明原因の半分が白内障である ・年齢、喫煙、飲酒、紫外線（日光）への曝露、糖尿病、副腎皮質ホルモンの投与などが危険因子である

Q 白内障では、硝子体が白くなる。 第30回

感覚器の構造については第8章❷（267ページ）、糖尿病性網膜症については第9章❸（332ページ）を参照してください。

解き方がわかる！過去問解説

めまいや立ちくらみが時々ある高齢者に、降圧薬の服用を勧めることは介護福祉職の対応として適切である。 第28回

ポイント 薬の処方は医療行為で、介護福祉職の業務の範囲ではないことから考えてみましょう。

正解は ✕ 降圧薬は、高血圧の場合に血圧を下げる目的で処方されます。医師の診断に基づいて処方される薬であり、介護福祉職が服用を勧めることは適切ではありません。また、適切に服用しないと、めまいや立ちくらみがさらにひどくなる恐れがあります。

解き方がわかる！過去問解説

腰部脊柱管狭窄症（lumbar spinal canal stenosis）では下肢のしびれがみられる。第36回

ポイント 腰部脊柱管狭窄症の主な特徴である間欠性跛行を理解していれば解ける問題です。

正解は ◯ 腰部脊柱管狭窄症の主な特徴である間欠性跛行とは、歩行時に下肢にしびれなどが生じて歩行が困難もしくは不可能になりますが、少し休むと再び歩けるようになることをいいます。

第9章
❺ 老化に伴うこころとからだの変化と生活④

A ✕ 白内障の症状は、水晶体が白く濁りぼやけて見える。

6 老化に伴うこころとからだの 変化と生活⑤

頻出度 ★★☆

1. 消化器系

● 肝疾患のある場合、1日の**エネルギー量**を適正に保ち、**栄養バランス**のとれた食事を心がける。

表で整理！ 消化器の疾患

逆流性食道炎	・胃酸が逆流して食道の粘膜に炎症が生じ、胸やけのほかに、咳、のどの違和感などの症状がみられる疾患
胃潰瘍・十二指腸潰瘍	・胃や十二指腸の粘膜などに欠損ができる疾患 ・ピロリ菌という細菌が原因の90%を占め、**ストレス**が誘因となる。それ以外には鎮痛解熱剤が原因となることが多い ・空腹時の**心窩部痛**（"みぞおち"の痛み）が特徴 ・まれに出血や穿孔を起こすこともある
アルコール性肝障害	・飲酒量の多い人は、肝細胞に脂肪が蓄積した**アルコール性脂肪肝**になりやすい ・肝硬変になりやすくなる
肝炎	・肝臓の細胞にウイルスが感染し、炎症を引き起こす ・肝疾患では、**皮膚の黄染**がみられる
	A型肝炎	・水や食べ物を介して感染 ・ワクチンによる予防が可能 ・慢性化はほぼない
	B型肝炎	・血液・体液を介して感染 ・ワクチンによる予防が可能
	C型肝炎	・主に血液を介して感染する ・自覚症状は乏しい ・現在、日本における肝硬変、肝細胞がんの多くはC型肝炎ウイルスが原因。経口薬でほぼ完治する
肝硬変症	・ウイルス性慢性肝炎からの移行のほか、アルコール性肝障害が主な原因 ・進行すると黄疸、腹水、肝性脳症が出現する ・肝細胞がんの発生が高率である

Q 膀胱炎の症状として、乏尿がみられる。 第30回

2. 泌尿器系

● 高齢になると、腎機能が低下し、老廃物を濃縮して排出する機能（尿の濃縮力）が低下する。

● 高齢者によくみられる泌尿器系の疾患には以下のようなものがある。

 表で整理！ 腎臓・泌尿器系疾患

膀胱炎	・無症状の場合もあるが、排尿痛、残尿感、頻尿、不快感を示す ・女性は、膀胱炎を起こしやすいので、水分を多めに摂取する、排尿を長時間我慢しないなどの注意が必要 ・急性膀胱炎には、頻尿、尿混濁、排尿痛、細菌尿などさまざまな症状がある
腎盂腎炎	・背部痛、悪寒戦慄（おかんせんりつ）、高熱を呈する ・進行すると容易に敗血症に移行する
慢性腎不全	・腎機能が徐々に低下し、老廃物を十分に排泄できなくなった状態 ・症状は、たんぱく尿、血尿、高血圧など ・末期腎不全では、透析治療が必要となる ・食事療法として塩分制限、たんぱく質制限、カリウム制限、水分制限などを行う
前立腺肥大症	・前立腺は男性だけが持つ臓器で、年齢とともに罹患率が高くなる ・排尿困難、残尿、頻尿、夜尿などの症状が出現する
排尿障害 （尿失禁）	・高齢者は尿失禁の頻度が高い ・薬剤の副作用などによる排尿障害が生じることがある

用語解説

 ［敗血症］細菌感染症によって引き起こされる生命を脅かす臓器障害。発熱または低体温、頻呼吸、頻脈、血圧低下などの症状が現れる。

 女性が膀胱炎を起こしやすいのは、尿道が短いことにより、外界から細菌が侵入しやすいためです。

第9章 ❻ 老化に伴うこころとからだの変化と生活⑤

→ **A** ✕ 膀胱炎の症状は、頻尿である。

図解で整理！	尿失禁の具体的な病態
切迫性尿失禁	・膀胱の活動が過敏になり、尿意を催すと我慢できずトイレに間に合わない ・高齢の男女とも頻度が増える
腹圧性尿失禁	・骨盤底筋群の機能低下によって、咳、くしゃみ、運動時などの腹圧上昇時に漏れ出るもの ・高齢女性に多い
溢流性尿失禁	・前立腺肥大などによる尿路閉塞のため膀胱内に多量の尿がたまり、尿があふれるように漏れ出てくるもの ・高齢男性に多い
反射性尿失禁	・脊髄損傷などでみられるもので、尿意が起こらないまま、一定の尿量がたまると膀胱が勝手に収縮してしまう
機能性尿失禁	・歩行困難などでトイレに間に合わない、認知症などでトイレの位置がわからないなど、排尿機能の異常以外の原因で失禁してしまうこと

3. 内分泌系

●ここで紹介している甲状腺ホルモンに関わる疾患以外に、インスリン分泌に関わる糖尿病も内分泌系の疾患に該当する。

 表で整理！ 内分泌系疾患

甲状腺機能亢進症	・頻脈、手指振戦、皮膚の湿潤、下痢、動悸、いらいら感、発汗、体重減少、さらに眼球突出などが出現する ・バセドウ病は甲状腺機能亢進症を起こす疾患の一つで、高齢者のバセドウ病では心房細動（不整脈）が主症状となることもある
甲状腺機能低下症	・橋本病（慢性甲状腺炎）によるものが最も頻度が高く、その他、抗甲状腺剤の過剰投与、ヨード欠乏などで起こる ・症状は浮腫（むくみ）、便秘、易疲労性、皮膚乾燥、記憶力低下、低体温、脱毛、低血圧、体重増加、下肢筋の痙攣など

Q 前立腺肥大症で尿を漏らすのを、機能性尿失禁という。 **第31回**

4. 感染症

● 感染症には、以下のようなものがある。

 表で整理！　ウイルス感染症

インフルエンザ	・ウイルスによる主に上気道の感染症。冬に流行しやすい ・潜伏期が2〜3日と短く、発症が急速である ・38℃以上の高熱、強い全身倦怠感、筋肉痛、節々の痛みなど ・高齢者では肺炎、まれにインフルエンザ脳症を起こし、死亡する率が高くなる
新型コロナウイルス （COVID-19）	・コロナウイルスのひとつ。主な症状は発熱や咳などの呼吸器症状、強いだるさ（倦怠感）など。頭痛、嘔吐、下痢、結膜炎、臭覚・味覚障害などが起きる場合もある ・感染しても症状が出ないことがあり、無症状者から感染することがある ・接触感染、飛沫感染で感染し、潜伏期間は1〜14日（多くは5日程度） ・予防策として、手洗いなどの一般的な衛生対策のほか、人との間隔を約2メートル確保する、3密（換気の悪い密閉空間、多くの人の密集する場所、近距離の会話での密接場面）の回避が挙げられる
感染性胃腸炎	・ノロウイルスによる感染症など。冬に多い ・発熱や嘔吐、下痢などの症状が出る ・感染力が強く、集団感染になることが多い ・ノロウイルスの消毒には、次亜塩素酸ナトリウムが有効である
急性上気道炎	・いわゆる"風邪"のことで咽頭痛、鼻水、咳、発熱がみられる ・原因のほとんどがウイルスであり、抗生物質は無効である
帯状疱疹	・水痘（みずぼうそう）ウイルスが原因である。水痘ウイルスは一度感染した後、神経細胞に残存するため、高齢者など、免疫力が低下した場合に帯状疱疹を起こすことがある ・発疹（淡紅色斑丘疹→水疱→痂皮）が出現し、疼痛を伴う。繰り返し発症することもある
単純ヘルペス	・単純ヘルペスウイルスが原因である ・密接な接触で皮膚、外陰部や口腔粘膜に感染し、水疱を形成する ・一次感染後、生涯にわたる潜伏感染症を生じ、月経、発熱、紫外線、外傷、ストレスが誘因となり再発する
エイズ （AIDS、後天性免疫不全症候群）	・ヒト免疫不全症候群ウイルス（HIV）が、性行為、輸血や母子感染など体液・血液を介して感染することで引き起こされる ・HIVは免疫能を低下させる。感染後数年間は無症候性だが、進行すると、悪性リンパ腫、神経障害などの症状が現れる ・抗ウイルス薬を組み合わせて治療する

A ✗　前立腺肥大症で尿を漏らすのは、溢流性尿失禁である。

帯状疱疹はウイルスが原因です。
刺激が少ない方法で患部を清潔に
保つことが大切です。

5. 免疫、アレルギー

● 膠原病とは、免疫の異常により、皮膚や内臓の結合組織や血管に炎症・変性が起こり、さまざまな臓器に炎症をもたらす病気の総称のことをいう。

 表で整理！ **膠原病と類縁疾患**

関節リウマチ	・慢性の関節炎が起こる。進行すると関節の破壊と変形が生じ、関節痛が必発する難治性、全身性の疾患である ・天候や季節にも左右されるほか、1日のなかでも症状に変動がみられ、関節の「朝のこわばり」が特徴的である ・30〜50歳代の女性に多く発症する
全身性エリテマトーデス（SLE）	・慢性、再燃を繰り返す全身性の疾患で、多臓器が侵される ・女性に多く、遺伝的背景がある
ベーチェット病	・口腔粘膜の再発性アフタ性潰瘍、毛嚢炎様皮疹、座瘡様皮疹（にきびに似ている）、虹彩毛様体炎、網膜ぶどう膜炎、外陰部潰瘍などが起きる疾患 ・失明に至る例が多い

関節リウマチの場合、便器に補高便座をのせることで立ち座りが楽になり、関節にかかる負担も軽減できます。

Q 関節リウマチ（rheumatoid arthritis）は、軟骨の老化によって起こる。 第36回

表で整理！　**アレルギー疾患**

花粉症	・アレルギー性鼻炎、アレルギー性結膜炎、花粉喘息の3つの疾患がある
アナフィラキシー	・アレルゲンに感作される準備期間の後、アレルゲンに接触すると起きる ・アレルゲンの体内侵入の直後に、じんましん、眼瞼・口唇の浮腫、口内異常感、口唇のしびれ、喉頭部狭窄感、嚥下困難感、四肢末端のしびれ、心悸亢進、悪心などが現れる ・時に血圧低下、気道閉塞による呼吸困難、意識障害などのショック症状をきたし、まれに死に至る ・エピペンがある場合は速やかに使用し、その後、医療機関を受診する
アトピー性皮膚炎	・皮膚の慢性炎症を引き起こす疾患 ・食物、吸入抗原、特にダニや動物の皮屑などに対して反応がみられることが多い

図解で整理！　**関節リウマチの主な症状**

朝のこわばり

朝起きたときに手足がこわばって、動きが悪くなる。

関節破壊・変形

手指の変形には、スワンネック（白鳥の首）変形、ボタン穴変形、尺側偏位、母指Z変形などがある。足指の変形には、外反母趾、槌指などがある。

関節痛・腫脹

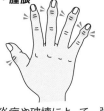

関節の炎症や破壊によって、強い関節痛や腫れが起こる。

関節可動域（ROM）制限

関節の腫れや関節変形などによって、関節の動く範囲が狭くなる。

※これらの症状のために、歩行障害や筋力低下もみられることがある。

 ✕　関節リウマチは、免疫の異常から関節に炎症が起こる疾患である。

6. 保健医療職との連携

在宅医療

● 在宅医療の提供体制に求められる医療機能には、①退院支援、②日常の療養支援（緩和ケアなど）、③急変時の対応、④看取りがある。

● 在宅療養支援診療所は、在宅医療に積極的役割を担う保険医療機関である。24時間往診が可能な体制、また24時間訪問看護の提供が可能な体制を確保している。

● 市町村や保健所は、在宅医療に必要な連携を担う拠点である。

解き方がわかる！過去問解説

1日1回、排便がない状態は便秘である。 第31回

ポイント
便秘とはどのような状態をいうのか、排便の状態には個人差があることなどを思い出してみましょう。

正解は
✕
便秘とは、通常の排便習慣より排便回数が著しく減少し、便の量が少ない、便が硬い、残便感があるなど排便に困難と苦痛を伴う状態をいいます。1日に1回排便がなく、2～3日に1回であっても、便の量や性状に異常がなければ便秘とはいえません。

Q 在宅療養支援診療所は、24時間往診が可能な体制を確保しなければならない。 第28回

図解で整理！ **在宅医療の体制**

退院支援

入院医療機関と在宅医療に係る機関との協働による退院支援の実施

・病院・診療所
・訪問看護事業所
・薬局
・居宅介護支援事業所
・地域包括支援センター
・在宅医療において積極的役割を担う医療機関
・在宅医療に必要な連携を担う拠点
　　　　　　　　　等

日常の療養支援

・多職種協働による患者や家族の生活を支える観点からの医療の提供
・緩和ケアの提供、家族への支援

・病院・診療所
・訪問看護事業所
・薬局
・居宅介護支援事業所
・地域包括支援センター
・介護老人保健施設
・短期入所サービス提供施設
・在宅医療において積極的役割を担う医療機関
・在宅医療に必要な連携を担う拠点 等

看取り

住み慣れた自宅や介護施設等、患者が望む場所での看取りの実施

・病院・診療所
・訪問看護事業所
・薬局
・居宅介護支援事業所
・地域包括支援センター
・在宅医療において積極的役割を担う医療機関
・在宅医療に必要な連携を担う拠点 等

 急変

急変時の対応

在宅療養者の病状の急変時における緊急往診体制および入院病床の確保

・病院・診療所
・訪問看護事業所
・薬局
・在宅医療において積極的役割を担う医療機関
・在宅医療に必要な連携を担う拠点　　　　　等

在宅での悪性腫瘍患者に対する緩和ケアは、保険診療の対象となります。

第9章

❻ 老化に伴うこころとからだの変化と生活⑤

  急変時の対応、看取りなどのためには、24時間体制が求められる。

MEMO

[第3領域]
こころとからだのしくみ

10章

認知症の理解

出題傾向分析

1 出題傾向

● 第36回試験での問題数は10問である。

● 認知症の医学的基礎に関する出題が中心であり、そのほかは認知症を取り巻く状況、認知症と日常生活、家族への支援が1～2問程度という出題構成になっている。

● 認知症の医学的基礎に関する出題では、特に各種認知症の特徴や比較を問われる設問が多い。

● 新出題基準では、これまで中項目以下に入っていた認知症の生活への影響やケアに関する内容が大項目「認知症に伴う生活への影響と認知症ケア」として独立した。自己決定の支援や日常生活の支援に関する問題などが出題されている。

■過去5年間の出題

出題順	第36回 (2024年)	第35回 (2023年)	第34回 (2022年)	第33回 (2021年)	第32回 (2020年)
1	認知症を取り巻く状況（自動車運転免許）	認知症を取り巻く状況（認知症施策大綱）	認知症を取り巻く状況（認知症ケア／ひもときシート）	認知症の医学的基礎（うつ病の仮性認知症）	認知症を取り巻く状況（認知症高齢者数）
2	認知症の医学的基礎（アパシー）	認知症の医学的基礎（見当識障害）	認知症の医学的基礎（レビー小体型認知症）	認知症の医学的基礎（原因疾患の多い順）	認知症の医学的基礎（BPSD）
3	認知症の医学的基礎（せん妄）	認知症の医学的基礎（もの盗られ妄想）	認知症の医学的基礎（軽度認知障害）	認知症を取り巻く状況（日本での認知症の状況）	認知症の医学的基礎（高齢者のせん妄）

4	認知症の医学的基礎(レビー小体型認知症)	認知症の医学的基礎(慢性硬膜下血腫)	認知症の医学的基礎(若年性認知症)	連携と協働(認知症初期集中支援チーム)	認知症の医学的基礎(初期症状)
5	認知症の医学的基礎(若年性認知症)	認知症を取り巻く状況(日常生活自立支援事業)	認知症の医学的基礎(抗精神病薬の副作用)	認知症の医学的基礎(クロイツフェルト・ヤコブ病)	認知症の医学的基礎(発症リスクを低減させる行動)
6	認知症の医学的基礎(アルツハイマー型認知症)	認知症を取り巻く状況(認知症ケア/ユマニチュード)	認知症の医学的基礎(心理社会的療法)	認知症の医学的基礎(レビー小体型認知症)	認知症の医学的基礎(抗認知症薬)
7	認知症の医学的基礎(認知機能障害)	連携と協働(認知症サポーター)	認知症と日常生活(BPSDへの対応)	認知症と日常生活(訪問介護員の対応)	認知症と日常生活(前頭側頭型認知症への対応)
8	認知症を取り巻く状況(認知症ケア/バリデーション)	認知症を取り巻く状況(認知症ケアパス)	家族への支援(アルツハイマー型認知症)	認知症の医学的基礎(認知症の検査)	家族への支援(アルツハイマー型認知症)
9	認知症と日常生活(介護福祉職の対応)	認知症を取り巻く状況(認知症ライフサポートモデル)	認知症と日常生活(施設の生活環境)	認知症の医学的基礎(注意障害)	認知症と日常生活(介護福祉職の対応)
10	家族への支援(介護サービスの提案)	認知症の医学的基礎(記憶)	連携と協働(認知症初期集中支援チーム)	認知症と日常生活(終末期の介護福祉職の対応)	家族への支援(認知症の初期症状)

2 学習のポイント

● 出題頻度の高い、各種認知症の特徴、うつ、せん妄などとの比較については確実に押さえることが重要である。

● 中核症状・BPSDへの対応では、事実誤認があってもむやみに否定しない、家族への支援では、つらい気持ちに共感した対応をするなど、原則を理解していると解答しやすい設問が多いので、きちんと対応法を理解しておく。

❶ 認知症を取り巻く状況

頻出度 ★☆☆

1. 認知症ケアの歴史

表で整理！ 認知症施策の変遷

1986（昭和61）年	厚生省が痴呆性老人対策本部を設置
1989（平成元）年	老人性痴呆疾患センターの創設
1997（平成9）年	認知症対応型共同生活介護（グループホーム）の制度化
2001（平成13）年	認知症介護研究・研修センターの開設
2003（平成15）年	厚生労働省「2015年の高齢者介護～高齢者の尊厳を支えるケアの確立に向けて～」
2004（平成16）年	厚生労働省「『痴呆』に替わる用語に関する検討会」 ・「痴呆」から「認知症」へと呼称が変更された
2006（平成18）年	介護を支える介護保険制度において、認知症対応型通所介護や小規模多機能型居宅介護などを含む地域密着型サービスが創設された
2008（平成20）年	厚生労働省「認知症の医療と生活の質を高める緊急プロジェクト」
2012（平成24）年	厚生労働省「今後の認知症施策の方向性について」 ・「認知症になっても本人の意思が尊重され、できる限り住み慣れた地域のよい環境で暮らし続けることができる社会」の実現を目指すための取り組みが掲げられた
	認知症施策推進5か年計画（オレンジプラン）
2015（平成27）年	認知症施策推進総合戦略（新オレンジプラン）
2019（令和元）年	認知症施策推進大綱 ・認知症バリアフリーの取り組みの推進
2023（令和5）年	共生社会の実現を推進するための認知症基本法（2024年1月から施行） ・国による基本計画の策定を義務づける

2. 認知症ケアの理念

● 認知症ケアの大前提は、「人間らしい生き方」を尊重し、QOL（生活の質）

Q 認知症の人への基本的な関わりとして、息子の居場所を心配する人に、「息子さんは会社で働いていますから、安心してください」と言うことは適切である。**第30回**

の向上に向けたケアを行うことである。

● イギリスの心理学者キットウッドは、**パーソン・センタード・ケア**（その人を中心としたケア）を提唱した。

● センター方式は、①その人らしいあり方、②安心・快、③自分の力の発揮、④安全・健康、⑤なじみの暮らしの継続という5つの視点を踏まえた認知症の人を総合的に支援するパーソン・センタード・ケアの一つの**ツール**である。

3. 認知症のある人の現状

認知症高齢者の現状

● 「平成29年版高齢社会白書（概要版）」によると、認知症高齢者数は2012（平成24）年時点で約462万人、65歳以上の**7人**に1人が認知症高齢者となっているのに対し、2025年には約700万人、**5人**に1人が認知症高齢者となると推計されている。

● 2009（平成21）年の「若年性認知症の実態と対応の基盤整備に関する研究」によると、若年性認知症者数は約**3.8万人**と推計されている。

● 18〜64歳における人口10万人あたりの若年性認知症者数をみると、男性**57.8人**、女性**36.7人**と男性が多い。

● 要介護者となる原因をみると、**認知症**は最も多い。

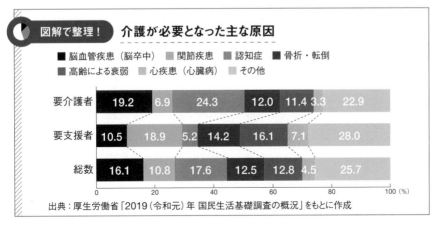

図解で整理！ **介護が必要となった主な原因**

■ 脳血管疾患（脳卒中） 　 関節疾患 　 認知症 　 ■ 骨折・転倒
　 高齢による衰弱 　 心疾患（心臓病） 　 その他

	脳血管疾患	関節疾患	認知症	骨折・転倒	高齢による衰弱	心疾患	その他
要介護者	19.2	6.9	24.3	12.0	11.4	3.3	22.9
要支援者	10.5	18.9	5.2	14.2	16.1	7.1	28.0
総数	16.1	10.8	17.6	12.5	12.8	4.5	25.7

出典：厚生労働省「2019（令和元）年 国民生活基礎調査の概況」をもとに作成

 A ◯ 　 不安をもっている利用者に対しては、安心できる声かけが大切である。

4. 認知症に関する行政の方針と施策

- 2019（令和元）年の認知症施策推進大綱では、以下が5つの柱として取り上げられた。

---

1. 普及啓発・本人発信支援
2. 予防
3. 医療・ケア・介護サービス・介護者への支援
4. 認知症バリアフリーの推進・若年性認知症の人への支援・社会参加支援
5. 研究開発・産業促進・国際展開

- 相談窓口の中心としては、各自治体に設置されている地域包括支援センターのほか、医療機関や市町村の高齢福祉課などがある。
- 各市町村では、認知症の人やその家族が「いつ」「どこで」「どのような」医療や介護サービスが受けられるのか、認知症の様態に応じたサービス提供の流れを地域ごとにまとめた認知症ケアパスを作成している。

地域密着型サービス

- 地域密着型サービスは、認知症高齢者が中重度の要介護度になっても、可能な限り住み慣れた地域で生活を継続できるよう創設された介護保険のサービスである。
- サービスを利用できるのは、原則としてその事業所がある市町村の被保険者に限定している。
- 地域密着型サービスは、9種類のサービスで構成されているが、そのうち、利用対象を認知症がある居宅要介護者に限定しているのは、認知症対応型通所介護と認知症対応型共同生活介護（グループホーム）の2種類のサービスである。
- 地域密着型介護予防サービスは、3種類のサービスで構成されているが、そのうち、利用対象を認知症がある居宅要支援者に限定しているのは、介護予防認知症対応型通所介護と介護予防認知症対応型共同生活介護（グループホーム）の2種類のサービスである。

Q 認知用ケアパスは都道府県ごとにつくられるものである。**第35回**

認知症対応型共同生活介護 (グループホーム)

- 認知症高齢者が5〜9人を単位とした小規模な生活の場で食事の準備や掃除、洗濯などの家事を職員が認知症利用者と共同で行い、**家庭的**で落ち着いた雰囲気のなかで、認知症利用者を支え、家庭介護の負担軽減を図る。
- 一人ひとりの生活に合った支援を行い、また職員が利用者と「**なじみの関係**」を形成して、問題行動や行動障害を軽減する。
- 利用者は、ホーム内でさまざまな役割 (たとえば食事の配膳や施設内の清掃など) を担うことで、**潜在的**な力に働きかける。

権利擁護対策

- 認知症高齢者の**権利擁護**に関係の深いものとしては、高齢者虐待防止法、成年後見制度、日常生活自立支援事業がある。
- 地域包括支援センターでは、地域支援事業の**権利擁護事業**や認知症総合支援事業などを実施している。

解き方がわかる! 過去問解説

認知症と診断された39歳の人は、介護保険制度を利用できる。 第31回

ポイント　介護保険制度を利用できる年齢と条件を、第1号被保険者、第2号被保険者別に思い出してみましょう。

正解は　✕　介護保険制度では、65歳以上を第1号被保険者、40歳以上65歳未満を第2号被保険者としています。このため、39歳の人は介護保険制度を利用することができません。また、40歳以上65歳未満の第2号被保険者の場合、介護保険法に規定されている16の特定疾病に該当した場合のみ利用することができます。

A ✕ 認知症ケアパスは市町村ごとに作成するものである。

❷ 認知症の医学的・心理的側面の基礎的理解①

頻出度 ★★★

1. 認知症の基礎的理解

● 認知症の**認知機能障害**として、記憶障害、実行機能障害、見当識障害などがみられる。

● 「加齢による物忘れ」は、体験の一部分を忘れるのに対し、「認知症による物忘れ」は、**エピソード記憶**の障害であり、体験全体をすっかり忘れる特徴がある。

● 記憶力や言語能力、判断力、遂行機能などの認知機能の低下は認められるが、日常生活に支障がない状態を**軽度認知障害（MCI）**という。認知症に進行することもあればしないこともある。

 表で整理！ **認知機能障害の種類とその特徴**

記憶障害 （物忘れ）	・物忘れが早期から出現しやすい ・認知症では記銘減弱が起こり、新しいことを記銘できない（覚えられない）
実行機能障害	・計画の立案や段取りをつけて実行することができなくなる
見当識障害	・場所、時間、人の認識が失われる
失語	・発語器官（声帯、舌、口蓋など）や聴覚に異常がないのにもかかわらず、言葉が話せなくなったり、他人の言葉を理解できなくなったりする
失行	・当たり前にできていた動作（例：歯磨き、着替え）を、運動障害がなく、頭では理解できていても、遂行できなくなる
失認	・感覚は保たれていても知覚ができないことで、身近な人や有名人の顔の識別ができなかったり、対象の形や色はわかるが、それが何であるかわからなかったり、音は聞こえても何の音かがわからなかったりする

Q 「先ほど覚えてもらった言葉をもう一度言ってみてください」という質問は見当識障害を確認するためのものである。**第35回**

2. 認知症のさまざまな症状

- 認知症の症状は、必ず症状として現れる**中核症状**と、必ずしも起きる症状ではなく、本人の心理的あるいは環境的要因、身体状態などが関与して起きるBPSD（認知症の行動・心理症状）に大別される。
- 中核症状は基本的に改善しないが、BPSDは適切なケアを行うことで改善の可能性がある。

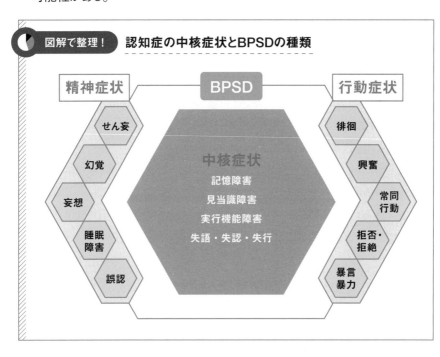

図解で整理！ 認知症の中核症状とBPSDの種類

精神症状 — BPSD — 行動症状

- せん妄
- 幻覚
- 妄想
- 睡眠障害
- 誤認

中核症状
記憶障害
見当識障害
実行機能障害
失語・失認・失行

- 徘徊
- 興奮
- 常同行動
- 拒否・拒絶
- 暴言暴力

BPSDと中核症状は、現在もほぼ同義で使用されている場合がありますが、双方は考え方（概念）が異なるものなので、注意しましょう。

この質問は、記憶障害を確認するためのものである。見当識障害についての質問であれば「私たちが今いるところはどこですか」など、場所や時間、人についての認識を確認する内容となる。

359

認知症の中核症状

● 中核症状には、記憶障害や実行機能障害、見当識障害、**失語・失認・失行**などの種類がある。

 用語解説

[失語] 構音器官や聴覚に障害がないにもかかわらず、言語機能が失われた状態。
[失認] 対象物を認知できない状態。
[失行] 目的に沿った動作ができない状態。

BPSD（認知症の行動・心理症状）

● BPSDが出現する背景には、**生活環境**の変化、人間関係の悪化、家族の不適切な対応、便秘などの身体症状、薬物などがある。

● 症状としては、せん妄、幻覚・妄想、睡眠障害、誤認などの「**精神症状**」と、徘徊、興奮、常同行動、拒否・拒絶、過食・拒食、焦燥、暴言・暴力行為、異食などの「**行動症状**」がある。

● BPSDを抑制・禁止すると不安感を助長させ、興奮したり**攻撃的**になったりすることがある。ケアの方法によって**興奮する**ことがあるので、不適切な対応をしないよう注意する。

● 認知症高齢者の言動をよく観察・分析し、行動の**背景**を理解するように努める。

● BPSDへの支援は、認知症の人に対するものだけでなく、**家族介護者**に対するものも含まれる。

● BPSDに対しては、**薬物療法**よりも**非薬物療法**を優先して行うことが基本である。

認知症の人が事実と違う話をしたときに、それを否定するのはやめましょう。その人の認識を変えることはできず、かえって混乱を招くだけです。否定も肯定もせずに共感的な態度で接することを心がけましょう。

Q うつ病に伴って認められる仮性認知症では、朝方に比べて夕方に悪くなることが多い。
第29回

3. 認知症と間違えられやすい症状・疾患

● うつ病やせん妄は、臨床症状が**認知症**と似ているため、適切な治療やケアを実施していくためには、**認知症**との鑑別が必要となる。

うつ病

● 本人が物忘れや思考力の低下を訴えるなど、**自己病識**があることが多い。認知症は自己病識がない場合が多い。

● 基本症状は、**感情障害**のほか、憂鬱な気持ち、気力の低下、物事に対する興味、関心、喜びの喪失などがみられる。

● 症状として、認知症に類似した状態を示す**仮性認知症**がある。

● **仮性認知症**の症状の程度は、朝方の方が悪く、夕方になるにつれて落ち着いてくることが多い。

● うつ病がゆるやかに進行するのに比べて、うつ病に伴って認められる仮性認知症は、**症状が急速に進行**することが多い。

せん妄

● せん妄とは、**意識障害**の一種であり、軽度の意識混濁に幻覚、妄想、不安、興奮などを伴った状態をいう。

● **発生要因**には、身体的疾患、感染症、脱水、高熱、睡眠不足、薬剤、手術の既往などがある。

● 薬物治療のほか、**水分**や**電解質**の補給などが行われる。

● 認知症と比べて、**日内変動**を認めることが多いなど、症状の変動が大きいという特徴がある。夕方から夜間にかけて悪化する**夜間せん妄**がみられやすい。

● せん妄の症状である興奮や幻覚が治まった場合であっても、その後すぐに**再発**することがあるだけでなく、症状が**長期間持続**することもある。

● 認知症との鑑別は、**意識障害**の有無である。

● せん妄中の**出来事**はほぼ覚えていない点に配慮が必要である。

A ✕ 朝方の方が悪く、夕方になるにつれて落ち着いてくることが多い。

		認知症	うつ病	せん妄
基本症状		記憶障害、認知障害	感情障害、抑うつ状態（感情や意欲の喪失）	軽度意識障害、幻覚、運動不穏
発症様式		ゆるやか	ゆるやか	急激
症状	**動揺性**	少ない	少ない	多い、夕刻・夜間に悪化（夜間せん妄）
	持続性	永続的	数週、数か月	数日、数週
言語理解		困難	思考過程は遅延	困難（意識障害あり）
応答		言い訳が多い、答えるが誤っている（ニアミス応答）	考えられない、「わからない」と答える	まとまらない、ちぐはぐ
身体疾患		原則としてなし	なし	あることが多い
環境の影響		なし	なし	多い、薬物の影響あり
睡眠リズム障害		なし	多発	あり

認知症とうつ病の違いとしては、うつ病の方が精神的な落ち込みが大きく、物忘れの自覚（病識）があるということです。

4. 認知症の原因疾患と症状

アルツハイマー型認知症

● アルツハイマー型認知症は、認知症原因疾患のなかで最も多くみられるものである。とくに高齢の**女性**に多くみられる。

● CTスキャンやMRI（磁気共鳴画像）などの検査で、**脳の萎縮**や**脳溝の拡大**が認められる。

Q 初期のアルツハイマー型認知症では、エピソード記憶が障害される。 第30回

- 初期段階では、**エピソード記憶**が障害される点が特徴的で、最近のことから徐々に昔の記憶まで失われていくが、古い記憶は比較的保たれる。何度も同じことを繰り返したり、もの盗られ妄想が発現したりする。
- 物盗られ妄想は、自分の大切なものが手元にないなどの**不安**から生じることが多く、介護している家族など**身近な人**が疑われる場合が多い。
- 初期段階では、運動や感覚の中枢の変化は軽く、**運動機能**は比較的維持される。
- 段取りをつける作業ができなくなるといった**実行機能障害**、場所や人物、時間がわからなくなる**見当識障害**もみられる。失語や失認などの巣症状もみられる。
- 末期の段階では、**けいれん発作**を生じることが多い。

用語解説

[巣症状] 脳の一部が障害されて生じる症状のことで、失語、失読、失計算、失行、失認などがみられる。

血管性認知症

- 血管性認知症は、**発作型**と**緩徐型**に分類される。さらに発作型は、広範梗塞型と大脳深部小梗塞多発型に細分化され、発作が起こるたびに**階段状に症状が悪化**する。
- CTスキャンやMRI（磁気共鳴画像）などの検査で、**脳梗塞**や脳出血の存在が認められる。
- 女性よりも**男性**に多くみられる。認知症原因疾患のなかでは、アルツハイマー型認知症の次に多い。
- 危険因子として、**メタボリックシンドローム**といった生活習慣病がある。
- 初期段階では、**めまい**を自覚することがある。そのほか、自覚症状として、頭痛、頭のはっきりしない感じ、不眠、抑うつなどがみられやすい。
- 病気であるという認識は保たれ、**人格**も保持される。
- 脳梗塞による片麻痺や仮性球麻痺によって、**嚥下障害**を合併することがある。
- 血管性認知症では、**感情失禁**がみられる点が特徴的である。

 A ○ 初期のアルツハイマー型認知症では、古い記憶は比較的保たれる。

363

● アルツハイマー型認知症に比べて、神経症状が多くみられる一方で、感情の平板化がみられにくい。

血管性認知症は、脳の障害部位によって、障害の程度にむらがあることから、まだら認知症と呼ばれることもあります。

レビー小体型認知症

● レビー小体型認知症は、大脳皮質の多数の神経細胞内に**レビー小体**という異常物質が現れる原因不明の疾患である。

● 見当識障害、記憶障害、筋肉収縮、嚥下困難、幻視、**パーキンソン症状**などの症状がみられる。具体的かつ鮮明な**幻視**がみられる。嚥下困難による**誤嚥性肺炎**の合併が多くみられる。

● 症状の程度には、**日内変動**がみられる。

● レビー小体型認知症の場合、一過性の**意識障害**を起こすことがある。

● **パーキンソン症状**として、安静時振戦のほか、筋固縮、屈曲姿勢、小刻み歩行、突進歩行、止まれないなどがあり、転倒することも多い。

前頭側頭型認知症

● 前頭側頭型認知症は、代表的な若年性認知症の1つであり、**64歳以下**の者に発症することが多い。

● **前頭葉**や**側頭葉前方**に限定した萎縮が認められる。

● 記憶障害よりも、人格変化や万引き、のぞきといった**反社会的行動**を行うなど異常行動が目立つ。

● 常同行動、自発性の低下、無関心などの症状が、**病期の進行**に伴い出現するようになる。

クロイツフェルト・ヤコブ病

● 初老期に発病し、急速に認知症が進行する疾患である。

● **プリオンたんぱく（たんぱく質性感染因子）**が原因とされ、長い潜伏期を経て発症し、初発症状から短期間で死亡する。1年以内の死亡例も多い。

Q 前頭側頭型認知症の特徴として、もの盗られ妄想がみられる。**第31回**

	アルツハイマー型認知症	血管性認知症	レビー小体型認知症	前頭側頭型認知症
特徴	女性に多い	男性に多い	男性に多い	男女比はほぼ均等
発症と経過	ゆるやかに発症し、進行する	発作型と緩徐型に分類される	ゆるやかに発症、症状に動揺性あり	ゆるやかに発症し、進行する
代表的な症状	失語・失行・失認、徘徊、もの盗られ妄想	運動麻痺・歩行障害、感情失禁、抑うつ	具体的かつ鮮明な幻視、パーキンソン症状、転倒、失禁	人格変化、社会性の消失、感情の平板化、常同行動

慢性硬膜下血腫

● 慢性硬膜下血腫は、アルコール依存症の人の転倒後に多くみられる。

● 転倒などによる頭部の打撲などの外傷などが原因で発症するが、打撲時には痛みのほかに症状がみられない。

● 頭部外傷後1〜3か月頃に、頭痛、物忘れ、歩行障害、認知症状などの症状が出現する。

● CTやMRIなどの検査によって、血腫が認められる。

● 血腫除去手術によって改善が可能である。

正常圧水頭症

● 正常圧水頭症は、中年以降に発症しやすい疾患であり、認知症、歩行障害、尿失禁の3主徴がみられる。

● 脳室に脳脊髄液がたまるという特徴がある。

● シャント手術によって、症状の改善が期待できるため、早期発見が重要となる。

第10章

❷ 認知症の医学的・心理的側面の基礎的理解①

 ✕ もの盗られ妄想は、アルツハイマー型認知症に特徴的である。

5. 若年性認知症

- 若年性認知症とは、64歳以下の人に発症する認知症のことをいう。
- 若年性アルツハイマー型認知症では神経症状を認めることが多い。
- 若年性認知症がある者は、**精神障害者保健福祉手帳**の取得や、**障害基礎年金**の受給が可能である。

若年性認知症の人には養育中の子どもがいることも多く、そうした家族のケアや就労支援など、高齢者の認知症とはまた違った観点からのケアが必要な場合もあります。

解き方がわかる！過去問解説

レビー小体型認知症（dementia with Lewy bodies）では、最初の一歩が踏み出しにくく、小刻みに歩くという歩行障害がみられる。 第36回

ポイント　レビー小体型認知症では、パーキンソン症状として歩行障害がみられます。

正解は　　レビー小体型認知症では、パーキンソン症状として、最初の一歩が踏み出しにくい
○　　　　すくみ足や、小刻み歩行などの歩行障害がみられ、転倒することも多くなります。

Q 若年性認知症（dementia with early onset）は、高齢の認知症に比べて、就労支援が必要になることが多い。 第36回

③ 認知症の医学的・心理的側面の基礎的理解②

1. 病院で行われる検査の実際

● 認知症と診断されるまでには、**簡易検査**やCTなどによる**画像診断**といった検査が実施される。

簡易知能テスト

● 認知症の診断は、①**記憶障害がある**、②**知的能力の低下がある**、③**生活に支障がある**という3点を重点的に調べ、診断をする。

● 物忘れや知的レベルの検査として、**短時間**で施行でき、患者の負担が少ないといったメリットがある。

● 代表的な簡易知能テストには、**長谷川式認知症スケール**や、**ミニ・メンタル・ステイト検査（MMSE）**がある。

図解で整理！ 長谷川式認知症スケールとMMSEの特徴

長谷川式認知症スケール	ミニ・メンタル・ステイト検査（MMSE）
・9問の設問で構成される質問形式の認知症スクリーニング法。 ・20分程度の短時間でテストができ、判定も点数化されている。 ・30点満点中20点以下で認知症を疑う。	・11項目で構成される質問形式の認知症スクリーニング法。 ・図形を描いてもらう質問もある。 ・30点満点中24点未満で認知症を疑う。

その他の検査

● FASTは、**アルツハイマー型認知症**の病状（ステージ）をADLの障害の程度により評価・分類したものである。

● CDRは、認知症の程度を、本人や家族からの情報をもとに評価する6項目の**半構造化**された評価尺度である。

A ○ 若年性認知症では、それまでの就業を継続することが困難になるため、就労支援が必要になることが多い。

- IADL（手段的日常生活動作、第4章❹（115ページ）参照）の**アセスメント**は、軽度の認知症において有用である。
- 血液検査は、全身の健康状態や**認知症に似たほかの疾患**の鑑別ができる。
- 脳波検査は、意識障害のある**せん妄**の鑑別などに有用である。
- 頭部画像検査には、CTやMRIなどの種類がある。認知症の診断として、**脳の萎縮**の程度を調べるために活用される。

認知症の診断では、まず長谷川式認知症スケールなどの簡易知能テストを実施し、疑わしい場合には、CTやMRIなどの検査によって診断します。簡易知能テストの結果のみで、認知症と診断することはありません。

2. 認知症の予防・治療

- 認知症の治療には、**薬物療法と心理社会的療法**などがあり、介護支援などと適切に組み合わせて実施する。
- 正常圧水頭症や慢性硬膜下血腫は、**手術**によって症状の改善を図る。

薬物療法

- 2011（平成23）年から、**アルツハイマー型認知症**の治療薬として4種類の薬が使えるようになった。これらは、根治治療というよりも症状の進行を遅らせるための薬である。
- アルツハイマー型認知症の治療薬は、組み合わせによっては**2剤併用**が可能となっている。
- ドネペジル塩酸塩（商品名：アリセプト）では、副作用として**パーキンソン症状**が現れることがある。

予防

- 血管性認知症に対しては、日頃から血圧や血糖値、脂質異常症や肥満に注意し、**生活習慣病**を防ぐことが予防につながる。

Q 長谷川式認知症スケールで認知症の診断が可能である。第30回

解き方がわかる! 過去問解説

男性と比較して女性に多く認められるのは、血管性認知症の特徴である。 第29回

ポイント　血管性認知症、アルツハイマー型認知症など認知症の発症の男女比を思い出してみましょう。

正解は 血管性認知症の発症には喫煙や飲酒などの生活習慣が影響するため、男性に多
✕ く認められるとされています。また、高齢者に限らず比較的若年でも認められます。

→ **A** ✕ 長谷川式認知症スケールのみでは、認知症を疑うことはできるが、診断することはできない。

❹ 認知症に伴う生活への影響と 認知症ケア

1. 認知症に伴う生活への影響

認知症の特性を踏まえたアセスメント

● 認知症がある人のアセスメントでは、精神症状だけでなく、神経症状を含めた **身体症状、ケア環境、心理的**な状態も把握しておく必要がある。

● アセスメントの際は、保たれている能力と低下している能力を区分し、**保たれている能力**を活用し、自信が持てるような作業、行動に導くような試みをする。

● 認知症があり、自分が今どこにいるのかわからない人には、そのたびに場所を伝えるなどの対応が必要となる。

衣服の着方など日常動作の手順を忘れてしまった場合には、介護者が模範動作をみせて本人の行動を促すようにしましょう。

家族との関係の把握

● 介護者は患者の呈する異常行動や精神症状（BPSD）の対処に疲れ果て、先行きの不安、絶望感、喪失感などにより、**介護うつ**に陥っている場合も多くある。

● 介護者が不快、不安、いらつき、不満を感じながらの介護を行うことで、患者側も不安感、不快感、混乱状態、被害妄想を持ちやすく、それが異常行動として現れることがある。**不適切なケア**は悪循環をもたらす。

環境変化が認知症の人に与える影響

● 認知症がある人は、**適応力**が低下するため、介護者の変更や施設への入所など大きな環境の変化は、BPSDの出現につながりやすい。

Q 軽度の認知症の人に、日付、季節、天気、場所などの情報をふだんの会話の中で伝えて認識してもらう認知症ケアのことをライフレビューという。**第34回**

- 見当識の低下に対しては、部屋の入口に目立つもの、たとえば造花やのれんをかけて目印にするなどの工夫が必要となる。

2. 認知症のある人へのかかわり

心理社会的療法

- リアリティ・オリエンテーションとは、**見当識訓練**ともいい、現在の日付や場所などについて質問し、現実の感覚や認識を確認することで、**見当識**に働きかける療法である。
- 回想法は、患者が楽しい思い出や人生について振り返り、整理することを受容共感することで、**情動**を豊かにし、**自信**につなげるなど残存機能の維持を目的とする。なお、**回想内容の正確さを重要視しない**。
- 回想法は、毎回**同じ場所**で行うことが望ましい。

ユマニチュード

- ユマニチュードとは「人間らしさを取り戻す」ことを意味するフランス発祥の認知症のケア技法のことである。
- **見る**、**話す**、**触れる**、**立つ**というケアの4つの柱を使い、5つのステップでケアをすることを提唱している。

解き方がわかる！過去問解説

前頭側頭型認知症 (frontotemporal dementia) の症状のある人で、常同行動がある場合は、本人と周囲の人が納得できる生活習慣を確立する。 第32回

> ポイント
> 前頭側頭型認知症の代表的な症状として、毎日同じ時刻に同じ場所へ行くなど、特定の行動を繰り返す常同行動があります。常同行動がみられる場合に起こりうることを想像し、必要な援助を考えましょう。

正解は ○　前頭側頭型認知症の症状のある人で、常同行動がある場合、例えば他人の敷地内に勝手に進入するなどの迷惑行為を毎日繰り返してしまう可能性があり、その際本人に危険が及ぶ恐れがあるだけでなく、家族にも大きな負担がかかります。環境を変えるなどして、本人も納得でき、安全が保たれるような生活習慣へと導いていく援助が適切といえます。

 ✕　ライフレビューは回想法のことであり、設問文の内容はリアリティ・オリエンテーションである。

❺ 連携と協働

1. 地域におけるサポート体制

- 認知症がある者は、**記憶障害**があるため、周囲と新しい関係を築くことや、また新しい環境への**適応**に困難を抱えている。
- 認知症ケアにとって大切なことは、本人を取り巻く環境に配慮することである。その基礎となるのは、地域社会における**人間関係**と**文化**である。

> 支援者には、認知症の方がこれまでどのような人生を歩んできたのかというライフヒストリーを把握し、どの地域でどのように生活していきたいのかを考えることが求められています。

認知症疾患医療センター

- 認知症疾患医療センターは、**都道府県**や**指定都市**が指定する病院に設置されている。
- 認知症の専門医や相談員を配置して、地域における医療機関の紹介や受診前の医療相談など、地域の認知症医療の**連携**を強化する役割などを担っている。

> 認知症疾患医療センターは基本的に認知症と診断された人を対象とする機関です。認知症の疑いがある人についての相談は、地域包括支援センターに行うのがよいでしょう。

Q 認知症サポート医が、認知症サポーター養成講座の講師を務めることとされている。 **第29回**

専門医（認知症医療の経験5年以上の医師も可）、臨床心理技術者、精神保健福祉士などが配置されている。

認知症地域医療支援事業

- 認知症地域医療支援事業の事業内容には、認知症サポート医の養成を行う「認知症サポート医養成研修事業」と、かかりつけ医の養成を行う「かかりつけ医認知症対応力向上研修事業」がある。

図解で整理！ 認知症サポート医とかかりつけ医の役割

認知症サポート医	かかりつけ医
認知症にかかる地域医療体制構築の中核的な役割を担う。かかりつけ医の認知症診断などに関する相談役、かかりつけ医への研修企画・助言、他の認知症サポート医との連携などを行う	高齢者が慢性疾患などの治療のために受診する診療所等の主治医であり、認知症に関する正しい知識と技術を持ち、地域で認知症の人や家族を支援することができる

認知症サポート医とは、認知症患者の主治医のことではないことに注意しておきましょう。

認知症総合支援事業

- 認知症総合支援事業は、介護保険法の地域支援事業の1つとして位置づけられており、認知症である被保険者や認知症の疑いのある被保険者に対する総合的な支援を行う。具体的には認知症地域支援推進員や認知症初期集中支援チーム、チームオレンジコーディネーターの配置がある。
- 認知症初期集中支援チームは、複数の専門職が、家族の訴えなどにより認知症が疑われる人や認知症の人、その家族を訪問し、アセスメントや家族支援などの初期支援を包括的かつ集中的に行う。

 認知症サポーター養成講座の講師を務めるのは、キャラバン・メイトである。

- 認知症地域支援推進員は、認知症ケア体制の充実を図るために、**地域包括支援センターや市町村**に配置され、認知症がある人と、医療機関や認知症疾患医療センターなどの資源とをつなぐ**コーディネーター**の役割を担っている。
- **チームオレンジコーディネーター**は、認知症がある人やその家族の支援ニーズと認知症サポーターを中心とした支援をつなぐしくみ（**チームオレンジ**）を整備し、その運営を支援する。

認知症初期集中支援チーム

- 地域包括支援センター等に設置され、**認知症が疑われる人**や**認知症の人、家族**への初期の支援を包括的・集中的（**おおむね6か月**）に行い、自立生活のサポートを行うチームである。
- チームメンバーは、**認知症サポート医**のほか、介護福祉士や看護師などの医療と福祉の専門家で構成されている。
- 支援にあたっては、チームメンバーである複数の専門家が**在宅の支援対象者**、および**家族**のもとに訪問する。

認知症サポーター

- 認知症サポーターは、認知症に関する正しい知識やつきあい方を学んだ人であり、地域で認知症の人やその家族の**見守り**、**サポート**をする。
- 認知症サポーターキャラバンの実施主体は、都道府県・市町村等自治体、全国的な職域組織、企業等の団体であり、運営は**全国キャラバン・メイト連絡協議会**が行っている。
- 全国キャラバン・メイト連絡協議会は、認知症サポーター養成講座の講師役（キャラバン・メイト）を養成し、**キャラバン・メイト**が、認知症サポーター養成講座において、認知症サポーターを養成する。
- 新オレンジプランの後継となる認知症施策推進大綱では、2025（令和7）年度末までに企業・職域型の認知症サポーターを**400万人**養成することを目標に掲げている。

Q 認知症初期集中支援チームの支援機関は2～3年である。**第33回**

認知症サポーター養成講座の講師は認知症サポート医ではありません。勘違いしやすいので覚えておきましょう。

用語解説

［認知症サポーターキャラバン］講座を開き、認知症サポーターを養成する活動のこと。

2. 多職種連携と協働

● 認知症ケアにおけるチームアプローチでは、多くの職種からなるチームが相互に連携し、さまざまな資源を活用しながら、認知症の人だけでなく、家族や親族も支援していく。

● 認知症ライフサポートモデルとは、「認知症の人への医療・介護を含む統合的な生活支援」のことである。

・疾病および体調管理から、日常生活の支援、自己決定に関わることまで、総合的な支援
・早期から終末期まで地域社会の中で支えていく継続的な関わりを基本に、生活支援を中心とする支援

解き方がわかる! 過去問解説

認知症ライフサポートモデルは、終末期に本人の自己決定を支えるものである。
第35回改

ポイント

認知症ライフサポートモデルでは、医療・介護の垣根を越えて、早期から終末期まで地域社会の中で支えていく支援を目指しています。

正解は
✕

「自己決定を支える」という部分は正しいのですが、早期から継続的なかかわりを行うことを目指していますので、「終末期に」という部分が誤りとなります。

✕ おおむね6か月の間に包括的・集中的に支援を行う。

375

❻ 家族への支援

頻出度
★★☆

1. 家族への支援

認知症に対する家族の不安

● 認知症は、病気の特性から完全に治ることは難しいものが多く、家族介護者にとっては先の見えにくい状況に対し、**身体的かつ精神的な負担**が大きい。

● 家族の悩みや不安や不満などを**傾聴**し、家族の思いを受け止めて精神的な面からもサポートすることが大切である。

● 認知症ケアでは、常に**家族の気持ち**に配慮しなければならない。

認知症に対する家族の混乱

● 認知症の人の症状は、**家族関係**に大きな影響をもたらす。

● 認知症の人の**もの盗られ妄想**は、家族を犯人扱いし、家族が認知症の人を受け止めてケアをすることを困難にする。

● 介護のストレスが慢性的に続くと、介護者である家族は、介護することへの責任から自らを追い込んでしまい、**高齢者虐待**につながる恐れがある。

孤立している家族と家族会が果たす役割

● 認知症の人を介護する家族の大変さは、周囲に理解されにくく、精神的にも**孤立**しがちである。同じような悩みを共有できる**家族会**の存在は大きい。

● 家族会や**セルフヘルプグループ**など、同じ悩みや問題、課題を抱える者同士の集まりがある。互いに経験や悩みを共有することで、孤立の解消や生きる力につながる。

用語解説

[セルフヘルプグループ] 同じ悩みや問題、課題を抱える者同士の集まりのこと。

Q 在職中に若年性認知症になった場合、その者の家族である子ども世代に与える心理的な影響が大きい。**第30回**

図解で整理！	**介護する家族の心理**

戸惑い 否定	・認知症の医学的な理解・対応について知識がないため、認知症の人の言動に困惑する家族が認知症になってしまったことを受け止められず否定し、誰にも相談できない状態となる
混乱 怒り 拒絶	・心身ともに混乱 ・認知症の人に怒りをぶつけることもある ・拒絶的な対応をとってしまう
割り切り あきらめ	・感情をコントロールすることが可能となり、置かれている状況に対して割り切るようになる ・介護について前向きな気持ちに変化することもある ・受容に向けて、とても重要な段階
受容	・認知症の病気や症状を認識して、家族の一員としてあるがままを受け入れることができるようになる

若年性認知症に対する家族への支援

● 若年性認知症の場合、ほかの病気などと勘違いしてしまい、受診が遅れるなど、**早期発見**が難しい。

● 在職中に若年性認知症になった場合、その人の家族である**子ども世代**に与える心理的な影響が大きい。

● 在職中に若年性認知症になった人に対しては、介護保険制度のほか、**雇用保険制度**や**障害福祉サービス等**を組み合わせて利用できるように支援する。

● 在職中に若年性認知症になった人は、作業能率の低下など、**実行機能の**障害が引き起こす諸症状が先行することが少なくなく、仕事に支障が生じやすい。そのため、**職場の上司**などの協力が得られるような対応も必要となる。

● 家族に対しては、その気持ちを受け止めつつ、若年性認知症に対する**理解**を深めていけるように関わる。

 在職中に若年性認知症になると、仕事を失う場合もあり、成人に達していない子どもが親の心配をするなどの心理的な影響が大きい。

2. 家族の介護負担の軽減

- **アセスメント**を通して、在宅介護を継続するために、どのような支援が必要かを把握し、過度な介護負担の原因を取り除くことが求められる。
- 認知症による誤認などにより、家族の心が傷つくこともあることから、その気持ちを**傾聴**し、受け止める。さらに、誤認を否定せずに、いつもどおりの態度で接するように勧めるなどのアドバイスも行う。
- **レスパイトケア**を適切に実施していくことによって、介護による燃え尽きや疲弊を予防する。
- レスパイトケアの方法には、介護保険サービスでは、訪問介護のほか、通所介護や通所リハビリテーションの通所系のサービス、短期間施設に入所するサービスの**ショートステイ**、介護老人保健施設やグループホームへの入居などが挙げられる。
- レスパイトケアには、公的なサービスだけではなく、ボランティアによるサービスなど、**インフォーマル**なサービスもある。

用語解説

[レスパイトケア] 介護している家族に「休息の時間」を確保・保証し、家族の介護負担の軽減を図ることを目的とした支援のこと。

3. 家族へのエンパワメント

エンパワメントの有効性

- エンパワメントとは、確立した定義はないが、個人、家族、集団、地域が、**個人の力**を高め、それによって自らの取り巻く環境を改善していくことと考えることができる。
- 介護福祉士などによる、介護家族への支援で気をつけなければならないことのひとつに、**家族の力**を奪ってしまうような支援を行わないことがある。

 認知症の妻を介護している夫から、「死別した妻の父親と間違えられてつらい」と相談された場合、間違えられるつらさをよく聴いて、誤認を否定せずに、いつもどおりの態度で接するように勧める。 **第29回**

家族の力と信頼関係

● 家族の力を引き出す関わりで大切なことは、家族の思いを**傾聴**することで、家族の話す事実関係だけに焦点をあてるのではなく、背後にある**思いや感情**を把握し、理解することが大切である。

● 事実関係を語る背後にある思いや感情を**把握**することによって、個々の置かれている状況や思いを理解することに近づくことができる。

家族の本来持っている力や家族に潜在している力がどの程度あるのかを、見極めていくことが大切です。

解き方がわかる！過去問解説

認知症の母親を献身的に介護している息子が、母親に怒鳴られてたたきそうになった。それを見ていた介護福祉職が息子に「懸命に介護をして疲れていませんか」と声をかけ、話を聴く対応は適切である。 第31回

ポイント
認知症利用者の家族の気持ちに寄り添うには、どのように声をかければよいのか、傾聴、共感の姿勢から考えてみましょう。

正解は
○
認知症のせいだとわかっていても、献身的に介護しているだけに、怒鳴られた瞬間に感情を抑えられなくなったと考えられます。日ごろの介護の状況を考えると、たたきそうになったことを叱責するのではなく、息子の話をよく聴き、悩みや感情を受け止めることが大切です。

A ○ 認知症の人の言動を否定しても本人には理解できないため、そのまま受け入れることが大切である。

MEMO

障害の理解

出題傾向分析

1 出題傾向

● 第36回試験での問題数は**10問**である。

● ノーマライゼーションなどの障害者福祉の理念や、障害者福祉サービスなど、他章と共通する知識が問われることが多い。

・第3章「社会の理解」⑦障害者福祉制度、⑧障害者福祉制度の概要

・第4章「介護の基本」④自立に向けた介護、⑤介護を必要とする人の理解

・第6章「生活支援技術」③〜⑦（障害の状態に応じた生活支援）

・第8章「こころとからだのしくみ」①こころのしくみの理解

● 障害の原因となる疾患のうち、複数回出題されているものとして、高次脳機能障害、関節リウマチ、パーキンソン病、自閉症スペクトラム障害（広汎性発達障害を含む）がある。

■過去5年間の出題

出題順	第36回 （2024年）	第35回 （2023年）	第34回 （2022年）	第33回 （2021年）	第32回 （2020年）
1	障害福祉の基本理念（ノーマライゼーション）	障害福祉の基本理念（ストレングス）	障害の基礎的理解（法的定義）	障害の概念（ICF）	障害の概念（ICIDHの能力障害）
2	連携と協働（法定後見制度）	障害福祉の基本理念（IL運動）	障害の医学的基礎（半側空間無視）	障害福祉の基本理念（リハビリテーション）	障害の基礎的理解（障害者差別解消法）
3	障害の医学的基礎（障害受容）	障害福祉の基本理念（障害者虐待防止法）	障害福祉の基本理念（意思決定支援）	障害福祉の基本理念（障害者権利条約）	障害の医学的基礎（痙直型やアテトーゼ型のある疾患）

4	障害の医学的基礎（統合失調症）	障害の医学的基礎（障害受容の過程）	障害の医学的基礎（ALS）	障害の医学的基礎（褥瘡）	障害の医学的基礎（内因性精神障害）
5	障害の医学的基礎（糖尿病による末梢神経障害）	障害の医学的基礎（四肢麻痺を伴う疾患）	障害の医学的基礎（障害受容／介護福祉職の対応）	障害の医学的基礎（脊髄損傷）	連携と協働（障害福祉サービス／知的障害）
6	障害の医学的基礎（筋萎縮性側索硬化症）	障害の医学的基礎（学習障害）	障害の医学的基礎（パーキンソン病）	障害の医学的基礎（筋ジストロフィー）	障害の医学的基礎（自閉症スペクトラム障害）
7	連携と協働（日常生活自立支援事業）	障害の医学的基礎（脊髄小脳変性症）	障害の医学的基礎（アセスメントツール）	障害福祉の基本理念（障害者虐待防止法）	障害の医学的基礎（筋萎縮性側索硬化症）
8	障害福祉の基本理念（合理的配慮）	障害の基礎的理解（就労への支援）	連携と協働（協議会）	障害の医学的基礎（心臓機能障害）	障害の医学的基礎（障害受容）
9	連携と協働（相談支援専門員）	連携と協働（協議会）	連携と協働（サービス等利用計画）	家族への支援（発達障害児をもつ親への支援）	障害の医学的基礎（ホーエン・ヤール重症度分類）
10	家族への支援（アセスメント）	連携と協働（多職種連携）	家族への支援（共感的態度）	障害の基礎的理解（身体障害者の情報収集手段）	連携と協働（制度化された地域の社会資源）

2 学習のポイント

● 第10章「認知症の理解」と同様、医学的基礎からの出題が多いが、認知症と比べて障害の原因となる疾患の数が多く、対策が難しい。地道に暗記をしていくことが求められる。

● 各疾患に関する出題では、疾患の基礎知識だけではなく、日常生活支援のポイントなども問われる。第6章「生活支援技術」の内容をきちんと理解しておくことが重要である。

● その他、障害福祉の理念や障害福祉制度の概要などを第3章「社会の理解」第4章「介護の基本」を通して押さえておこう。

第11章 出題傾向分析

[第11章] 障害の理解

❶ 障害の基礎的理解

頻出度 ★★★

1. 障害の概念

ICF（国際生活機能分類）

- 2001年にWHO（世界保健機関）は、ICIDH（国際障害分類）に代わる障害の概念として**国際生活機能分類（ICF）**を発表した。
- ICFの社会モデルでは、障害は、**環境**によってつくり出されるものであるとしている。
- ICFでは、生活機能を**心身機能・身体構造、活動、参加**に分類している。
- ICFでは、背景因子を**個人因子**と**環境因子**に分類している。

 表で整理！　**背景因子の類型とその代表例**

個人因子	価値観、性格、人種、性別、年齢、生活習慣　など
環境因子	家族、友人、地域住民、介護サービス、福祉用具　など

国際生活機能分類（ICF）モデルについては、第4章❹（114ページ）を参照してください。

障害者の権利に関する条約

- 「Nothing about us without us（私たち抜きに私たちのことを決めるな）」の考え方のもとに、**障害者**が作成の段階から関わり、その意見が反映されてつくられた条約である。
- 合理的配慮は、**障害者の権利に関する条約**で、国際条約上初めて取り上げられた概念である。日本は2014（平成26）年に批准した。
- 障害者の権利に関する条約の「平等及び無差別」のなかで、「締約国は、平等を促進し、及び差別を撤廃することを目的として、**合理的配慮**が提供されることを確保するための全ての適当な措置をとる」と明記されている。

Q ICFの社会モデルでは、障害を、さまざまな環境との相互作用によって生じるものとしてとらえている。　第33回

原文をCheck！

障害者の権利に関する条約

第1条（目的）

この条約は、全ての障害者によるあらゆる人権及び基本的自由の完全かつ平等な享有を促進し、保護し、及び確保すること並びに障害者の固有の尊厳の尊重を促進することを目的とする。

障害者には、長期的な身体的、精神的、知的又は感覚的な機能障害であって、様々な障壁との相互作用により他の者との平等を基礎として社会に完全かつ効果的に参加することを妨げ得るものを有する者を含む。

2. 障害者福祉の基本理念

ノーマライゼーション

● ノーマライゼーションを提唱したデンマークの**バンク・ミケルセン**（Bank-Mikkelsen, N.）の考え方は、知的障害児・者のような自己防衛力の弱い無防備な人々の生きる権利と、当たり前の人間として生き、扱われる**基本的権利の確立**を目指したものである。

● スウェーデンの**ニィリエ**（Nirje, B.）は、ノーマライゼーションの8つの原理を提唱した。

● 厚生労働省が策定した障害福祉計画において、ノーマライゼーションの理念に沿って設定されている成果目標に、「福祉施設の入所者の地域生活への移行」が含まれている。

バリアフリー新法（高齢者、障害者等の移動等の円滑化の促進に関する法律）は、ノーマライゼーションやユニバーサルデザインの理念を踏まえて制定された法律です。

 A ◯ ICFの社会モデルでは、障害は、環境によってつくり出されるものであるとされている。

表で整理！ **ニィリエのノーマライゼーションの8つの原理**

1	1日のノーマルなリズム
2	1週間のノーマルなリズム
3	1年間のノーマルなリズム
4	ライフサイクルにおけるノーマルな経験
5	ノーマルな要求と自己決定の尊重
6	異性との生活
7	一般市民と同じ経済水準
8	ノーマルな環境水準

ソーシャルインクルージョン

● ソーシャルインクルージョンは、「**共に生き、支え合うこと**」である。

● ソーシャルインクルージョンは、「すべての人々を孤独や孤立、排除や摩擦から援護し、健康で**文化的**な生活の実現に繋げるよう、社会の**構成員**として包み支えあう」という理念である。

リハビリテーション

● リハビリテーションは、その人が再び人間らしく生きることのできる「**全人間的復権**」を目標とした考え方である。

リハビリテーションは、いわゆる「機能回復訓練」のことのみを示す言葉ではないことを覚えておきましょう。

リハビリテーションの詳細な解説については、第4章❹（116ページ）を参照してください。

386

Q ノーマライゼーションの理念を8つの原理にまとめたのは、バンク・ミケルセンである。 **第31回**

障害者差別解消法など、第3章❼（67ページ）、❽（72ページ）の内容が問われることもあるため、見直しておきましょう。

自立生活運動（IL運動）

● 1960年代にアメリカの大学に重度障害者が入学したことをきっかけとして起こった運動である。重度の障害があっても自分の人生を自立して生きるという考え方に基づいて、自分で決定して主体的に生きることを求めた。

解き方がわかる！過去問解説

1960年代のアメリカにおける自立生活運動（IL運動）では、障害があっても障害のない人々と同じ生活を送ることを目指した。 第35回

ポイント
自立生活運動という名称から、どのような考え方に基づいていたかを考えてみましょう。

正解は
✕

自立生活運動（IL運動）では、自分で決定し主体的に生きることを求めています。障害があっても障害のない人々と同じ生活を送ることを目指したのは、ノーマライゼーションです。

第11章

❶ 障害の基礎的理解

✕ スウェーデンのニィリエである。デンマークのバンク・ミケルセンはノーマライゼーションそのものを提唱した人物である。

387

❷ 障害の医学的・心理的 側面の基礎的理解①

頻出度 ★★★

1. 障害のある人の心理

聴覚・言語障害がある人の心理

● 聴覚・言語障害がある人は、**コミュニケーション**や**対人関係**に大きな影響を
与える。

● 聴覚・言語障害が、人と人とのスムーズな**コミュニケーション**を阻害する要
因となり、情緒的な孤立感をもたらしやすい。

肢体不自由がある人の心理

● 四肢や体幹機能の障害によって、**自信**や**役割意識**を喪失しやすい。

● 肢体不自由がある人は、着替え、入浴、排泄などの介護を受ける場合、プ
ライバシーを介護者に見せることになるため、**ストレス**を生じやすい。**羞恥心**
にも配慮した対応が求められる。

内部障害がある人の心理

● 内部障害の人は、**外見**から障害があると認識されにくく、自身の状態を理解
してもらえないことも少なくない。

● 内部障害の人たちは、**うつ状態**になりやすい。

● 心疾患の発症後は、**うつ病**を合併しやすく、**うつ病**を発症すると予後が悪く
なりやすい。

● 心不全の人は、入退院を繰り返すことが多く、そのことが**ストレス**となる。

● 心不全の人は、一人暮らし、高齢、虚弱、経済的負担、健康状態への不
安などによって、**うつ状態**の悪化につながることもある。

障害受容の過程

● 障害を**自覚**し、障害を**受容**するためには一定の期間を要する。

Q 上田敏は、障害受容のモデルにおける受容期を受傷直後としている。 第35回

- 障害受容の過程は、①ショック期、②否認期、③混乱期、④解決への努力期、⑤受容期の5段階に区分される。
- 障害受容に至る過程のなかでは、つまずくこともあり、前の段階に戻ることも少なくない。

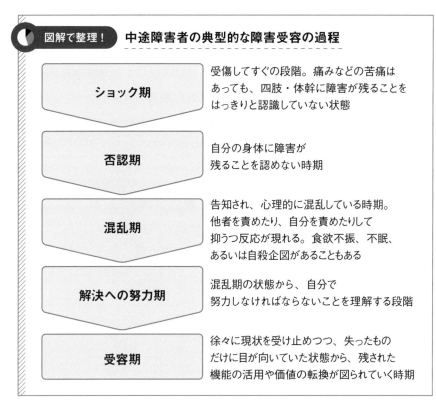

図解で整理！ **中途障害者の典型的な障害受容の過程**

| ショック期 | 受傷してすぐの段階。痛みなどの苦痛はあっても、四肢・体幹に障害が残ることをはっきりと認識していない状態 |

| 否認期 | 自分の身体に障害が残ることを認めない時期 |

| 混乱期 | 告知され、心理的に混乱している時期。他者を責めたり、自分を責めたりして抑うつ反応が現れる。食欲不振、不眠、あるいは自殺企図があることもある |

| 解決への努力期 | 混乱期の状態から、自分で努力しなければならないことを理解する段階 |

| 受容期 | 徐々に現状を受け止めつつ、失ったものだけに目が向いていた状態から、残された機能の活用や価値の転換が図られていく時期 |

適応と適応機制

- 適応とは、自分自身と生活環境や自然環境との調和や共存的関係性が成立し、それが維持された状態をいう。
- 不適応とは、自分自身と生活環境や自然環境との不調和的関係性が出現し、不快、不安、不満が維持された状態をいう。
- 不適応に陥ってしまった情緒感を解消するために行う無意識的な自我の働きを適応機制という。
- 適応機制には、退行、昇華、合理化などの種類がある。

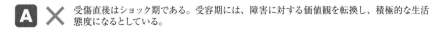

A ✗ 受傷直後はショック期である。受容期には、障害に対する価値観を転換し、積極的な生活態度になるとしている。

2. 身体障害

● 身体障害には、肢体不自由、視覚障害、聴覚障害、言語機能障害のほか、心臓機能障害や呼吸器機能障害といった**内部障害**も含まれる。

3. 視覚障害

視覚障害の種類と原因、特性

● 視覚を構成する機能には、**視力**、**色覚**、**視野**などがある。

● まったく見えない全盲と、ほとんど見えない**弱視**の状態がある。

● 視覚障害を起こす主な眼疾患には、白内障、緑内障、糖尿病性網膜症などの種類があり、緑内障や糖尿病性網膜症などでは、**失明**につながることもある。

 表で整理！ 視覚障害を起こす主な眼疾患

白内障	・水晶体が**白く混濁**し、目がかすんだり、まぶしさを感じやすくなる ・老人性白内障と先天性白内障の2種類がある
緑内障	・眼圧の**上昇**などにより、視力の低下や視神経の萎縮による視野障害（視野狭窄）が起こる（眼圧の上昇がみられない場合もある） ・進行すると失明する可能性がある
網膜色素変性症	・**遺伝性**の疾患であり、夜盲や視野狭窄などの症状がみられ、完全に失明する場合もある
視神経萎縮	・**先天性**で出生直後から視力低下がみられる場合と、**後天的**に頭部外傷や脳腫瘍によって視力低下がみられる場合がある ・中心部が見えない**中心暗転**の症状が特徴的である
糖尿病性網膜症	・**糖尿病**により網膜の血管に異常をきたし、視力低下を引き起こすものである

Q 適当な理由をつけて、自分を正当化しようとすることは、退行に該当する。**第30回**

ベーチェット病	・原因不明の疾患で、主な症状はぶどう膜炎、口内炎、陰部潰瘍などの症状がみられる ・症状が進行すると、網膜の出血や浮腫により網膜剥離を引き起こし、失明するおそれもある
加齢黄斑変性	・網膜の黄斑という部分が障害され、中心部のゆがみや中心暗転の症状がみられ、失明する場合もある

中途視覚障害者の心理

● 中途視覚障害の多くの人は、視覚障害が生じたという事実に対して、精神的に大きなショックを受け、障害を受容するまでに一定の時間が必要となる。

● リハビリテーションの観点から、①失明恐怖の時期、②葛藤の時期、③生活適応の時期、④職業決定の時期、⑤職業獲得の時期の心理的プロセスがあるとされている。

視覚障害者の支援

● コミュニケーションの手段としては、点字や音声言語、弱視であれば拡大鏡などを活用できる。中途視覚障害者では、点字を習得していない場合もあるので注意が必要である。

● いきなり触れると驚かせてしまうので、必ず一声かけてから触れるようにする。

● 掃除などでは、むやみやたらに物を移動せず、いつも決まった場所に決まった物があるようにする。

● 食事では、クロックポジションを活用するなどして、位置を知らせる。

● 移動を補助する手段としては手引き歩行、白杖、盲導犬などがある。

● 重度の視覚障害者は、障害者総合支援法の同行援護のサービスを利用できる。

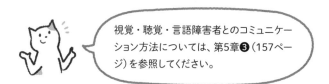

視覚・聴覚・言語障害者とのコミュニケーション方法については、第5章❸(157ページ)を参照してください。

A ✕ 適当な理由をつけて、自分を正当化しようとすることは、合理化である。

クロックポジションの利用

3時の位置、6時の位置など、時計の文字盤にたとえて位置を伝えることをクロックポジションの利用というんですね！

テーブルの上を時計の文字盤にたとえて位置を伝えましょう。

4. 聴覚障害

聴覚障害の種類と原因、特性

- 聴覚障害者は、**ろう者、難聴者、中途失聴者**の3つに分類できる。
- 聴覚障害は、損傷の部位により、①**伝音性難聴**、②**感音性難聴**、③**混合性難聴**の3種類がある。

 用語解説

 [ろう] ほとんど聞こえない状態。

表で整理！ 聴覚障害の種類

伝音性難聴	・鼓膜から内耳に至る音が振動として伝わる部分に機能障害がある ・補聴器の使用による効果は感音性難聴より高い
感音性難聴	・内耳や聴覚神経、脳などの音の振動が電気的信号に変換されて伝わる部分に損傷がある ・老人性難聴とは、加齢による感音性難聴をいう
混合性難聴	・「伝音性難聴」と「感音性難聴」の両方の特徴がある難聴をいう

高齢者は、加齢に伴って低音域よりも高音域の方が聞き取りにくくなります。

  老人性難聴は、伝音性難聴に分類される。 第29回

表で整理！　聴覚障害者の支援

ろう者	・話し言葉が不明瞭な場合が多く、**手話**によるコミュニケーションが中心となる
難聴者	・話し言葉も比較的明瞭で、静かな場所であれば個別的な会話もできる ・**補聴器**を活用することで、会話でのコミュニケーションが可能となる
中途失聴者	・何らかの原因により、人生の途中から聴覚に障害を持つようになった人たちで、話し言葉は明瞭だが、本人はほとんど聞こえない場合がある ・手話を使えない場合があり、筆談を活用することが多い。そのほかにも、指文字、身振り、絵など、その人に合わせた**コミュニケーション手段**を検討する

5. 言語機能障害

● 言語機能障害とは、**発声**や**発音**が不明瞭であったり、普通のリズムで話せないために話し言葉が不明瞭であったりする状態をいう。

● 構音障害や失語症は、**言語機能障害**に分類される。失語症はさらに**運動性失語（ブローカ失語）**や**感覚性失語（ウェルニッケ失語）**に分類できる。

 表で整理！　構音障害と失語症

構音障害	・口唇、舌、口蓋、咽頭などの発声に関わる器官が障害されたもの ・たとえば、咽頭がんで咽頭を摘出した場合や筋ジストロフィーや筋萎縮性側索硬化症（ALS）などで筋力が低下した場合にもみられる ・これらの器官に指令を与える脳の障害は含まれない
失語症	・脳の言語中枢の損傷により、「話す」「書く」「聞く」「読む」機能が障害されたもの。言語中枢は**左大脳半球**に存在するため、**右片麻痺**では失語症を伴うことがある ・失語症の症状は、障害を受けた脳の領域によって、**運動性失語（ブローカ失語）**と**感覚性失語（ウェルニッケ失語）**に大別される ・運動性失語は、発語ができず、読み書きも行えない特徴があるが、言葉の理解は比較的保たれていることが多い ・感覚性失語は、意味のない言葉を流暢に話すが、他人の話す言葉を理解することができない

第
11
章

❷
障害の医学的・心理的
側面の基礎的理解①

---→　　　老人性難聴は、感音性難聴に分類されるものである。

言語障害者の支援

● 構音障害の人には、聞き取った言葉を**復唱**するなど内容をきちんと**理解**しながら会話するようにする。

● 構音障害の人には、答えやすいように**閉じた質問**をしたり、**五十音表**や**筆談**を活用するなどする。

● 運動性失語の人は、言葉の意味は理解できる場合が多いので、**閉じた質問**を活用する。絵や写真などを使ってコミュニケーションをしてもよい。

● 感覚性失語の人は、言葉の意味の理解が難しくなるので、ジェスチャーなどの**非言語的コミュニケーション**を活用する。

6. 肢体不自由

● 肢体不自由とは、**上肢**や**下肢**あるいは**体幹**（胸背部や腹部）の永続的な運動機能障害をいう。

● 身体障害者障害程度等級表では、肢体不自由の7級に該当する障害が2つ以上重複する場合は**6級**となる。

表で整理！ 肢体不自由の原因の例

脳性麻痺	・新生児期（生後4週間以内）までに生じた脳の障害である ・運動障害を主症状としている
関節リウマチ	・関節が炎症を起こし、軟骨や骨が破壊されて関節の機能が損なわれる疾患である ・進行性で、**女性**に多い ・朝のこわばりや関節の痛みなどの症状の程度には、**日内変動**がみられる。**季節**や**天候**にも左右されやすい
脊髄損傷	・交通事故、転落などの外傷により脊椎の骨折、脱臼によって生じ、機能障害（肢体不自由）を引き起こす ・頸髄損傷では**四肢麻痺**、胸髄損傷では**体幹麻痺・下肢麻痺**、腰髄損傷では**下肢麻痺（対麻痺）**または**下腿麻痺**と、損傷が**頭部**に近いほど麻痺となる範囲が広くなる

Q 腰髄損傷では、四肢麻痺を伴う。 **第35回**

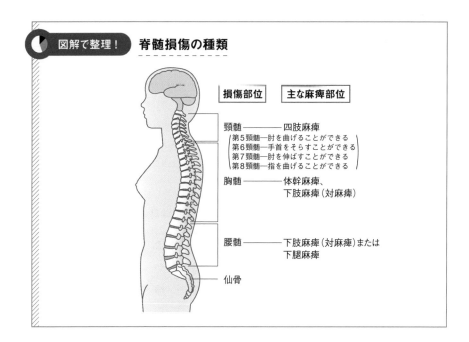

図解で整理！ **脊髄損傷の種類**

| 損傷部位 | 主な麻痺部位 |

頸髄────四肢麻痺
　第5頸髄─肘を曲げることができる
　第6頸髄─手首をそらすことができる
　第7頸髄─肘を伸ばすことができる
　第8頸髄─指を曲げることができる

胸髄────体幹麻痺、
　　　　　下肢麻痺（対麻痺）

腰髄────下肢麻痺（対麻痺）または
　　　　　下腿麻痺

仙骨

用語解説

［対麻痺］両下肢に麻痺がある状態のこと。
［四肢麻痺］四肢全体に麻痺がある状態のこと。左右どちらか
の上肢と下肢に麻痺がある状態を片麻痺、右上肢と左下肢に
麻痺がある状態を交叉性片麻痺という。

関節リウマチに対する日常生活上の支援

● 荷物を持つ場合は、両手で持ったり、腕や肩にかけたりして、手指の関節保
　護を図る。コップは、両手で持つようにする。

● ドアノブは、丸形の回すタイプのものは使用しにくいので、**レバーハンドル**の
　ものを使用するようにする。

● 便器に補高便座をのせることによって、**膝関節**の負担軽減を図る。

● 身体を洗うときは**ループ付きタオル**を使う。

第11章

❷
障害の医学的・心理的
側面の基礎的理解①

→   腰髄損傷では、下肢麻痺（対麻痺）または下腿麻痺がみられる。四肢麻痺がみられるのは
頸髄損傷である。

7. 内部障害

内部障害の種類と原因、特性

- 内部障害は、心臓機能障害、呼吸器機能障害、腎臓機能障害などの種類があり、**身体障害者手帳**の対象になる。
- 内部障害のうち、心臓機能障害や腎臓機能障害などは、身体障害者障害程度等級表の1級、3級、4級に区分されている。

表で整理！ 内部障害の身体障害者障害程度等級

	1級	2級	3級	4級	5級	6級	7級
心臓機能障害	●		●	●			
腎臓機能障害	●		●	●			
呼吸器機能障害	●		●	●			
膀胱または直腸の機能障害	●		●	●			
小腸機能障害	●		●	●			
ヒト免疫不全ウイルスによる免疫機能障害	●	●	●	●			
肝臓機能障害	●	●	●	●			

※障害の程度に応じて●印のある等級に認定される（たとえば、心臓機能障害については1級、3級、4級のみ設定されている。2級や5級以下については設定されていない）

心臓機能障害

- 心臓機能障害の原因として、狭心症や心筋梗塞などの**虚血性心疾患**や**心不全**などがある。
- 心臓機能障害の症状として、顔や手足の**浮腫**やチアノーゼ、胸痛、**呼吸困難**などがみられる。
- 心臓機能障害のある人に対しては、入浴をする場合、ぬるめの湯温とする。また、**静水圧**による心臓への負担を軽減するため、半身浴など水位を**心臓**より低くする。また、寒冷刺激を避けるなど、**心臓**に負担をかけない生活を心がけることが大切である。

Q 脊髄の完全損傷で、プッシュアップが可能となる最上位のレベルは胸髄である。 **第33回**

身体障害者障害程度等級表
（身体障害者福祉法施行規則）

心臓機能障害の障害程度（一部抜粋）

　1級…心臓の機能の障害により自己の身辺の日常生活活動が極度に制限されるもの

　3級…心臓の機能の障害により家庭内での日常生活活動が著しく制限されるもの

　4級…心臓の機能の障害により社会での日常生活活動が著しく制限されるもの

呼吸器機能障害

● 呼吸器機能障害の原因としては、肺や気管支の炎症による喘息や慢性閉塞性肺疾患（COPD）のほか、神経や筋肉の障害による筋ジストロフィーや筋萎縮性側索硬化症（ALS）、脳出血や脳梗塞などによる脳血管疾患が挙げられる。

● 呼吸器機能障害では、著しい咳や痰、チアノーゼ、喘鳴、顔や手足の浮腫などの症状がみられる。

● 呼吸器感染症により、呼吸器機能障害が悪化してしまうので、空気を清浄に保ち、温度、そして湿度の管理を行う。

● 呼吸器機能障害のある人は体力の消耗が激しいため、適切な活動量を守ることが大切である。

● 呼吸器機能障害のある人は、入浴時、浴槽の水位を心臓より低くする。

● 一度にたくさん食べられない場合には、1回の食事量を減らして、1日の食事回数を増やす。

● 力まないように便秘にならない生活習慣を心がけるとともに、トイレは洋式とする。

● 衣服は、腕を高く上げて負担をかけないように前開きの服が望ましい。

用 語 解 説

　　　［チアノーゼ］血液中の酸素濃度が低下して、唇や爪、手足の先端などが青紫色になった状態。
　　　［喘鳴］気道が狭窄したり粘液が付着するなどして、呼吸するときにゼーゼーまたはヒューヒューという音を発すること。

 第7頸髄の損傷では肘の進展ができ、プッシュアップが可能になる。

腎臓機能障害

- 腎臓機能障害の主な原因としては、**糖尿病**、**高血圧**、**肥満**などが挙げられる。
- 人工透析には、基本的に週3回程度の通院が必要となる**血液透析**と、自宅や外出先でも作業が行え、月1～2回の通院でよい**腹膜透析**がある。
- 腎臓機能障害では食事療法が行われる。食事療法の基本は、**低たんぱく質**、**低食塩**、**低カリウム**、**高カロリー**と水分摂取制限である。

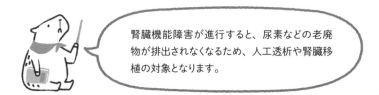

> 腎臓機能障害が進行すると、尿素などの老廃物が排出されなくなるため、人工透析や腎臓移植の対象となります。

膀胱または直腸の機能障害

- 膀胱または直腸の機能障害で、排便や排尿が困難な場合には、手術によって腹部に新たな**排泄口（ストーマ）**を作り、排泄の管理を行う。
- ストーマ周囲を清潔に保つための消毒薬などによって、かぶれなどの**皮膚障害**につながる恐れがあるので、注意しなければならない。

小腸機能障害

- 小腸機能障害では、下痢や**腹痛**、**腹部膨満感**などがみられる。
- 小腸機能障害では、小腸からの消化吸収ができなくなるため、中心静脈栄養法や経管栄養法により**栄養補給**を行う。

肝臓機能障害

- 肝臓機能障害の原因としては、ウイルス感染によって起こるC型肝炎、B型肝炎のほか、アルコール性肝炎や薬剤性肝炎などがある。これらは**肝硬変**や**肝臓がん**につながる恐れがある。
- 肝臓の機能が低下することで、低アルブミン血症、高アンモニア血症のほか、**出血傾向**がみられることがある。

Q 呼吸機能障害のある人に対しては、洋式便器を使用するとよい。 **第28回**

ヒト免疫不全ウイルス（HIV）による免疫機能障害

● エイズ（AIDS、後天性免疫不全症候群）と診断されるのは、HIVに感染し、免疫機能が低下して厚生労働省が指定する**合併症**（悪性腫瘍や日和見感染症など）を発症した場合である。

● HIVの感染経路としては、**性行為**による感染、輸血などの**血液**による感染、授乳などの**母子感染**がある。

HIVに感染していても必ずしもエイズを発症しているというわけではないという点は、覚えておきましょう。

解き方がわかる！過去問解説

呼吸機能障害のある人が日常生活で工夫すべきことの一つに、かぶり式の上着を着ることがある。 第28回

ポイント 呼吸機能障害がある人は、呼吸が十分にできず、できるだけ安静を心がけることを思い出しましょう。

正解は かぶり式の上着を着るためには、腕を高く上げる必要があり、負担がかかります。
✕ 前あきのシャツなどの方が適しています。

A ◯ 洋式便器にすることで身体への負担が少なくなる。

❸ 障害の医学的・心理的側面の基礎的理解②

頻出度 ★★★

1. 知的障害

- 知的障害は、世界保健機関（WHO）が定めている**国際疾病分類（ICD-10）**で、一定の基準を定めている。
- 国際疾病分類（ICD-10）では、**知能テスト**の結果のIQによって知的障害の程度を整理している。
- 知的障害者福祉法に、**知的障害**の定義はない。

日本でも、国際疾病分類（ICD-10）に準拠して程度の分類がされています。

表で整理！　知的障害の程度

知的障害の程度	IQ	身辺自立
軽度	（おおよそIQ 69〜50）	自立可能
中度	（IQ49〜35）	おおむね自立可能
重度	（IQ34〜20）	部分的に自立可能
最重度	（IQ19以下）	自立できない

知的障害の原因と特徴

- 知的障害の原因は、明らかな病理作用によって脳の発達に支障が生じた**病理型**と、特に病理がみつからない原因不明の**生理型**に分けることができ、**生理型**が約3/4を占めている。
- 病理型の原因としては、ダウン症候群などの**染色体異常**、胎児期の感染症、代謝・内分泌系の疾患、脳障害、栄養不良などがある。

Q　ダウン症の症状の1つに難聴がある。 第30回

● 知的障害の主な症状には、**短期記憶**の制限や抽象的なものごとについての理解の制限などがある。

知的障害のある人とコミュニケーションを図る際は、その人が理解しやすいよう、言葉だけでなく身振りや絵なども活用しましょう。

ダウン症候群の原因と特徴

● ダウン症候群は、21番染色体が**3**本あるという染色体異常が原因となっており、**知的障害**のほか、**難聴**や先天的な**心疾患**を合併している割合が高い。

● ダウン症候群の特徴として、**低身長**、**運動発達遅滞**、**環軸椎不安定**、**筋緊張低下**などが挙げられる。

用語解説

 ［環軸椎不安定］頸椎の1番目にある環椎が2番目の軸椎に対して前方へずれて不安定な状態となること。

2. 精神障害

精神障害の種類と原因と特性

● 精神障害は、主に、**内因性精神障害**、**外因性精神障害**、**心因性精神障害**に分類される。

表で整理！ 精神障害の分類

内因性精神障害	・明確な原因が解明されていない ・統合失調症、気分障害（躁うつ病を含む）などが含まれる
外因性精神障害	・脳に直接影響を与える外傷や身体疾患、薬物などが原因となる ・アルコール依存症などが含まれる
心因性精神障害	・ストレスや個人的性格などが原因となる ・心因反応、神経症、PTSDなどが含まれる

  ダウン症の合併症の中でも頻度の高いものとして難聴と心疾患がある。

統合失調症の特徴

● 統合失調症の症状は、主に**陽性症状**と**陰性症状**に大別できる。そのほか、認知機能障害、統合失調感情障害などもみられる。

● 統合失調症の症状の現れ方や進行の仕方から、**破瓜型**、**緊張型**、**妄想型**などに分類できる。

● 老年期に発症する統合失調症は、**妄想型**が多い。

● 統合失調症などで、妄想の影響により被害的な訴えがある場合には、**否定も肯定もせずに傾聴**の姿勢を示すことが重要である。

表で整理！ 統合失調症の陽性症状と陰性症状

陽性症状	幻覚、妄想、支離滅裂な言動、させられ体験　　　など
陰性症状	無関心、喜怒哀楽の乏しさ、意欲の減退　　　　　など

うつ病の特徴

● うつ病では、**悲観的感情**となり、食欲低下や不眠、自責感、自殺念慮が生じ、「頑張って」などと励ますと、かえって追いつめることになるので注意しなければならない。

● うつ病の人の訴えに対しては、**受容的**に接する。

3. 高次脳機能障害

● 高次脳機能障害とは、脳の損傷により、理解力、判断力、記憶力、言語力、感情などが障害された状態をいう。

● 脳が損傷される原因としては、大きく①脳血管疾患、②脳外傷、③脳炎・脳症に分けられる。

● 高次脳機能障害のある人は、**精神障害者保健福祉手帳**の対象となる。

● 高次脳機能障害では、遂行機能障害、記憶障害、社会的行動障害、注意障害などの症状がみられる。

Q 高次脳機能障害でみられる社会的行動障害では、新しいことを覚えられなくて何度も人に聞くという特徴がみられる。**第30回**

表で整理！ **高次脳機能障害の主な症状**

遂行機能障害	・自分で日常生活や仕事について計画を立てても実行できない ・人に指示してもらわないと何もできない ・約束の時間に間に合わない
記憶障害	・新しいことを覚えられない ・物の置き場所を忘れる ・同じことを繰り返し質問する
社会的行動障害	・依存傾向や固執性などがある ・ちょっとしたことで感情を爆発させるなど、突然興奮したり、怒りだしたりする ・暴力を振るう ・思い通りにいかないと大声をだす
注意障害	・同時に2つ以上のことをしようとすると混乱する ・ぼんやりしていて、ミスが多い ・作業を長く続けられない
半側空間無視	・片側の空間に注意を欠くことから、壁にぶつかったり、物につまずいて転倒したりしやすい

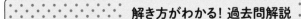

解き方がわかる！過去問解説

半側空間無視では、半盲に対するものと介護方法は同じである。 第34回

 ポイント　半盲とは異なり半側空間無視では、片方の空間を認識できないという違いがあります。

正解は ✗　食事のときに認識できない片側に食べ残しがみられたり、認識できない片側へ向かってまっすぐに歩いたりするなど、半盲ではみられない症状があり、介護方法も異なる。

4. 発達障害

● 日本では、2004（平成16）年に**発達障害者支援法**が発達障害児・者の地域における一貫した支援を行うことを目的として定められた。

→　 ✗　新しいことを覚えられなくて何度も人に聞くのは、記憶障害の特徴である。

発達障害者支援法

第2条（定義）
　この法律において「発達障害」とは、自閉症、アスペルガー症候群その他の広汎性発達障害、学習障害、注意欠陥多動性障害その他これに類する脳機能の障害であってその症状が通常低年齢において発現するものとして政令で定めるものをいう。

自閉症スペクトラム障害

- 自閉症スペクトラム障害は、自閉症やアスペルガー症候群などの**広汎性発達障害**を連続的にとらえた概念の名称である。

- 自閉症スペクトラム障害の主な特徴として、①視線が合わない、仲間を作ることができないなどの**社会性**の障害、②言葉が出ない、会話が続かないなどの**コミュニケーション**の障害、③同じことを繰り返す、こだわりがあるなどの**想像力**の障害が挙げられる。

- 自閉症スペクトラム障害がある人は、変化に対応することが苦手である。そのため、予定などを変更する場合は、**メモ**や**絵**などを使って予告するとよい。

　　[アスペルガー症候群] 知的発達の遅れを伴わず、かつ、自閉症の特徴のうち言葉の発達の遅れを伴わないもの。「知的障害がない自閉症」と呼ばれることもある。

自閉症スペクトラム障害がある子どもに対しては、わかりやすい言葉で簡潔に伝えることなどによってコミュニケーションを図りましょう。

Q 学習障害の特徴的症状として、読む・書く・計算するなどの習得に困難がある。**第35回**

自閉症と高機能自閉症の定義（文部科学省）

（自閉症）
　自閉症とは、3歳位までに現れ、①他人との社会的関係の形成の困難さ、②言葉の発達の遅れ、③興味や関心が狭く特定のものにこだわることを特徴とする行動の障害であり、中枢神経系に何らかの要因による機能不全があると推定される。

（高機能自閉症）
　高機能自閉症とは、3歳位までに現れ、①他人との社会的関係の形成の困難さ、②言葉の発達の遅れ、③興味や関心が狭く特定のものにこだわることを特徴とする行動の障害である自閉症のうち、知的発達の遅れを伴わないものをいう。また、中枢神経系に何らかの要因による機能不全があると推定される。

学習障害（LD）／限局性学習症（SLD）

● 全般的な知的障害を伴わず「読む」「書く」「計算する」などのうち、特定の能力の習得と使用に困難を示す障害のことである。

限局性学習症の定義（文部科学省）

　学習障害とは、基本的には全般的な知的発達に遅れはないが、聞く、話す、読む、書く、計算する又は推論する能力のうち特定のものの習得と使用に著しい困難を示す様々な状態を指すものである。
　学習障害は、その原因として、中枢神経系に何らかの機能障害があると推定されるが、視覚障害、聴覚障害、知的障害、情緒障害などの障害や、環境的な要因が直接の原因となるものではない。

注意欠陥・多動性障害／注意欠如・多動症（ADHD）

● 注意欠陥・多動性障害は、①不注意（集中力がない）、②多動性（じっとしていられない）、③衝動性（順番を待てない）を特徴とする発達障害である。

注意欠如・多動症の定義（文部科学省）

　ADHDとは、年齢あるいは発達に不釣り合いな注意力、及び／又は衝動性、多動性を特徴とする行動の障害で、社会的な活動や学業の機能に支障をきたすものである。また、7歳以前に現れ、その状態が継続し、中枢神経系に何らかの要因による機能不全があると推定される。

 A ○ 学習障害は、聞く・話す・読む・書く・計算する・推論する能力のうち、特定のものの習得と使用に著しい困難を示す様々な状態を指す。

アメリカ精神医学会が2013年に発表したDSM-5では、広範性発達障害の名称を自閉症スペクトラム障害に、学習障害の名称を限局性学習症に、注意欠陥・多動性障害の名称を注意欠如・多動症に変更しています。

図解で整理！ 注意欠如・多動症児への支援のポイント

①複数のことを同時に理解したり実行したりすることが得意ではなく、一度に多くの指示を与えると混乱をきたす。そのため、具体的な指示を順序立てて一つずつ出してあげると理解や実行がしやすい。

②比喩を用いた会話を理解することが難しい場合があるため、直接的で明快な会話をする。言葉での指示よりも絵やイラストの方が理解しやすいこともあるため、視覚的な情報を取り入れることも検討する。

③一方で視覚や聴覚などの感覚に過敏な一面があるので、感覚的に刺激が少なく集中できる環境をつくることを心がける。

5. 難病の理解

● 難病とは、原因不明で、確かな治療方法もないものを指す。具体的な疾患名は難病の患者に対する医療等に関する法律によって定められている。

● 代表的な難病として、神経症状が主要な難病と内臓・皮膚系の難病がある。

Q 脊髄小脳変性症で物をつかもうとするときに手が震え、起立時や歩行時に身体がふらつき、ろれつが回らないため発語が不明瞭になるのは、運動失調のためである。 第35回

神経症状が主要な難病

● 神経症状が主要な難病には、筋萎縮性側索硬化症（ALS）やパーキンソン病などがある。筋萎縮性側索硬化症（ALS）やパーキンソン病などは、介護保険の特定疾病に含まれている。

 表で整理！ 神経症状が主要な難病の種類とその特徴

脊髄小脳変性症	・脊髄小脳変性症は、小脳性運動失調を主症状としており、失調性歩行などがみられる ・言語機能障害もみられるため、言語訓練が必要となる ・運動能力を維持するリハビリテーションや環境整備により、ADLの維持を図る
多発性硬化症	・多発性硬化症は、中枢神経の髄鞘という部分が破壊される疾患であり、視力障害、複視、歩行障害、異常感覚、膀胱直腸障害による失禁、痙攣などの症状がみられる ・ステロイド剤の服用や薬剤管理が必要となる
筋萎縮性側索硬化症（ALS）	・全身の筋肉が萎縮し、言語障害、嚥下障害による誤嚥性肺炎、歩行障害、呼吸困難などが出現する ・症状は進行性であり、数年で四肢麻痺、摂食機能障害、呼吸麻痺になる ・知覚や記憶は障害されないことから知的障害はみられないほか、眼球運動障害、膀胱直腸障害、感覚障害もみられない ・人工呼吸装置を使用することによって、呼吸を確保する
パーキンソン病	・脳の黒質の神経細胞の変性消失により、振戦、寡動、筋強剛、姿勢保持反射障害の運動症状を呈する疾患である ・姿勢保持反射障害として、前かがみの姿勢、小刻み歩行、突進現象、すくみ足などがみられる ・嚥下障害や便秘がみられることもあるほか、認知症を合併することも少なくない ・パーキンソン病の発症年齢のピークは、50歳代後半から60歳代である ・パーキンソン病の進行は、ホーエン・ヤール重症度分類や生活機能障害度が指標となる

用語解説

 ［突進現象］歩いている途中に足が止まらなくなる症状。

A ○ 脊髄小脳変性症の主症状は、小脳性運動失調である。歩行時にふらつくことを失調性歩行という。

第11章

❸ 障害の医学的・心理的側面の基礎的理解②

図解で整理！ ホーエン・ヤール重症度分類と生活機能障害度

軽度 → 重度	ホーエン・ヤール重症度分類	生活機能障害度
	Ⅰ度：ふるえなどの症状が片側の手足のみにみられる	1度：日常生活や通院に介助は不必要
	Ⅱ度：ふるえなどの症状が両側にみられる	
	Ⅲ度：姿勢反射障害がみられる	2度：日常生活や通院に一部介助が必要
	Ⅳ度：日常生活に部分介助が必要になる	3度：日常生活や通院に全面的な介助が必要
	Ⅴ度：車いすでの生活や寝たきり状態	

パーキンソン病の症状については、第9章❹（336ページ）も参照してください。

内臓・皮膚系の難病

● 内臓・皮膚系の主要な難病には、ベーチェット病、全身性エリテマトーデス（SLE）、サルコイドーシス、潰瘍性大腸炎、クローン病などがある。これらは、**指定難病**である。

Q 脊髄小脳変性症は、言語機能障害をきたす難病である。 **第30回**

表で整理！ 内臓・皮膚系の主要な難病

ベーチェット病	・口腔内膜の**アフタ性潰瘍**、視力の低下、皮膚の結節性紅斑、外陰部潰瘍、中枢神経症状、腸管症状、血管症状などがみられる ・ステロイド剤を使用する
全身性 エリテマトーデス （SLE）	・全身性炎症性疾患。腎障害、神経症状、日光過敏症、免疫異常、レイノー症状などの症状がみられる ・**女性の発症が多い** ・ステロイド剤を使用する ・感染症の予防、安静休養、紫外線防御などのケアが必要となる
サルコイドーシス	・全身性肉芽腫疾患。胸部リンパ節腫張、呼吸困難、視力低下、皮膚結節性紅斑、黄疸、心筋障害、筋力低下などの症状がみられる ・感染症の合併に注意する
潰瘍性大腸炎	・粘膜を侵し、潰瘍やびらんを発症する ・慢性的な下痢、血便、発熱、腹痛、食欲不振、体重減少などの症状もみられる ・安静休養をするほか、過労やストレスを避ける
クローン病	・腹痛、発熱、下痢、全身倦怠感、栄養不良、関節炎、結節性紅斑、ぶどう膜炎といった症状がみられる ・ステロイド剤を使用する ・感染症の予防や精神的なケアが必要となる

解き方がわかる！ 過去問解説

統合失調症で、幻覚や妄想などの症状が改善しているが意欲や自発性が低下して引きこもりがちの利用者の就労に向けた支援の際は、利用者に意欲をもつように強く指示する。 第35回

 ポイント
精神疾患のある利用者の場合、強く指示するのではなく、話を傾聴し、本人の希望を聞くことが大切です。

正解は
✕
利用者の話を傾聴し、利用者自身が物事を決め、実行できるように関わっていきます。

  言語機能障害のほか、主症状として小脳性運動失調がみられる。

頻出度 ★★☆

❹ 連携と協働

1. 地域におけるサポート体制

行政・関係機関との連携

● 障害者やその家族の日常におけるサポート体制を構築するため、**協議会**が設置される。協議会は、相談支援事業をはじめとするシステムづくりや、困難事例への対応、地域の関係機関によるネットワーク構築の場として**地方公共団体**が設置している。

● 協議会のメンバーは、障害当事者団体や福祉サービス事業者、保健・医療関係者、学校や企業、**障害者本人**やその家族などで構成されている。

 原文をCheck!

障害者総合支援法

第89条の3（協議会の設置）
1 地方公共団体は、単独で又は共同して、障害者等への支援の体制の整備を図るため、関係機関、関係団体並びに障害者等及びその家族並びに障害者等の福祉、医療、教育又は雇用に関連する職務に従事する者その他の関係者（関係機関等）により構成される協議会を置くように努めなければならない。
2 前項の協議会は、関係機関等が相互の連絡を図ることにより、地域における障害者等への支援体制に関する課題について情報を共有し、関係機関等の連携の緊密化を図るとともに、地域の実情に応じた体制の整備について協議を行うものとする。

2. 多職種連携と協働

相談支援専門員

● 相談支援専門員は、都道府県知事から指定を受けた**相談支援事業所**などに配置されている。

Q サービス等利用計画を作成することは、相談支援専門員の業務に含まれる。 **第30回**

- 相談支援専門員は、障害者などの相談に応じ、助言や連絡調整、**サービス等利用計画**を作成するなどの必要な支援を行っている。

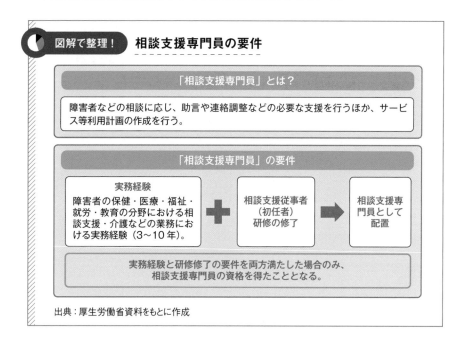

図解で整理！　**相談支援専門員の要件**

「相談支援専門員」とは？

障害者などの相談に応じ、助言や連絡調整などの必要な支援を行うほか、サービス等利用計画の作成を行う。

「相談支援専門員」の要件

実務経験
障害者の保健・医療・福祉・就労・教育の分野における相談支援・介護などの業務における実務経験（3～10年）。

＋

相談支援従事者（初任者）研修の修了

➡

相談支援専門員として配置

実務経験と研修修了の要件を両方満たした場合のみ、相談支援専門員の資格を得たこととなる。

出典：厚生労働省資料をもとに作成

サービス管理責任者

- **サービス管理責任者**は、療養介護事業所、生活介護事業所、自立訓練事業所、就労移行支援事業所などに配置される。
- サービス管理責任者は、療養介護計画などの個別支援計画の作成に係る業務のほか、**利用申込者**の心身状態などの把握、職員に対する**技術的指導**などの業務を取り扱っている。
- サービス管理責任者は、利用者が自立した日常生活を営むことができるよう定期的に**検討**するとともに、自立した日常生活を営むことができると認められる利用者に対し、必要な**支援**を行う。

生活介護事業所や療養介護事業所などに配置されるサービス管理責任者のうち、1人以上は常勤でなければならないとされています。

　　相談支援員は、障害者などの相談に応じ、助言や連絡調整も行う。

図解で整理！　サービス管理責任者の要件

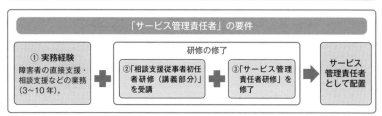

「サービス管理責任者」とは？
個々の利用者についてアセスメント、個別支援計画の作成、定期的なモニタリングなどを行い、一連のサービス提供プロセス全般に関する責任を担うことによって、サービスの質の向上を図る。

「サービス管理責任者」の要件

| ① 実務経験 障害者の直接支援・相談支援などの業務（3〜10年）。 | ＋ | 研修の修了 ②「相談支援従事者初任者研修（講義部分）」を受講 | ＋ | ③「サービス管理責任者研修」を修了 | → | サービス管理責任者として配置 |

出典：厚生労働省資料をもとに作成

- 保健師や看護師は、**保健師助産師看護師法**に基づく専門職である。
- リハビリテーション分野の専門職として、理学療法士、作業療法士、言語聴覚士、視能訓練士、義肢装具士などがある。
- 理学療法士や作業療法士は、**理学療法士及び作業療法士法**に基づく専門職である。

表で整理！　保健医療職種の種類と業務内容

保健師	保健指導に従事する専門職。保健所や地域包括支援センターなどに配置される
看護師	傷病者やじょく婦に対する療養上の世話や診療の補助を行う専門職
理学療法士	医師の指示の下、身体に障害のある者に対し、主に基本的動作能力の回復を図るため、治療体操その他の運動、電気刺激、マッサージ、温熱その他の物理的手段を加える理学療法を行う専門職

Q 認知症の診断と治療は、作業療法士が行う。 **第35回**

作業療法士	医師の指示の下、身体や精神に障害のある者に対し、主に**応用的動作能力**や**社会的適応能力**の回復を図るため、手芸、工作などの作業療法を行う専門職
言語聴覚士	音声機能、言語機能、聴覚に障害のある者に対し、機能の維持向上を図るため、言語訓練その他の訓練、これに必要な検査および助言、指導その他の援助を行う専門職。また、**摂食・嚥下**に関する訓練も行う
視能訓練士	両眼視機能に障害のある者に対し、両眼視機能の回復のための矯正訓練およびこれに必要な検査を行う専門職
義肢装具士	医師の指示の下、義肢・装具の装着部位の採型、義肢・装具の製作、身体への適合（義肢装具の製作適合など）を行う専門職

言語聴覚士は、診療の補助として、医師や歯科医師の指示の下、嚥下訓練、人工内耳の調整なども行います。

解き方がわかる！過去問解説

臨床検査技師は、失語症の評価を行う。 第29回

ポイント

失語症では、言語機能が障害されています。

正解は ✕ 失語症の評価は、言語聴覚士が行います。なお、臨床検査技師は、医師の指示のもとに血液検査や心電図などの検査を実施します。

A ✕ 認知症の診断と治療は医師が行う。作業療法士は、手芸や工作などの作業療法を行う。

❺ 家族への支援

頻出度
★☆☆

1. 家族への支援

家族の障害の受容の過程での支援

● 障害のある人が障害を受容するために時間がかかるのと同様、障害のある人の家族も障害を受容するために時間がかかる。

● 障害受容に向けて、障害者や障害児の家族に対してもケアが必要となる。

● ドローター（Drotar）らは、障害児をもつ家族の障害受容の流れを、①ショック、②否認、③悲しみ・怒り、④適応、⑤再起の5段階に区分した。

図解で整理！ 障害児をもつ家族の障害受容の流れ

ショック	障害発生の直後の混乱
否認	ショックを何とか和らげようとして、何かの間違いではないかと障害の事実を認めようとしない防衛反応
悲しみ・怒り	悲しみと怒りが続くうちに、抑うつ的な気分が生じる
適応	悲しみ、怒り、抑うつなどの感情が頂点に達した後、障害児を持ったことのあきらめと現実受容が穏やかに始まる
再起	障害児を積極的に家庭の中に引き受け、親としての責任を果たそうとし始める

Q 子どもの発達の遅れを悩んでいる母親に対して、児童発達支援センターに相談することを勧める。
第30回改

障害受容の流れは、障害の程度の変化や、生活環境の変化などによって、前の段階に戻る場合もあります。

- 家族の障害受容に向けた支援では、①家族の考えを明確につかんでおくこと、②障害者を支援する背景として、**経済的側面**、**環境的側面**、**心理的側面**を理解すること、③家族を、障害者を支えるチームの一員として考え、家族とともに検討することという3点が重要となる。
- 子どもの発達の遅れで悩んでいる家族に対して、**児童発達支援センター**に相談することを勧めるなど、その悩みに合わせた適切な機関を紹介することも大切である。

家族のレスパイト
- レスパイトケアとは、障害児・者を持つ親・家族を一時的に、一定の期間、障害児・者の介護から解放することによって、日頃の心身の疲れを回復し、「ほっと**一息つけるようにする援助**」のことである。
- レスパイトサービスには、ホームヘルパーなどによる**在宅派遣型**のサービスと障害児・者を一時的に預かる**ショートステイ型**のサービスがある。
- 介護疲労などを訴えた家族介護者に対しては、**レスパイトケア**の実施を検討する必要がある。

親に対する支援
- 障害児の家族支援では、支援において中心的な役割を担っている人を中心に考える必要がある。多くの場合は**母親**が中心となる。
- 具体的支援の内容は、肉体的または時間的な**物理的支援**、親としてのつらい立場に対する**心理的支援**、障害に対する治療や介護などにかかる費用をカバーするための**経済的支援**がある。

→ 専門家の意見を聞けるように相談機関を紹介することは適切である。

兄弟姉妹に対する支援

● 親が障害のある兄弟姉妹に多くの労力や時間を費やさなければならず、幼い頃からさまざまな面で我慢を強いられる兄弟姉妹も少なくない。

● 障害のある人の兄弟姉妹は、親亡き後で、親に代わる役割も暗黙のうちに求められていることが多く、負担がかかっている場合もある。兄弟姉妹への支援の重要性もしっかり認識することが求められる。

2. 地域支援

● 障害のある人たちが地域で生活するためには、地域の人たちの理解や支援が必要となる。理解ある地域住民を育てるためには地域住民との交流などの地域支援も必要である。

● 家族や当事者の自助グループ（セルフヘルプグループ）などの社会資源の活用を検討する。

家族や当事者の自助グループとしては、「全日本手をつなぐ育成会」（知的障害）、「日本自閉症協会」（自閉症）、「日本LD協会」（学習障害）、「エジソンクラブ」（ADHD）などがあります。

:::: **解き方がわかる！過去問解説** ::::

重度知的障害（障害支援区分3）がある人が病院に通院する際に利用できる障害福祉サービスは、同行援護である。 第28回

ポイント 障害福祉サービスには、行動援護、同行援護というようによく似た名称のサービスがあります。それぞれの対象者を思い出しながら考えてみましょう。

正解は
✕

同行援護は、視覚障害によって移動に著しい困難を有する障害者等が外出時に利用できるサービスです。重度知的障害がある人が利用できる外出時のサービスは、行動援護です。行動援護は、知的障害または精神障害のために自己判断能力が制限されている人が行動する際に、危険回避のために必要な外出支援を行うサービスです。

医療的ケア

出題傾向分析

1 出題傾向

● 第36回試験での問題数は5問である。

● 5問の出題のうち、「医療的ケアの基礎知識」から約1問、「喀痰吸引の基礎と実施」から約2〜3問、「経管栄養の基礎と実施」から約1〜2問という配分となっている。

■過去5年間の出題

出題順	第36回 (2024年)	第35回 (2023年)	第34回 (2022年)	第33回 (2021年)	第32回 (2020年)
1	医療的ケアの基礎知識(事業所の登録)	医療ケアの基礎知識(消毒と滅菌)	経管栄養の基礎と実施(経管栄養の基礎知識)	喀痰吸引の基礎と実施(注入量の指示者)	喀痰吸引の基礎と実施(喀痰吸引が認められている範囲)
2	医療ケアの基礎知識(呼吸器官の部位)	医療ケアの基礎知識(正常な呼吸)	喀痰吸引の基礎と実施(指示された吸引時間よりも長くなった場合の対応)	医療的ケアの基礎知識(気管粘膜のせん毛運動)	医療的ケアの基礎知識(介護福祉士による実施可能な喀痰吸引等の制度)
3	喀痰吸引の基礎と実施(実施前の注意点)	喀痰吸引の基礎と実施(実施前の注意点)	医療的ケアの基礎知識(呼吸のしくみ)	喀痰吸引の基礎と実施(口腔内と気管カニューレ内部の吸引)	喀痰吸引の基礎と実施(鼻腔内吸引で血液が混じっていたときの対応)
4	経管栄養の基礎と実施(トラブルを起こす原因)	経管栄養の基礎と実施(生活上の留意点)	経管栄養の基礎と実施(経管栄養剤)	経管栄養の基礎と実施(便秘への対応)	喀痰吸引の基礎と実施(口腔内・鼻腔内喀痰吸引に必要な物品)
5	経管栄養の基礎と実施(トラブルへの対応)	経管栄養の基礎と実施(トラブルへの対応)	経管栄養の基礎と実施(栄養剤注入後の留意点)	経管栄養の基礎と実施(経管栄養の基礎知識)	経管栄養の基礎と実施(冷たい栄養剤の注入時に起きる状態)

2 学習のポイント

- 何が医行為で、何が医行為ではないかについては、他の科目でも出題されることがあるので覚えておこう。
- スタンダードプリコーション（標準予防策）も、他の科目で出題される可能性があるので、原則をしっかり押さえておくことが重要である。
- 喀痰吸引や経管栄養については、実施手順はもちろんのこと、介護福祉職がどの行為まで実施可能なのか、トラブルが起きたときにどのように対処すべきなのかまでをきちんと理解しておくことが求められる。

介護福祉職が実施できる範囲を超える場合は、原則として、看護職や医師への報告・相談が必要になるということを覚えておきましょう。

頻出度 ★★☆

❶ 医療的ケア実施の基礎

1. 医療的ケアとは

● 医療的ケアとは**喀痰吸引**や**経管栄養**など、日常生活を営むのに必要な医療的な生活援助行為のこと。

● 2011（平成23）年の**社会福祉士及び介護福祉士法**の一部改正で、介護福祉士および認定特定行為業務従事者は一部の**医行為**を実施できることが法律上明確にされた（2012（平成24）年4月から施行）。

● 医行為は**医師**の指導の下で行われる。

用語解説

[医行為] 医師の医学的判断および技術をもってするのでなければ、人体に危害を及ぼし、または危害を及ぼすおそれのある行為のこと。

原文をCheck！

社会福祉士及び介護福祉士法

第2条第2項

この法律において「介護福祉士」とは、第42条第1項の登録を受け、介護福祉士の名称を用いて、専門的知識及び技術をもつて、身体上又は精神上の障害があることにより日常生活を営むのに支障がある者につき心身の状況に応じた介護（喀痰吸引その他のその者が日常生活を営むのに必要な行為であつて、医師の指示の下に行われるもの（厚生労働省令で定めるものに限る。以下「喀痰吸引等」という。）を含む。）を行い、並びにその者及びその介護者に対して介護に関する指導を行うこと（以下「介護等」という。）を業とする者をいう。

社会福祉士及び介護福祉士法施行規則

社会福祉士及び介護福祉士法第2条第2項の厚生労働省令で定める医師の指示の下に行われる行為は、次のとおりとする。

一　口腔内の喀痰吸引
二　鼻腔内の喀痰吸引
三　気管カニューレ内部の喀痰吸引
四　胃ろう又は腸ろうによる経管栄養
五　経鼻経管栄養

 介護福祉士の業であって、医師の指示の下に行われる喀痰吸引等を規定しているのは、介護保険法である。**第29回**

介護福祉職が医療的ケアを実施するためには、介護福祉士養成課程で実地研修等を修了するか、都道府県等が行う喀痰吸引等研修を修了する必要があります。

そのうえで、都道府県知事から認定特定行為業務従事者証の交付を受けることで、医療行為を実施できます。

医行為ではないと考えられる行為

・水銀体温計・電子体温計により腋下（えきか）で体温を計測すること、および耳式電子体温計により外耳道で体温を測定すること。
・自動血圧測定器により血圧を測定すること。
・新生児以外の者であって入院治療の必要がないものに対して、動脈血酸素飽和度を測定するため、パルスオキシメータを装着すること。
・軽微な切り傷、擦り傷、やけど等について、専門的な判断や技術を必要としない処置をすること（汚物で汚れたガーゼの交換を含む）。
・医薬品の使用の介助。具体的には、皮膚への軟膏の塗布（褥瘡の処置を除く）、皮膚への湿布の貼付、点眼薬の点眼、一包化された内用薬の内服（舌下錠の使用も含む）、肛門からの坐薬挿入や鼻腔粘膜への薬剤噴霧を介助すること。

医薬品の使用の介助は、利用者の容態が安定している、副作用の危険性が低いなどの一定条件を満たしている必要があります。

→   介護福祉士の業であって、医師の指示の下に行われる喀痰吸引等を規定しているのは、社会福祉士及び介護福祉士法である。

2. 安全な療養生活

健康状態の把握

● バイタルサイン（体温・脈拍・呼吸・血圧・動脈血酸素飽和度・意識状態など）は異常の早期発見の重要な観察項目である。

用語解説

[動脈血酸素飽和度] 心臓から全身に運ばれる動脈血の中を流れている赤血球に含まれるヘモグロビンの何%に酸素が結合しているかを示すもの。パルスオキシメータで測定する（健康な人の基準値は95〜100%）。

異変の把握と対応

● 普段との違いや異常を発見したときは、速やかに医師や看護職に連絡・報告し、指示を受ける。

● 応急手当の心得の基本は、落ち着くこと、自己判断で行動しないこと、複数の職員で対応すること、利用者（家族）の同意を得ることである。

● カーラー救命曲線：心臓停止、呼吸停止、出血などの緊急事態における経過時間と死亡率の関係を示す。

● 心臓停止後15秒以内に意識消失し、3分間放置で死亡率は50%となり、3〜4分以上放置で脳の回復は困難となる。呼吸停止は10分間放置で死亡率50%となる。

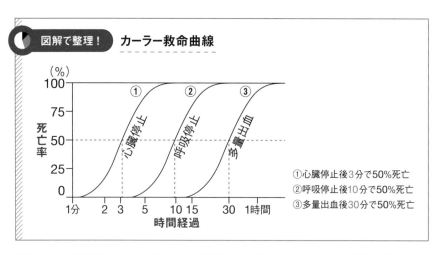

図解で整理！　カーラー救命曲線

①心臓停止後3分で50%死亡
②呼吸停止後10分で50%死亡
③多量出血後30分で50%死亡

Q 2011（平成23）年の社会福祉士及び介護福祉士法の改正に基づいて、喀痰吸引等や経管栄養は、医行為から除外され、実地研修を修了した介護福祉士が実施できるようになった。**第32回**

● 心肺蘇生とは、心肺機能が停止した人に対して、**自発的な血液循環および呼吸**を回復させる方法のことである。

倒れている人を発見したときは、まずは状態を確認します。意識がなかったり骨折が疑われたりする場合はむやみに動かすと危険であることを認識しましょう。

図解で整理！ 救急蘇生法

胸骨圧迫

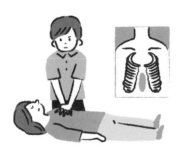

・心肺蘇生時に**人工呼吸**とともに行う
・1分間に100〜120回のテンポで、胸が約5cm沈むように圧迫する

AED（自動体外式除細動器）

離れて

・心肺蘇生時に使用
・心室細動について機器が解析し、必要に応じて**電気的なショック**を与え心臓の働きを戻す

ハイムリック法（腹部突き上げ法）

・気道異物を取り除く方法の1つ
・意識のある傷病者の**上腹部**を斜め上方に圧迫し異物を除去する
・内臓損傷の危険があるため、妊婦や1歳未満の子どもには実施しない

A ✕ 喀痰吸引等や経管栄養は医行為から除外されていない。

3. 清潔保持と感染予防

感染予防

- 高齢者や一部の障害者では、免疫などの生体防御機構が**低下**していることがあり、安全な療養生活を送るうえで**感染予防**は重要である。
- 感染予防の原則は、**感染源**（**病原体**）の除去、**感染経路**の遮断、個人の生体防御機構の増強である。

消毒と滅菌

- **消毒**：**病原性**の微生物を殺滅させること、または弱くさせること。
- **滅菌**：すべての微生物を殺滅させること、または除去すること。
- 高圧蒸気、酸化エチレンガス、放射線等を用いて滅菌する。
- 滅菌物の確認：①滅菌済みの表示があり、②滅菌期限の表示期間内で、③開封され**ていない**ことを確認してから滅菌物を使用する。

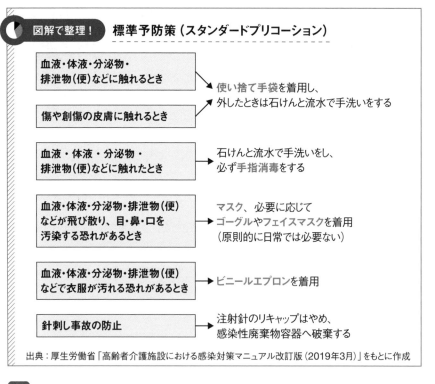

図解で整理！ **標準予防策（スタンダードプリコーション）**

血液・体液・分泌物・排泄物（便）などに触れるとき	使い捨て手袋を着用し、外したときは石けんと流水で手洗いをする
傷や創傷の皮膚に触れるとき	
血液・体液・分泌物・排泄物（便）などに触れたとき	石けんと流水で手洗いをし、必ず**手指消毒**をする
血液・体液・分泌物・排泄物（便）などが飛び散り、目・鼻・口を汚染する恐れがあるとき	マスク、必要に応じてゴーグルやフェイスマスクを着用（原則的に日常では必要ない）
血液・体液・分泌物・排泄物（便）などで衣服が汚れる恐れがあるとき	ビニールエプロンを着用
針刺し事故の防止	注射針のリキャップはやめ、感染性廃棄物容器へ破棄する

出典：厚生労働省「高齢者介護施設における感染対策マニュアル改訂版（2019年3月）」をもとに作成

Q 滅菌物には有効期限がある。**第35回**

[標準予防策（スタンダードプリコーション）]「すべての患者の血液、体液、分泌物、嘔吐物、排泄物、創傷皮膚、粘膜などは感染する危険性があるものとして取り扱わなければならない」という考え方のもと、患者や医療従事者による感染を予防するための予防策（標準予防策）のこと。

ここでいう体液とは汗以外のすべてのものです。たとえば涙も感染の可能性があるものとして扱う必要があります。

解き方がわかる! 過去問解説

傷のない皮膚であっても、スタンダードプリコーションにおいて、感染する危険性のあるものとして取り扱う対象である。 第31回

ポイント

スタンダードプリコーションは、患者や医療従事者による感染を予防するための予防策です。どんなものが感染源になりうるのかを思い出してみましょう。

正解は　✕

スタンダードプリコーションは、すべての患者の血液、体液、分泌物、嘔吐物、排泄物、創傷皮膚、粘膜などは、感染する危険性があるものとして取り扱わなければならないという考え方に基づいています。傷のない皮膚は対象ではありません。

解き方がわかる! 過去問解説

手袋を着用していれば、排泄物や嘔吐物を触った後の手洗いを省略してもよい。 第28回

ポイント

スタンダードプリコーションの手順を思い出してみましょう。

正解は　✕

感染の可能性にあるものに触れる場合には、使い捨て手袋を着用し、手袋を外した後に石鹸を使って手洗いをする。

  Ａ ◯ 滅菌期限が表示されており、その期間内に使用する。

❷ 喀痰吸引（基礎的知識・実施手順）

1. 喀痰吸引の基礎的知識

- 喀痰吸引とは、**口腔・鼻腔・気管**にたまっている痰（分泌物）を、吸引チューブを挿入し除去する方法。**気道**を確保し**窒息**や**誤嚥性肺炎**を防止する。

- 喀痰吸引には、口のなかに吸引カテーテルを入れる**口腔内**吸引、鼻の穴から吸引カテーテルを入れる**鼻腔内**吸引、気管カニューレ内に吸引カテーテルを入れる**気管カニューレ内**吸引がある。

用語解説

［気管カニューレ］人工呼吸療法時に使用される器具。気道の確保や出血、分泌物の吸引などを目的として、気管を切開して挿入された管のこと。

原文をCheck！

「社会福祉士及び介護福祉士法の一部を改正する法律の施行について（喀痰吸引等関係）」（平成23年11月11日社援発1111第11号）

介護福祉士が喀痰吸引等を実施する場合には、喀痰吸引等の対象者の日常生活を支える介護の一環として必要とされる医行為のみを医師の指示の下に行うものであり、安全性確保の観点から、同条第1号及び第2号に規定する喀痰吸引については、**咽頭の手前まで**を限度とすること。

Q 介護福祉士が鼻腔内の吸引を行うときに、吸引チューブを挿入できる範囲の限度は、咽頭の手前までである。 **第29回**

認定された介護福祉士が行える喀痰吸引

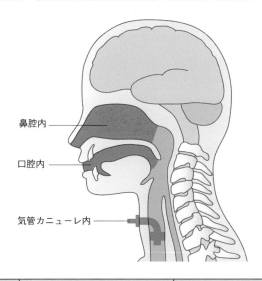

鼻腔内 —

口腔内 —

気管カニューレ内 —

	挿入の深さ	注意点
口腔内	咽頭の手前までを限度とする	咳の誘発、嘔吐、吸引チューブによる出血
鼻腔内		
気管カニューレ内	吸引カテーテルが気管カニューレの先端を越えたり、直接気管粘膜に触れないようにする	気道粘膜損傷、出血、迷走神経反射の出現、嘔気・嘔吐の誘発、吸引時間延長による低酸素症

→ **A** ○ 介護福祉士が行える喀痰吸引の範囲は、法律で規定されている。

喀痰吸引実施上の留意点

● 介護福祉職が喀痰吸引を行う場合は**医師**の指示書が必要である。

● 介護職員等喀痰吸引等指示書の有効期限は**6か月**であるが、利用者の状態により指示内容の変更がある場合は最新の指示書に従って行う。

● 医師の指示や**看護師**からの吸引に関する指示・引き継ぎ事項を確認し、それらに基づき喀痰吸引を実施する。

子どもの喀痰吸引

● 咳などによって**自力**で痰を排出できなかったり、**体位ドレナージ**を行っても排出が困難な場合に実施する。

● 絵本や人形を用いるなど、子どもが理解できる言葉や方法で、処置の説明をし、子どもの恐怖感や不安感を和らげるための**プレパレーション**（心理的準備）が重要となる。

用 語 解 説

［体位ドレナージ］重力を利用してさまざまな体位をとることにより、効率よく、痰の排出を促す方法。

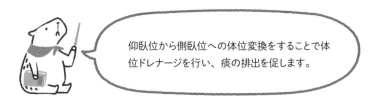

仰臥位から側臥位への体位変換をすることで体位ドレナージを行い、痰の排出を促します。

2. 喀痰吸引の実施手順

喀痰吸引実施前の注意点

● 口や鼻、気管内に吸引カテーテルを入れる吸引は、**清潔**な手や器具、環境の中で行うことが重要である。

● **食後**の吸引は、嘔気・嘔吐を誘発しやすいので、実施をする場合は留意する。

Q 痰の吸引の準備では、洗浄水は、決められた消毒液を入れておく。 第36回

表で整理！ **痰の状態の確認と喀痰吸引のタイミング**

痰の状態の確認	正常な場合	・無色透明〜やや白っぽく、やや粘り気がある ・無臭
	異常な場合	・にごりが強い ・黄色または緑色っぽい、うっすら赤い、明らかに赤い ・粘り気が強かったり硬かったり、逆にサラサラしている ・いつもより量が多い
喀痰吸引のタイミング		○喀痰や唾液などの分泌物がたまった場合 　・喀痰や唾液などの分泌物は、食事や飲水などからの刺激や、感情が変化したとき 　・感染などが起きたとき ○利用者が吸引を希望した場合 ○入浴前後、入浴中 ○上気道でゴロゴロとした音がした場合 ○呼吸器のアラームが鳴った場合 ○酸素飽和度の値がいつもより低い場合

喀痰吸引は、利用者が必要なときに実施するのが基本です。特に指示がない場合でも、介助者の都合で1時間おきなどとタイミングを決めるのは望ましくありません。

喀痰吸引に必要な主な物品

・吸引器（接続管、吸引びん）
・吸引カテーテル（口腔内・鼻腔内用、気管カニューレ内用）
・清潔な使い捨て手袋またはセッシおよびセッシ立て
・減菌精製水（気管カニューレ内の吸引では、減菌された水を使用する）
・水道水（口腔内・鼻腔内用）
・アルコール綿
・吸引カテーテルの保存容器

● 石けんと流水、あるいは速乾式手指消毒で**手洗い**を行う。

● 吸引器の**作動状況の点検**を実施する。

● **医師・看護師**の指示を確認する。

● 利用者の状態を確認し、利用者本人または家族に吸引の**説明**をし、**同意**を得る。

 ✕ 洗浄水は、水道水（口腔内・鼻腔内用）、もしくは減菌精製水（気管カニューレ内用）を使用する。

環境の整備

● 吸引を受けやすい**姿勢・プライバシーの保護**を行う。

● 利用者の姿勢は上半身を**10～30度挙上**した方が吸引しやすくなる。

> 仰臥位で顎を引いた姿勢は、気道の確保が難しく痰の吸引を行いにくいため、粘膜を傷つけ出血させてしまう可能性があるので避けましょう。

喀痰吸引の実施

● **吸引**時間、**挿入**の深さ、吸引圧（医師の指示に従う）の3点に留意し喀痰吸引を実施する。

 表で整理！　喀痰吸引の手順

手順①	利用者本人から吸引の**依頼**を受ける。あるいは、利用者の**意思**を確認する。吸引の**環境**、利用者の**姿勢**を整える	
	口腔内	口の周囲、口腔内を観察し、唾液の貯留、出血、腫れ、乾燥などを確認する
	鼻腔内	鼻孔周囲を確認し、出血、腫れなどを確認する
	気管カニューレ内	気管カニューレの周囲、固定状態および喀痰の貯留を示す呼吸音の有無を観察する
手順②	再度、流水と石けんで**手洗い**、あるいは速乾性擦式手指消毒剤で手洗いをする。必要に応じ、きれいな**使い捨て手袋**をする。場合によっては**セッシ**を持つ	
手順③	吸引カテーテルを取り出し、吸引器に連結した接続管につなげる。その際、吸引カテーテルの**先端**が周囲に触れないようにする	
手順④	（薬液浸漬法の場合）吸引器のスイッチを入れ、水を吸って吸引カテーテルの内腔を洗い流すとともに吸引カテーテルの**周囲**を洗う。決められた**吸引圧**になっていることを確認する	
手順⑤	吸引カテーテル**先端の水をよく切り**、「吸引しますよ」と声をかける。人工呼吸器を装着している場合は、マスクなどを外す	

Q 介護福祉士が喀痰吸引をする場合の利用者の姿勢は、仰臥位で顎を引いた姿勢が望ましい。
第29回

手順⑥	口腔内	吸引カテーテルを口腔内に入れ、**両頬の内側、舌の上下周囲**を吸引する
	鼻腔内	吸引カテーテルを**陰圧**をかけない状態で鼻腔内の奥に入れる。吸引カテーテルを手で操作する場合、こよりを撚るように左右に回転し、ゆっくり引き抜きながら吸引する
	気管カニューレ内	吸引カテーテルを気管カニューレ内（約10cm）に入れる。手で操作する場合、カテーテルを左右に回し、ゆっくり引き抜きながら、**15秒以内で吸引する**
手順⑦		人工呼吸器を装着している場合は、マスクをもとの位置にもどす。（薬液浸漬法の場合）使用済み吸引カテーテルは外側を**アルコール綿**で拭き取った後、水を吸って内側を洗い流してから、**保存容器の消毒液を吸引カテーテル内に吸引する**
手順⑧		**吸引器のスイッチを切り**、吸引カテーテルを連結管から外し、破棄する。（薬液浸漬法の場合）消毒液の入った**保存容器にもどす**
手順⑨		手袋を外すまたはセッシをもとに戻し、**手洗いをする**
手順⑩		利用者に吸引が終わったことを告げ、確認できる場合、喀痰がとれたかを確認する。利用者の**顔色、呼吸状態**等を観察し、**体位を整えたら**、吸引した物の量、**性状**等について、ふり返り確認する

出典：厚生労働省「喀痰吸引等指導者マニュアル第三号研修」をもとに作成

1回の吸引で痰がとりきれなかった場合は、呼吸状態や酸素飽和度などを確認して問題がなければ、再度、吸引します。

このときに、介護福祉職の判断で吸引時間を延長したり、吸引圧を高くしてはいけません。医師の指示を守りましょう。

A ✕ 仰臥位で顎を引いた姿勢は、気道の確保が難しく痰の吸引を行いにくい。

431

実施にあたって観察すべきこと

● 表情、顔色不良、**チアノーゼ**、呼吸の状態、**意識状態の低下**、**むせ込み**、嘔気・嘔吐、酸素飽和度・脈拍数の回復、出血、傷、痰や唾液の残留、痰の絡む音（ゴロゴロ音）の消失、利用者の主観。

用語解説

[チアノーゼ] 皮膚や粘膜が青紫色になること。

医療者に連絡をとるタイミング

①吸引をいくら行っても、唾液や喀痰等が引ききれず、利用者が苦しい表情を呈している場合。
②パルスオキシメータで、なかなか酸素飽和度が90％以上にならない場合。
③ぼーっとした表情がみられたり、呼びかけに反応がないなど、いつもと違う意識障害やチアノーゼがみられる場合。
④吸引後人工呼吸器を装着したとき、いつもより気道内圧が高い状態が持続する場合。
⑤いつもとは違う利用者の様子に不安を感じたとき。

気管カニューレが抜けそうになっているなど、不具合を見つけても介護福祉職は自分で対処してはいけません。実施が認められていない医行為にあたるため、すぐに看護職や医師に連絡し、対応してもらいましょう。

Q 介護福祉士が喀痰吸引を実施したが、1回の吸引で痰がとりきれなかった場合、呼吸が落ち着いたことを確認してから再度吸引を行う。**第30回**

実施後の片付け・評価記録

● 吸引びんの廃液量が70〜80%になる前に廃液を捨てる。

● 洗浄用の水や保存容器の消毒液の残りが少なければ取り換える。

● 評価票に記録し、ヒヤリ・ハットがあれば報告する。

喀痰吸引を必要とする利用者に対する生活支援

● 室内の空気を清浄に保ち、湿度は30%以上、70%以下に保つ。

● 口腔内が乾燥していると細菌の感染・繁殖が起こりやすくなるため、口腔ケアを行うことで唾液の分泌が促進される。

● 口腔内の乾燥を防ぐため、こまめに水分を摂取する。水分摂取ができない場合はうがいをする。うがいもできない場合はスポンジブラシを湿らせて口腔ケアを行う。

解き方がわかる! 過去問解説

Kさん (76歳) に介護福祉士が鼻腔内吸引を実施したところ、吸引物に血液が少量混じっていた。Kさんは、「痰は取り切れたようだ」と言っており、呼吸は落ち着いている。このとき、介護福祉士は、血液の混じりがなくなるまで繰り返し吸引を行った。
第32回

ポイント
介護福祉士が行う喀痰吸引は、医師の指示のもとに行われます。異常が見られた場合の対応についても、まず医師の判断を仰ぐことが原則です。

正解は

✕
Kさんは「痰は取り切れたようだ」と言っており、吸引を繰り返すことは適切ではない。鼻腔内や口腔内の観察を行い、医師へ報告することが適切と考えられる。

○　利用者の顔色や呼吸状態などを確認することが大切である。

❸ 経管栄養（基礎的知識・実施手順）

1. 経管栄養の基礎的知識

経管栄養とは

● 口から食事を摂れない、あるいは経口摂取が不十分な人の消化管内にチューブを挿入して栄養剤を注入し、栄養状態の維持・改善を行う方法。

● 経管栄養の種類には、胃ろうまたは腸ろう、経鼻経管栄養がある。

経管栄養が必要となる主な病態・病気

・咀嚼・嚥下困難（意識障害、脳神経障害など）
・通過、蠕動障害（食道がんや胃がんなどの術後）
・全身状態の不良な患者（外傷や重症の臓器障害など）
・繰り返す誤嚥性肺炎（摂食できるが誤嚥を繰り返す場合）

経管栄養剤の種類と特徴

● 経管栄養剤は、液体栄養剤と半固形栄養剤に分類される。

● 液体栄養剤には、医療保険の適用がある。

● 半固形栄養剤は、消化吸収に関する生理的な面、安全面、下痢の有無、注入の簡便性、注入時間等で液体栄養剤より優れている。その反面、調整に時間がかかる、医療保険の適用はなくコストが高くなるデメリットもある。

半固形栄養剤は、通常、経鼻経管栄養では使用できず、胃ろうまたは腸ろうで使用されます。

Q 胃ろうの利用者に対して、角度10度の仰臥位で栄養剤の注入を行った。第30回

胃ろう	腸ろう	経鼻経管栄養
栄養補給チューブの先端を胃に留置して栄養剤を注入する	栄養補給チューブの先端を十二指腸あるいは空腸に留置して栄養剤を注入する	鼻腔から入れた栄養補給チューブの先端を胃、十二指腸、空腸に留置し、これを介して栄養剤を注入する
【メリット】 ・経鼻経管栄養よりも利用者の負担が少ない ・チューブが抜けにくく、4、5か月の交換でよい	【メリット】 ・胃ろうに比べて、逆流の可能性が低い	【メリット】 ・穴を開けるための外科手術の必要がない
【デメリット】 ・腹部に穴を開ける手術が必要 ・逆流が起こりやすい	【デメリット】 ・腹部に穴を開ける手術が必要 ・下痢を起こしやすい	【デメリット】 ・装着時に不快感や違和感を感じることが多い ・装着時の見た目があまりよくない

半固形栄養剤を使用する場合の留意点

・短時間で注入するため、いつもと違う状態のときは、医師や看護職に相談する。
・注入時・終了30分後の姿勢は30〜45度の半座位。
・注入時に圧力がかかるため、容器とチューブが外れないようにする。
・注入後は、詰まらないように白湯を5〜10mL程度注入する。

A ✕ 注入時の姿勢は半座位が望ましい。

経管栄養のリスク

● 栄養剤が食道を逆流し、気管に入ることで誤嚥性肺炎を起こしやすくなる。

● 口から食事を摂らないことで唾液の分泌量も減り、自浄作用が低下してしまうため、口腔内の細菌が繁殖しやすい。そのため、口腔ケアは必要である。

経管栄養のトラブル

● 症状のあるときは注入を中止し、医師や看護職に連絡する。

● 嘔気・嘔吐がみられるときは注入を中止し、誤嚥を防ぐために顔を横に向けて医師や看護職に連絡する。

経管栄養で想定される主なトラブル

・チューブ・胃ろう(PEG)の脱落・抜去・抜けそうになっている
・出血
・嘔吐
・息が苦しそう・顔色が悪い
・腹部膨満
・チューブ挿入部からの液の漏れ
・注入液が注入されない・ゆっくりで体内に入りにくい
・しゃっくり

子どもの経管栄養

● 栄養剤の注入前は排痰を十分に行い、呼吸状態を整えて、嘔吐や誤嚥を防ぐ。

● 身体の成長に合わせて、使用するチューブの大きさを変更する。

2. 経管栄養の実施手順

経鼻経管栄養実施時の事前確認

● 石けんと流水、あるいは速乾式手指消毒で手洗いを行う。

Q 経管栄養では、食道への栄養剤の逆流が生じることはない。 第29回

- 医師・看護師の指示を確認し、指示書の対象者本人であることを確認する。
- 経鼻経管栄養チューブの挿入や、胃内にチューブが挿入されていることの定期的な確認は**医師・看護職員**が行う。

鼻からのチューブが胃ではなく、気道に留置されていることに気づかずに、栄養剤を注入してしまうと大変危険なので注意が必要です。

経管栄養実施上の留意点

- 観察：意識の確認・呼吸困難・腹部膨満・腹痛・嘔気・嘔吐の有無。
- 意思表示：表情の変化・態度に注意する。
- 利用者に違和感がないかを聴取する。
- イルリガートルの高さは胃部から液面まで50cm程度とする。
- **逆流の防止**のため、注入時・終了30分程度は上半身を**30〜90度**起こす。
- 医師の指示通りに滴下数を保ち、滴下速度を確認する。栄養剤の注入速度が速いと、**下痢**を起こすことがある。
- 冷蔵庫に保管していた栄養剤を冷たいまま注入すると、**下痢**がみられる場合がある。

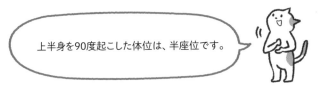

上半身を90度起こした体位は、半座位です。

用語解説

［イルリガートル］栄養剤を入れる容器のこと。イリゲーターともいう。

→ **A** ✗ 経管栄養時・注入後の体位により食道への栄養剤の逆流が生じ誤嚥を起こしやすい。

必要物品の清潔保持（消毒薬・消毒方法）

● 毎回の経管栄養注入後、イルリガートル、栄養点滴チューブ、カテーテルチップシリンジ（注射器）を食器洗剤で洗浄し、0.0125〜0.02%の**次亜塩素酸ナトリウム**に浸す（1時間以上）。

● 消毒後流水でよく洗浄する（内腔の水滴は振り払う→風通しのよい場所で乾燥）。

経管栄養で起こり得る体の異常について

● 脱水・電解質異常・血糖値の異常、発熱・心不全・呼吸不全・中枢神経障害。

● 合併症として**誤嚥性肺炎**がある。

異常がみられた場合は、家族や医療者に連絡を取り医療者に対処を仰ぐことが必要です。

解き方がわかる！過去問解説

経管栄養で用いる半固形タイプの栄養剤は、液状タイプの栄養剤と比較して、食道への逆流を改善することが期待できる。 第34回

ポイント

半固形タイプの栄養剤は液状タイプに比べて、粘り気（粘稠度）が高い、という特徴があります。そこから考えてみましょう。

正解は
○

粘り気が強いため、液状タイプの栄養剤よりも胃から食道への逆流がしにくい。

総合問題の
出題傾向分析

総合問題の出題傾向分析

1 出題傾向

- 第36回試験では、4つの事例で合計12問の出題がある。
- 4つの事例のうち、毎年1つは認知症に関する出題がある。
- 各事例に対する出題では、疾患に対する知識、支援サービスに対する知識、生活支援の方法について出題されることが多い。

■過去5年間の出題

出題順	第36回 （2024年）	第35回 （2023年）	第34回 （2022年）	第33回 （2021年）	第32回 （2020年）
1	認知症のある人の支援 ・認知症の症状 ・介護保険制度 ・ICF	一人暮らしで認知症のある人の支援 ・脳の器官と働き ・地域包括ケアシステムの4助 ・服薬支援	一人暮らしで認知症のある人の支援 ・訪問介護計画書の作成 ・認知症の症状 ・利用できる介護保険サービス	一人暮らしで右膝変形性関節症のある人の支援 ・心配される病態 ・通所型サービスの送迎時の言葉がけ ・杖を使った歩き方	一人暮らしで脳疾患と右膝変形性関節症のある人の支援 ・入院のきっかけとなった脳疾患 ・調理の支援 ・介護予防・支援計画書作成者
2	介護老人保健施設を経て在宅復帰を目指す脊椎損傷の人の支援 ・施設の種類 ・住宅改修費の支給限度基準額 ・日常生活での留意点	介護老人福祉施設での片麻痺のある人の支援 ・四点杖での移動支援 ・言語障害者とのコミュニケーション方法 ・介護計画の見直し	入院しているが、今は症状が落ち着いている統合失調症の人の支援 ・医療保護入院の制度 ・退院先の候補施設 ・コミュニケーションの基本・繰り返し	グループホームでの認知症のある人の支援 ・ほかの利用者との交流の機会の提供 ・角化型疥癬への対応 ・要介護度変更による影響	介護老人福祉施設での認知症のある人の支援 ・入所前に作成された基本情報の記録 ・歯磨きに不安をもっているときの症状 ・地域との連携

3	脳性麻痺の人の支援 ・二次障害 ・食事の支援 ・移動支援	左片麻痺・左同名半盲・失行のある人への支援 ・失行の種類 ・食事の支援 ・地域活動支援センターの利用	ALSと診断された人への支援 ・ALSの初期症状 ・コミュニケーション支援 ・状態に応じた障害福祉サービスの利用	自閉症スペクトラム障害のある人の支援 ・利用者の状態に該当する障害 ・障害福祉サービス ・支援の見直し	入退院を繰り返したあと、一人暮らしをしている統合失調症の人の支援 ・精神科病院への入院形態 ・服薬の支援 ・就労に向けた支援
4	自閉症スペクトラム障害と重度知的障害のある人の支援 ・強度行動障害 ・家族への支援 ・障害者総合支援法／計画相談支援	自閉症スペクトラム障害のある人の支援 ・ストレングス ・障害特性を考慮した避難訓練 ・障害者支援施設における災害発生に向けた取り組み	脳性麻痺のある人の支援 ・脳性麻痺の特徴 ・短期目標の設定 ・社会福祉協議会が行う金銭管理	頸髄損傷のある人の支援 ・機能残存レベルに応じた生活 ・障害者支援施設への入所のための手続き ・障害者支援施設における他職種との連携	関節リウマチがあり、障害者支援施設に入所している人への支援 ・関節リウマチの朝の症状 ・障害福祉サービスの利用 ・日常生活での留意点

2 学習のポイント

● 基本的に、すでに学習した第1章から第12章の内容からの出題になるので、知識面ではそれらの復習を行いつつ、過去問を解いて出題形式に慣れておくとよい。

総合問題で問われる知識はすでに勉強してきたものだから、ここまで勉強してきたみなさんなら、落ち着いて問題文を読めば大丈夫です！

索引

監修者

国際医療福祉大学
医療福祉学部 医療福祉・マネジメント学科

1995年、「共に生きる社会」の実現をめざして、医療、福祉の専門職を養成する総合大学として栃木県大田原市で開学。現在、千葉県成田市、東京都港区、神奈川県小田原市と福岡県大川市にもキャンパスをもち、10学部26学科で教育が行われている。大田原キャンパスにある医療福祉学部医療福祉・マネジメント学科は、1学年の定員140名で、介護福祉士、社会福祉士、精神保健福祉士、診療情報管理士、医療福祉マネジメントの5コースを有し、各分野のリーダーとなる人材養成を行っている。

監修代表者

小林雅彦（こばやし　まさひこ）

国際医療福祉大学大学院医療福祉学研究科　教授。
日本社会事業大学大学院社会福祉学研究科修士課程修了。川崎市社会福祉協議会、全国社会福祉協議会、厚生労働省社会・援護局地域福祉専門官、国際医療福祉大学医療福祉学部長等を経て現職。

著者

介護福祉士試験対策研究会

介護福祉士試験の分析と、編集・執筆を行うグループ。効率の良い学習方法の提案と、合格しても活用できる情報提供の両立を目指している。

装丁	小口 翔平 ＋ 青山 風音（tobufune）
本文デザイン	森田 恭行 ＋ 高木 瑶子（キガミッツ）
カバーイラスト	ハヤシ フミカ
本文イラスト	石山 綾子
	スタートライン
本文図版	サワダサワコ
	メディカル愛
編集協力	株式会社桂樹社グループ

福祉教科書

介護福祉士 完全合格テキスト 2025年版

2024年 4月25日 初版第1刷発行

監　　　修	国際医療福祉大学 医療福祉学部 医療福祉・マネジメント学科
著　　　者	介護福祉士試験対策研究会
発　行　人	佐々木 幹夫
発　行　所	株式会社 翔泳社（https://www.shoeisha.co.jp）
印刷・製本	日経印刷 株式会社

ISBN978-4-7981-8529-3　Printed in Japan